KB105359

통사와 혈사로 읽는
한국 현대사

통사와 혈사로 읽는 한국 현대사

김삼웅 지음

3·1혁명에서 남북정상회담까지,
피와 눈물의 현대사 100년

痛史

인문서원

현대사 100년의 통사와 혈사

한국 현대사의 기점을 1919년 3·1혁명으로 비정한다고 해도 크게 틀리지 않을 것이다. 근대의 과정을 거치지 않고 전근대에서 곧장 일제 식민 체제로 전락한 우리나라는 3·1혁명을 통해 낡은 전근대의 군주 체제와 외세 지배 질서를 동시에 거부하는 '이중 혁명'을 수행했다.

3·1혁명은 반식민·반봉건 체제를 거부한 민족사적 대전환이었다. 따라서 현대사의 기점은 바로 3·1혁명이다. 올해는 3·1혁명 100돌인 동시에 한국 현대사의 출발 시점이기도 하다. 지금은 다소 달라졌지만, 독재 정권과 그 아류 사이비 민간정부 시대에는 학생들에게 현대사보다 중세사나 고대사를 중심으로 역사를 가르쳤다. 독일에서는 히틀러가 집권하면서 현대사 연구가 대부분이 중세사와 고대사 연구로 방향을 바꾸었다. 나치 정권을 비판하자니 겁이 나고,

덮고 가자니 학자적 양심이 걸려서 아예 전공을 바꿔버린 것이다.

'이명박근혜' 정권은 현대사를 축소하고 왜곡하는 방식을 택했다. 박정희 정권 때부터 태동한 식민지근대화론자들이 더욱 세력을 키워 역사 교과서를 국정으로 바꾸는가 하면, 1948년 8·15 정부 수립을 '건국절'로 포장해 독립운동과 임시정부의 활동을 축소하려 들었다. 족벌신문과 어용 학자들을 앞세우고 교육부 관료들이 지원하는 형국이었다.

이탈리아의 역사철학자 크로체(Benedetto Croce)는 "모든 진정한 역사는 현재의 역사"라고 했고, 스페인의 생철학자 오르테가(Jose Ortega y Gasset)는 "역사는 가장 엄밀한 의미에서, 그리고 가장 현실적인 의미에서 현재에 관한 학문"이라 했다. 20세기의 대표적인 역사철학자들이 모든 역사의 출발 지점을 '현재'에 두고 있다. 이들만의 주장도 아니다. 독일의 역사가 레싱(Gotthold Ephraim Lessing)은 1759년에 이미 현대사의 중요성을 강조했다. "나는 진정한 역사가의 이름이 오직 자기 시대와 자기 조국의 역사를 서술하는 사람에게만 부여되어야 한다고 믿는다. 왜냐하면 오직 그만이 스스로 증인으로 등장할 수 있고, 또 후세인들에 의해 바로 그런 사람으로 높이 평가받길 희망할 수 있기 때문이다." 현대사는 라틴어 'con-tempus'라는 어원에서 보듯이 '동시대사'를 의미하는 것으로, "당대의 문제를 역사적 관점과 역사학적 방법으로 밝혀내는 것"이라고 인식한 것이다.

임시정부 대통령을 지낸 백암 박은식 선생은 3·1혁명을 중심으로 1884년 갑신정변부터 1920년의 봉오동대첩과 청산리대첩 등 독립군 전투까지, 일제 침략에 대항한 독립투쟁사를 담은 『한국독립운동지혈사(韓國獨立運動之血史)』를 1920년 망명지 상하이에서 간행했다. 백암은 이에 앞서 1915년에는 『한국통사(韓國痛史)』를 지은 바 있다. '아플 통(痛)' 자를 써서 민족사의 아픈 역사를 통사로 정리했다. 당신 생전에 조국이 해방되면 '건국사'를 쓰고 싶다고 했으나 1926년 67세로 서거함으로써 미완의 과제로 남겼다.

국치 이후 우리 민족의 독립운동은 그야말로 '혈사(血史)'였다. 친일 매국노들은 호의호식했지만 독립운동가들은 목숨을 내걸고 일제와 싸웠고, 국민은 죽지 못해 살았다. 그리고 마침내 1945년 8·15 해방을 맞았다. 해방이 되었으나 독립은 아니었다. 우리 힘으로 쟁취하지 못한 해방은 분단으로 이어졌고, 6·25 동족상쟁과 이승만 백색독재, 4·19혁명, 박정희의 군사쿠데타가 뒤따랐다.

우리는 유신독재와 민주화, 전두환 신군부와 광주민주화운동, 5공 폭압과 6월 항쟁, 경제 발전과 빈부 양극화, 국제통화기금(IMF) 사태와 특권층, 극도의 반공 정책과 남북 화해 협력, 사이비 문민정권과 민주주의 유린, 국정농단과 촛불혁명 등 다른 나라의 경우 1천 년에 겪을 사건·사태를 지난 100년에 모두 겪었다. 그만큼 국민의 고초가 심했고, 환희의 순간은 짧았다. 아픈 역사, 즉 '통사'가 아닐 수 없다.

이 책은 3·1혁명으로부터 일제의 잔혹한 식민통치, 최근 박근혜, 이명박에 이어 사법농단의 우두머리 양승태의 구속에 이르기까지 지난 100년 동안 있었던 중대 사건 100가지를 소개한다. 단순히 사건을 나열하는 것이 아니라 사건의 배경과 의미를 분석해 역사의 거울로 삼았으면 한다. 하지만 능력의 한계로 독자들이 공감하는 성과가 있을지 모르겠다. 백암 선생의 '통사'와 '혈사'의 이름을 빌리고, 그 정신을 따르고자 할 뿐이다.

조선시대 지식인들이 화이관(華夷觀)으로 세상을 보았듯이, 이 땅의 일부 언론인과 지식인 중에는 아메리카니즘으로 세상을 진단하고 재단하는 경우가 많다. 족벌신문, 방송과 그 계열의 지식인들이 특히 심한 편이다. 국민소득 3만 달러, 인구 5천만 명 이상이 조건이라는 '30-50클럽'에 가입한 나라인데도 여전히 외국 군대에 안보를 의지하려는 아메리카니즘의 중독자들은 조선시대 화이론자들의 세계관과 별로 다르지 않다. 크게 성장한 청년이 유모의 치맛자락을 붙들고 잉잉거리는 꼴이다.

부끄러운 모습은 그들의 존재만이 아니다. 2018년 수출액이 6천억 달러를 넘어섰고 '30-50클럽' 가입국이 되었다고 자부하지만, 무주택 가구, 가계 부채, 청년 실업, 최저임금 미달 노동자, 환경오염, 미세먼지, 자살률, 출산율, 국가 청렴도, 빈부 격차 등 부끄러운 수치는 세계 최악 수준이다. 근대화와 수출산업의 과실을 소수 재벌과 특권층이 비정상적으로 독차지해 나타난 현상이다.

3·1혁명의 성과물로 태어난 대한민국임시정부가 '민주공화'를 채택한 지 100주년이 되는 오늘까지 선열들의 피와 국민들의 땀으로 '민주'는 어느 정도 정착시켰으나 '공화'와 '자주'는 여전히 먼 나라 이야기다. '더불어 살기'보다는 '독차지'해 즐기려는, 자주정신으로 살기보다는 '의존'해 살려는 한국 사회 상류층의 탐욕과 구조적 지배력은 촛불혁명에도, 촛불정부에도 아랑곳하지 않고 더욱 강화·세습되고 있다. 그들은 일제 강점기에 친일 또는 부역의 대가로, 그리고 독재 정권과 유착하면서 자제를 교육하고 재부(財富)를 독점해 신문사, 대학, 연구소, 기업을 일구고, 끼리끼리 상호 연대하면서 거대한 권력 구조를 형성했다.

지난 100년 동안 독립운동, 민주화운동은 을(乙)들이 하고, 갑질은 친일파와 독재 세력이 독점했다. 국회, 사법부, 검찰, 족벌언론, 거대 교회, 재벌들의 막말과 몰염치, 탈법, 가짜뉴스, 초호화, 부도덕, 타락상을 국민은 익히 알고 있다. 그 폐해를 모두 알고 있지만, '개혁 정부'도 꼬리 자르기에 그치고 그 핵심부는 손도 대지 못한다. 어쩌다 민주 세력이 집권하게 되면, 갑(甲)들은 연대해 그들을 '좌파'로 몰고, 남북 화해 협력을 '퍼주기'로 매도하면서 개혁과 남북 화해를 가로막는다. 김대중·노무현 정부에 이어 지금 문재인 정부에서도 재현되고 있다. 그래서 개혁과 남북 화해가 번번이 중도에 그치고, 얼마 후 그들은 다시 기수를 바꾸어 정권을 장악한다.

한국 사회는 외형적으로는 대단히 다이내믹한 모습을 보이는 것 같아도 거대한 '빙산'은 꿈쩍도 하지 않는 대단히 정체된 사회다. 문재인 정부가 개혁이란 이름으로 톱질을 하지만 '빙산의 일각'일 뿐이다. 족벌언론, 거대 교회, 검경과 정보기관, 재벌 구조, 사법부, 극우 단체 등 '빙산'은 여전히 건재하고, 정부, 여당의 실책 '한 방'을 노리고 있다.

미래 세대는 더 이상 '아픈 역사(통사)', '피 흘리며 싸우는 역사(혈사)'를 경험하지 않기를, 평화롭고 자주적이며 민주와 공화주의가 실현되는 나라가 되기를 바라며 이 책을 썼다.

차례

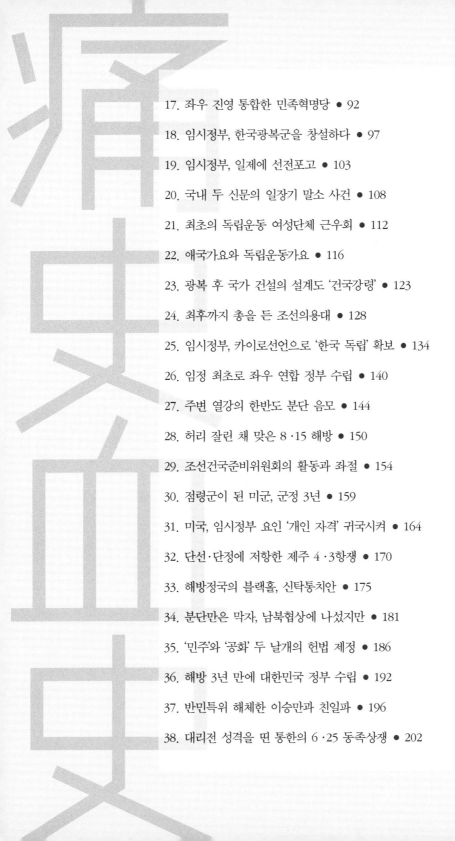

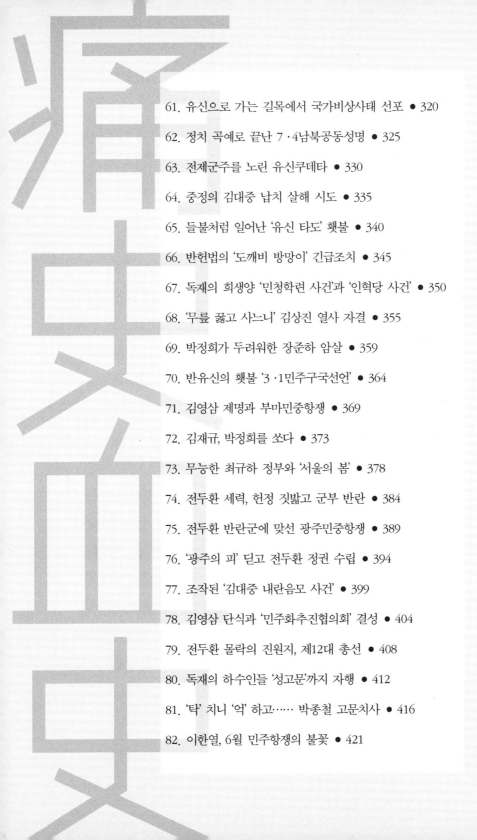

1

민족사의 대전환
3·1혁명

1919년 3월 1일 오후 2시, 서울 인사동 태화관에 민족지사 29인이 은밀히 모였다. 독립선언서에 서명한 33인 중 김병조는 독립을 알리기 위해 해외로 나가고, 길선주, 유여대, 정춘수는 지방에서 올라오는 길이어서 참석하지 못했다.

긴장된 분위기 속에서 간략한 독립선언식이 거행되었다. 먼저 불교계 대표로 서명한 한용운이 일어나 독립선언을 알리는 식사(式辭)를 한 다음 그의 선창으로 "대한 독립 만세!"를 제창했다. 독립선언서 낭독은 전날에 이미 했던 터라 생략했다.

태화관에서 독립선언식을 거행한 민족대표들은 주인에게 일경에 알리도록 하고, 얼마 후 밀어닥친 헌병, 경찰 80여 명에게 붙잡혀 남산의 외경대 경찰총감부로 압송되었다. 끌려가는 차 안에서도 가두시위 군중에게 독립선언서를 던져 주는 사람도 있었다.

같은 시각, 종로 파고다공원에는 2천여 명의 학생과 시민이 모여 민족대표들의 참석을 기다리고 있었다. 민족대표들은 당초 파고다공원에서 독립선언을 하기로 했다가 학생과 시민들이 일경과 충돌하면 희생자가 생길 것을 우려해 장소를 태화관으로 바꾸었다.

기다려도 민족대표들이 나타나지 않자 군중 속에서 한 청년이 팔각정 위로 올라가 독립선언서를 우렁차게 낭독했다. 낭독이 끝나자 군중들은 독립 만세를 외쳤고, 이어서 공원 밖으로 쏟아져 나와 시위행진을 벌였다.

학생과 시민들이 거리행진에 나서자 고종의 인산(因山)에 참석하고자 전국에서 상경한 사람들이 합세하면서 시위대는 삽시간에 수십만 군중으로 불어났다. 시위대 일부는 종로에서 광교, 시청 앞, 남대문을 돌아 의주통으로 꺾여 프랑스 공사관 쪽으로, 다른 일부는 종로, 덕수궁을 거쳐 대한문 앞에 이르러 독립만세를 불렀다. 민중들은 그 사이에 출동한 일경의 제지를 받았으나 조금도 흩어지지 않고 대열을 정비하면서 시위를 벌였다. 시위 군중은 다시 여러 대열로 나뉘어 미국 영사관, 창덕궁, 일본보병사령부, 총독부 청사 앞을 행진하면서 만세를 불렀다.

3월 1일의 만세 시위는 서울에서만이 아니었다. 평양, 의주, 정주, 해주, 옹진, 사리원, 황주, 서흥, 연백, 수안, 원산, 영흥에서 같은 시각에 만세 시위가 있었다. 경의선과 경원선 등이 지나는 곳에 위치한 도시들이어서 서울과 연락이 용이했기 때문이다.

만세 시위는 3월 2일부터 전국적으로 확산되었다. 서울의 여러 지역을 비롯해 조선 8도 전 지역에서 조직적으로 또는 자발적으로 시위가 이어졌다. 민족대표들은 비폭력, 일원화, 대중화의 3대 원칙을

대한제국 고종의 장례 행렬. 고종의 인산에 참석한 많은 군중이 시위대에 합류했다.

제시했고, 시위 군중은 이에 따랐다. 3월 1일부터 5월 말까지 3개월 동안 전개된 시위 상황을 수치로 살펴보면, 집회 총인원 202만 3,098명, 사망자 7,509명, 부상자 1만 5,961명, 피검자 4만 6,948명, 불탄 교회당 47동, 불탄 학교 2동, 불탄 민가 715호 등이다. 일제는 이보다 훨씬 축소해 통계를 조작했다.(박은식, 『한국통사』)

3·1독립시위는 한인이 모여 사는 해외 곳곳에서도 전개되었다. 서간도와 북간도를 비롯해 남북만주 일대와 중국 본토 여러 지역, 러시아 연해주, 미주·하와이, 일본 등지에 살던 교포들도 시위에 참여했다. 특히 북간도의 중심지인 룽징(龍井)에서는 3월 13일 1만여 명의 한인이 일본 영사관 옆에서 조선독립축하회를 개최하고, 독립선언서와 별도로 제작한 '독립 선언 포고문'을 발표했다. 행사를 마친 동포들은 시위에 나섰다가 일경의 무자비한 총격으로 17명이 사망하고

30여 명이 중경상을 당하는 등 피해를 입었다.

한편 총독부 경찰총감부에 끌려간 민족대표들은 혹독한 수사와 고문을 당하고 악명 높은 서대문형무소에 수감되었다. 일제는 이들을 내란죄로 엮어 중형을 선고하려 했고, 일체의 가족 면회를 금지하는 등 악행을 서슴지 않았다. 지방에서 상경한 3명의 지사들과, 33인 외에 독립선언서에는 서명하지 않고 '뒷일'을 맡기로 했던 지사들까지 구속되어 재판에 회부된 민족지사는 48인이 되었다.

기미년 만세 시위는 어느 날 갑자기 자연발생적으로 일어난 거사가 아니었다. 동학혁명, 독립협회, 만민공동회, 의병 투쟁, 신민회 등 국내의 민족운동과 1917년 7월 해외 독립운동가 14인의 '대동단결선언', 1919년 초 해외 독립운동가 39인의 '대한독립선언', 같은 무렵 상하이에서 조직된 신한청년당의 파리강화회의 대표 파견, 도쿄 유학생들의 '2·8독립선언', 그리고 윌슨 미국 대통령의 민족자결주의 등 역사의 맥락과 조직, 그리고 국제 환경을 포착해 이루어진 한민족의 위대한 혁명이었다.

민족대표들은 독립만 선언한 것이 아니었다. 임규와 안세훈을 일본에 파견해 일본 내각 및 의회에 '독립선언서'를 제출하게 하고, 미국 대통령과 파리강화회의의 각 주 대표들에게 '독립 원조 청원서' 등을 영문으로 번역·전송하게 하기 위해 현순을 상하이로 파견했다.

자료는 남아 있지 않지만, 민족대표들이 재판정에서 판검사의 심문에 "독립된 나라의 정체는 민주공화"였음을 진술한 것으로 보아 독립이 되면 민주공화제를 채택하기로 사전에 뜻을 모았던 것 같다. 상하이에 수립된 임시정부가 민주공화제를 채택한 데서도 이를 알 수 있다.

2
상하이에
대한민국임시정부 수립

           3·1혁명 후 국내외에서는 몇 갈래로 임시정부 수립운동이 시도되었다. 국치 이후 독립운동가들은 먼저 해외에서 임시정부 수립을 시도했다. 1914년 블라디보스토크에서 이상설, 이동휘 등이 대한광복군정부를 수립하고, 1917년 상하이에서 신규식, 조소앙 등 17인이 '대동단결선언'을 통해 임시정부 수립을 제창한 바 있다. 본격적인 임시정부 수립은 3·1혁명 직후 전개되었다. 기미독립선언서에서 조선이 독립국임을 선언했으니 이를 대변하는 민족의 대표 기구를 설립하는 것은 당연한 수순이었다.

  1919년 3~4월에 국내외에서 총 8개의 임시정부가 수립·선포되었다. 조선민국임시정부, 신한민국임시정부, 대한민간정부, 고려공화정부, 간도임시정부 등은 수립 과정이 분명하지 않은 채 전단으로만 발표되었다. 실제적인 조직과 기반을 갖추고 수립된 것은 러시아 연해주, 상하이, 한성의 임시정부였다.

상하이에서 대한민국임시정부가 수립된 것은 1919년 4월 11일이다. 일제로부터 국토와 주권, 국민을 완전히 되찾아 '정식' 정부를 수립할 때까지 한시적으로 '임시'로 세운 정부였다. 국내외에서 모여든 조선의 각 도 대표 29인이 4월 10~11일 임시의정원 회의를 개최하고, 여기서 임시헌장 10개 조와 정부 관제를 채택, 임시정부를 수립해 대내외에 선포했다. 비록 망명정부지만 유사 이래 처음으로 민주공화제 정치 체제를 채택한 것이다.

임시헌장 10개 조에는 "대한민국은 민주공화제로 함"(제1조), "대한민국은 임시정부가 임시의정원의 결의에 의하여 이를 통치함"(제2조), "대한민국의 인민은 남녀·빈부 및 계급 없이 일체 평등으로 함"(제3조), "대한민국의 인민은 종교·언론·저작·출판·결사·집회·주소 이전·신체 및 소유의 자유를 향유함"(제4조) 등 근대적 민주공화제의 헌법 내용을 담았다.

상하이 임시정부는 최고 수반인 국무총리 선출을 둘러싸고 심한 논란이 일었다. 내정된 국무총리 후보 이승만의 적격성에 대한 논란이었다. 이회영, 신채호, 박용만 등 무장독립운동 계열 인사들은 '위임통치론'을 제기한 이승만을 거세게 비판했고, 의정원에서 이승만이 선출되자 회의장에서 퇴장했다. 이들은 외세에 의존해 절대독립을 방해하는 사람이 새 정부의 수반이 될 수 없다고 주장했다.

이승만은 상하이로 오지 않고 미국에 머물러 있었다. 한성정부와의 관계 때문이었다. 그 사이 3·1혁명 이후 여러 곳에서 수립된 임시정부의 통합운동이 전개되었다. 각 정부가 추대한 정부 수반이나 각료가 중복되어 있고, 국내외 각지에 흩어져 활동하고 있어 미숙임

대한민국임시정부 국무원 기념사진(1919년 10월 11일). 앞줄 왼쪽부터 신익희, 안
창호, 현순. 뒷줄 김철, 윤현진, 최창식, 이춘숙.

상태로 있는 경우가 대부분이었다. 따라서 각각의 임시정부는 기능
이 공백 상태에 빠져들었고, 원활한 활동을 하기가 쉽지 않았다. 이
와 같은 문제를 해결하기 위해 단일정부로의 통합이 모색되었다.

상하이 임시정부 국무총리 대리이며 내무총장인 안창호가 8월 말
임시의정원 회의에서 한성정부 및 블라디보스토크의 국민의회 정부
와의 통합과 정부 개편안을 제시했다. 이에 따라 수차례의 논의 끝에
9월 6일 3개 정부의 통합이 이루어지고, 정부 수반의 호칭을 대통령
으로 하는 새 헌법과 개선된 국무위원 명단이 발표되었다.

통합 임시정부가 정부 수반을 국무총리에서 대통령으로 바꾸게 된
것은 미국에 있는 이승만의 줄기찬 요구 때문이었다. 국무총리로 선
출되고도 부임하지 않고 미국에서 활동해온 이승만은 국무총리가 아

닌 대통령으로 행세했다. 그는 대통령 호칭에 강한 집념을 갖고 있었다. 미국식 정치와 문화에 깊숙이 젖어 있어서 미국 정부의 수반 '프레지던트'란 호칭이 의식에 각인된 것이다.

이승만은 상하이 임시정부 직제에 대통령 직함이 존재하지 않았는데도 굳이 한글로 '대통령', 영어로 '프레지던트'를 자임했다. 해방 뒤 집권해 몇 차례나 헌법을 뜯어고치고, 헌법을 무시하면서 멋대로 통치한 것은 따지고 보면 이때부터 드러난 '헌법 위에 군림'하는 태도에서 발원한다.

상하이 임시정부는 수립 초기 정부령 제1호와 제2호를 반포해 내외 동포에게 "납세를 전면 거부하라"(제1호), "적(일제)의 재판과 행정상의 모든 명령을 거부하라"(제2호)는 강력한 포고문을 발령했다. 그리고 국내 조직으로 연통제(지방 행정 조직)와 교통국(비밀 통신 조직)을 설치한 데 이어 해외에는 거류민단을 조직해 임시정부의 관리하에 두었다. 그러나 1920년 말부터 일제의 정보망에 걸려 국내의 지방 조직이 파괴되고 3·1혁명의 열기가 점차 사그라지면서 국내의 독립기금 송금과 청년들의 임시정부 참여가 크게 줄어들었다.

상하이 임시정부는 이승만 대통령 선임을 둘러싸고 외무총장 박용만과 교통총장 문창범이 취임을 거부한 데 이어 이회영, 신채호 등 무장투쟁 주창자들이 상하이를 떠나 베이징으로 올라가버렸다. 엎친 데 덮친 격으로 1920년 국무총리 이동휘가 러시아 정부가 지원한 독립운동 자금을 독자적으로 처리해 물의를 일으키다가 1921년에 임시정부를 떠났다. 이에 임시정부는 이동녕, 신규식, 노백린이 차례로 국무총리 대리를 맡아 정부를 이끌 만큼 불안정한 상태로 운영되었다. 워싱턴에 머물고 있던 이승만은 1920년 12월 5일 상하이에 도착했다.

통사와 혈사로 읽는 한국 현대사

그러나 1년 반 만에 돌아온 그는 아무런 방안도 내놓지 못했다. 이승만에게 기대를 걸었던 임정 요인들은 실망감이 컸다. 이승만은 떠나는 이들을 붙잡아 포용하는 대신 신규식, 이동녕, 이시영, 노백린, 손정도 등을 새 국무위원으로 임명해 위기를 넘기고자 했다.

당시 만주, 간도, 연해주 등지에서는 민족 독립을 위한 무장단체들이 속속 결성되어 항일투쟁을 벌이고 있었다. 북로군정서, 대한독립군단, 대한광복군, 광복군총영, 의열단, 의군부, 대한신민단, 혈성단, 신대한청년회, 복황단, 창의단, 청년맹호단, 학생광복단, 자위단 등이 결성되고, 특히 1911년 신흥무관학교가 설립되어 강력한 군사훈련을 통해 독립군 간부들을 양성했다.

만주 각지에서 조직된 무장독립군 세력은 연대해 봉오동전투(1920년 6월)와 청산리전투(1920년 10월)를 통해 국치 이래 최대의 항일대첩을 이루었다. 이런 상황인데도 상하이 임시정부는 이승만의 독선과 독주로 요인들이 하나둘씩 떠나가고, 실현성이 취약한 '외교독립론'에 빠져 있었다.

이승만의 독선적인 정부 운영과 무대책에 실망한 임시정부 국무위원들과 의정원 의원들은 국민대회를 준비하면서 지도 체제를 대통령 중심제에서 국무위원 중심제, 즉 일종의 내각책임제로 바꾸는 개헌 작업을 시도했다. 이승만이 이에 반대하면서 임시정부는 더욱 분열되었고, 이승만은 1921년 5월 상하이를 떠나고 말았다.

이승만의 1년 반 동안의 임시정부 활동은 이렇게 끝났고, 대통령직을 사퇴하지 않고 상하이를 떠난 그는 얼마 후 임시의정원에 의해 탄핵되었다. 이런 분란에도 불구하고 임시정부는 일제 패망 때까지 27년 동안 항일민족해방투쟁의 본거지로서 독립전쟁을 지휘했다.

3

김창숙과 유림의
'파리장서' 사건

1919년 3·1혁명이 전개되면서 심산 김창숙과 한국 유교계는 깊은 고뇌와 시름에 빠졌다. 다른 종교 지도자들이 민족대표로서 3·1혁명을 주도한 데 비해 유림만은 여기에서 빠져, 결과적으로 유교계가 국민들로부터 지탄을 받게 되었기 때문이다.

특히 개신 유교의 지도자 김창숙의 아픔은 남달랐다. 1919년 2월 김창숙은 지기인 벽서 성태영으로부터 편지 한 통을 받았다. 편지는 "광무 황제의 인산을 3월 2일에 거행하는데, 국내 인사가 모 사건을 그때에 거행할 작정이다. 사기(事機)가 이미 성숙했으니 자네도 즉일로 서울에 와서, 시기를 놓쳐 미치지 못하는 후회를 남기지 말라"는 내용이었다. 그런데 때마침 김창숙의 어머니가 병환 중이어서 쉽게 곁을 떠나지 못하다가 2월 그믐께에 이르러 서울에 올라오니 독립선언

통사와 혈사로 읽는 한국 현대사

김창숙.

서에 서명할 민족대표는 이미 선정된 후였다. 이렇게 그는 민족대표로 참여할 기회를 잃은 것이다.

김창숙은 3·1 독립선언서를 읽으면서 통탄했다. "우리 조선은 유교의 나라다. 진실로 나라가 망한 원인을 따져본다면 바로 이 유교가 먼저 망하자 나라도 따라 망한 것이다. 지금 광복운동을 인도하는데 오직 세 교파가 주장하고, 유교는 한 사람도 참여하지 않았다. 세상에 유교를 꾸짖는 자들은 '쓸데없는 유사(儒士), 썩은 유사와는 더불어 일하기에 부족하다'할 것이다. 우리가 이런 나쁜 명목을 덮어썼으니 무엇이 이보다 더 부끄럽겠는가?"

그래서 김창숙은 자신이 중심이 되어 새로운 항일 독립운동을 전개하기로 마음을 굳혔다. '파리장서(巴里長書) 사건' 또는 '유림단 사건' 등으로 불리는 항일운동은 이렇게 시작되었다.

3·1혁명이 전국적으로 전개되자 유림 측에서는 프랑스 파리에서 개최되는 강화회의에 조선의 독립을 호소하는 장문의 서한을 보내기로 했다. 의병운동을 주도한 호서 지방의 유림인 전 승지 김복한과

각지에서 의병에 참여했던 김덕진, 안병찬, 김봉제, 임한주, 전양진, 최중식 등이 중심이었다. 이러한 호서 지방 유림의 동태를 모르고 있던 김창숙은 영남 유림을 중심으로 파리강화회의에 조선의 독립을 요구하는 서한을 보내기로 하고, 우선 이 지방 유림의 상징적 인물인 면우 곽종석을 찾아가 거사를 도모했다. 그러다 호서와 영남 두 지방의 유림이 같은 목적의 일을 도모하고 있다는 것이 알려지면서 두 팀은 서로 통합하기로 합의하고, '파리장서'에 담을 내용은 김창숙이 준비한 것을 택하기로 했다. 곽종석, 김창숙, 김복한, 김덕진, 안병찬 등 134명의 유림 대표가 서명한 '파리장서'의 요지는 다음과 같다.

> 천지자연의 법칙 속에 모든 인류는 제 나름의 삶의 양식이 있다. 특히 여러 나라, 여러 겨레는 제각기 전통과 습속이 있어 남에게 복종이나 동화를 강요받을 수 없다. …… 우리 한국은 비록 작은 나라이지만 3천 리 강토와 2천만 인구로서 4천 년 역사를 지닌 문명의 나라이며, 우리 스스로의 정치의 원리와 필요한 능력은 갖추고 있다. 일본의 간섭은 전혀 배제되어야 마땅하다. …… 우리는 일본이 가한 포악무도한 통치를 더 이상 참을 수 없다. …… 우리는 맨주먹으로 일제의 총칼과 싸우고 있다. 만국평화회의가 열릴 때에 우리는 희망에 부풀었고, 폴란드 및 그 밖의 나라들이 독립된다는 소식을 들었을 때 우리는 더욱 고무되었다. …… 만국평화회의는 우리 2천만 생명의 처지를 통찰해줄 것을 믿는다.

'파리장서'를 휴대한 김창숙은 단신으로 상하이로 건너갔다. 그곳에서 이시영, 조성환, 이동휘 등 독립운동 지도자들과 만나 국내 유림 세력의 뜻을 전하고 구체적인 방안을 협의했다. 그런데 일이 다소 꼬였다. 이미 7~8일 전에 신한청년당 대표로 선정된 김규식이 독립운동 단체의 대표로 파리에 파견되어 활동하고 있었던 것이다.

이런 상태에서 경비 문제도 있고, 거기다 외국어를 모르는 김창숙이 혼자서 파리에 가기는 어렵지 않느냐는 이야기가 나왔다. 다시 독립운동 지도자들과 의논한 결과, '파리장서'를 각국 언어로 번역해 파리의 김규식을 통해 만국평화회의에 전달하기로 하고, 국내의 각계에도 이를 발송하도록 했다.

얼마 후 국내에 발송된 '파리장서'가 일본 경찰에 발각되었다. 곽종석 이하 대다수의 유림이 붙잡혔으며, 일부 인사는 해외로 망명했다. 이른바 '제1차 유림단 사건'이 발생한 것이다. 이 일로 곽종석, 김복한, 하용제 등이 감옥에서 순국하고, 많은 관련자들이 일경의 잔혹한 고문으로 목숨을 잃거나 징역형을 받았다.

김창숙은 독립군 기지 마련을 위해 멀리 내몽고에 3만 정보의 개간 가능한 땅을 확보했지만, 적지 않은 이주 비용을 마련하는 일이 쉽지 않았다. 마침 곽종석 선생의 문집 간행 관계로 서울에 많은 유림 인사들이 모였다는 소식이 들려왔다. 김창숙은 이를 좋은 기회라 여기고 직접 국내에 들어가기로 작정했다. 그가 국내에 잠입한다는 것은 대단히 위험한 일이었다. 일제는 그를 파리장서 사건의 '주모자'로 단정하고 그의 행방을 쫓고 있었다. 그러나 개간지를 확보해 독립군을 양성하려는 원대한 계획을 실천하기 위해서는 몸을 사리고 있을 수만은 없었다. 그는 귀국을 결심하고 동지 송영우, 이봉로, 김화식과 함께 거사를 논의했다.

1925년 8월 초 김창숙은 베이징을 출발해 국내 잠입 길에 올랐다.

지린성(吉林省) 하얼빈에서 10여 일 머물면서 만주 각지 동포들의 상황을 파악하고, 안동현과 신의주를 거쳐 서울로 잠입하는 데 성공했다. 하지만 자금 모금은 쉽지 않았다. 3·1혁명의 열기가 크게 수그러든데다 일제의 탄압이 강화되면서 독립운동 자금을 내려는 독지가도 줄어들었다.

김창숙은 서울에서 허장환, 정수기, 이태호, 곽윤, 김창백, 송영우, 김화식을 만나고, 이들 중 몇 사람을 경기도, 충청남북도, 경상남북도, 전라남북도 등지로 파견해 재산가들에게 그의 뜻을 알리도록 했다. 이때 진주의 한 부호가 허장환을 통해 김창숙에게 귀순할 것을 종용했다는 말을 듣고 "친일 부자의 머리를 독립문에 걸지 않으면 우리 한국이 독립할 날이 없을 것이다"라고 개탄하면서 새로운 비밀결사를 조직했다.

김창숙은 1925년 9월 2일 서울 낙원동 134번지 평양옥이라는 임시 숙소에서 신건동맹단을 조직해 독립자금 모금과 친일 부호의 척결을 도모했다. 김화식, 송영우, 곽윤, 손후익, 허장환, 이자근 등이 참여해 조직한 신건동맹단은 총책임은 김창숙이, 부책임은 김화식과 송영우가 맡고, 단원들이 각기 지방의 군자금 모금 책임을 맡아 활동에 나섰다. 활동 방법도 구체적으로 마련했다.

4

일제가
가장 두려워한 의열단

'의열(義烈)'이란 흔히 의사(義士)와 열사(烈士)를 가리키거나 그들의 특징적인 행동을 의미하는 용어로 쓰인다. 우리 독립운동사에서 의열투쟁은 여러 독립운동 방략 중에서 가장 돋보이는 투쟁 노선이었다. 가장 적은 희생으로 가장 많은 효과를 낼 수 있으며, 수단과 방법, 시간과 장소, 인물과 기관을 가리지 않고 활용할 수 있는 방법이 의열투쟁이었다.

임진·정유왜란 때에 의열투쟁이 강력한 저항의 모습을 보였고, 한말 일제 침략기에도 수많은 의열사들이 궐기해 의병전쟁에 참가하고, 여의치 않을 때는 일신을 던지는 단독 의열전을 전개했다. 1970~1990년대 반독재 민주항쟁 과정에서도 수많은 재야인사, 학생, 노동자가 투신, 분신, 할복, 고문사, 의문사 등의 희생을 감내하면서 민주주의를 쟁취했다.

일제 군경과 관리들에게 의열단원은 염라대왕과 같은 존재로 인식되었다. 언제 어디서 불쑥 의열단원이 나타나 폭탄을 던지고 권총을 들이댈지 모르기 때문이었다. 두렵기는 친일파와 악질 지주들도 마찬가지였다. 의열단에서 감행한 주요 의열투쟁은 다음과 같다.

- 1920년 3~6월: 곽재기, 이성우 등이 국내 활동에 사용할 폭탄을 밀양으로 반입.
- 1920년 9월: 밀양 폭탄 반입 사건에 대한 응징으로 박재혁이 일본인 부산경찰서장을 폭살.
- 1920년 11월: 최수봉(최경학)이 밀양경찰서 폭파.
- 1921년 9월: 김익상이 종로경찰서에 폭탄 투척.
- 1922년 3월: 김익상, 이종암, 오성륜이 상하이 황포탄 부두에서 일본 육군대장 다나카 기이치(田中義一) 저격.
- 1923년 3월: 김시현, 남정각, 유석현 등이 경기도 경찰부 황옥 경부를 동원해 무기와 폭탄을 국내로 반입.
- 1924년 1월: 관동 대지진 때 한인 학살에 대한 응징으로 구여순, 오세덕 등이 국내 폭동 시도.
- 1925년 3월: 이인홍과 이기환이 베이징에서 일제 밀정 김달하 처단.
- 1925년 11월: 이종암, 배중세, 고인덕 등이 국외로부터 무기를 반입해 거사를 준비했던 '경북 의열단 사건'.
- 1926년 12월: 나석주가 동양척식주식회사와 조선식산은행 습격.

의열단은 1919년 11월 10일(음력 10월 28일) 결성되었다. 그 전날 일단의 조선 청년들이 중국 지린성 파허문(巴虛門) 밖 중국인 농민 반(潘)

김원봉.

씨 집에 모였다. 이 집은 자금의 여유가 있던 이종암이 반 씨로부터 세내어 거처 겸 연락처로 사용하고 있었다. 여기서는 가끔 폭탄 제조 실험도 했다. 일종의 비밀 아지트인 셈이다.

반 씨 집에 모인 10대 후반에서 20대 중반까지의 조선 청년 13명은 밤이 새도록 토론을 계속했다. 이날 밤 의열단의 활동 지침으로 '공약 10조'를 결정하고, '구축왜노(驅逐倭奴), 광복조국, 타파계급, 평균지권(平均地權)'의 4개 항목을 최고의 이상으로 내걸었다.

의열단이라는 명칭은 김원봉의 작품이다. '정의'의 '의(義)'와 '맹렬'의 '열(烈)'을 취해 '의열단'이라 명명한 것이다. 이날 모인 사람은 김원봉을 포함해 13명이었다. 기록에 따라 참석자 명단에 차이가 있지만, 김원봉이 제시한 명단은 다음과 같다.

윤세주, 이성우, 곽경(일명 곽재기), 강세우, 이종암, 한봉근, 한봉인, 김상윤, 신철휴, 배동선, 서상락 외 1명

창립 단원들은 형제의 의를 맺고 '공약 10조'로서 조직 기율을 정했다. 김원봉이 맏형 격인 '의백(義伯)'으로 선출되어 단장의 임무를 맡았다. 대표자의 명칭을 '의백'이라 하고 있음은 단원 상호 간의 관계를 반(半)혈연적 운명공동체 의식으로 묶인 일종의 형제 결연적 관계로 상정했음을 말해준다.

초겨울 대륙의 긴 밤이 지나고 어느새 새날이 밝았다. 새날은 11월 10일, 의열단이 정식 창단되는 날이다. 이날 채택된 '공약 10조'는 다음과 같다.

① 천하의 정의의 사(事)를 맹렬히 실행하기로 함.

② 조선의 독립과 세계의 평등을 위해 신명(身命)을 희생하기로 함.

③ 충의의 기백과 희생의 정신이 확고한 자라야 단원이 됨.

④ 단의(團義)에 선(先)히 하고, 단원의 의(義)에 급히 함.

⑤ 의백 1인을 선출해 단체를 대표함.

⑥ 하시하지(何時何地; 어느 때 어느 곳)에서나 매월 1차씩 사정을 보고함.

⑦ 하시하지에서나 초회(招會)에 필응(必應)함.

⑧ 피사(被死)치 아니하여 단의에 진(盡)함.

⑨ 일(一)이 구(九)를 위해, 구가 일을 위해 헌신함.

⑩ 단의에 반배(返背)한 자를 처살(處殺)함.

의열단이 창단될 때 성문화된 단의 강령 같은 것은 달리 없었다. 1923년 단재 신채호의 손으로 '조선혁명선언(의열단선언)'이 쓰일 때까지 '일제와 친일파를 몰아내고, 조국을 광복해, 계급을 타파하며, 토지 소유를 평등하게 한다'는 4대 목표를 최대의 이상으로 삼았다.

'평균지권'은 의열단의 진보적인 성향을 보여주는 대목이다. 이 조항은 지주–소작 관계가 더욱 강화되고 있던 조선의 국내 사정을 두고 볼 때 대단히 진보적인 것이었다. 요컨대 의열단은 단순한 독립만이 아니라 사회 개혁을 지향했으며, 대한광복회의 진보적 노선을 한층 발전시켰다는 평가를 받고 있다.

의열단은 적의 간담을 서늘하게 한 공포의 '마땅히 죽여야 할 대상', 즉 '7가살(七可殺)'로 ① 조선총독 이하 고관, ② 군부 수뇌, ③ 대만 총독, ④ 매국적, ⑤ 친일파 거두, ⑥ 적의 밀정, ⑦ 반민족적 토호 열신(土豪劣紳; 악덕 지방 유지) 등을 꼽았다. 또한 ① 조선총독부, ② 동양척식회사, ③ 매일신보사, ④ 각 경찰서, ⑤ 기타 중요기관 등 5가지 '파괴 대상'도 선정했다.

의열단은 '7가살'과 '5파괴'를 명시적으로 규정했다. 처단 대상을 명확히 함으로써 활동 목표를 적시한 것이다. 총독정치의 우두머리와 하수인, 그리고 민족반역자 모두를 세분화해서 구체적으로 '마땅히 죽여야 할 대상'으로 지목했다. 또 파괴해야 할 핵심 기관으로 통치기관은 조선총독부, 수탈기관은 동양척식회사, 선전기관은 매일신보사, 폭압기구는 각 경찰서와 기타 중요 기관을 적시했다. 이는 그 어떤 독립운동 단체보다 격렬하게 일제와 싸우고자 하는 의열단의 결의, 치열함과 조선 민중의 소망을 보여주는 것이라 하겠다.

5

일본 열도에
태풍을 불러온 여운형

중국에 망명해 신한혁명당을 조직하고 국내에 밀사를 보내 3·1혁명의 물꼬를 튼 여운형은 담대하고 호방한 성격의 소유자다. 30대 초반에 이미 만고풍상을 겪었고, 국제 정세도 어느 정도 꿰고 있었다. 상하이에서 활동하면서, 그리고 임시정부의 외교 역할을 담당하면서 외교 라인, 외신을 통해 일본의 정세도 파악할 수 있었다.

국내에서 3·1혁명이 일어나자 일제는 야만적인 학살, 방화, 투옥으로 조선 천지를 생지옥으로 만들었다. 그러한 만행이 외국 선교사와 외신을 통해 세계에 전해지면서 일제는 국제 여론 앞에 당황할 수밖에 없었고, 그래서 내세운 것이 이른바 위장된 '문화정치'이고 유화책이었다.

일제의 입장에서 여운형은 '불령선인(不逞鮮人)의 수괴'급에 해당하는

통사와 혈사로 읽는 한국 현대사

1919년 9월 17일 열린 제6차 대한민국 임시정부 임시의정원 폐원식 기념사진. 맨 뒤쪽 두 번째가 여운형.

인물이었다. 그래서 일제는 여운형을 일본으로 초청하는 술책을 꾸몄다. 대외적으로는 일본의 유화 정책을 과시하고, 대내적으로는 그를 회유해 식민지 정책에 활용하며, 덤으로 독립운동 진영을 분열시키려는 다목적용 카드였다.

　여운형은 일본행을 수락하기에 앞서 '신변 보장', '언론과 행동의 자유', '통역은 장덕수', '귀로 조선 경유' 등 네 가지 조건을 제시했고, 일제로부터 모두 수락한다는 답변을 들었다. 장덕수를 통역으로 제시한 것은, 2월 20일 국내에서 활동 중에 일경에 검거되어 전라도의 외딴섬 하의도에서 유배 생활을 하고 있던 그를 구해주기 위해서였다.

　여운형은 1919년 11월 14일 상하이의 양수포(楊樹浦) 회산(匯山) 부두에서 일본 우편선 카스가이루 편으로 도쿄로 떠났다. 최근우와 신상완이 수행하고, 이를 주선한 후지다 큐고(藤田九皐) 목사가 동행했다.

도쿄 도착 다음 날 고가 렌조(古賀廉造) 척식국 대신을 만난 것을 시작으로 공식 일정이 시작되었다. 고가는 여운형을 극진하게 예우하면서 "이역에 살면서 고심참담한 조선의 우국지사들에 대해서는 성심으로 동정한다. 그러나 민족에게 도움이 되는 활동을 하길 바란다"면서, 자신은 '일한합병'을 반대했으며, "일한합병이 조선과 일본 양측에게 이익"이라고 말했다. 회유성 발언이었다.

만 34세의 여운형은 30년 연상인 데다 일본의 대심원 검사, 판사와 치안본부장 격인 경보국장을 지낸 척식국 대신을 상대로 명쾌한 논리를 들어 일제의 한국 병탄이 동양 평화를 어지럽힌다고 논박했다. 감정적인 배일론이 아닌 논리적인 주장이었다.

여운형은 고가의 안내로 아카사카 리궁을 참관했다. 일본 황실의 '리궁'은 일왕이 국빈이나 귀빈을 알현할 때나 외국과 조약을 맺을 때 이용하는 별궁이었다. 여운형 일행의 '리궁' 참관을 두고 내각의 반대 측에서는 '불령선인'들이 성역인 황실 지역에 발을 들여놓았다고 맹비난했다.

여운형 일행은 일본의 각계 요인들과 접촉했다. 19일부터 2주일 동안 면회·면담한 사람은 고가 척식국 대신, 다나카 기이치 육군 대신, 도코나미 다케지로(床次竹太郎) 외무대신, 미즈노 렌타로(水野錬太郎) 조선총독부 정무총감, 노다 우타로(野田卯太郎) 체신대신, 하라 다카시(原敬) 수상, 일본 기독교 요인들, 요시노 사쿠조(吉野作造) 도쿄제국대학 교수 등이었다.

여운형의 일본 방문 하이라이트는 11월 27일 있었던 데이코쿠호텔 회견이었다. 도쿄 중심가에 자리 잡은 데이코쿠호텔에는 일본 각계 인사, 신문기자 등 500여 명이 모여들었다. 전날까지의 활동이 일본 신문에 전혀 보도되지 않은 것을 여운형이 고가에게 강력히 항의하자 일본 정부가 태도를 바꾸어 보도 통제를 해제했고, 27일 데이코쿠호텔에서 여운형의 강연과 회견이 있다는 것이 신문에 보도되면서 도쿄의 한국인 유학생 등 많은 사람이 몰려온 것이다. 여운형은 조금도 위축되지 않고 만장한 청중 앞에 섰다. 소싯적부터 연설에는 일가견이 있는 그였다. 연설은 간결하지만 청중을 사로잡았다.

> 한일합병은 순전히 일본의 이익만을 위해 강제된 치욕적 유물이다. 일본은 자신을 수호하고 상호안전을 위해서 부득이 합병을 할 수밖에 없었다고 말했지만, 러시아가 물러간 오늘날에도 그러한 궤변을 고집할 수 있을 것인가.
> 오히려 한국의 독립은 일본에 안전과 평화를 가져다줄 것이다. 즉 일본은 조선 독립을 승인하고 조력함으로써만 조선인의 원한에서 풀리어 오히려 친구가 되고, 중국과 그 밖의 여러 이웃 나라, 나아가 전 세계의 불신과 의구심에서 벗어날 수 있을 것이며, 이를 통해서 동양의 평화와 세계 평화는 가능해질 것이다.

여운형의 연설은 다음 날 일본의 주요 신문에 크게 보도되었다. 신문들은 "조선의 청년 지사, 독립을 주장하는 사자후", "제국 수도 한 켠에서 불온 언사 난무", "여운형 군 독립주의를 고집" 등의 제목을 뽑아 보도했다. 일본 열도가 출렁거리기 시작했다.

여운형이 일본 순방 중에 파란을 일으켰던 또 하나의 연설은 도쿄제국대학 교수 요시노 사쿠조가 자신이 지도하는 학생단체 신인회(新

人會)를 통해 초청한 환영대회에서의 연설이었다. 신인회는 신사상, 특히 사회주의 사상을 연구하기 위해 조직된 진보적인 학술단체로, 이날 환영회 자리에는 사회사상가 모리타 다쓰오(도쿄대학 교수), 사회주의 운동가 야마카와 히로시(山川宏), 아나키스트 선구자 오스기 사카에(大杉榮)를 비롯해 일본 사회주의 운동가, 아나키스트 등 100여 명과 김준연 등의 조선인과 중국인 다수, 수백 명의 도쿄 대학생도 참석했다.

이날 행사의 하이라이트는 행사 마지막 즈음에 일어난 돌발적인 '사건'이었다. 오스기 사카에가 자리에서 일어나 "조선 독립 만세"를 외치고, 참석자 다수가 제창한 것이다. 오스기는 이른바 대역사건으로 처형된 고토쿠 슈스이(幸德秋水)의 뒤를 이어 일본의 아나키즘을 이끌면서 천황제를 비판해온 일본의 양심적 지식인이었다.

여운형은 일본 열도에 폭풍을 일으키고 극진한 대우를 받으면서 유유히 상하이로 돌아왔다. 그가 떠나온 뒤 일본 정계의 파고는 대단했다. "조선 가정부(임시정부)의 영수를 불러들여 불온 언사를 공공연히 자행하게 했다"는 등의 여론이 빗발쳤고, 마침내 제4회 일본제국의회의 해산으로 하라 다카시 수상이 이끈 정우회(政友會) 내각이 붕괴되었다.

6
국치 이래 최초의
왜적 격파, 봉오동대첩

나라를 일제에 빼앗긴 우리 민족은
국권 회복을 위해 가능한 모든 방법을 동원했다. 의병전쟁론, 의열투
쟁론, 무장전쟁론, 외교론, 실력양성론, 계급투쟁론 등이 그것이다. 이
들 방략은 나름대로 명분과 시대적인 배경이 있었고, 단독적으로 또
는 복합적으로 추진되기도 했다. 임시정부에서는 의열투쟁과 무장투
쟁, 외교론을 모두 동원했다.

우리 애국지사들은 국치 직후인 1911년부터 무장전쟁을 목표로
만주 삼원포에 신흥무관학교를 설립하고 독립군관을 양성했다. 우
당 이회영 일가와 석주 이상룡 일가 등이 모든 재산을 투자해 설립
한 신흥무관학교는 10년 동안 3,500여 명의 독립군을 배출했다. 이
들이 의열단을 조직하고, 3대첩에서 승리를 거두었으며, 독립군과 한
국광복군, 조선의용대의 핵심 멤버가 되었다. 신흥무관학교뿐만 아니

라 만주와 연해주의 의병 출신 애국지사와 교민들은 각종 독립운동 단체를 결성하는 한편 독립전쟁에 대비해 독립군을 양성했다.

식민지 시기에 가장 통쾌하게 왜적과 싸워 승리를 쟁취한 것이 봉오동전투와 청산리전투, 대전자령전투다. 이를 항일독립전쟁의 3대첩이라고 부른다. 3대첩은 국치를 전후해 국내외에서 전개된 의병전쟁의 결실이고, 이후 항일무장투쟁과 의열투쟁의 발화점이 되었다. 뿐만 아니라 중국 정부와 인민들에게도 많은 영향을 주어 향후 대일전쟁의 정신적·전략적 교훈이 되었다. '대첩'이라는 용어를 사용하는 것이 과장된 표현은 아닌가 하는 일부 학자들의 주장도 있지만, 그토록 어려운 여건에서 일제 정규부대를 토살한 것은 세계 전쟁사에서도 흔치 않은 사례다.

1919년 3·1혁명이 일제의 야만적인 학살로 좌절되자 의기 있는 청년들이 속속 만주로 건너가 무장투쟁에 나섰다. 1919년 8월, 홍범도 장군이 이끄는 대한독립군은 함경남도 삼수와 갑산, 함경북도 회산진 등지에 출동해 일본군을 습격하고, 10월에는 만포진 지역으로 출격해 일본군을 격파했다. 이어서 홍범도 독립군은 1920년 안무가 지휘하는 국민회의 독립군과 최진동이 이끄는 군무도독부 독립군과 연합해 '대한북로독군부'라는 연합사령부를 조직하고, 군무도독부의 근거지인 봉오동에 본부를 설치해 본격적인 항일전을 준비했다. 여기에 대한신민단 독립군 부대 60여 명도 합세해 봉오동 일대의 우리 독립군 부대는 800여 명에 이르렀다. 국치 이래 최대 병력이 집결한 것이다.

군대 편성을 정비한 연합군은 1920년 3월 15일부터 10일간 은성에서 작전을 전개했으며, 약 200명의 독립군은 은성군 유포면에 있는 일제 경찰관 주재소를 습격했다. 또 80명의 독립군은 미포면에 주둔하고 있던 미점헌병대를 습격·섬멸했고, 18일에는 약 30명의 독립군이 유포면 향당동에서 일본 경찰대와 교전하고, 독립군 200여 명은 은성읍을 공격했다.

1920년 6월 4일 새벽, 30여 명의 독립군 소부대는 삼둔자를 출발해 두만강 건너 강양동으로 진격해 일제 헌병 주재소를 격파하는 전과를 올렸다. 이에 일본군 본부에서는 보병 19사단 남양수비대장에게 명해 육군 1개 중대와 헌병 10명의 현지 병력을 동원해 두만강을 건너 독립군의 본거지인 삼둔자를 공격하도록 했다.

독립군은 일본군의 정보를 탐지하고, 6월 6일 유리한 산악 지형을 이용해 적을 골짜기로 유인해 일격에 격퇴했다. 이 전투에서 일군 19사단은 병력 60여 명이 사살되고 50여 명이 부상당했다. 일본군은 다시 19사단 소속 야스가와 지로(安川二郎) 소좌 지휘하의 1개 대대 병력으로 신미부대를 지원토록 명했다. 하지만 이 부대 역시 고려령 서남방 지역에서 우리 독립군의 기습을 받아 큰 타격을 입었고, 삼둔자 전투에서 승리한 독립군은 봉오동으로 귀환했다.

함경북도 나남에 사단본부를 두고 있던 일본군 19사단은 삼둔자 전투 패전에 크게 분개했고, 야스가와 소좌가 지휘하는 월강 추격대대를 편성해 6월 6일 두만강을 건너 국내 진공 작전을 전개하는 독립군의 근거지인 간도의 와룡현 봉오동으로 들어가 독립군을 섬멸할 계획을 세웠다.

대한북로독군부와 대한신민단의 독립군 연합부대가 봉오동 일대에 진을 치고 있을 때 야스가와 대대가 독립군을 추격해 봉오동 골짜기 입구까지 제 발로 들어왔다. 봉오동은 사방이 산으로 둘러싸여 삿갓

1921년의 **홍범도**.

을 뒤집어 놓은 것과 같은 형태의 천연 요새다. 대한북로독군부 사령
관 최진동과 연대장 홍범도는 일본군 1개 대대가 독립군 소부대를
추격해 봉오동에 접근하고 있다는 정보를 받자 이를 섬멸하기로 결정
하고, 봉오동 주민들을 대피시키고, 제1중대장 이천오는 중대원을 인
솔하고 봉오동 상촌마을 서북단에, 제2중대장 강상모는 동산에, 제3
중대장 강시범은 북산에, 제4중대장 조권식은 서북단에 매복해 일본
군을 기다리게 하고, 홍범도 자신은 2개 중대를 이끌고 서남북단에
매복했다. 이흥수의 대한신민단 독립군은 일본군이 진입해 들어오는
남단에 매복했다.

　최진동과 홍범도는 군무국장 이원으로 하여금 본부 병력 및 잔여
중대를 인솔하고 서북고지에서 탄약과 식료를 공급하면서 만일의 경
우를 대비해 퇴로를 확보하도록 했다. 홍범도는 또한 제2중대 제3소
대 제1분대장 이화일에게 약간의 병력을 주어 고려령 북쪽 1,200미

터 고지와 그 북쪽 마을에 대기하고 있다가 일본군이 나타나면 교전하는 척하면서 일본군을 포위망 안으로 유인하도록 했다.

이 같은 사실을 알지 못한 일본군 야스가와 추격대대는 6월 7일 오전 6시 30분경 봉오동 골짜기 입구에 도착해 척후수색대를 봉오동 쪽으로 내보냈다. 독립군 이화일 분대는 이를 맞아 유인하기 위한 교전을 한다는 것이 너무 용감히 싸워서 일본군 척후수색대가 참패하고 퇴각해버렸다.

일본군은 독립군을 오합지졸의 민병 집단으로 얕보고, 다시 대오를 정비해 같은 날 11시 30분경에 봉오동 입구 고지에서 하동마을을 정찰한 다음, 척후대를 앞세워 진입해 왔다. 오후 1시경 남쪽 300미터 지점의 갈림길까지 이른 일본군은 독립군의 포위망 안으로 깊숙이 들어오기 시작했다.

이때를 기다렸던 연대장 홍범도가 일제 공격의 명령으로 신호 총성을 쏘았다. 매복해 있던 독립군이 동서남북 사방에서 정확히 조준하고 있다가 맹렬한 집중사격을 가하니 일본군은 상대가 되지 않았다. 가히 추풍낙엽이었다. 일본군은 신곡중대와 중서중대를 전방에 내세워 3시간 동안 응전하다가 사상자가 속출하자 더 이상 버티지 못하고 퇴각하기 시작했다. 이때 강상모가 지휘하는 독립군 제2중대는 도주하는 일본군을 추격해 또다시 막대한 타격을 가했다. 이것이 독립군이 일본군을 섬멸한 봉오동대첩이다.

상하이 임시정부 군무부는 봉오동전투에서 일본군은 사망 157명, 중상 200여 명, 경상 100여 명을 내고 참패했다고 보고했다. 한편 독립군의 피해는 전사 4명, 중상 2명으로 경미했다.

7

청사에 빛나는
청산리대첩

청산리는 만주 화룡현 삼도구에 있
는데, 우리 교포들이 많이 사는 용정촌에서 약 40킬로미터 떨어져
있다. 주위가 산으로 첩첩 둘러싸인 첩산이어서 청산리로 이름을 붙
였다고 한다. 부근에는 충신장(忠信場)이라는 중국인 마을(약 200호)이
있고, 충신장에서 서쪽으로 12킬로미터 되는 곳에 큰 바위가 있다고
해 대립자라고 부르는 마을이 있고, 거기서 다시 서쪽으로 6킬로미터
쯤 가면 백운평이 있다. 충신장에서 백운평까지 이르는 깊은 계곡은
전략적으로 먼저 진을 치는 편이 유리하다. 독립군이 청산리를 결전
지로 정한 것도 그러한 전술적 가치가 있는 지역이기 때문이다.

일제는 한국 독립군의 이동 경로를 추적하는 한편, 자체 전력을
강화했다. 중국군이 한국 독립군 진압에 형식적일 뿐, 아무런 전과도
올리지 못했다고 판단한 일제는 새로운 음모를 꾸몄다. 이른바 '훈춘

사건'이다.

일제는 1920년 10월 2일 마적의 수령 창장하오(長江好)를 매수해 마적 400여 명으로 하여금 훈춘의 일본 영사관을 습격케 했다. 이 습격으로 시부야 경부의 가족 등 일본인 9명이 살해되었다. 일제는 이 사건을 빌미삼아 일본 영사관 보호와 마적 토벌이라는 구실 아래 나남에 본부를 두고 있는 19사단의 병력을 불법으로 출동시켜 일대의 조선인과 독립운동가들을 무차별 학살했다. 봉오동 참패에 대한 보복과 더불어 간도 출병의 명분을 위한 처사였다. 이어서 10월 14일에는 중국에 공개적으로 간도 출병을 선언했다.

이 사건으로 훈춘에서만 조선인 교포 240여 명이 학살되고, 한인회와 독립단 조직이 파괴되었다. 또 일제의 만주 지역 교포 학살이 본격적으로 자행되었다. 일제가 간도에 파병한 병력은 각 사단에서 차출한 2만 5천여 명 규모였다. 이들에게 주어진 기본 임무는 한국 독립군을 학살하는 것이었다.

홍범도의 대한독립군은 명월구와 이청림(二靑林) 지역의 독립군 기지를 떠나 8월 중순경에 화룡현 이도구 어랑촌 일대로 옮겨 남완루구와 북완루구를 중심으로 새로운 군사기지를 구축했으며, 뒤를 이어 안무의 대한국민회군과 대한의군부, 대한신민단, 대한광복단 등 반일 무장단체들이 차례로 이곳에 도착해 홍범도 부대와 합세함으로써 강력한 연합부대를 형성했다.

한편 이 시기 왕청현 서대파 십리평에 위치한 김좌진의 북로군정서는 러시아로 파견한 무기구입부대가 돌아오지 않아 근거지 이동을 미루고 있었다. 결국 9월 6일 멍푸더(孟富德)가 거느린 중국군이 십리평으로 들어와 근거지 이동을 요구하자, 9월 9일 급히 사관연성소

청산리대첩에서 북로군정서를 이끈 김좌진.

졸업식을 거행하고 부대를 재편성한 후 17~18일에 장정에 올랐다. 그 후 북로군정서 독립군은 한 달간의 힘겨운 행군을 거쳐 10월 중순경에 화룡현 청산리 일대에 도착했다.

당시 청산리와 어랑촌 부근으로 이동한 독립군은 대한독립군(약 300명), 국민회군(약 250명), 대한신민단(약 200명), 의군부(약 60명), 의민단(약 100명), 한민회단(약 200명) 등 모두 1,200여 명에 이르렀다. 각 부대 대표들은 10월 13일 이도구 북하마탕에서 대표자회의를 열고, 홍범도를 사령관으로 추대해 하나의 독립군 연합부대를 편성하며, 군사행동을 통일해 일본군의 공격에 대응하기로 전략을 짰다.

21일 오전 7시 20분, 어랑촌에 본부를 설치한 일본군 아즈마 소좌는 주력 부대인 예비대를 남완루구로, 그리고 남양촌에 숙영하고 있던 아미노 부대를 북완루구로 각각 출동시켜 양쪽에서 홍범도 부대에 대한 포위망을 좁혀왔다. 그러나 천리봉에 지휘부를 설치한 홍범도는 일본군의 음모를 간파하고 독립군을 두 부대로 나누어 널푼골 남쪽과 북쪽 골짜기에 매복시킨 채 일본군이 오기만을 기다리고 있었다.

얼마 후 남북 양측의 최전선에서 일본군이 나타나기 시작했다. 독립군은 계획했던 작전대로 양측의 일본군을 향해 동시에 집중사격을 가하면서 서서히 널푼골로 퇴각하는 척하다가 천리봉 남쪽 기슭으로 신속히 빠져나갔다. 이런 사실을 모르고 양측에서 협공해 오던 일본군은 널푼골에 들어서자 서로 상대방을 독립군으로 오인하고 저희들끼리 한바탕 총격전을 벌였다.

독립군을 일거에 섬멸하려던 일본군은 홍범도의 탁월한 유인 작전에 말려들어 결국 자멸하고 말았다. 이 전투에서 홍범도 연합부대는 일본군 약 400여 명을 섬멸하는 큰 전과를 올렸다. 부상자가 1,000여 명에 이른다는 기록도 있다.

북로군정서 총재 서일은 1921년 1월 15일 상하이 임시정부에 청산리전투에 관해 다음과 같이 보고했다.

독립군의 전승(全勝) 이유

① 생명을 돌보지 않고 분용결투하는 독립에 대한 군인정신이 먼저 적의 사기를 압도한 것.

② 양호한 진지를 선점하고 완전히 준비해 사격 성능을 극도로 발휘한 것.

③ 임기응변의 전술과 신속한 활동이 적의 의표를 벗어난 것.

청산리대첩은 크고 작은 10차례의 전투가 있었다. 정리하면 ① 백운평전투, ② 완루구전투, ③ 천수평전투, ④ 어랑촌전투, ⑤ 맹개골전투, ⑥ 만기구전투, ⑦ 쉬구전투, ⑧ 천보산전투, ⑨ 고동하 골짜기 전투 등이다. 독립군은 10전 10승을 거두었다. 10월 21일 시작된 전투는 26일 새벽까지 꼬박 6일 동안 밤낮으로 추위와 기아 속에서 전개되었다.

청산리대첩은 국치 이래 독립군이 이룬 가장 빛나는 대첩이었다. 독립군 중에는 신흥무관학교 등 군관학교 출신도 적지 않았지만, 다수는 나라를 되찾겠다는 의기 하나로 모여든 무명의 청년들이었다. 반면에 적군은 일본 정규군에서 선발된 자들이고, 현대식 병기로 무장한 최강의 병력이었다.

상하이 임시정부 기관지 『독립신문』은 통칭 '청산리전쟁'에서 일본군의 전사자를 약 1,200명이라고 추산하고, 중국의 『요동일일신문(遼東日日新聞)』은 약 2천 명이라고 보도했다. 임시정부 제2대 대통령 박은식도 일본군 전사자가 약 2천 명이라고 추산했다. 독립군도 사망 1명, 부상 5명, 포로 2명의 피해를 입었다.

통사와 혈사로 읽는 한국 현대사

8

임시정부,
이승만 대통령 탄핵

상하이 임시정부를 떠나 1921년 6월 29일 하와이 호놀룰루에 도착한 이승만은 민찬호 등과 대한인동지회를 조직하고, 동지회 창립 석상에서 임시정부를 맹렬하게 비난했다. 이승만은 임시정부로부터 9월 29일 태평양회의(워싱턴 군축회의)에 참석하라는 지침을 받고 워싱턴으로 갔다. 태평양회의 한국 대표단의 전권대사로 임명된 것이다. 태평양회의는 1921년 7월 11일 미국의 신임 대통령 하딩에 의해 제의되었다. 파리강화회의가 유럽 중심의 국제 현안을 다루었으니 동아시아·태평양 지역의 현안 문제를 포괄적으로 다룰 국제회의를 워싱턴에서 갖자는 하딩의 제안을 일본, 영국, 프랑스, 이탈리아 등이 받아들이면서 개최하게 되었다.

파리강화회의에 참석했던 김규식이 8월 25일 워싱턴에 도착한 것을 계기로 이승만 등은 워싱턴의 구미위원부를 한국위원회(The Korean

상하이에서 이승만(좌)과 김규식(우).

Commission)로 바꾸고, 김규식을 위원장으로 위촉했고, 10월 10일 워싱턴회의에 참석하는 미 대표에게 '한국독립청원서'를 제출했다. 12월 1일에는 다시 '군축회의에서 드리는 한국의 호소'를 발표하는 등 노력했으나 제국주의 열강 국가들에게 한국의 독립 문제는 안중에도 없었다. 워싱턴회의 역시 아무런 성과 없이 끝나고 말았다.

이승만은 1922년 2월 호놀룰루로 귀환했다. 상하이에 이어 워싱턴에서도 자신의 한계를 절감한 이승만은 하와이 정착을 택했다.

이승만이 무책임하게 떠나버린 상하이 임시정부는 한때 구심을 잃고 극심한 분열상을 보였다. 의정원은 탄핵 발의에 앞서 미국으로 건너간 이승만에게 전보를 보내 수습을 요청했으나, 그는 자신의 입장만을 고수했고, 결국에는 더 이상 답신조차 보내지 않았다. 그에게 상하이에 있는 임시정부 청사는 신변의 불안감을 느끼게 했고, 무엇

통사와 혈사로 읽는 한국 현대사

보다 일제와 싸우는 것 자체가 무의미한 일로 보였다. 그는 독립운동을 통한 일제 타도가 비현실적이라고 생각했다.

임시정부 의정원은 1922년 6월 10일 이승만 대통령 불신임안을 제출해 일주일간의 토의 끝에 6월 17일 재적 의원 3분의 2의 찬성으로 불신임안을 의결했다. 정부 수립 6년여 만에 임시 대통령 불신임안이 채택된 것이다. 다음은 5개 항의 불신임 이유다.

① 임시 대통령 피선 6년에 인민의 불신임이 현저해 각지에서 반대가 날마다 증가되며 그 영향이 임시정부에 미치는데, 민중을 융화하지 못하고 감정으로만 민중 여론을 배척하는 까닭에 분규와 파쟁이 조장되고 독립운동이 침체 상태에 빠져 있다.

② 임시 대통령 이승만이 대미 외교 사업을 빙자하며 미주에서 동포들이 상납하는 재정을 수합해 임의 사용했고, 정부 재정을 돌아보지 않았으며, 국제연맹과 열강회의를 대상으로 하던 구미위원부 외교 사무가 중단됨에도 불구하고 헛된 선전으로 동포를 유혹해 외교용 모금을 계속해 그 재정으로 자기의 동조자를 매수하고 있다.

③ 국무위원이 총사직을 제출했으나 임시 대통령이 그 사직청원서를 처리하지 못하고 몽매한 처사로 여러 번 국무총리를 임명했는데, 당사자가 알지 못하게 단독적 행사를 해 혼란을 계속할 뿐이고, 아직도 정부를 정돈하지 못하고 있다.

④ 국무위원은 총사직을 발표한 다음 아직도 거취를 정하지 못하고, 다만 임시 대통령의 처사를 기다린다고 해 곤란한 시국에 대책 없이 앉아서 감정적 행동으로 정부 위신을 타락시키고 있다.

⑤ 이상의 사실이 임시 대통령과 국무원 불신임안 제출의 이유다.

임시의정원의 '불신임' 결의에도 이승만은 강 건너 불구경하듯 처신했다. 무책임, 독선, 아집의 극치였다. 1925년 3월 11일 임시정부 의정원 의원 곽헌, 최석순, 문일민, 고준택, 강창제, 강경선, 나창헌, 김현구, 임득신, 채원개의 명의로 '임시 대통령 이승만 탄핵안'이 발의되고, 임시 대통령심판위원장에 나창헌, 심판위원에 곽헌, 채원개, 김현구, 최석순이 선임되었다. 심판위원회의 심의를 거쳐 임시의정원에서 '임시 대통령 이승만 심판서'를 의결하고 주문(主文)으로 "임시 대통령 이승만을 면직한다"고 공표했다.

이승만은 임시 대통령에 취임한 지 6년여 만에 의정원에서 면직되었다. 헌법 절차에 따른 탄핵이었다. 그로부터 92년이 지난 2017년 대한민국 국회와 헌법재판소는 대통령 박근혜를 탄핵했다.

9

결렬되었으나 큰 의미 남긴 국민대표회의

이승만 탄핵을 전후로 임시정부는 큰 혼란에 빠졌다. 지도력의 공백에다 파벌 대립이 심화되었다. 이에 안창호 등은 독립운동 진영을 하나로 묶는 데는 국민대표회의 외에 달리 길이 없다고 믿고 여기에 전력을 쏟았다. 임시정부 측으로부터 조직적인 반발이 있었지만, 이를 극복하면서 대회 소집을 추진했다.

다행히 동조하는 세력이 많았다. 박은식 등 14인의 '아 동포에 고함'이라는 지지 선언과, 베이징의 신채호, 박용만 등 군사통일주비회, 그리고 여준, 이탁, 김동삼 등 만주 액목현 회의 지도그룹, 여기에 1922년 겨울 모스크바에서 열린 극동민족대회 멤버들도 이를 지지했다.

이와 같은 분위기와 여론을 발판으로 안창호는 국민대표회의 소집에 적극 나섰다. 4월 24일 각계 인사 129명의 서명을 받고 발회식을 열어 임시정부의 단점, 시정책, 혁신 과제 등의 강령을 채택했다. 이에 대해 임시정부 측은 내무부 통첩을 통해 '불온 언동에 대한 주의'를 발표하는 등 여전히 국민대표회의 소집을 반대했다.

안창호 등이 국민대표회의를 적극 추진한 데는 임시정부 내의 여러 문제와 함께 1920년 훈춘 사건(간도 참변)도 한 변수가 되었다. 이 사건을 시발로 일본군의 만주 지역 조선인 학살 행위가 끊임없이 자행되면서 독립군의 뿌리가 흔들리게 되었다. 이 무렵에 벌어진 자유시 참변(흑하 사변)도 국민대표회의 개최의 요인으로 대두되었다. 1921년 6월 28일 노령 자유시(스보보드니)에서 5킬로미터 정도 떨어진 수라세프카에 주둔 중인 한인 부대 사할린의용대를 러시아 적군 29연대와 한인 보병 자유대대가 무장 해제하는 과정에서 서로 충돌해 다수의 사상자가 발생했다. 이르쿠츠크파 고려공산당과 상하이파 고려공산당의 파쟁이 불러일으킨 불상사였다. 이 사건으로 사망 272명, 포로 864명, 행방불명 59명 등 막대한 한인 교포의 희생이 따랐다. 이와 같은 사건들로 임시정부의 군무부를 만주로 이전해야 한다는 주장이 나오기도 했으나 실현되지 않았으며, 결국 국민대표회의 개최로 중지를 모으게 되었다.

안창호와 여운형은 1921년 3월 15일 국민대표회의 준비촉진회를 조직하면서 임시정부를 개조하는 동시에 정부 명칭을 폐하고 위원회 제도 또는 당의 조직으로 변경할 것을 1차적인 대회 개최의 목표로 삼았다. 5월 19일 대회 소집에 찬동하는 300여 명의 명단을 확보하고, 6월 6일 국민대표회주비회를 열어 회의 소집 예정일과 대표 자격, 대표 선출 구역 등을 확정했다.

주비회는 또 대표를 지역 대표와 단체 대표로 나누고, 단체는 다시 보통단체와 특수단체로 구분했다. 지역 대표는 국내 26명을 포함해 모두 47명, 보통단체는 종교·노동·청년 단체로 나누어 회원 100명 이상일 경우 1명, 1만 명 이상일 경우 2명의 대표를 파견할 수 있도록 했다. 결과적으로 회의에 참가할 지역 및 단체는 135개이며 대표는 158명이었으나, 자격 심사를 거쳐 대표로 확정된 인원은 국내, 상하이, 만주 일대, 베이징, 간도 일대, 노령, 미주 등지의 대표 125명이었다.

1923년 1월 3일 상하이 프랑스 조계 민국로(民國路)의 미국인 예배당에서 국민대표회의가 개최되었다. 일제의 방해와 교통 사정 등으로 개회 당일 참석자는 62명이었다. 대회는 안창호를 임시의장으로 선출했다. 회의가 진행되면서 각지의 대표들이 속속 참석하고 열기도 뜨거웠다.

회의에서는 의장에 김동삼, 부의장에 안창호와 윤해가 선출되었다. 평균 3일에 1회꼴로 열린 회의는 독립운동 대방략에서부터 시국 문제, 국호 및 연호, 헌법, 위임통치 사건 취소, 자유시 참변, 통의부 사건, 기관 조직 등이 광범위하게 논의되었다. 회의는 군사, 재정, 외교, 생계, 교육, 노동 등의 6개 분과로 나누고, 헌법기초위원회, 과거문제조사위원회 등 2개 위원회를 설치하기로 했다. 경비는 독립운동 단체에서 부담하고, 한형권이 모스크바의 레닌에게서 받아온 찬조금을 기금으로 충당했는데, 이 자금 문제를 둘러싸고 한때 회원들 사이에 격론이 벌어지기도 했다.

회의가 계속되면서 독립운동의 방략과 시국 문제의 토론에서 각 지방과 단체, 개인 사이에 이견이 대두되었다. 회의는 임시정부를 해체하고 새로운 정부를 조직해야 한다는 창조파와, 임시정부를 그대

국민대표회의 임시의장 시절의 안창호.

로 유지하면서 실정에 맞게 효과적으로 개편·보완해야 한다는 개조파의 주장으로 나뉘어 팽팽하게 논전을 펼쳤다. 3월 20일 이후에는 정식 회의를 그만두고 비공식 접촉을 가지면서 돌파구를 찾으려 했다. 4월 11일 회의가 재개되었지만, 결국 다시 임시정부 처리 문제로 돌아왔다. 제63회 회의가 열린 5월 15일을 끝으로 더 이상 양대 세력의 모임은 없었다. 결렬을 눈앞에 둔 6월 4일에 안창호, 손정도, 정신, 왕삼덕 등 개조파와 신숙, 윤해 등 창조파 및 중도의 김동삼이 타협책을 마련하려 애썼지만, 결국 이마저도 결렬되었다.

안창호는 이 회의에서 의정원 의원과 대표회의 회원 합동으로 헌법을 제정하고, 기관을 조직한 뒤 종전의 헌법과 기관을 일체 폐지하자는 안을 내놓았다. 또 그를 비롯한 개조파 대표는 의정원과 국민대표회의의 비공식 연합회에서 헌법회의를 구성하고, 그 조직이 완료되면 양쪽이 해산하며, 헌법회의 결정 사항을 임시정부 국무원에서 공포하도록 하자는 안을 마련했지만, 모두 임시정부 측에 의해 수용되지 않았다.

국민대표회의는 비록 결렬되고 말았으나, 독립운동사에서 차지하는 의미는 적지 않았다.

① 이 회의는 독립운동사에서 최대 규모의 모임이었다. 일제의 위협과 장소 문제 등 여러 어려움 속에서도 각 지역, 단체가 대거 집결했다.

② 독립운동계가 안고 있던 상황을 극복하기 위해 이루어졌다는 데 의미가 있다. 임시정부의 재평가와 지난 독립운동의 공과에 대한 반성을 통해 독립운동의 활성화 방안을 모색하고자 했다.

③ 1920년대 국내외 독립운동의 전반적인 성향과 동포 사회의 분포뿐만 아니라 성향과 방략의 차이를 확인할 수 있었다.

④ 임시정부가 체제를 정비할 수 있는 기회를 마련해주었다. 이 회의에 자극받은 임시정부는 1925년 2차 개헌을 단행하는 등 체제 정비 노력을 기울이게 되었다.

⑤ 독립운동계에 민족협동전선의 필요성을 절감하게 해주었다. 이념의 벽을 넘어 전 민족의 역량을 항일투쟁으로 결집시켜야 한다는 폭넓은 공감대가 형성되었다. 이후 국내외 각지에서 민족협동전선 운동이나 유일당운동으로 나타나게 되었다.

⑥ 참가한 모든 대표들이 임시정부 문제를 토의함으로써 정부 조직자체에 대해 긍정적으로 인식하고 있었음을 보여주었다.

10

모스크바에서 열린
극동민족대회

1917년 볼셰비키혁명에 성공한 러시아는 미국 등이 주도한 태평양회의에 맞대응해 1922년 1월 21일부터 2월 2일까지 모스크바에서 코민테른* 집행위원회가 주최하는 극동민족대회**를 개최했다. 태평양회의에 기대했다가 크게 실망한 많은 독립운동가들과 공산주의 계열, 아나키즘 계열, 노동자 대표, 조선기독교연맹 등 국내외의 각급 독립운동 단체, 지도자들이 이념과 지역, 정파를 뛰어넘어 대회에 참석했다. 이들은 레닌을 비롯해 러시

---

* 코뮤니스트 인터내셔널(Communist International)의 준말로서 1919년부터 1943년까지 존속한 각국 공산당의 연합 조직을 말한다. 당시 한국인들은 이것을 국제공산당 혹은 줄여서 국제당이라고 불렀다.
** 원동약소민족대회, 제1차 극동피압박인민대회, 근로자대회, 제1회 극동공산주의 단체 및 혁명단체대회로도 불렸다. 여기서는 극동민족대회로 표기한다.

　　　　　　　　　　　　　통사와 혈사로 읽는 한국 현대사

아 정부 지도자는 물론 각국의 지도자들과 만나 폭넓게 교유하면서 극동 피압박 민족의 해방을 위해 여러 방략을 논의했다.

당초 이 대회는 러시아 극동 지역 이르쿠츠크에서 개최하기로 되어 있었으나 장소가 모스크바로 바뀌었다. 대규모 국제대회를 시베리아 변방에서 여는 것이 기술적으로 쉽지 않았기 때문이다. 당시 모스크바는 1917년 10월 혁명 이후 식민지 피압박 민족의 지도자들에게는 '혁명의 성지'처럼 인식되고 있었다.

국립 크렘린 궁전에서 열린 대회의 의결권이나 심의권을 가진 각국의 대표자는 총 144명이었다. 민족별로 보면 한국이 52명으로 가장 많고, 중국 42명, 일본 16명, 몽골 14명, 부랴트(재시베리아 몽골계 소수민족) 3명, 인도 2명 등이었다. 모스크바에 도착한 한국 대표는 56명이었지만, 자격 심사에서 통과한, '대회의사록'에 기재된 숫자는 52명으로 알려져 있다.

1922년 1월 21일 크렘린 궁전 내의 극장에서 대회가 열렸다. 회의에서 여운형과 김규식이 한국 대표로 의장단에 뽑혔다. 의장단은 5인으로 그 외에 소련인 지노비예프, 중국인 장궈타오(張國燾), 그리고 인도인 로이였다. 코민테른의 위원장 지노비예프가 기조연설을 했다. 그는 특히 한국 인사들의 환심을 사기 위해 노력했는데, "마치 한국이 지구상에 존재하지 않는 것같이, 한국이 존재하고 있다는 것을 들은 적이 없는 국가들이 워싱턴에 모인 것같이 워싱턴회의에서는 코리아란 단어가 언급조차 되지 않았다"라고 역설했다. 여운형도 유창한 영어로 조선이 독립해야 하는 이유와 현재 조선인이 일제에 시달리고 있는 실정을 폭로하면서 조선 독립을 호소했다.

각국 대표단장들도 차례로 연단에 올라 개회 연설을 했다. 조선인 참석자들을 대표해 등단한 사람은 파리강화회의에 조선 대표로 파견되어 널리 이름을 떨친 40세를 갓 넘긴 김규식이었다. 김규식은 미국과 러시아를 날카롭게 대비시켰다. 과거에 워싱턴은 '민주주의와 번영의 중심지'로, 모스크바는 '차르의 전제와 제국주의적 팽창의 표상'으로 간주되어 왔는데, 이제 상황은 역전되었다고 그는 힘주어 강조했다. 모스크바는 '세계 프롤레타리아혁명운동의 중심지'로서 극동 피압박 민족의 대표자를 환영하고 있는데, 워싱턴은 '세계의 자본주의적 착취와 제국주의적 팽창의 중심'으로서 존재하게 되었다는 것이다. 세계 제국주의와 자본주의 체제를 재로 만들어버릴 하나의 불씨를 얻고자 기대한다는 김규식의 이 연설은 회의장에 모인 140여 명의 대표자들과 수많은 방청객의 박수갈채를 받았다.

한국 대표들이 모스크바에서 활동하는 동안 이 대회를 취재한 미국인 기자 에번스(Ernestine Evans)는 미국 잡지 『아시아(Asia)』 1922년 2월호에 대회 관련 소식을 상세히 전하면서, 각국 대표 중에 한국 대표가 가장 열성적으로 보였고, 한국 대표들 중에는 "혁대를 차고 투지가 양양한 한국 군인들, 시베리아의 빨치산 부대원들"이 많이 끼어 있었다고 보도했다. 홍범도와 그의 부하들을 의미하는 듯하다. 에번스의 기사를 인용한다.

> 한국 대표단의 단장인 김(규식)은 시베리아에 있는 한국 장병들이 수천이 될 것이라고 추산했다. "만일 미일전쟁이 일어난다면 우리나라의 비정규 부대들이 미국에게 만만치 않은 동맹군이 될 것이다"라고 그는 말한다. 한국 사람들은 시베리아에 개입한 일본 군대와 대항해 러시아군과 같이 꾸준히 싸워왔는데, 어떤 한국 사람들은 이러한 전투

에서 귀중한 경험을 얻었다고도 하고, 또 다른 사람들은 러시아를 위해서 공연히 국력을 소모했다고도 한다. 젊은 김 씨는 로어노크대학 졸업생인데, 그는 한국 임시정부 각원으로서 파리강화회의에 갔었다. 상하이의 지도자들 간에 윌슨 대통령에게 끈질기게 희망을 거는 사람들이 있어서 그는 다시 워싱턴에 가서 대표부의 위원장 일을 보았다. 그런데 그의 경험은 그로 하여금 시니컬한, 즉 다른 사람의 언행이나 사물을 볼 때 곧이듣지 않고 오히려 냉소하는 사람이 되도록 했는데, 만일 그가 미국이 한국을 위해 대일전쟁을 벌일 것이라는 희망을 품지 않았던들 그처럼 시니컬해지지 않았을 것이다.

한국 대표들은 레닌을 두 차례 만났고, 조선 독립 문제에 관한 깊은 대화를 나누었다. 여운형의 증언이다.

처음에는 일본인 대표 가타야마 센(片山潛)과 동반했고, 두 번째는 중국인 대표 취추바이(瞿秋白)와 함께 만났다. 이 자리에서 레닌은 먼저 가타야마를 향해 "동지는 조선 독립을 위해 생명을 바쳐 투쟁하겠는가?"라고 묻고, 여운형을 향해서는 "동지는 일본의 혁명을 위해 싸울 수 있겠는가?"라고 물었다. 두 사람이 다 같이 "그렇게 할 수 있다"고 대답하자 레닌은 말을 계속해 "다 같은 공산당이면서도 소련 공산당과 핀란드 공산당은 불화가 생겼었다. 이것은 소련 사람의 우월감 때문이다. 물론 같은 혁명 동지라 하더라도 사람인 이상 완전히 감정을 초월할 수는 없는 일이어서 서로 이해와 양보가 있어야 할 것이다. 조선인과 일본인이 서로 악수를 하면 양국의 혁명은 무난할 것이다"라고 자신의 견해를 말했다.

다음 날 취추바이와 같이 가서 다시 레닌을 만났을 때 레닌은 쑨원(孫文)의 혁명운동을 지지하고, 자기가 쑨원에게 편지를 보냈는데 그 사이 받아보았을 것이라고 말하면서 쑨원을 적극 원조하겠다는 뜻을 말했다.

2월 2일까지 계속된 대회는 조선 문제에 대한 토론 끝에 다음과 같은 결론을 도출했다. "조선 혁명은 임시정부를 지원하고 그 정부를 격려하고 수정함으로써 수행되어야 한다. 조선은 공산주의에 지식이 없는 농업국이기 때문에 민족주의를 강조해야 하며, 제1차적 목표를 농민에게 두어야 한다."

한국의 독립운동가들에게 극동민족대회는 여러 경험을 하게 하는 계기가 되었다. 그들은 이를 계기로 아시아, 극동 지역의 민족해방투쟁의 지도자로 부상할 수 있었다.

11

일왕 폭살 미수,
박열의 도쿄 재판

조선 침략과 일본 제국주의의 상징인 일왕 부자를 처단하려다 '대역사건'이란 죄명으로 사형 선고를 받고 무기로 감형되어, 일수로 8,091일, 연력으로 22년 2개월 1일 동안 혹독한 일제 감옥 생활을 견디고 출옥한 '운명의 승리자'가 있다.

당시 세계 감옥사에서 '하나의 죄'로 햇수로 23년이 넘도록 옥고를 치르고 살아남은 혁명가는 그가 처음이었다. 더욱이 그는 심신이 건강한 상태로 해방 후 생환했다. 단순히 아나키스트라는 이유로, 그리고 6·25 후 북한에서 활동했다는 행적 때문에 그는 오랫동안 우리 역사에서 잊혀졌다. 그동안 아나키즘을 반체제적인 이데올로기로 치부해왔기 때문이다. '아나키즘'을 '무정부주의'로 번역하는 것부터가 잘못이었다. 모든 제도와 권력을 부정하는 이념으로 오해된 것이다.

식민지의 청년 박열에게 아나키즘은 일제 강권주의를 대체하는 구원의 이념이었다. 그는 일본 아나키즘의 거두 오스기 사카에와 교유했으며, 강권주의의 상징인 일본 왕을 처단하고자 했다. 그렇지만 그의 사상적 근저를 이룬 것은 조국 해방을 염원하는 민족주의였다.

아나키즘과 공산주의는 상극의 관계다. 그는 공산주의를 배격했고, 해방 후에도 이승만의 정부 수립을 지원했다. 박열이 체포되기 전 도쿄에서 김약수, 조봉암 등과 '흑도회'를 결성해 활동하다가 이탈해 따로 '흑우회'를 조직한 것도 흑도회의 사회주의적 경향성 때문이었다. 그런데도 해방 후 북한에서 활동했다는 이유만으로 기피되어 잊혔다가 최근에야 '복권'되었다.

박열은 1902년 2월 3일 경상북도 문경에서 아버지 박지수와 어머니 정선동의 셋째 아들로 태어났다. 경성고등보통학교 사범과에 합격한 박열은 당시 수재들만 모인다는 이 학교에서 우수한 성적을 보였으나, 일본 정부에서 주는 돈으로 공부한다는 것이 창피하기도 하던 차에, 사상이 건전치 못하다는 이유로 3학년 때 퇴학당했다. 1919년 3·1혁명이 일어나자 시위에 나선 것은 물론, 지하신문을 발행하고 격문을 살포하는 등 독립운동에 가담한 것이 퇴학의 직접적인 이유가 되었다.

박열은 1919년 10월 도쿄로 건너갔다. 감시와 고문이 심한 국내보다 국외가 압박이 적겠다고 판단해 사상운동과 독립운동을 벌일 목적으로 결행한 것이다. 도쿄에 도착한 박열은 신문 배달부, 식당 종업원, 막노동꾼, 집배원 등의 일을 하면서 세이소쿠(正則) 영어학교에 다녔다. 1921년부터 정태성, 김천해 등과 더불어 기존의 친목단체 '노동동지회'를 '재일조선인 고학생동지회'로 개편하고 사회운동에 참여했다. '일본사회주의동맹'의 창립을 전후해 재일 조선인 유학생들이 새로운 사상운동에 합류하면서 박열은 김약수 등과 함께 오스기 사카에, 이와사 사쿠타로(岩佐作太郎)와 만나면서 이들로부터 인생관·사회관에 크게 영향을 받았다.

3·1혁명을 전후해 일본에는 노동하면서 공부하는 한국 고학생들이 많았다. 이들이 주축이 되어 '흑도회'가 창립되었다. 흑도회는 민족적 사회운동 단체로서 1923년 2월에 이름을 '흑우회'로 바꾸고 활동했다. 당시 박열은 일본 여성 가네코 후미코(金子文子)와 동거하면서 '흑우회'의 기관지를 발행하고 비밀결사 조직인 '불령사'를 운영하며 항일운동에 앞장섰다. 가네코는 대단히 뛰어난 문필가로 학식이 높았다. 박열의 이름으로 발표된 논설 기사 중 상당 부분은 그가 대필한 것이다.

1923년 9월 1일 발생한 관동 대지진을 전후해 일본 관헌에서 급진적 사상을 가진 사회단체를 일제 검속하면서 가네코를 비롯한 불령사 회원 17명이 일경에 검거되었다. 박열은 마침 조선의 고향집에 돌아와 있다가 구속되어 일본으로 끌려가고, 다른 불령사 회원들은 대부분 일본 현지에서 붙잡혔다. 그나마 대지진의 와중에 학살당하는 참변을 모면한 것이 불행 중 다행이라면 다행이었다.

일본 정부는 불령사를 과격한 반체제단체로 규정하고, 특히 박열과 가네코 등이 왕세자 히로히토(裕仁)의 결혼식에 폭탄을 던져 일왕 부자와 일본 정부 고관을 암살하려 했다고 대대적으로 발표했다. 동조자 김중한이 중국 상하이에서 의열단을 통해 폭탄을 구입해 오려했고, 그 비용은 흑우회가 기관지 『현사회』의 광고료로 충당하려했다는 사실도 발표되었다. 이 사건으로 조선인 청년 혁명가와 일본인 여성의 사랑이 세간에 알려지면서 큰 화제가 되었다. 이른바 '대

박열과 가네코 후미코.

역사건'의 공범이 일본 여성이라는 점에서 일본 사회는 큰 충격을 받았다.

박열은 1925년 9월 일본 대심원 특별 법정의 공판에 앞서 네 가지 조건을 법원에 제시했다.

> 첫째, 나 박열은 피고로서 법정에 서는 것이 아니다. 너 재판관이 일본의 천황을 대표해서 법정에 서는 것처럼, 나는 조선 민족을 대표해서 법정에 서는 것이다. 천황을 대표하는 일본의 재판관이 법관을 쓰고 법의를 입는다면, 나도 조선의 민족을 대표하는 입장에서 조선의 왕관을 쓰고 조선의 왕의를 입는 것을 허가해 달라.
>
> 둘째, 나 박열은 피고로서 법정에 서는 것이 아니라 조선 민족을 대표해 조국 조선을 강탈한 강도 행위를 탄핵하고자 법정에 서는 것이기 때문에 재판관이 일본의 천황을 대표해서 나의 질무에 답변하라.

통사와 혈사로 읽는 한국 현대사

즉 내가 법정에 서는 취지를 내가 선언하도록 해 달라.

셋째, 나 박열은 일어를 사용하고 싶지 않다. 그러므로 조선어로 말하도록 해 달라. 조선어로 말할 터이니 통역을 준비해 달라.

넷째, 일본의 법정이 일본의 천황을 대표한다고 해서 재판관은 높은 곳에 앉고, 일본의 천황에게 재판받는 나 박열은 낮은 곳에 앉는 터이다. 그러나 나는 일반 피고와는 다른 사람이다. 때문에 내 좌석을 너희 일인 판사의 좌석과 동등하게 만들어 달라.

박열이 요구한 네 가지 조건에 대해 대심원 심판부에서는 여러 날 동안 숙의한 결과 첫째와 둘째 조건을 들어주기로 했다. 이로써 박열은 변호사가 한국에서 구해 온 조선의 국왕을 상징하는 의관을 갖추고 일본 법정에 서게 되었다. 재판장은 또 '피고'라는 용어 대신 '그대'라고 호칭했다.

1926년 2월 27일 오하라 검사는 박열과 가네코에게 사형을 구형했다. 박열의 최후진술과 변호사의 변론을 거쳐 3월 25일 두 사람에 대한 선고 공판이 열렸다. 재판장의 사형 선고가 끝나는 순간, 가네코는 소리 높여 "만세!"를 외쳤다. 이어서 박열은 "재판장 수고했네"라고 인사할 만큼 여유를 보이면서 "내 육체야 자네들 마음대로 죽이려거든 죽이라. 그러나 나의 정신이야 어찌할 수 있겠는가"라고 신랄한 한마디를 덧붙였다. 가네코도 "모든 것이 죄악이요, 허위요, 가식이다"라고 내뱉으며 "박열과 함께라면 죽음도 오히려 만족히 여긴다"라고 말했다.

일본 정부는 이들을 무기형으로 감형한다고 발표했다. 당시 이치가야형무소의 아키야마(秋山) 소장은 "특전으로 사형수를 무기징역으로 감형한다"라며 특사 명령을 낭독하고 박열에게 특사장을 수여했다. 박열은 냉소를 머금고 특사장을 받았다. 소장은 남은 한 장을 가네코에게 내밀었다. 그때까지 소장의 행동을 지켜보던 가네코는 특사장을 손에 넣는 순간 조각조각 찢어버렸다. 기겁을 한 형무소장은 직원들에게 입단속을 시키고, 두 사람이 감사하게 감형을 받아들였다고 언론에 밝혔다.

박열은 자바형무소로, 가네코는 우쓰노미야 여자 형무소로 옮겨져 무기수로 복역했다. 그러던 중 7월 23일 가네코는 옥중에서 싸늘한 시체로 발견되었다. 지금까지 풀리지 않은 의문사다. 박열은 사랑하던 아내이자 동지의 죽음을 가슴에 묻은 채 몇 차례 감옥을 옮기며 23년이라는 긴 세월을 감옥에서 보냈다. 일제가 패망하자 1945년 10월 27일 박열은 복역 중이던 아키다형무소에서 석방되었다. 맥아더 사령관의 '정치범 즉시 석방'에 관한 포고령에 따른 것이다.

박열이 조국에서 모습을 드러낸 것은 1948년 8월 15일 대한민국 정부 수립 축하 행사 자리였다. 그는 "조국 독립이 나의 염원이요, 조국 통일이 나의 전부이다"라며 통일정부 수립의 강한 의지를 밝혔다. 그리고 6·25전쟁이 발발한 지 사흘 뒤 장충동에서 인민군에게 붙잡혀 북으로 끌려갔다. 당시 서울에는 재혼한 부인 장의숙과 아들 영일, 딸 경희, 두 어린 남매가 살고 있었다.

그의 이름이 다시 남한의 언론에 등장한 것은 1974년 1월 18일이다. 국내 신문 한 귀퉁이에 짤막한 1단짜리 기사로 박열이 1월 17일 73세의 나이로 사망했다는 부음이 실렸다. 일본에서 수신된 평양 쪽 발표는 그를 '재북평화통일촉진협의회' 회장으로 소개하고 있었다.

12

일왕 마차에
폭탄 던진 이봉창

한인애국단원 이봉창은 1932년 1월 8일 오전 11시 44분경, 일왕 히로히토가 만주국 괴뢰황제 푸이(溥儀)와 도쿄 요요기 연병장에서 관병식을 거행하고 경시청 앞을 지날 때 수류탄을 던졌다. 이봉창은 일왕이 두 번째 마차에 탔을 것으로 짐작하고 폭탄을 던졌으나 일왕은 폭사하지 않았다. 수류탄의 성능이 별로 좋지 않았던 것이다.

국치 22년 만에 한국 병탄의 수괴인 일왕을 적의 수도 왕궁 근처에서 폭살하고자 한 대담한 의거는 비록 실패하기는 했으나 한민족으로서는 대단한 쾌거였다. 국내는 물론 만주, 중국, 러시아에서 각종 의열투쟁이 전개되어 혁혁한 전공을 세웠으나, 적도 한복판에서 일왕에게 폭탄을 던진 것은 이봉창이 처음이자 마지막이었다.

이봉창의 의거는 비록 적중하지는 못했으나 그 파장은 만만치 않았다. 본인은 일제 법정에서 사형 선고를 받아 순국하고, 일제의 식민통치는 더욱 악랄해졌다. 뿐만 아니라 일제는 '불행부중(不幸不中)', 즉 '불행히 적중시키지 못했다'라는 중국의 신문 보도를 트집 잡아 상하이를 침공했으며, 같은 한인애국단원인 윤봉길에 의해 일왕 생일 및 상하이 전승 기념 축하회장에서 폭탄 세례를 받아야 했다.

이봉창은 1901년 8월 10일 서울 용산구 원효로에서 태어나 천도교에서 세운 문창학교에 입학해 4년 과정을 수료했으나 집이 가난해 진학을 포기하고 일본인이 경영하는 과자점 점원이 되었다. 이후 용산역에서 역부 노릇을 하다가 1925년 일본 오사카로 건너갔다. 오사카에서 노동으로 생계를 유지했고, 1928년 11월 교토에서 거행된 일왕 히로히토의 즉위식을 구경 갔다가 일경에 끌려가 유치장에서 고초를 겪기도 했다.

이봉창은 일본에서 철공소 직원으로 근무할 때 그 성실성에 감동한 주인의 양자로 들어가 이름을 기노시타 쇼죠(木下昌藏)로 바꾼 뒤도쿄 등지를 다니면서 노동으로 생계를 꾸렸다. 이어서 일본인 비누공장 점원, 해산물 도매상 직원, 요리점 종업원 등을 전전하다가 29세 때인 1930년 12월 일본 선박을 타고 상하이로 망명했다. 독립운동을 위해 대한민국임시정부가 있는 상하이로 간 것이다.

이봉창은 1931년 1월 상하이 프랑스 조계 내의 임시정부와 함께 있는 대한교민단 사무실을 찾아갔다. 영국인이 경영하는 전차 회사에 취직해 임금을 받으며 임시정부를 돕겠다는 생각이었다. 민단의 관계자들은 아무런 소개장도 없이 일본인 행색을 하고 불쑥 나타나 일본어가 반은 섞인 한국말로 떠드는 괴청년을 의심할 수밖에 없었다. 밀정들이 끊이지 않았던 시절이어서 더욱 그랬다.

이봉창은 다음 날 다시 찾아와 자신의 포부를 거듭 밝혔다. 이를 옆방에서 듣고 있던 임시정부 경무국장 김구가 그를 자신의 방으로 불러 대화를 나누었다. 그리고 그의 불타는 애국심과 비범함을 알아보았다.

당시 임시정부는 일제가 일으킨 만보산 사건과 만주 침략 등으로 악화된 한·중 양 민족 간의 감정을 풀고 항일독립운동의 새로운 활로를 찾기 위해서 한인애국단을 결성하기로 하고 그 책임을 김구에게 맡긴 상태였다. 한인애국단은 단장 김구 아래 안공근, 김동우, 김해산, 엄항섭, 김홍일, 안경근, 손창도, 김의한, 백정기, 김현구, 손두환, 주엽, 양동호, 이덕주, 유진식, 윤봉길, 유상근, 최흥식, 이수봉, 이성원, 이성발, 왕종호, 이국혁, 노태영, 김경호, 김철 등의 핵심 단원이 있었다. 이봉창도 한인애국단에 입단했다.

이봉창은 김구와 몇 차례 만난 자리에서 자기가 교토에서 일왕 즉위식을 구경한 이야기를 하면서, 폭탄만 있으면 일왕이 지나갈 때 투척해 죽이겠다고 결의를 밝혔다. 김구는 이봉창의 구상을 믿었다. 김구는 중국군 19로군 정보국장 겸 병공창 주임인 김홍일에게 이봉창이 소지하고 갈 폭탄을 제조하게 했다. 얼마 후 김홍일은 휴대하기 간편하고 안전하며 멀리 던질 수 있는 수류탄 2개를 제조했다. 김구는 이봉창에게 중국 지폐로 300원을 주며 일본으로 갈 여비와 준비에 필요한 것들을 사도록 했다. 몇 달 치 임시정부 운영자금에 해당하는 돈이었다. 1931년 12월 13일 이봉창은 태극기를 배경으로 양손에 폭탄을 들고 기념사진을 찍었다. 그리고 김구 앞에서 선서문을 낭독했다.

1931년 태극기를 배경으로 수류탄을 양손에 든
채 기념 촬영하는 이봉창.

> 나는 적성(赤誠; 마음에서 우러나오는 정성)으로써 조국의 독립과 자유를
> 회복하기 위해 한인애국단의 일원이 되어 적국의 수괴를 도륙하기로
> 맹세하나이다.

이봉창은 심한 검문검색을 피해 10여 일 만에 도쿄에 무사히 도착
했다. 유창한 일본어가 일본인으로 위장하는 데 도움이 되었다. 선박
비와 여관비 등으로 돈이 다 떨어지자 이봉창은 김구에게 100원이
더 필요하니 송금해 달라고 전보를 쳤다. 며칠 후 돈이 왔고, 이봉창
은 여관을 전전하면서 기회를 노렸다.

운명의 날인 1932년 1월 8일, 이봉창은 히로히토가 탄 마차에 폭
탄을 던졌으나 제대로 터지지 않았다. 그는 현장에서 경찰이 한 남
자를 체포하는 것을 보고 큰 소리로 자신이 수류탄을 던졌노라고 외
쳤고, 자진해 일경에 붙잡혔다. 그는 훗날 재판에서 "이런 일(독립운동)

을 하면서 죄 없는 사람에게 죄를 뒤집어씌우는 것은 옳지 않다"고 당당하게 밝혔다.

당시 일본에서는 일반 형사 범죄가 3심 제도인 데 비해 대역죄는 대심원의 단심으로 형을 확정했다. 이봉창은 도쿄 도요다마형무소에 수감되어 재판을 받았다. 9월 16일 대심원 제2특별형사부 법정에서 재판이 열렸고, 9월 30일 사형이 선고되었다. 재판장이 사형을 선고하는 순간에도 이봉창 의사는 미동도 하지 않고 표정에는 아무런 변화도 없었다.

일제는 사형 선고를 한 이봉창 의사를 10월 10일 이치가야형무소로 이감하고 당일 오전 9시 교수형을 집행했다. 이렇게 이봉창 의사는 32세의 짧은 삶을 조국 광복에 바쳤다. 유해는 도쿄 북쪽 사이타마 현 우라와형무소 묘지에 묻혔다가 해방 후 환국한 김구 주석에 의해 용산의 효창원 3의사 묘역에 안장되었다.

13

한인애국단원 윤봉길,
일본 수뇌 폭살

1932년 4월 29일, 25세의 청년 윤봉길이 상하이 훙커우공원(현 뤼순공원)에서 열린 천장절 겸 전승 축하 기념식에서 폭탄을 던졌다. 시라카와 대장을 비롯해 일본 고위 장성 등 여럿이 죽거나 부상을 당했다. 이 사건은 우리 국민에게 커다란 용기와 희망을 주고, 중국 정부가 대한민국임시정부와 한국의 독립운동가들을 지원하는 계기가 되었다. 장제스(蔣介石) 총통이 "5억 중국 인민이 하지 못한 일을 조선 청년이 해냈다"고 칭송할 정도였다. 윤봉길의 의거가 없었다면 중국 내의 우리 임시정부와 독립운동 단체들이 제대로 활동하기 어려웠을 것이다.

윤봉길은 1908년 6월 21일 충청남도 예산군 광현당에서 아버지 윤황, 어머니 김원상의 맏아들로 태어났다. 가계를 보면 고려시대 영토 확장에 공이 큰 윤관 장군의 28대 손으로, 선대에는 조정에서 고관을 지낸 분들이 적지 않았다. 윤봉길은 6세 때부터 큰아버지 윤경에게서 마을 친구들과 한문을 배웠고, 1918년 11세가 되자 덕산공립보통학교에 입학했다. 이듬해 서울에서 3·1혁명이 시작되고 만세 시위가 지방으로 번지자 일제의 야만적인 탄압이 자행되었다. 비록 어린 나이였지만 윤봉길은 식민지 교육을 받지 않겠다며 자진 퇴학했다. 어릴 때부터 대단히 심지가 굳고 용기가 있었다.

윤봉길은 집안 어른들의 설득으로 1년여 뒤 서당에 다니기로 하고 마을에서 학식이 높은 최병대의 문하에서 한학을 공부했다. 1921년 봄에는 마을에서 4킬로미터 떨어진 오치서숙(학당)에 들어갔다. 그곳에서 고명한 유학자 성주록의 가르침을 받으며 다양한 학문을 접했다. 윤봉길은 5년간의 오치서숙 생활을 마치고, 더 깊고 넓은 공부를 해야겠다는 생각으로, 명성이 높은 당진군 면천의 유학자 박 생원과 당고모부가 되는 신양의 차 선생을 차례로 마을로 모셔와 공부했다.

윤봉길은 19세 때부터 농민계몽운동을 시작했다. 그해 가을 사랑채에 야학당을 차리고 마을 주민들의 문맹 타파에 나섰다. 남녀노소를 가리지 않고 한글과 역사, 산술, 과학, 농업 지식 등을 가르쳤다. 독서회를 열어 주민들이 책을 읽도록 하고, 이웃 마을을 순회하며 월례 강연회도 열었다. 20세 때는 야학 교재로 『농민독본(農民讀本)』을 지었다.

윤봉길이 농민계몽운동을 그만두고 망명길에 오른 것은 1930년 3월, 그의 나이 23세 때다. 길을 떠나면서 "대장부가 집을 떠나서 뜻을 이루지 못하면 결코 돌아오지 않겠다(丈夫出家生不還)"라는 글을 남겼다. 윤봉길은 평안도 선천에서 일본 경찰에 붙잡혀 한 달가량 감옥에 갇혔다가 풀려나기도 했다. 하지만 뜻을 굽히지 않고 국경을 넘었다. 만주 일대를 헤매다가 다롄(大連)을 거쳐 칭다오(靑島)에 머물면서 이듬해 상반기까지 우리 동포가 경영하는 세탁소의 경리로 일하며 중국의 정세를 살폈다.

윤봉길이 상하이에 도착한 것은 1931년 5월 8일이다. 윤봉길은 도착 즉시 안중근의 동생 안공근을 찾아 그의 집 3층에 숙소를 정하고, '한인공우 친목회'를 조직했다. 노동쟁의를 도모하고 일제의 정보를 얻기 위해서였다. 상하이에 도착한 이래 틈틈이 도시의 거리를 익히고 각종 정보를 취득한 그는 1932년 김구를 찾아가 자신의 의지를 알렸다. 김구는 윤봉길의 인품과 애국심을 알아보고 "노소의 차이가 있을 뿐 민족혁명 대업을 위한 다시 없는 큰 동지를 얻었다"며 그를 한인애국단에 가입시켰다.

윤봉길은 2월 말에서 3월 초 사이에 김홍일의 주선으로 일본군 병기창 폭파 계획에 가담했고, 중국 신문에 일왕 히로히토의 생일과 일본군의 상하이 점령 승리를 축하하는 기념행사가 홍커우공원에서 열린다는 기사가 실리자 김구를 찾아가 거사 계획을 밝혔다. 김구는 비밀 조직 참모 격인 김홍일에게 물통과 도시락 모양의 성능 좋은 폭탄 제조를 지시했다. 일제는 모든 행사장에 참석하는 일본인에게 반드시 물통과 도시락을 지참하도록 했기 때문이다. 도쿄에서 이봉창이 일왕이 탄 마차에 던진 폭탄의 성능이 좋지 않았던 탓에 일왕을 죽이지 못한 것을 개탄한 김구와 김홍일은 상하이 중국군 비밀 공병창에서 성능이 뛰어난 폭탄을 만들어 성능 실험까지 마쳤다.

4월 26일, 윤봉길은 김구와 만나 세밀한 거사 계획을 세웠다. 그리고 김구의 아지트인 상하이 거류민단 사무실에서 한인애국단 입단 선서식을 거행했다. 태극기 앞에서 폭탄과 권총을 들고 선서를 마친

왼손에 폭탄, 오른손에 권총을 들고 태극기 앞에서 절명사를 가슴에 붙인 채 촬영한 윤봉길.

윤봉길은 다음 날 태연한 모습으로 행사장을 돌아보고 와서 짧은 자서전과 「거사가」, 「청년 제군에게」라는 시, 그리고 고국에 있는 두 아들에게 보내는 유서를 썼다.

청년 제군에게

피 끓는 청년 제군들은 아는가.

무궁화 삼천리 우리 강산에

왜놈이 왜 와서 왜걸대나

피 끓는 청년 제군들은 모르는가.

되놈이 되와서 되가는데,

왜놈은 와서 왜 아니 가나.

피 끓는 청년 제군들은 잠자는가.

동천에 서색은 점점 밝아오는데,

조용한 아침이나 광풍이 일어날 듯

피 끓는 청년 제군들아 준비하세.

군복 입고 총 메고 칼 들면서

군악 나팔에 발맞추어 행진하세

마침내 운명의 날 4월 29일이 밝았다. 윤봉길은 '최후의 만찬'이 아닌 '최후의 아침'을 김구와 함께 먹고, 김구가 차고 있던 낡은 시계와 자신의 새 시계를 바꿔 찼다. 자기의 시계는 더 이상 쓸모가 없다는 이유에서였다.

오전 11시 40분(한국 시간 12시 40분)경, 일본군의 천장절과 전승 축하 행사가 끝나갈 무렵, 윤봉길은 연단 중앙을 향해 폭탄을 힘차게 던졌다. 순간, 폭음이 터지고, 참석한 일본의 요인들이 추풍낙엽처럼 거꾸러졌다. 시라카와 요시노리(白川義則) 대장, 가와바타 사다쓰구(河端貞次) 상하이 거류 일본인 민단장은 폭사하고, 노무라 기치사부로(野村吉三郎)·우에다 겐키치(植田謙吉) 중장, 시게미쓰 마모루(重光葵) 주 상하이 공사, 무라이 쿠라마쓰(村井倉松) 상하이 총영사 등이 중상을 입었다. 폭탄이 적중한 것을 확인한 윤봉길이 "조선 독립 만세!"를 외치려는 순간, 일제 군경에게 붙잡혔다.

5월 25일, 상하이 파견 일본 군법회의에서 사형을 선고받은 윤봉길은 11월 18일 삼엄한 경비 속에 일본으로 호송되어 12월 19일 아침 7시 40분 가나자와 교외 미츠코지산 공병 작업장에서 일본군의 총살형으로 25세의 젊은 나이에 순국했다. 윤 의사의 유해는 김구의 지시를 받은 박열, 이강훈의 주선하에 1946년 6월 30일 고국으로 돌아와 효창원 3의사 묘역에 안장되었다. 윤 의사의 의거는 우리 독립운동의 새로운 전기가 되었다.

14

학생들이 주축이 된
6·10만세운동

기미년 3·1혁명과 광주학생운동과 더불어 일제 강점기 국내 3대 독립운동의 하나인 1926년의 6·10만세운동은 학생과 민중이 함께 궐기한 항일투쟁이었다. 3·1혁명이 고종의 인산일을 계기로 삼았다면, 6·10만세운동은 순종의 인산일을 기화로 일어났다. 3·1혁명 후 일제는 이른바 문화정치라는 허울 아래 식민통치를 더욱 강화하고, 항일운동을 가혹하게 탄압했다.

1926년 4월 25일 순종이 거처하던 창덕궁에서 세상을 떠났다. 일제는 한국 병탄 후 순종을 창덕궁에 유폐하고 이왕(李王)으로 격하했다. 총독부는 순종의 장례식을 6월 10일에 거행한다고 공표했다. 사회주의 계열의 권오설·김단야·이지탁과 인쇄 직공 민창식·이용재, 연희전문의 이병립·박하균, 중앙고보의 이광호, 경성제국대학의 이천진, 천도교의 박내원·권동진 등은 논의를 거듭하면서 6월 10일을 기해 전국적 항일투쟁을 전개하기로 결정했다.

이들은 권오설을 책임자로 하는 6 · 10만세운동 투쟁지도위원회를 구성하고, 투쟁 계획과 방법, 격문 인쇄, 운동 자금 등을 논의한 다음 ① 사회주의, 민족주의, 종교계, 청년계의 혁명분자들을 망라해 대한독립당을 조직할 것, ② 6월 10일을 기해 독립 만세 시위를 전개할 것, ③ 시위 방법으로 연도에 시위대를 분산 배치해 격문과 전단을 살포하고, 대한 독립 만세를 외칠 것을 결정했다.

하지만 지도부의 구성부터 쉽지 않았다. 더욱이 추진 과정에서 중국 지폐 위조 사건과 『개벽』지 압수 사건 등으로 정보가 누설되어 일부 연루자들이 구속되면서 거사는 전문학교 학생들을 중심으로 진행되었다. 연희전문학교 문과생 박하균을 비롯해 이병립, 이병호, 이천진, 박두종 등 각 학교 학생들이 준비 책임자로 선임되었고, 이들은 서대문 밖 솔밭에서 태극기와 조선 독립 만세 격문 30매를 만들고, 이병립이 기초한 "2천만 동포의 원수를 구축하라! 피의 대가는 자유다. 대한 독립 만세!"라는 격문을 제작했다. 학생들은 또 『시대일보(時代日報)』배달원 김낙환과 함께 비밀리에 격문 1만 매를 인쇄해 학생들에게 나눠 주었다. 중앙고보와 중동학교 학생들도 "조선 민중아! 우리의 철천지원수는 자본제국주의 일본이다. 2천만 동포야! 죽음을 각오하고 싸우자! 만세, 만세, 조선 독립 만세!"라는 격문 5천 매를 등사해 서울 시내 학생들에게 배포했다.

1926년 6월 10일이 밝았다. 이날 순종의 인산에 참가한 학생은 2만 5천여 명에 이르렀다. 일반 민중도 수만 명에 이르렀다. 당시 신문에는 30만 명의 애도 민중이 상여가 통과하는 지역으로 몰려나왔다고 보도했다. 3 · 1혁명과 같은 일이 재현될까 두려워한 일제는 당일

일본 경찰이 만세 시위를 벌이려는 군중을 진압하고 있다.

현장에 무장한 군인 7만 5천여 명과 2천여 명의 정사복 경찰을 동원하고, 인천과 부산에는 경계 부대를 출동시키는 등 삼엄한 경계 태세를 갖추었다.

순종의 상여가 종로 3가 단성사 앞을 지날 때 중앙고보생 500여 명이 "조선 독립 만세"를 외치며 격문을 살포한 것을 시작으로 관수교 근처에서는 연희전문대생들이, 을지로에서는 조선기독교청년회연합회 간부들이, 동대문 근처에서는 『시대일보』 배달원들이 잇따라 독립만세를 외치고 격문을 살포했으며, 이에 민중들이 합세하면서 시가지는 기미년 3 · 1 만세 시위와 같은 분위기가 재현되었다.

이에 놀란 일제는 군중을 강제로 해산시켰다. 출동한 일경에 붙잡힌 학생이 서울에서 2천여 명, 전국적으로는 5천여 명에 이르렀다. 이들 중 상당수가 제령(制令) 제7호와 출판법 위반 혐의로 구속 기소되었다.

일제가 시위 현장에서 시위대에 총을 쏘지 않은 것은 자칫 피를 보고 흥분한 민중들을 자극할까 두려워서였다. 구속자들에게 조선치안유지법 등을 적용하지 않은 것도 같은 이유에서였다. 서울의 6·10만세운동이 알려지면서 고창, 순창, 청주, 울산, 군산, 평양, 홍성, 공주 등지의 학교에서 동맹휴학이 일어나고, 이어서 당진, 강경, 진주, 하동, 이원 등으로 파급되었다.

6·10만세운동은 일제의 잔혹한 폭력으로 곧 진압되고 말았지만, 그 성과는 적지 않았다. 침체된 민족운동에 새로운 활력을 불어넣고, 1919년 3·1혁명에서 1929년 광주학생운동의 교량적 촉매제 역할을 함으로써 결코 꺼지지 않는 항일민족운동사의 횃불이 되었다. 또 하나의 중요한 성과는 6·10만세운동 준비 과정에서 나타난 사회주의 세력과 민족주의 세력, 특히 천도교 구파 세력의 연대가 이후 신간회운동의 태동을 가능케 했다는 것이다. 비록 투쟁 지도부가 거사 이전에 붕괴되고 민족주의 계열과 사회주의 계열의 전면적인 협력 관계가 형성되지는 못했다는 한계에도 불구하고 6·10만세운동은 향후 민족운동사에 큰 받침돌이 되었다.

15

국치 이래 최초의 민족협동전선, 신간회

일제 강점기에 국내에서 조직된 최대 규모의 항일운동 단체는 신간회(新幹會)다. 3·1혁명 이후 국민의 뜨거운 항일 열기로 각종 단체가 산발적으로 조직되었으나, 일제의 탄압과 상호 연대 부족으로 큰 성과를 얻지 못했다.

1927년 2월 15일 민족주의 좌파와 사회주의 세력이 연합해 '민족단일당 민족협동전선'이라는 표어 아래 합법적인 항일운동 단체로 신간회를 창립했다. 처음에는 신한회(新韓會)라는 명칭을 썼으나 등록 과정에서 총독부가 '한(韓)'자를 거부해 같은 뜻의 '간(幹)'자를 쓰게 되었다.

1920년대 후반기 국내의 민족해방운동은 민족주의 계열과 사회주의 계열의 두 갈래로 전개되었다. 이에 연합 또는 통합하라는 국민의 여론이 빗발치는 가운데 민족협동전선으로 신간회가 창립된 것이다.

존속 기간은 4년여에 불과했으나 전국적으로 120~150여 개의 지회와 해외 지회를 두었으며, 회원 수만 2~4만여 명에 이르렀다.

신간회 발기인은 34명이었다. 중국 베이징에 있던 신채호도 홍명희의 서신 연락으로 참여하고, 초대 회장에는 이상재가 선임되었다. 다음은 신간회 발기인 명단이다.

권동진, 김명동, 김준연, 김탁, 문일평, 박동완, 박내홍, 백관수, 신석우, 신채호, 안재홍, 유억겸, 이갑성, 이관용, 이상재, 이순탁, 이승복, 이승훈, 이정, 이정섭, 이종린, 이종목, 장길상, 장지영, 정재룡, 정태석, 조만식, 최선익, 최원순, 한기악, 한용운, 한위건, 홍명희, 홍성희(가나다 순).

신간회는 1927년 1월 19일 발기인 대회에서 '우리는 정치적·경제적 각성을 촉진한다', '우리는 단결을 공고히 한다', '우리는 기회주의를 일체 부인한다' 등 3대 강령을 채택했다. 신간회 중앙본부의 주요 민족운동을 살펴본다.

① 민족협동 조직의 확대운동 / ② 국외 '한국독립유일당촉성회'에 대표 파견 시도 / ③ 실제 운동 당면 과제 6항목 발표 / ④ 전국 순회 강연운동 / ⑤ 수재민 구호운동 / ⑥ 재만 동포 옹호운동 / ⑦ 어부들의 권익 보호 활동 / ⑧ 원산 총파업과 노동운동 지원 / ⑨ 함남 수력발전소 매립지구 토지보상운동 / ⑩ 단천 농림조합 사건 지원운동 / ⑪ 갑산 화전민 방축 사건 규탄운동 / ⑫ 태평양문제연구회 참가 반대운동 / ⑬ 언론·출판·집회·결사의 자유 탄압 규탄운동 / ⑭ 밀러 박사(세계 기독교 지도자) 연설회 개최 / ⑮ 재일본 한국인 노동

자 송환 항의운동 / ⑯ 광주학생운동 옹호·지원 활동 / ⑰ 민중대회 운동 / ⑱ 장풍탄광 노동자의 노동운동 지원 / ⑲ 사회 각 부문 민족운동의 정신적 지주 / ⑳ 학생부의 민족교육운동

신간회가 창립되면서 한국과 일본에 산재한 크고 작은 사회단체와 사상단체들이 자진 해산하고 유사 단체들끼리 통합하거나 신간회를 지지하고 산하 지회로 편입되었다. 신간회는 일종의 정당 구실을 했다. 1928년 12월 18일 도쿄 지회에서 채택한 강령과 정책을 보면 신간회의 목표를 알 수 있다.

강령

① 우리는 조선 민족의 정치적·경제적 해방의 실현을 기한다.

② 우리는 전 민족의 총력을 집중하여 민족적 대표기관이 되기를 기한다.

③ 우리는 모든 개량주의 운동을 배격하며, 전 민족적·현실적 공동 이익을 위해 투쟁하기를 기한다.

정책

① 언론·집회·출판·결사의 자유 / ② 조선 민족을 억압하는 모든 법령의 철폐 / ③ 고문제 폐지 및 재판의 절대 공개 / ④ 일본인 이민 반대 / ⑤ 부당 납세 반대 / ⑥ 산업 정책의 조선인 본위 / ⑦ 동양 척식주식회사 폐지 / ⑧ 단결권·파업권·단체계약권의 확립 / ⑨ 경작권의 확립 / ⑩ 소작료의 공정(公定) / ⑪ 소작인의 노예적 부역 폐지 / ⑫ 소년 및 부인의 야간 노동, 갱내 노동 및 위험 작업 금지 / ⑬ 8시간 노동제 실시 / ⑭ 최저임금·최저봉급제 실시 / ⑮ 공장법·

광업법·해운법 개정 / ⑯ 민간 교육기관에 대한 허가제 폐지 / ⑰ 일체 학교 교육의 조선인 본위 / ⑱ 일체 학교 교육 용어의 조선어 사용 / ⑲ 학생·생도의 연구 자유 및 자치권 확립 / ⑳ 여자의 법률상·사회상의 차별 철폐 / ㉑ 여자의 인신매매 금지 / ㉒ 여자의 교육 및 직업에 대한 모든 제한 철폐 / ㉓ 형평사원(衡平社員) 및 노복(奴僕)에 대한 모든 차별 반대 / ㉔ 형무소의 대우 개선, 독서·통신의 자유

일제는 전국 규모의 신간회 활동을 방치하지 않았다. 총독부가 추진한 민족개량주의 노선을 기대했으나 조직과 활동이 반일주의로 기울자 분열 공작과 해체 공작에 나섰다. 내부에서도 이념과 노선의 차이에 따라 차츰 해소론이 제기되었다.

1929년 11월 3일 광주학생운동이 발발하면서 신간회 간부들은 이를 민족·민중운동으로 확산시키기 위해 12월 13일 민중대회를 개최하기로 했다. 그러나 일제가 신간회 간부와 회원 44명을 구속하면서 내부 갈등이 심화되고 각 지회에서 해소론이 제기되었다.

해소론이 제기된 가장 근본적인 이유는 첫째, 신간회의 조직 형태가 정당적 형태로 되어 있고, 둘째, 강령이 추상적이고 구체적 투쟁 지침이 없어 오히려 노동·농민운동을 말살하며, 셋째, 객관적 정세가 급격히 변했고, 주체적 조건이 이에 조응하게 되었기 때문이다.

또한 각 지회에서 사용되었던 해소운동의 방향 제시나 그 용어 등이 '12월 테제'나 조선공산당 관계자들의 당 재건 이론에서 사용되던 것과 동일했다. 따라서 해소론의 논리적 구조 또한 이들과 관계가 깊었다. 신간회 해소에 이론적 기초를 제기한 것으로 알려진 '12월 테제'는 코민테른 제6회 대회의 '식민지의 민족혁명'이라는 의제에

1931년 신간회 해소를 주장했던 책의 표지.

서 논의된 내용을 기초로 한 것이다. 그러나 '12월 테제'에서도 코민테른의 민족·식민지에 있어서의 반제연합전선론의 의의는 변함이 없었다.(이현주, 「신간회운동 연구의 성과와 과제」)

신간회는 1927년 2월 창립되어 1920년대 후반 국내 민족운동의 중추적인 역할을 수행하다가 4년 3개월 만인 1931년 5월 16일 해체될 때까지 국내 민족협동전선의 최고기관으로 활동했다. 국내의 민족주의자들과 사회주의자들의 이념적·사상적 차이에도 불구하고 대동단결해 항일전선을 구축하고, 이후 좌우협동과 합작에 의한 민족유일당·민족단일당 결성운동 등에 큰 촉매제 역할을 했다. 다만 신간회 해소 과정에서 사회주의자들과 공산주의자들이 코민테른의 지시를 받고, 그 지침에 따라 움직인 것은 애석한 일로 평가되었다.

16
전국으로 확산된
광주학생운동

　　　　　　　　　　　일제 강점기 국내 3대 항일투쟁의
하나인 광주학생운동은 1929년 11월 3일 전라도 광주에서 일어났
다. 발단은 한일 기차 통학생들의 나주역 충돌 사건이지만, 민족 내
부에 부글거리는 용암은 오래전부터 조선 청년·학생들의 가슴 속에
서 면면히 흐르고 있었다. 결코 돌발적인 사건이 아니라 예정된 폭발
이었다.

　당시 광주에는 광주고보, 광주농업학교, 광주여고보 등 대부분의
학교에 비밀 독서회가 조직되어 있었다. 독서회의 전신은 1926년 조
직되어 장재성, 왕재일 등이 지도하던 성진회(醒進會)였다. 1927년 10
월 성진회가 강제로 해체되면서 각 학교에 독서회를 조직하는 한편,
독서중앙본부를 두어 상호 긴밀한 연계를 맺어 활동했다.

　이 같은 일은 광주뿐만 아니라 전국적인 현상이었다. 3·1혁명 이

후 축적되어 온 청년·학생들의 항일운동 양상은 동맹휴학으로 나타나고, 동맹휴학은 독서회를 통해 조직되었다. 1921년부터 1928년까지 각 학교에서 일어난 동맹휴학 발생 건수는 1921년 23건, 1922년 52건, 1923년 57건, 1924년 14건, 1925년 48건, 1926년 55건, 1927년 72건, 1928년 83건 등으로 1925년 이래 증가일로에 있었다. 1929년 말 광주학생운동은 이러한 학생운동 활성화의 연장 선상에서 발생한 것이다.

지역적으로 볼 때는 경기도(77건), 함경남도(51건), 황해도(42건), 경상남도(38건), 강원도(29건), 전라북도(29건), 전라남도(28건), 평안북도(24건), 평안남도(20건), 충청남도(20건), 충청북도(17건), 함경북도(15건), 경상북도(13건) 순으로 동맹휴학이 발생했다. 동맹휴학이 가장 활발했던 학교는 고창고보, 경신학교, 송도고보, 광주고보 등이었다.

10월 30일 오후 5시 30분경, 광주를 떠난 통근열차가 나주역에 도착했을 때 일본인 남학생이 광주여고보 3학년 박기옥 등 조선인 여학생들을 희롱하자 박기옥의 사촌 박준채 등이 일본인 학생들과 싸움을 벌였다. 그런데 다음 날 광주 지역의 신문들은 일방적으로 일본인 학생들의 편을 들고 조선인 학생들을 질타하는 기사를 실었다.

분노한 학생들은 11월 1일 신사 참배를 하고 오는 일본인 학생들과 광주역 부근에서 충돌했다. 마침 순찰 중이던 일본 경찰이 이유도 묻지 않고 한국인 학생들을 구타했다. 한국인 학생들은 그동안의 차별 대우와 쌓인 민족의식이 한꺼번에 발동해 일본인 학생들과 주먹 대결을 벌였다. 그러자 출동한 일본 경찰은 한국인 학생들만 연행해 갔다. 다음 날인 11월 2일 시내에서 다시 한일 학생들 간에 충돌

당시 열차에서 일본인 학생들과 싸운 박준채.

이 일어나고, 광주의 분위기는 분노에 들끓었다.

마침내 11월 3일 11시경, 광주의 학생들과 일본인 학생들 간에 집단 난투극이 벌어지고 시민들도 몰려나왔다. 시가지로 진출한 시위대는 "신천지에 휘날리는 우리 동포야, 길이길이 기다리던 오늘이 왔구나. 무등산에서 단련한 기술로 용감히 적군을 물리치세"라는 노래를 부르며 사기를 북돋웠다.

시위대가 충장로를 지날 때 시민들은 각목과 장작개비를 내놓았으며, 광주여고보 학생들은 통치마 앞자락에 호빵을 수십 개씩 싸 오고 큰 바가지에 물을 떠 오기도 했다. 학생 시위대는 시내 중심가를 누비며 "조선 독립 만세", "식민지 노예교육 철폐", "일본인 학교 광주중학교를 폐쇄하라" 등의 구호를 외쳤으며, 교가와 응원가 등을 불렀다. 시위가 계속되는 동안 연도의 시민들도 행렬에 합세해 시위대는 대군중을 이루었다. 시위대가 도립병원(현 전남대 부속병원) 앞에 이르렀을 때 광주경찰서 고등계 주임 나베지마가 인솔하는 100여 명의 경찰대가 가로막아 시위대와 대치했다.(박찬승, 「광주학생운동의 정치사상적 배경」)

총독부는 경찰력을 총동원해 초비상 경계를 펴고, 광주의 모든 중

고등학교에 휴교령을 내렸다. 또한 한국 학생 75명을 주모자로 구속하고, 일본 학생은 7명을 구속했다가 모두 풀어주었다.

광주 학생들의 시위를 지켜본 신간회 광주지회를 비롯한 사회단체 간부들은 회합을 갖고 '학생투쟁 지도본부'를 구성해 광주학생운동의 전국화를 시도했다. 한편 광주의 제2차 봉기를 준비해 광주 장날을 거사일로 정했다. 이들은 학생들에게 보내는 선언문을 준비했다.

장엄한 학생 대중이여! 최후까지 우리들의 슬로건을 지지하라! 그리하여 궐기하자! 싸우자! 굳세게 싸우라!

① 검거자를 즉시 우리가 탈환하자.
② 검거자를 즉시 석방하라.
③ 교내 경찰권의 침입을 절대 반대하자.
④ 교우회 자치권을 획득하자.
⑤ 직원회에 생도 대표를 참가시켜라.
⑥ 조선인 본위의 교육제도를 확립시켜라.
⑦ 식민지 노예 교육제도를 철폐하라.
⑧ 민족문화와 사회과학 연구의 자유를 획득하자.
⑨ 전국 학생대표 회의를 개최하라.

광주 학생 시위는 방학 중인데도 전국 여러 지역으로 확산되었다. 전국적으로 시위 또는 동맹휴학을 결행한 학교 수는 194개교, 참가 학생 수는 5만 4천여 명이었고, 그중 580여 명이 퇴학과 함께 최고 5년의 실형을 받았으며, 2,300여 명이 유기정학을 당했다.

17
좌우 진영 통합한
민족혁명당

갈수록 광폭해져 가는 일제와 싸워서 독립을 쟁취하기 위해서는 민족운동 진영의 통합으로 혁명 역량을 강화해야 했다. 그런데 1920년대 해외의 민족진영은 이념, 지역, 인맥, 항일전의 방법론 등으로 산산이 조각난 상태였다. 각 조직과 단체들의 결성 시기와 지역, 인적 구성과 긴박하게 돌아가는 대륙의 정세 등 여러 상황의 복합적인 산물이기는 하지만, 대적(大敵)을 상대로 하는 전선에서 분산된 조직으로는 성과를 얻기가 쉽지 않았다. 임시정부도 일부 보수 우파 세력의 집단일 뿐 좌파나 중도계 인사들을 불러 모으지 못한 상태였다. 윤봉길 의거 후에는 그나마 많이 달라졌지만, 임시정부에는 여전히 우파 진영의 일부만이 참여하고 있었다.

김규식을 비롯한 다수의 독립운동가들이 1920년대 후반기부터 중국 관내와 만주 지역에서 민족유일당운동을 꾸준히 전개했다. 1929

년 12월 남만주에서 조선혁명당, 1930년 1월 상하이에서 한국독립당, 같은 해 7월 북만주에서 독립당이 각각 결성되었다. 이러한 지역별 당 조직을 하나로 묶기 위해 김규식, 안창호, 이동녕, 최동오 등이 중심이 되어 상하이에서 독립전선통일동맹을 결성하고, 일제의 중국 침략이 급속도로 진전되자 1932년 11월 상하이에서 한국대일전선통일동맹이 결성되었다. 한국대일전선통일동맹은 1934년 3월 1일 제2차 대표대회에서 '단일대당(單一大黨)' 결성안이 의결되면서 통합운동이 급물살을 타게 되었다.

이날 대표대회에서 조직을 해체하고 신당을 결성하기로 결정하면서, 4월 12일 통일동맹 중앙상무위원인 김규식, 한국독립당 대표 김두봉·이광제, 조선의열단 대표 김원봉·윤세주·이춘암, 조선혁명당 대표 최동오·김학규, 만주 한국독립당과 한국혁명당이 통합한 신한독립당 대표 윤기섭·이청천·신익희 등 11명이 통일동맹 제3차 대표대회를 열고 민족혁명당 창당을 의결했다.

한국 독립운동사에 큰 방점을 찍은 최대 규모의 좌우연합 정당인 민족혁명당은 이 같은 과정을 거쳐 1935년 6월 20일부터 7월 3일까지 중국 난징시 금릉대학 대례당에서 창당대회를 열어 독립운동 진영의 오랜 숙원을 현실화했다. 물론 진통도 적지 않았다. 좌우익 통일전선 정당인 신당의 당명으로 조선의열단 등 좌익 쪽에서는 조선민족혁명당을 주장했고, 한국독립당 등 우익 쪽에서는 한국민족혁명당을 주장했다. 절충을 거듭한 결과, 중국 쪽에 대해서는 '한국민족혁명당'으로, 국내 민중에 대해서는 '조선민족혁명당'으로, 해외 여러 나라에 대해서는 'Korean Revolution Association'으로, 그리고 당내에서는 그냥 민족혁명당으로 부르기로 결정했다.

김규식이 민족혁명당의 주석으로 선임되었다. 다양한 계파가 참여한 민족혁명당 창당의 주역들이 이념과 노선을 뛰어넘어 포용력이 있고 의회주의자인 그를 대표로 선임한 것이다. 실권자는 당세가 강한 의열단의 김원봉이었으나 당대표는 김규식이 맡았다.

민족혁명당은 당의(黨義)에서 "본당은 혁명적 수단으로서 구적(仇敵) 일본의 침탈 세력을 박멸하고 5천 년 독립 자주해온 국토와 주권을 회복해 정치, 경제, 교육의 평등에 기초를 둔 진정한 민주공화국을 건설하며, 국민 전체의 생활 평등을 확보하고, 나아가 세계 인류의 평등과 행복을 촉진한다"고 선언했다. 조소앙의 삼균주의 원칙을 수용한 것이다.

민족혁명당은 창당 이념을 민족혁명과 민주주의혁명을 동시에 수행해 조선 혁명을 완성하는 것으로 설정했다. 이때 민족혁명은 '일제 식민통치의 전복과 민족자주 정권의 건립'을, 민주주의혁명은 '봉건 유제의 완전 숙청과 인민 자유정권의 건립'을 내세웠다. 또한 혁명 원칙은 "민족의 자주독립 완성, 봉건제도 및 반혁명 세력의 숙청과 진정한 민주공화국의 건설, 소수인이 다수인을 박삭(剝削)하는 경제제도의 소멸과 민족 각개의 생활상 평등의 경제 조직 건립"이었다.

민족혁명당은 대일 투쟁과 독립에만 국한하지 않고, 멀리 해방 후의 민족·민주국가 건설을 내다보면서 건국 방략의 청사진을 내걸었다. 이것은 임시정부가 일제 패망 직전에 제시했던 '건국강령'의 모태 역할을 하게 된다.

민족혁명당은 근대 정당의 구색을 두루 갖추고 출범했다. 정책, 당장(黨章), 당보(黨報)를 만들고 당가(黨歌)를 제작해 각종 행사 때 게양하고 합창했다. 『민족혁명당 당보』는 여러 차례 발간되다가

『민족혁명』으로 개제해 간행했다. 현재 이들 당보는 남아 있지 않고, 일제 정보 자료에 내용이 수록되어 있다.

민족혁명당 정책

① 국내의 혁명 대중을 중심으로 하여 내외의 전 민족적 혁명 전선을 결성한다.

② 국내의 무장부대를 조직하여 총동원을 준비한다.

③ 적의 세력에 아부하는 반동 세력을 박멸한다.

④ 국외의 무장부대를 확대 강화한다.

⑤ 해외 우리 민족의 총단결을 촉성한다.

⑥ 우리 혁명운동에 동정, 원조하는 민족 및 국가에 대해서는 이와의 연결을 도모한다.

김규식이 민족혁명당을 떠난 후 당은 심각한 내분으로 진통을 겪었다. 1936년 2월 조소앙이 탈퇴하고, 1937년에는 최동오, 홍진, 이청천 등 만주 출신의 조선혁명당 계열이, 1938년에는 최창익 계열이 이탈하면서 민족혁명당은 김원봉이 주도하는 의열단 계열의 독무대가 되었다. 이로써 당초의 좌우연합체는 다시 분열되었다.

1937년 7월 7일의 중일전쟁 발발을 앞두고 중국 대륙은 폭풍전야의 긴장이 고조되었다. 일제는 대대적으로 군사력을 증파하면서 기회를 노렸다. 중국 국민당 정부와 공산당 세력은 제2차 국공합작을 이루고 있었으나, 여전히 서로의 주적은 일제가 아닌 동족의 반대 세력이었다.

임시정부는 윤봉길 의거 후 상하이를 탈출해 자싱(嘉興), 전장(鎭江)

등지를 거쳐 국민당 정부를 따라 난징에 머물고 있었다. 중일전쟁이 발발하면서 다시 난징을 떠나 창사(長沙), 광저우(廣州), 류저우(柳州), 치장(綦江)을 거쳐 충칭에 이르렀다. 흩어졌던 좌우 진영은 얼마 후 임시정부로 통합해 좌우 합작 정부를 세우게 된다.

통사와 혈사로 읽는 한국 현대사

18
임시정부, 한국광복군을 창설하다

임시정부의 오랜 꿈은 우리 군대를 조직해 일제와 싸우는 것이었다. 그러나 남의 나라에서 독자적인 군대를 갖는 것이 쉬운 일은 아니었다. 낙양군관학교 한인특별반과 한국특무대독립군 등 중국 군대에서 겪은 우리 군대의 뼈아픈 한계와 경험도 남아 있었다. 예산과 훈련 장소와 인력 등 모든 것이 어렵기는 마찬가지였다.

상황이 바뀌어가는 측면도 있었다. 중국 정부는 파죽지세로 침략해오는 일본군에 대항하기 위해서는 한국 군대를 임시정부에 창설하는 것이 손해 볼 일만은 아니라고 인식하게 되었다. 김구가 임시정부 주석에 취임함으로써 그에 대한 신뢰도 상당히 작용했다. 윤봉길 의거 등 항일투쟁의 성과 때문이다.

임시정부 안에서는 중일전쟁이 발발하면서 군무부 산하에 만주독립군 출신을 중심으로 군사위원회를 설치해 전시 태세를 갖추자는 의견이 나왔다. 이러한 군사 활동 계획이 광복군 창설로 이어지는 배경이 되었다.

김구는 주자화(朱家驊)를 비롯한 중국 정부 요인들을 만나 거듭 한국광복군 창설의 필요성을 설명했다. "임시정부가 광복군을 편성해 대일전을 수행하고, 일본군에 있는 한국 출신 사병들을 빼내면 적군의 힘을 약화할 수 있으며, 화북을 안정시키려면 먼저 동북을 수복해야 하고, 동북을 수복하려면 한국 독립을 원조해야 한다"고 설득했다.

김구는 1940년 5월 한국독립당 중앙집행위원장(주석) 명의로 '한국광복군 편련 계획 대강'을 장제스에게 제출했다. 임시정부가 광복군을 편성해 한중 연합군으로 항일 연합 작전을 전개한다는 것으로, 중국 정부에 이에 대한 인준과 소요되는 재정적 지원을 요구하는 내용이었다. 장제스는 이 계획을 승인했다. 그리고 중국군사위원회 군정부(軍政府)에 한국광복군 창설에 필요한 조치를 하도록 지시했다. 그러나 실무자들이 까다로운 조건을 달았다. 한국광복군은 중국군사위원회에 예속되어야 한다는 주장이었다.

김구는 한국 담당 책임자를 만나 광복군의 독립성과 자주권을 광복군이 갖지 않으면 차라리 군대를 창설하지 않겠다는 단호한 태도를 보이는 한편, 자력으로 광복군 창설을 추진했다. 중국 정부와 사전 협의 없이 우선 조직해 놓고 중국 측의 승인과 협조는 나중에 교섭한다는 배짱이었다. 그는 만주에서 독립군을 조직해 활동했던 이청천, 유동열, 이범석, 김학규 등을 중심으로 한국광복군창설위원회를 조직하고, 이들로 하여금 광복군 창설에 대한 구체적인 실무 작업을 추진하도록 했다. 이들은 임시정부에서 활동하고 있는 만주독립군 출신 군사 간부들과 중국의 군관학교를 졸업하고 중국군에서 복무하고 있는 한인 청년들을 소집해 총사령부를 구성하고, 이를 기반으로 1년 이내에 3개 사단을 편성한다는 부대 편성 방안을 마련했다. '한국광복군 선언문'은 다음과 같다.

대한민국임시정부는 대한민국 원년(1919)에 정부가 공포한 군사조직법에 의거해 중화민국 총통 장제스 원수의 특별 허락으로 중화민국 영토 내에서 광복군을 조직하고 대한민국 22년(1940) 9월 17일 한국광복군 총사령부를 창설함을 자에 선언한다.

한국광복군은 중화민국 국민과 합작해 우리 두 나라의 독립을 회복하고자 공동의 적인 일본 제국주의자들을 타도하기 위해 연합군의 일원으로 항전을 계속한다.

과거 30여 년간 일본이 우리 조국을 병합 통치하는 동안 우리 민족의 확고한 독립정신은 불명예스러운 노예 생활에서 벗어나기 위해 무자비한 압박자에 대한 영웅적 항쟁을 계속해왔다. 영광스러운 중화민족의 항쟁이 4개년에 도달한 이때, 우리는 큰 소망을 갖고 우리 조국의 독립을 위해 우리의 전투력을 강화할 시기가 왔다고 확신한다.

우리는 중화민국 최고 영수 장제스 원수의 한국 민족에 대한 원대한 정책을 채택함을 기뻐하며 감사의 찬사를 보내는 바다.

우리 국가의 해방운동과 특히 우리의 압박자 왜적에 대한 무장항쟁의 준비는 그의 도의적 지원으로 크게 고무되는 바다.

우리는 한중 연합전선에서 우리 스스로의 계속 부단한 투쟁을 감행하여 극동 및 아시아 인민 중에서 자유·평등을 쟁취할 것을 약속하는 바다.

임시정부는 중국 측과 사전 협의 없이 전격적으로 한국광복군 선언문을 발표한 데 이어 9월 17일 충칭의 가릉빈관(嘉陵賓館)에서 임시정부와 한국독립당, 임시의정원을 비롯해 중국 측 인사와 각국 외교 사절들이 참석한 가운데 한국광복군총사령부 성립 전례식을 거행하고 광복군 창설을 내외에 선포했다. 중국 측에서는 저우언라이(周恩來), 둥비우(董必武), 우티에청(吳鐵城) 등 주요 인사들이 참석했다.

비록 외국 땅에서 초라한 모습으로 창설한 한국광복군이지만 그 의미는 적지 않았다. 한국광복군은 중국 정부의 지원이나 개입을 일절 받지 않고 독자적으로 성립해 '임시정부 직할의 국군'으로서 자주성을 견지하게 된 독립적 군대였다.

한국광복군은 1940년 총사령부를 시안(西安)으로 옮겨 지대를 편성하고 대원을 각지에 파견해 한국 청년과 일본군 탈출병을 모집해서 광복군 대원 확보에 나섰다. 이에 대해 중국군사위원회는 각지의 군사장관에게 광복군의 징모 활동을 금지하라는 명령을 내리기도 했다. 광복군에 입대하는 한인 병사가 줄을 서는 상황에서 중국 측의 징모 활동 금지 조치는 임시정부와 광복군에게 큰 타격이었다. 중국 측은 겨울을 앞두고 무기는커녕 피복과 식량도 공급해주지 않았다.

광복군이 직제를 갖추고 훈련에 돌입하자 중국 측에서는 '한국광복군 9개 항 행동 준승'을 마련, 재정 지원을 미끼로 한국광복군의 행동을 속박하고 통수권을 빼앗으려 했다. 중국 측의 승인과 재정 지원이 없으면 작전은커녕 굶어 죽거나 동사할 지경에 이르자 임시정부는 국무회의를 열어 논의를 거듭한 끝에 중국 측 '행동 준승'을 받아들이기로 했다. 그리고 얼마 후 줄기찬 협상 끝에 광복군의 독립을 이끌어내기에 이르렀다. 이에 비해 6·25전쟁이 끝나고 70여 년이 될

한국광복군 성립 전례식 기념사진.

때까지 전시작전통제권을 회복하지 못한 우리의 현실은 부끄럽기 그
지없다.

온갖 수모를 겪으면서도 광복군은 1941년 11월 25일 임시정부 국
무회의에서 의결한 '한국광복군 공약' 등을 채택하면서 항일전에 대
비했다.

한국광복군 공약

- 제1조: 무작정 행동으로서 적의 침탈 세력을 박멸하려는 한국 남녀
  는 그 주의 사상을 막론하고 한국광복군의 군인 될 의무와 권리를
  유함.
- 제2조: 한국광복군의 군인 된 자는 대한민국 건국강령과 한국광
  복군 지휘정신에 위반되는 정신을 군 내외에 선전하고 조직함을

부득함.

- 제3조: 대한민국 건국강령과 한국광복군 지휘정신에 부합되는 당의, 당강(黨綱), 당책(黨策)을 가진 당은 군 내외에 선전하고 조직함을 득함.
- 제4조: 한국광복군의 정신과 행동을 통일하기 위해 군 내에 1종 이상의 정치 조직의 치(置)함을 불허함.

19

임시정부, 일제에
선전포고

　　　　　　　　중국이 아무리 일제의 침략을 당하
고 두 개의 진영으로 나뉘어 내전을 치르는 내우외환의 처지라 하더
라도 자국 내에 남의 나라 군대를 양성하는 일을 허용하기란 쉽지
않았다. 중국군 당국은 한국광복군을 중국군사위원회에 예속할 것을
요구했지만, 임시정부는 1940년 10월 9일 '한국광복군 총사령부 조
직 조례'를 제정하고, 총사령부는 임시정부 주석 직할하에 설치한다
는 점을 분명히 했다. 이로써 광복군의 통수권이 김구 주석에게 주어
졌다. 하지만 상당 기간 이른바 '9개 준승'에 묶여 자유로운 활동이
제약되었다.

　1907년 7월 31일 이른바 한일신협약에 따라 대한제국의 군대가
일제에 의해 강제 해산당한 지 33년 만에 임시정부의 국군으로서 광
복군이 창설되었다. 임시정부 외교부장 조소앙은 '한국광복군 총사령

한국의 독립운동가, 통일운동가 조소앙.

부 성립 보고서'를 통해 국군의 역사와 사명, 책무를 정리하고, 광복
군은 이를 교육 훈련 과정에 자료로 활용했다.

임시정부가 광복군을 창설하고 주석을 중심으로 하는 지도 체제
로 전환하는 등 전시 체제를 마련하고 있을 때 국제 정세는 제2차
세계대전의 늪으로 빠져들고 있었다. 1940년 6월 파리가 독일군에
함락되고, 9월에는 일본, 독일, 이탈리아 3국이 군사동맹을 체결했다.
1941년 4월에 일본과 소련이 불가침조약을 맺고, 6월에 독일군이 소
련을 기습한 데 이어 12월 6일 일본군이 미국령 하와이 진주만을 기
습 공격함으로써 태평양전쟁이 발발했다. 우리 독립운동가들은 미일
전쟁에서 결국 미국이 승리할 것으로 내다보았다. 그런 의미에서 미
일전쟁 발발이 조선 독립에 절호의 기회가 될 것으로 기대했다.

임시정부는 1941년 12월 10일 김구 주석과 조소앙 외교부장 명의
로 '대한민국임시정부 대일 선전성명서'를 공표했다. 국치 31년 만에

일제에 공식 선전포고를 한 것이다. 비록 망명지 충칭에서 한 선전포고지만, 한민족의 한이 담긴 민족사적 의지의 표현이었다. 순한문으로 쓰인 '선전성명서'는 조소앙이 기초해 의정원 의원에서 의결을 거친 것이다. 당시 임시정부의 헌법인 '대한민국 임시약헌' 제2장 제10조는 "주외 사절의 임면 및 조약의 체결과 선전·강화를 동의함에는 총의원 과반수의 출석과 출석 의원 3분의 2 이상의 찬성이 있어야 한다"고 명시하고 있다.

'선전성명서'는 전문과 5개 항으로 구성되어 있다. 이를 번역한 것이 『소앙선생문집』에 실려 있다. 이 번역문은 간략히 처리된 부분이 있고, 어투도 고문체로 되어 있어 김희곤 교수의 번역으로 소개한다.

> 우리는 3천만 한인과 정부를 대표해 중국, 영국, 미국, 캐나다, 네덜란드, 오스트리아 및 기타 여러 나라가 일본에 대해 선전을 선포한 것이 일본을 격퇴시키고 동아시아를 재건하는 가장 유효한 수단이 되므로 이를 축하하면서, 특히 다음과 같이 성명한다.
>
> ① 한국의 전체 인민은 현재 이미 반침략전선에 참가해오고 있으며, 이제 하나의 전투 단위로서 축심국(軸心國)에 전쟁을 선언한다.
> ② 1910년의 합방조약과 일체의 불평등조약이 무효이며, 아울러 반침략국가가 한국에서 합리적으로 얻은 기득권익이 존중될 것임을 선포한다.
> ③ 한국과 중국 및 서태평양에서 왜구를 완전히 구축하기 위해 최후의 승리를 거둘 때까지 항전한다.
> ④ 일본 세력 아래 조성된 장춘과 남경 정권을 절대로 승인하지 않는다.

⑤ 루스벨트·처칠 선언의 각 항이 한국 독립을 실현하는 데 적용되기를 건결히 주장하며, 특히 민주 진영의 최후 승리를 미리 축원한다.

대한민국임시정부 주석 김구, 외교부장 조소앙

대한민국 23년 12월 10일

대일 선전포고를 한 임시정부는 중국 국민당 정부에 대해서는 김구와 조소앙이 나서서 활동하고, 미국에 대해서는 미국에 구미위원부를 설치해 이들로 하여금 교섭하도록 했다. 그리고 중국공산당에 대해서는 충칭 주재 판사처에 머물고 있는 대표들을 통해 접촉하는 방안을 마련했다.

임시정부는 먼저 중국 국민당 정부에 대해 장제스와 직접 담판하기로 하고, 그 연결망으로 임시정부와 연고가 있는 우티에청, 주자화 등 당 간부를 선택했다. 광복군을 창설한 뒤 이에 대한 중국 정부의 지원을 받아내고자 노력하던 임시정부는 '9개 준승'이라는 족쇄를 풀기 위해 온갖 시도를 다했다.

임시정부는 누구보다 먼저 중국 정부가 임시정부를 승인해주기를 요구했다. 그렇지만 중국 정부는 광복군을 지원하는 조건으로 통수권을 장악한 후 쉽게 그것을 돌려주지 않았고, 정부 승인에 대해서도 연합국과의 협의를 기다리면서 뒤로 미루고 있었다. 중국은 연합국의 눈치를 보느라, 영국과 미국은 중국의 눈치를 보느라 승인을 미루는 형국이었다.

대한민국임시정부가 일제에 선전포고를 할 수 있었던 것은 한국광복군이 창설되었기 때문이다. 한국광복군은 미국의 OSS(Office of Strategic Services)와 합동 작전을 추진했다. OSS는 제2차 세계대전 중에 창설되어 정보 수집, 유격대 활동, 적 후방 교란 등을 임무로 하는 일종의 전략 첩보 기구였다. 웨드마이어 중장이 1944년 10월 중국 전구(戰區)사령관으로 부임해 윈난성(雲南省) 쿤밍(昆明)에 본부를 두고 중국에서 활동을 시작했다.

OSS와 광복군이 합작을 이루게 된 것은 양측이 서로를 필요로 하고 있었기 때문이다. 중국에서 활동하고 있던 OSS는 전략상 한반도를 중시했다. 한반도가 일본과 중국 대륙 간의 수송로 역할을 하고 있으며, 비밀 첩보원들이 일본으로 침투하는 기지로 중요하다는 인식이었다. OSS는 이 지역에서의 첩보 활동에 한국인들을 이용하고자 했다. OSS 측은 미주 교포와 미군에 포로가 된 한국인, 그리고 중국에서 활동하고 있는 한국광복군과 조선의용군을 이용할 수 있는 대상으로 보았다.

OSS 훈련에 대한 모든 준비는 미국 측에서 담당했고, 훈련 책임자는 사전트 대위였다. 사전트는 5월 11일 미국인 교관들과 함께 제2지대 본부가 있는 두취(杜曲)에 도착해 정식으로 '독수리작전' 대장에 부임했다. 장준하, 김준엽 등 선발된 한국 청년 50여 명은 1주일간 예비훈련을 받았다. 그동안 미국 교관들은 훈련생들의 자질과 적성을 조사했고, 이를 기초로 훈련생 개개인에 맞춘 임무가 주어지고 특수훈련이 실시되었다.

임시정부는 이와 같이 특수훈련을 받은 광복군을 창설했기 때문에 일제에 선전포고할 수 있었고, 실제로 OSS 대원들을 국내로 진공시켜 독립전쟁을 준비하던 중 일제의 항복으로 작전이 중지되고 말았다. 한국광복군과 조선의용군이 국내로 투입되어 일본군과 교전 중에 일제가 항복했다면 한반도의 운명은 크게 달라졌을 것이다.

20
국내 두 신문의
일장기 말소 사건

1936년 8월 독일 수도 베를린에서 제10회 올림픽이 열렸다. 올림픽의 하이라이트인 마라톤에서 한국인 손기정 선수가 2시간 29분 19초의 기록으로 세계신기록을 수립하면서 우승했다. 남승룡 선수는 3위에 입상했다. 베를린으로 출발하면서부터 기대를 모았던 손기정 선수가 세계 최초로 2시간 30분대의 벽을 깨고 우승하자 식민지 시대일망정 한국 국민들은 크게 환호했고, 신문들은 대서특필하고 호외를 발행해 이 쾌거를 널리 알렸다. 손기정이 비록 일본 대표 자격으로 출전했지만, 그의 승리는 패배와 좌절감에 빠져 있는 한국 사회에 큰 위안과 희망을 안겨주었다.

당시 조선에는 민간지로 『조선중앙일보』와 『동아일보』, 『조선일보』, 그리고 총독부 기관지 『매일신보』가 발행되고 있었다. 『동아일보』는 김성수, 『조선일보』는 방응모가 사장이었다. 『조선중앙일보』는 1931년

11월 27일『중외일보』의 지령을 이어받아 창간한 신문으로, 경영난으로 한동안 휴간했다가 사원들의 투표로 감옥살이를 마치고 출감한 여운형을 사장으로 영입했다. 여운형은 1933년 3월 7일자로 제호를『조선중앙일보』로 바꾸어 발행하면서 시종 민족주의적 논조를 유지해 국민들의 호응을 얻었다. 1936년에는 하루에 3만 2,782부씩 발행해 최초로『동아일보』(3만 1,666부)를 약간 앞서기도 했다. 명실 공히 최고 발행 부수의 신문이었다.

『조선중앙일보』는 민족적·사회적 범죄자나 총독부에 타협한 변절 인물, 특권층의 비리를 적나라하게 폭로했다. 유명한 친일파 박희도와 최린의 축첩 행각 등 이들의 비열한 사생활에는 한 치의 용서가 없었다. 반면 학생, 노동자, 농민, 빈민 등에 대한 지지와 원조는 당대 신문 중 제일이었다. 한강 유역의 홍수와 낙동강 수해 때는 여운형 사장이 직접 침수 가옥 안으로 들어가 인명을 구하고 구호품을 나눠 줄 정도였다. 신문사 사장이 체면이나 겉치레를 차리지 않고 직접 일선에 나서 민중들과 접촉하고 그들의 소리를 듣는다는 것은 당시에나 지금이나 결코 쉽지 않은 일이었다. 당시 세간에는 "『조선일보』광산왕 방응모는 자가용으로 납시고,『동아일보』송진우는 인력거로 꺼덕꺼덕,『조선중앙일보』여운형은 걸어서 뚜벅뚜벅"이란 말이 나돌기도 했다.

『조선중앙일보』는 총독부의 직간접적인 여러 압력에도 굴하지 않고 소신을 지키면서 신문을 제작했다. 그러던 차에 손기정 선수의 금메달 소식이 전해졌고,『조선중앙일보』는 8월 13일자 조간에 이 소식을 전하면서 손 선수의 가슴에 붙은 일장기를 지운 채 발행했다. 조선총독부는 이를 몰랐던지 그냥 넘어갔다.

1936년 8월 13일자 『조선중앙일보』(좌) 4면 기사와 8월 25일자 『동아일보』(우)의 지방판 2면 기사.

　　『조선중앙일보』의 체육 담당 기자 유해봉은 일본 『요미우리신문』에서 전송받은 손기정 선수의 사진에서 일장기를 지운 채 신문에 실었다. 이와 관련한 구체적인 배경은 알려지지 않았다. 그로부터 12일 뒤 『동아일보』 석간에도 일장기가 지워진 손 선수의 사진이 실렸다. 『동아일보』의 체육 담당 이길용 기자는 사진 담당 백운선 기자 및 제판 담당 강대석 기자와 의논해 사진 동판을 만들 때 초산을 넣어서 일장기를 지웠다. 여기에 삽화 담당 이상범 화백이 사진을 자연스럽게 수정했다. 두 신문사의 일장기 말소는 올림픽 경기에서 당당히 월계관을 획득한 손 선수의 쾌거와 세계를 놀라게 한 우승의 영광이 일본인이 아닌 한국 민족의 것임을 확인하기 위한 치열한 언론투쟁이었다. 언론인들의 민족의식이 남아 있었던 것이다.

　　『조선중앙일보』의 첫 의거는 모르는 채 넘겼던 총독부가 『동아일보』의 두 번째 의거에는 강압적으로 나왔다.『조선중앙일보』는 유해봉 기자를 구속하고 신문사를 폐간했으며,『동아일보』는 무기 정간 처분에 이어 이길용, 백운선, 강대석, 이상범 기자를 비롯, 사회부장 현진건, 잡지부장 최승만, 사진부장 신낙균, 편집기자 임병철 등을 구속했다. 구속된 기자들은 혹독한 고문에도 굴하지 않고 끝까지 우연한 과실이라고 주장하다가 40여 일 만에 석방되었으나, 부사장 장덕수, 주필 김준연, 편집국장 설의식, 기자 이길용은 일제 패망 때까지 끝내 신문사에 복귀하지 못했다.

『동아일보』는 279일 간의 무기 정간이 해제되어 이듬해인 1937년 6월 2일 복간되었다. 속간하면서 사고(社告)에서 "대일본 제국의 언론 기관으로서 조선 통치의 익찬(翼贊)을 기하겠다"고 다짐하는 부끄러운 모습을 보였다. 총독부는『조선중앙일보』측에 자기들이 추천한 친일파 3인 중 한 명을 사장으로 임명하면 속간시켜 주겠다고 제안했지만, 신문사는 끝내 폐간의 길을 택했다.『동아일보』의 일장기 말소 사건은 많이 알려졌지만,『조선중앙일보』의 경우는 비교적 덜 알려져 있다. 일장기 말소 사건으로 신문사가 폐간되고, 사장 여운형이 이 사건으로 언론계를 떠났기 때문이다.

21
최초의 독립운동
여성단체 근우회

3·1혁명 참여를 계기로 사회의식이 크게 고양된 여성들은 1919년부터 본격적으로 독립운동에 나섰다. 초기에는 기독교 계열의 여성들이 각종 애국단체를 결성하면서 시작되었다. 주요 여성단체로 혈성단애국부인회(1919), 대한애국부인회(1919), 조선여자교육협회(1920), 경성여자청년회(1920), 기독교여자전도회(1921), 조선여자청년회(1922) 등을 꼽을 수 있다. 여성단체들은 야학운동과 계몽강연회 등을 통해 여성들의 의식을 일깨우고 독립운동으로 이끌었다. 민족주의운동 계열과 사회주의운동 계열이 1927년 2월 대동단결을 다짐하면서 신간회를 창립한 것이 여성운동에도 영향을 주었다. 여성들은 1927년 1월, 직업여성 친목단체로 활동하던 망월구락부가 창립 1주년 행사에서 "사교기관의 운동을 벗어나 의의 있는 활동"을 하기로 뜻을 모으고, 비슷한 시기에 재경 동경여자유학생친

목회가 조직되면서 여성단일당운동을 추진하기에 이르렀다.

몇 갈래로 나뉘어 독립운동을 이끌던 여성단체들은 1927년 4월 26일 서울에서 근우회(槿友會) 창립을 위해 발기인 대회를 열었다. 발기인은 강정순, 주세죽, 허정숙, 황신덕, 차미리사, 김활란, 김은도, 김일엽, 김순복, 유각경, 길정희, 정칠성, 조원숙, 최은희 등이다. 사회운동가, 의사, 교원, 기자, 종교인, 문인, 실업인 등 각계에서 활동하던 15명을 발기인으로 선정하고, 5월 27일 서울 YMCA 강당에서 발기인 대회를 열었다.

발기인 대회를 마친 근우회는 회원을 확충해 6월 17일 창립총회를 갖고 공식 출범했다. 창립총회는 회장에 김활란, 부회장에 유각경, 서기에 유영준·최은희·차사백, 사찰에 이덕요·주세죽·현덕신·강정희·임순분 등 지도부를 선출하고, 사업 추진을 위해 집행위원회를 구성하고 위원으로 김활란, 유영준, 차사백, 김현경, 이덕요, 황신덕, 김선, 유각경, 박신우, 정칠성, 조원숙, 현덕신, 박원희, 최은희, 방신영, 홍애시덕을 선출했다. 당시 대표적인 여성 활동가들이다. 근우회는 근우회 강령과 선언문을 채택했다.

근우회 강령

① 여성에 대한 사회적·법률적 일체 차별 철폐.

② 일체의 봉건적 인습과 미신 타파.

③ 조혼 폐지 및 결혼의 자유.

④ 인신 매매, 공창 폐지.

⑤ 농촌 부인의 경제적 이익 옹호.

⑥ 부인 노동의 임금 차별 철폐 및 산전·산후 임금 지불.

근우회 회장에 선출된 김활란.

⑦ 부인 및 소년공의 위험 노동과 야업 철폐.

애국부인회와 더불어 우리나라 근대 여성운동 단체의 효시라 할
수 있는 근우회는 창립을 선언하면서 운동 목표로 ① 선전·조직, ②
기관지 발행, ③ '여자의 날' 제정, ④ 무산 여성의 직업 활동 추진,
⑤ 교양 사업, ⑥ 여자의 생활태도, ⑦ 인신매매 폐지 등을 제시했다.
근우회는 창립총회를 마치고 시위행진을 시도했으나, 일경의 제지로
실행하지는 못하고 실내에서 농성을 벌였다.

근우회는 본부를 서울에 두고 전국 각지와 만주, 일본에는 별도
의 지부를 설치했다. 회원은 근우회의 강령과 규약에 찬동하는 만
18세 이상의 여성으로 회원 2인 이상의 추천을 받아 입회할 수 있
도록 하고, 입회금 1원과 매월 20전 이상의 회비를 내도록 했다.

일제의 감시와 탄압 속에서도 근우회는 크게 확장되어 1929년 5
월 기준 총 40여 개 지회가 결성되고, 회원은 2,971명에 달했다. 직
업별 구성을 보면 가정부인 1,256명, 직업여성 339명, 학생 194명, 미

혼여성 181명, 노동여성 131명, 농촌여성 34명이었다.

근우회는 지회가 늘어나고 조직이 확대되면서 사회활동을 강화했다. 근우회는 한때 사회주의 계열 여성들에 의해 주도되고, 1920년대 독립운동의 침체기, 더욱이 여성 차별의 봉건적 유제가 여전한 시기에 큰 역할을 했다. 궁극적인 목표는 독립운동이었지만, 이 목표에 이르기 위한 과정으로 여성계몽운동, 여성차별 철폐운동, 독립사상 고취 등의 활동을 전개했다. 또한 독서회, 토론회, 강연회 등을 자주 열었다. 이와 동시에 기회가 있을 때마다 국내외의 독립운동을 지원하고, 특히 1929년 11월 3일 광주학생운동이 일어나자 기독교여자청년회와 함께 1930년 1월 15일 서울 시내 10여 개 여학교 학생들이 만세 시위를 전개하도록 그 계획과 실행을 지도했다.

근우회는 동반 단체인 신간회가 해소되면서 1931년 5월 15일 내부의 해소론자들에 의해 해소론이 제기되고 이해 말 본부와 지회가 모두 해체되었다. 신간회의 해소와 유사한 과정이었다.

22

애국가요와
독립운동가요

독립운동가요는 민족의식을 고취
하기 위한 수단으로서 조국에 대한 사랑, 그리움, 이별에 대한 노래와
전쟁에 대한 사기를 북돋아주는 민족투쟁의 정신적 도구이기도 했
다.(김보희, 「북간도 지역의 독립운동가요」)

나라가 위기에 처하거나 망했을 때 애국지사들은 국내외에서 항전
에 나서며 그때마다 각종 애국가요 또는 독립운동가요를 통해 민족
의식을 고취했다. 전시 또는 망명지에서 불렀던 가요인 만큼 작사가,
작곡자가 미상인 경우도 많았다.

1896년 척왜척양을 내세우며 봉기했던 동학혁명은 일제의 학살 작
전으로 무참하게 진압되었다. 하지만 그 정신은 면면히 남아 있어
1920년대까지 동학혁명을 기리는 행진곡이 은밀히 불렸다.

통사와 혈사로 읽는 한국 현대사

동학행진곡

1절

정의와 자유 위하여 피 흘린 위대한 역사 / 창생의 힘 우리 광명은
동학뿐이었네 / 그 깃발 아래 우리는 얼마나 힘차게 싸웠나

2절

우리는 새 세상 위하여 한울이 보낸 용사다 / 나가자 우리 사명은 보
국안민 광제창생 / 선열이 흘린 거룩한 그 피를 우리는 받자

(후렴) 들어라 개벽의 깃발을, 용감한 우리 용사야 / 빛나는 우리 역
사를 등에 지고 나가자

일제의 조선 침략이 본격화되면서 전국 각지에서 의병이 봉기했다.
다음은 초기 의병전쟁 때 불린 의병가 중 하나다.

의병창의가(유홍석 작사)

1절

우리 조선 형제들아 의병 하러 나가보세 / 의병 하여 나라 찾세, 왜
놈들은 강성한데 / 나라 없이 어이 살며 어느 곳에 산단 말인가

2절

원수 왜놈 몰아내어 우리나라 지켜보세 / 우리 임금 세도 없이 왜놈
들이 강성하니 / 빨리 나와 의병 하고 의병 하여 애국하세

1910년 8월 29일 일제에 나라를 빼앗겼다. 망국민이 된 백성들은 광복을 기약하며 너도나도 〈국치가〉를 불렀다.

국치가(이윤재 작사)

1절

빛나고 영광스런 반만년 역사 / 문명을 자랑하던 선진국으로 / 슬프다 천만몽외(千萬夢外) 오늘 이 지경 / 아! 이 부끄럼을 못내 참으리

2절

진정한 한배 자손 이천만 동포 / 하늘이 빼아내신 민족이어니 / 원수의 칼날 밋태 어육(魚肉) 됨이어 / 아! 이 부끄럼을 못내 참으리

나라가 망하자 애국지사들은 해외로 망명해 독립전쟁을 시작했다. 이회영 일가와 이상룡 일가 등은 모든 재산을 정리해 만주 유하현에 독립군 양성기관으로 신흥무관학교를 세우고 3,500명의 독립군을 양성했다.

신흥무관학교 교가

1절

서북으로 흑룡대원 남의 영절의 / 여러 만만 헌원자손 업어 기르고 / 동해 섬 중 어린 것들 품에다 품어 / 젖 먹여 기른 이 뉘뇨 / 우리 우리 배달 나라의 / 우리 우리 조상들이라 / 그네 가슴 끓는 피가 우리 핏줄에 / 촬촬촬 결치며 돈다

신흥무관학교 생도들이 훈련받는 모습.

2절

장백산 밑 비단 같은 만리낙원은 / 반만년래 피로 지킨 옛집이어늘 / 남의 자식 놀이터로 내어 맡기고 / 종 설움 받는 이 뉘뇨 / 우리 우리 배달 나라의 / 우리 우리 자손들이라 / 가슴 치고 눈물 뿌려 통곡하여라 / 지옥의 쇠문이 온다

3절

칼춤 추고 말을 달려 몸을 단련코 / 새론 지식 높은 인격 정신을 길러 / 썩어지는 우리 민족 이끌어내어 / 새 나라 세울 이 뉘뇨 / 우리 우리 배달 나라의 / 우리 우리 청년들이라 / 두 팔 들고 고함쳐서 노래하여라 / 자유의 깃발이 떴다

국치 이후 만주와 러시아에 망명한 우리 독립군들은 열악한 이국 땅에서도 치열하게 일제와 싸웠다. 다음은 독립군들이 〈용진가〉라는 이름으로 많이 부르던 독립군가다.

용진가

1절

요동 만주 넓은 뜰을 쳐서 파하고 / 여진국을 토멸하고 개국하옵신 / 동명왕과 이지란의 용진법대로 / 우리들도 그와 같이 원수 쳐보세

2절

한산도의 왜적을 쳐서 파하고 / 청천강수 수병 백만 몰살하옵신 / 이순신과 을지공의 용진법대로 / 우리들도 그와 같이 원수 쳐보세

(후렴) 나가세 전쟁장으로 나가세 전쟁장으로 / 검수도산 무릅쓰고 나아갈 때에 / 독립군아 용감력을 더욱 분발해 / 삼천만 번 죽더라도 나아갑시다

김구가 이끈 대한민국임시정부는 충칭에서 한국광복군을 창설하고, 일제에 선전포고를 하면서 결전을 준비했다.

광복군 항일전투가

1절

동반도의 금수강산 삼천리 땅은 / 반만년의 긴 역사를 자랑했고 / 그 품에서 자라나는 모든 영웅은 / 누구든지 우리 위해 피를 흘렸다 /

본받아라 선열들의 자유와 독립을 / 쟁취하기 위하여 싸워 죽었다

2절

삼십여 년 흑암 속에 노예 생활은 / 자나 깨나 망국한을 잊을 수 없
다 / 천고의 한 우리 원수 그 누구인가 / 삼도왜놈 제국주의 조작 아
닌가 / 때가 왔다 우리들의 복수할 시기가 / 너와 나의 피로써 광복
에 바치자

조국 해방을 내다본 광복군들은 훈련을 하면서 〈광복군 행진곡〉
을 부르고, 진중에서는 우리 민요 〈아리랑〉을 딴 〈광복군 아리랑〉을
부르면서 독립 의지를 고취하고 향수를 달랬다.

광복군 행진곡(이두산 작사 · 작곡)

삼천만 대중 부르는 소리에 / 젊은 가슴 붉은 피는 펄펄 뛰고 / 반만
년 역사 씩씩한 정기에 / 광복군의 깃발 높이 휘날린다 / 칼 잡고 일
어서니 원수 치떨고 / 피 뿌려 물든 골 영생탑 세워지네 / 광복군의
정신 쇠같이 굳세고 / 광복군의 사명 무겁고 크도다 / 굳게 뭉쳐 원
수 때려라 부서라 / 한 맘 한 뜻 용감히 앞서서 가세 / 독립 독립 조
국 광복 / 민주국가 세워보세

광복군 아리랑(김학규 작사)

아리아리랑 스리스리랑 아라리요 / 광복군 아리랑 불러나보세

1. 우리네 부모가 날 찾으시거든 / 광복군 갔다고 말 전해주소

2. 광풍이 불어요 광풍이 불어요 / 삼천만 가슴에 광풍이 불어요

3. 바다에 두둥실 떠오는 배는 / 광복군 싣고서 오시는 배래요

4. 아리랑 고개서 북소리 둥둥 나더니 / 한양성 복판에 태극기 펄펄
   날리네

23

광복 후 국가 건설의
설계도 '건국강령'

임시정부는 1941년 11월 28일 임시정부 국무위원회 명의로 '대한민국 건국강령(약칭 건국강령)'을 마련했다. 건국강령은 조소앙이 기초하고, 임시정부가 광복 후의 민족국가 건설 계획으로 제정·발표한 내용이다. 당시 조소앙은 외교부장 겸 선전위원회 주임위원이었다. 임시정부는 기관지 『임정공보』 제72호에 '건국강령' 전문을 게재했다.

임시정부가 건국강령을 제정한 시점은 일제가 하와이 진주만을 기습 공격하기 40일 전이다. 임시정부는 미일전쟁을 내다보고, 일제의 패망을 예측하면서 조소앙에게 건국강령의 기초를 맡겼다. 머지않아 도래할 해방을 앞두고 새 정부를 어떻게 세울 것인가를 구상하면서, 이 분야에서 전문성을 인정받아 온 조소앙에게 역사적인 문건을 위촉한 것이다.

세계 식민지 역사상 해방 후 국가 건설과 관련해 체계 있는 방략을 준비한 민족은 사례를 찾기 쉽지 않다. 임시정부는 1931년 4월에 이미 '대한민국임시정부 선언'을 통해 조소앙의 삼균주의에 기반하는 광복 후 건설할 새 정부의 정책 대강(大綱)을 마련했다.

이렇게 시작된 조소앙의 '건국강령'은 1930년 1월 창당한 한국독립당의 당의, 당강이 되고, 1935년 11월 김구의 주도하에 결성한 한국국민당, 1940년 5월 재건한국독립당, 한국국민당과 조선혁명당이 통합해 결성한 한국독립당이 그대로 받아들였다. 좌익 진영의 주요 정당들도 삼균주의를 정치 이념으로 채택했다. 1935년 7월 의열단, 한국독립당, 조선혁명당, 신한독립당, 대한독립당 등이 통합해 결성한 민족혁명당이 이를 수용하면서 1930년대 중국 관내에서 활동하던 좌우익 주요 정당들이 삼균주의를 정치 이념으로 받아들였다. 좌우익 정당들이 극심한 이데올로기 대립상을 보이면서도 정치 이념과 해방 후 신정부 수립의 방략으로 삼균주의를 기본 골격으로 삼은 것은 매우 특이한 현상이었다. 삼균주의 사상이 그만큼 독립운동가(정당, 단체)들의 공통적인 이념과 정책을 갖추고 있었기 때문이다.

건국강령은 제1장 총강(總綱) 7개 항, 제2장 복국(復國) 10개 항, 제3장 건국 7개 항 등 모두 3장 24개 항으로 구성되었다. 제1장 총강은 모두 7개 항으로 구성되었는데, 제1항에서 한국은 반만년 이래 민족국가의 고정적 집단이라는 고유주권설을 선언했고, 제2항에서 새 국가 운영 원리로서 '권력, 부력, 지력'의 삼균을 제시했다. 민족국가를 건설하기까지의 단계 설정과 그 과정에서 추진할 임무, 절차를 규정했다.

제3항에서는 전통시대의 토지공유제를 중시해 토지의 국유화를 선

언했다. 조선 역사에서 토지가 사유화일 때는 패망하거나 국난에 처하고, 국유화일 때는 부강했다는 사실을 적시했다. 제4항에서 독립운동의 민족적 책임을 강조하고, 제5항에서 3·1혁명과 대한민국임시정부 수립으로서 혁명적인 민주제도가 확립되었음을 강조했으며, 제6항에서 1931년 4월에 삼균제도를 발표한 것은 1919년 임시정부 수립 당시에 이미 천명한 것이라는 점을, 제7항에서 삼균은 복국과 건국의 단계를 밟아 실현한다고 밝혔다.

제2장 복국은 모두 10개 항으로 구성되었다. 먼저 복국을 3기로 나누어, 독립을 선포하고, 국호를 일제히 행사하고, 임시정부와 임시의정원을 세우고 임시약법과 기타 법규를 제정하고, 인민의 납세·병역 의무를 행해, 군사력, 외교, 당무, 인심이 서로 융합해 적에 대한 혈전을 계속하는 과정을 제1기로 삼았다. 제2기에 독립군의 본토 상륙과 국제적 발언권을 확보하고, 제3기에 국토를 완전히 탈환해 북국을 완성한다고 제시했다. 복국기의 공무 집행은 임시의정원의 선거로 조직된 국무위원회에서 행하며, 국가의 주권은 광복운동자 전체가 대행하도록 했다. 복국의 방법으로는 민족의 혁명 역량을 총집중하고 장교와 무장대오를 통일 훈련해 광복군을 편성, 혈전을 강화할 것과 대중적 반항, 국제적 외교 및 선전 등의 독립운동을 확대·강화할 것을 제시했다.

제3장 건국은 모두 7개 항으로 구성되었다. 제1항에서는 정부 수립을 건국 제1기로 규정했고, 제2항에서는 삼균주의에 의한 민주제도의 실시 단계로서 지방자치의 실현, 토지와 대량생산 기관의 국유화를 완성하고, 의무교육과 면비(무료) 수학 체제를 완성해 극빈 계층까지 생활과 문화 수준의 제고가 보장되는 단계를 건국 제2기로 규정

했다. 제3기는 건국에 관한 기초 시설 및 건설기구가 예정 계획의 절반 이상 성취된 시기로서 건국의 완성기라고 했다. 정치적으로는 어떤 한 계층이나 특권 계급에 의한 독재를 철저히 배격하고 국민 전체가 균등하게 향유할 수 있도록 한다는 것으로, 국민의 이익을 기초로 해 정권을 민주적으로 균등화한다고 했다.

이를 위해 인민의 기본 권리(노동권, 휴식권, 피보험권, 참정권, 남녀평등권 등)와 의무(납세, 병역, 조국 건설 보위 등)를 법률로 규정했다. 중앙정부는 헌법에 의해 조직된 국무회의가 최고 행정기관으로 국무를 집행하며, 행정 분담을 위해 내무, 외무, 군무, 법무, 재무, 교통, 실업, 교육의 8부로 구성했다.

지방자치는 도(道), 부(府), 군(郡), 도(島)에 각각 정부와 의회를 설치하도록 했다. 경제적으로는 분배의 합리성을 통해 경제 균등을 실현하고, 왜적이 약탈했던 관공지, 사유지를 비롯해 모든 적산, 부일배의 자본 및 부동산 등을 몰수해 국유로 한다는 것을 제시했다. 또한 토지는 자력자경인(自力自耕人)에게 나누어 주되 토지의 상속, 매매, 저당 등은 금지했고, 대량생산 기관은 국유를 원칙으로 하되, 소규모 및 중소기업은 사영(私營)도 인정하기로 했다.

교육제도의 기본 원칙은 국비 의무교육제도였다. 6~12세의 초등교육과 12세 이상의 고등교육에 대한 비용은 모두 국가가 부담하고, 학령 초과로 교육을 받지 못한 인민에게는 일률적으로 면비 보습 교육(보충교육비를 면제함)을 시행키로 했다. 지방에는 인구, 교통, 문화, 경제 등의 형편에 따라 교육기관을 신설하되, 최소한 1읍 1면에 5개 소학교와 2개 중학교를, 1군 1도에 전문학교를, 1도에 1개 대학을 설치해야 한다고 주장했다. 교과서는 무료로 나누어 주고, 교과서 편찬은 국영이었다.

건국강령이 공표된 뒤 1942년 옌안(延安)에서 결성한 조선독립동맹
(위원장 김두봉)도 이념상 큰 차이가 없었다는 것이 학계의 연구 결론이
다. 한편 보수적 반대가 있을 것 같아서 조완구의 견해를 추적해보
았더니, 그도 건국강령의 옹호자였음을 알 수 있었다. 그는 1942년부
터 의정원의 약헌수개위원회(約憲修改委員會) 위원으로서 새 헌법에 건국
강령을 반영해야 한다고 주장했다. 그때 만든 헌법이 1944년의 임시
헌장이다. 임시헌장은 그 전문에서 자유, 평등, 진보를 기본 정신이라
고 선언하면서 제30조 제1항에서 국무위원회는 "복국과 건국의 방책
을 의결함"이라고 건국강령의 헌법상의 근거를 마련했다.(조동걸, 「대한민
국임시정부의 건국강령」)

조소앙의 건국강령 초안이 심의 과정에서 적잖이 수정되었음을 보
여준다. 건국강령 수정위원회에서 강주홍 위원은 국유가 당시의 상황
에 맞지 않는, 보다 발전된 상황에서 이루어져야 할 내용이라고 반대
발언을 하기도 했다. 또한 건국강령이 영원하기보다는 과도기적인 것
이며, 건국이 된 이후에 상황에 맞게 수정해야 한다는 점 역시 강조
되었다.(국사편찬위원회, 『한국독립운동사 자료 1: 임정 편 1』)

24

최후까지 총을 든
조선의용대

조선의용대는 일제 강점기 가장 치열하게, 가장 마지막까지 조국 광복을 위해 싸우다가 가장 많은 희생자를 내고도 해방 후 남쪽에서는 좌파로 몰려 소외되고 북쪽에서는 옌안파로 몰려 숙청당한 비운의 독립군 부대다.

조선의용대는 1938년 10월 10일 중국 한커우(漢口)에서 창립되었다. 모체는 1935년 7월 중국에서 결성된 민족혁명당이다. 민족혁명당 대표 김원봉은 1937년 7월 중일전쟁이 발발하자 난징에서 한인 청년 83명을 모아 장시성(江西省) 성자현에 있는 중국육군군관학교 특별훈련반에 입소시켜 정치·군사훈련을 받게 했다. 6개월간의 훈련을 마친 이들은 후베이성(湖北省) 우한(武漢)으로 이동해 조선의용대 창설의 기간요원이 되었다. 이 무렵 민족혁명당이 조선민족해방동맹(대표 김성숙), 조선혁명자연맹(대표 유자명)과 함께 조선민족전선연맹(이사장 김원봉)

1938년 10월 10일 조선의용대 창립 기념사진.

을 결성하면서 조선의용대를 산하 부대로 창설한 것이다. 한인 청년 100여 명으로 구성된 조선의용대는 대장 김원봉, 제1구대장 박효삼, 제2구대장 이익봉으로 하여 중국군사위원회(위원장 장제스) 정치부의 지휘를 받도록 되었으나, 사실상 조선민족전선연맹 소속의 항일독립군 부대였다.

조선의용대는 창립 초기 3대 목표를 제시했다. 첫째, 중국 경내에 있는 모든 조선 혁명 역량을 총동원해 중국 항일전쟁에 참가시킬 것, 둘째, 일본의 광범한 군민을 쟁취하고 동방의 각 약소민족을 발동해 공동으로 일본 군벌을 타도할 것, 셋째, 조선혁명운동을 추진해 조선 민족의 자유와 해방을 쟁취할 것 등이었다. 중국 정부로부터 무기와 물적 자원을 지원받은 관계로 '중국 항일전' 참여를 제시했지

만, 중국과 한국은 일제의 침략을 받고 있는 운명공동체였기에 사실
은 우리 독립운동이 목적이었다.

조선의용대는 일본군의 우한 공격 직전인 1938년 10월 하순에 이
지역을 빠져나와 광시성(廣西省) 구이린(桂林)과 후난성(湖南省)으로 분산
이동해 항일 선전전을 비롯해 치열한 무장투쟁을 전개했다. "성립 당
초 조선의용대 대원은 대부분 중국군관학교 교육을 받은 24~25세의
'열혈청년'들이었고, 일본어에 능해서 일본어로 항일 선전 표어와 전
단 등을 만들어 살포하고, 중국군 사령부에서 일본군 포로 취조를
통역하거나 몇 대의 방송기를 가지고 전쟁터에서 일본군에 대한 선전
방송을 했다."(김정명 편, 『조선독립운동 2』)

조선의용대는 다음과 같은 활동 계획을 세우고 실천했다.

• 전구 사령부 공작

① 정보 자료의 수집: 적 무선파음 취록, 적 문헌의 번역과 정리, 포
로 심문.

② 대적(對敵) 공작 인원 훈련: 단기 일어반 개설, 일어 및 대적 선전기
술 교습.

③ 포로의 교양: 장교를 방조해 포로 교양 공작 담당.

• 전선 공작

① 조선 부대를 대상으로 하여 전군관병(全軍官兵)에 대해 대적 선전
훈련 실시.

② 대적 선전 공작: 육지선전대는 참호에, 유격선전대는 소부대가 적
의 진지 또는 영방(營房)에 잠입해 기병식으로 대적 선전 공작.

•일반 군민 선전 공작

① 일반 민중에 대한 선전: 민중의 항전과 정서를 고무하고, 중·한 양 민족의 연합 촉진.

② 노군(勞軍) 공작: 노군단을 조직해 노군을 유동시킬 것.

•점령구 공작

일부 공작 인원을 유격구에 파견해 대적 선전 공작을 실시함과 동시에 적후의 조선 민중 쟁취에 노력할 것.

조선의용대는 중국의 정세와 전세의 변화에 따라 부대 편성이 변하거나 전투 이동 지역이 바뀌었다. 그러던 중 1940년 말에서 이듬해 봄에 걸쳐 대부분의 병력이 장제스의 국부군 지역을 벗어나 공산당 근거지인 화북 지방 타이항산(太行山) 근처로 이동해 조선의용대 화북 지대로 개편하고, 조선의용군으로 조직을 정비했다. 이 지역은 중국공산군 팔로군의 관할이었다. 상대는 일제 관동군이었다.

화북 지대의 조선의용군은 1941년 11월부터 무장투쟁과 선전 활동을 전개했다. 이때는 다음 네 가지 방법으로 활동이 전개되었다. 첫째, 좌담회, 연환회, 군중집회 등을 개최해 중국 민중에 대한 선전 활동을 전개했고, 둘째, 일본군을 상대로 전단 살포, 표어 부착 등의 문자 선전과 함화(喊話) 같은 구두 선전을 전개했다.

셋째, 동포 한인들을 대상으로 선전을 전개했다. 일본군에 복무하고 있던 한인 통역에게 편지를 써서 민족의식을 고취하는가 하면 조선의용군 활동을 중국공산당이 발행하는 신문에 크게 실어 적 지역에 거주하는 한인 동포들의 항일 정서를 고양했다. 넷째, 일본군과 직접 전투를 전개하기도 했다. 대표적인 것이 호가장(胡家莊)전투인데, 1941년 12월 12일 조선의용대 화북 지대 제2대 대원 23명은 일본군의 기습 공격에 맞서 처절한 전투를 벌였다. 이 전투에서 대원 4명이 전사하고 1명이 포로가 되었으며 수 명이 중경상을 입었다.

조선의용대는 1940년 다수가 화북으로 이동해 타이항산과 옌안을 근거지로 삼아 항일투쟁을 계속하고, 김원봉 대장이 이끈 일부는 충칭으로 옮겨 1942년 4월 임시정부의 한국광복군 창설의 주력이 되었다. 김원봉은 광복군 부사령과 제1지대장을 맡았다. 조선의용대가 갈라진 배경을 북한의 한 자료는 다음과 같이 분석한다.

> 1938년 6월 우한에 집결한 조선민족혁명당 내에는 항일투쟁 전략 방침을 둘러싸고 두 가지 같지 않은 의견이 존재했다. 하나는 조선청년전위동맹 출신들을 중심으로 한 신진 청년들은 한결같이 북상항일을 주장했고, 다른 하나는 조선민족혁명당의 골간분자들로서 국민당의 지휘 밑에 항일투쟁에 참가하자는 견해였다. ……
> 이 두 가지 첨예한 대립을 이룬 의견은 서로 한 걸음도 양보하지 않고 격렬한 변론을 진행했다. 대변론 가운데서 지하조직으로 있던 조선청년전위동맹의 정체가 폭로되었다. 사태가 이 지경에 이르자 전위동맹 성원들은 북상항일을 주장하던 진보적 청년들까지 합쳐 조선민족혁명당에서 나와 정식으로 조선청년전위동맹의 조직을 공개적으로 선포하고 한커우에 자리 잡고 활동했다.(현룡순 외,『조선족 백년사화』)

안타깝게도 해방 후 충칭에 있던 김원봉 등 조선의용대 출신들은 남한으로 귀국하고, 옌안에서 활동하던 조선의용군의 일부는 귀국길

이 막히자 만주로 이동해 중국공산당에 협력, 국공내전에 참가했다
가 사망하거나 북한으로 들어갔다가 옌안파 숙청 때 희생되었다.

25

임시정부, 카이로선언으로
'한국 독립' 확보

태평양전쟁이 일어나고 전세가 급박
해지면서 김구와 임시정부의 활동 범위도 크게 확대되었다. 그동안
주미 외교부를 통해 미국 측의 정보를 입수하면서 국제 정세를 살펴
온 김구는 미국에 임시정부의 정식 승인과 공식 외교 관계의 수립
및 군사 원조 등을 제의했다.

1941년 8월 김구는 미국 대통령 루스벨트와 영국 수상 처칠이 회
담하고 세계대전 후 국제 문제에 관한 '대서양헌장'을 발표하자, 이를
환영하면서 임시정부에 대한 승인과 군사 원조를 거듭 요청했다. 특
히 헌장 제3항의 "영·미 양 대륙의 역량을 연합해 각 민족이 자유
로이 그들을 의지해 생존할 수 있는 정부의 형식을 결정하는 권리를
존중하며, 각 민족 중 불행히도 이런 권리를 박탈당한 자가 있으면
양국 정부는 함께 그 원래의 주권과 자주정부를 회복하게 하려 한

다"는 내용에 주목하고, 이 헌장을 지지하는 성명을 발표했다.

임시정부는 1942년 2월, 다시 미국 루스벨트 대통령에게 6개 항을 요구했다.

① 대한민국임시정부를 승인할 것.
② 두 정부 간의 외교 관계를 개시할 것.
③ 한국과 중국의 항일 군수품을 증가·원조할 것.
④ 군수품·기술자와 경제를 공급할 것.
⑤ 평화회의 개최 시에는 한국 정부 대표를 참가시킬 것.
⑥ 국제영구기구 성립 시에는 한국을 참가시킬 것.

이와 같은 임시정부의 적극적인 외교 활동에도 미국과 영국은 전혀 반응을 보이지 않았다. 미국은 여전히 아시아 지역에 많은 식민지를 갖고 있는 동맹국 영국의 눈치를 살피고 있었다. 인도에서는 여전히 항영 독립운동이 치열하게 일고 있었다. 미국도 필리핀을 지배하고 있었다. 임시정부는 중국 정부와의 외교 활동에 주력하는 한편, 1942년 1월에는 '임시정부 포고문'을 발표해 전 세계 20여 개국이 일본에 선전포고하고 총공격을 개시한 현 시점이 조국 독립의 최후의 기회이므로 모든 동포들이 임시정부를 중심으로 굳게 뭉쳐 적 일본을 향해 진공하자고 호소했다.

대한민국임시정부는 1941년 12월 10일 김구와 외교부장 조소앙의 공동 명의로 '대한민국임시정부 대일 선전성명서'를 발표해 일제에 공식적으로 선전을 포고했다. 독일과 동맹 관계에 있던 일본이 미국의 하와이 진주만을 기습 공격해 미일전쟁이 일어난 지 이틀 후였다. 임시정부의 대일 선전포고는 1943년 11월, 전후 문제를 협의하기 위해 미·영·중 3국이 참석한 카이로회담에서 한국의 독립 문제가 처음으로 제기되는 계기를 만들었다.

임시정부가 열강의 '위임통치'를 막기 위해 다양한 활동을 전개하고 있을 즈음 조소앙은 루스벨트와 장제스의 회담이 추진되고 있다는 정보를 입수했다. 국제 공동 관리 문제를 저지할 수 있는 절호의 기회를 포착한 것이다. 중국 국민당 조직부장으로 한국 담당자인 우티에청을 통해 임시정부 요인들과 장제스의 면담이 추진되었다.

1943년 7월 26일 오전 주석 김구, 외교부장 조소앙, 선전부장 김규식, 광복군 총사령 이청천, 광복군 부사령 김원봉 등 임시정부 대표단은 통역 안원생을 대동하고 중국군사위원회 2층 접견실에서 장제스와 만났다. 중국 측에서는 국민당 우티에청 조직부장이 배석했다. 이 회담이 국제 공동 관리 문제를 저지하고, 곧 열리게 되는 카이로회담에서 한국의 독립 문제를 논의하는 중요한 계기가 되었다. 일부에서는 카이로선언의 결실이 이승만의 노력이라고 주장하지만, 전혀 사실과 다르다.

식민지 조선의 운명을 가름하는 미·영·중의 정상회담이 1943년 11월 22일부터 26일까지 카이로에서 열렸다. 회담에는 3국의 정상 루스벨트, 장제스, 처칠이 참석하고, 그들의 보좌관들이 배석했다. 이 회담에서 3국 정상들은 향후 일본과의 전쟁을 어떻게 수행할 것인지 등 대일전쟁의 방법론을 폭넓게 논의했다. 한국 문제가 의제로 올라온 것은 23일 저녁이었다.

이날 저녁 7시 반 장제스는 부인 쑹메이링(宋美齡)과 함께 루스벨트의 숙소를 찾아가 저녁 만찬을 함께했다. 이 자리에는 장제스와 쑹

카이로에서 만난 3국 정상. 왼쪽부터 장제스, 프랭클린 루스벨트, 윈스턴 처칠.

메이링, 루스벨트와 그의 보좌관 해리 홉킨스 등 네 명이 참석했고, 회담은 밤 11시까지 이어졌다. 이때 장제스는 일본이 패망하면 일본이 차지한 만주와 대만, 팽호열도는 중국에 귀속되어야 하며, 전후 한국을 자유 독립국으로 할 것을 제안했다.

장제스와 루스벨트가 협의한 내용을 기초로 카이로선언의 초안이 작성되었다. 루스벨트의 지시를 받은 그의 보좌관 홉킨스가 작성한 초안에는 한국 문제가 다음과 같이 언급되어 있다. "우리는 일본에 의한 반역적인 한국인의 노예화를 잊지 않고 있으며, 일제 패망이 있은 후 한국을 가능한 한 빠른 시기에 자유 독립시킬 것을 결의했다."

홉킨스의 초안을 받아 본 루스벨트는 한국 문제와 관련해 '가능한 한 빠른 시기에(at the possible earliest moment)'라고 되어 있는 것을 '적

절한 시기에(at the proper moment)'로 고쳤다. 이렇게 수정된 초안이 3
국 수뇌들의 합의로 채택되었다.

1943년 11월 23일 밤 루스벨트 대통령과 장제스 총통, 그들의 보
좌관인 홉킨스와 왕충후이(王寵惠)가 참석한 가운데 카이로선언문이
논의되었다. 이 자리에서 홉킨스가 미국 측 초안을 가지고 와서 논
의해 다음 날 오후 늦게 장제스의 보좌관인 왕충후이와 합의된 초
고가 완성되었다. 루스벨트가 '적절한 시기에'라고 고친 문구는 최
종 공식선언문에서는 처칠의 주장이 강력하게 반영되어 '적시에(in due
course)'라는 다소 애매한 문구로 대체되었다.

카이로선언이 나오기까지는 여러 우여곡절이 있었다. 루스벨트와
처칠은 1941년 8월 '대서양헌장'에서 전후의 민족자결권을 공약했다.
이 선언이 알려지면서 충칭의 임시정부는 연합국의 정식 승인을 얻
고자 백방으로 노력했다. 이 노력의 성과로 1942년 4월에는 장제스
정부가 한국 임시정부를 승인하자고 미 국무성에 공식적으로 요청했
다. 그러나 미 국무성은 중국 정부의 이러한 공식 요청을 거부한 것
은 물론, 오히려 한국 임시정부를 승인해서는 안 된다고 중국 정부에
항의하고 나섰다.

미국이 내세운 이유는 크게 두 가지였다. 첫째, 미국과 중국 내에
있는 한국인 사회가 지도권 다툼으로 분열되고 충칭 임시정부도 여
러 파벌 싸움으로 독립 쟁취를 위한 통일된 연합전선이 구축되어 있
지 못하며, 둘째, 해외 한인단체가 국내 한인들의 전적인 지지를 받
고 있다는 보장이 없다는 것이었다. 미국의 이러한 완강한 반대로 중
국 정부도 대한민국임시정부의 공식 승인을 보류하기에 이르렀다.

미국이 임시정부의 승인을 거부하면서 겉으로는 한인 사회의 분열

과 대표성 부재를 이유로 들었지만, 이것은 그들이 내세운 명분일 뿐이고, 사실은 영국의 강력한 반대와 전후 극동에서 미국의 군사 기지를 확보하려는 전략 때문이었다. 루스벨트가 전시에 한국의 40년 신탁통치안을 제시한 것이나 전후에 분단정부 수립에 그토록 집념을 보였던 것도 한반도의 전략적인 이용 가치를 인식하고 있었기 때문이다. 영국은 당시 세계 여러 지역에 갖고 있던 식민지의 해방운동을 예방하기 위해 대한민국임시정부의 승인을 반대한 것은 물론 카이로 선언에서까지 한국 문제를 삭제할 것을 주장했던 것이다.

임시정부가 대일 선전포고를 하여 장제스를 움직이고 장제스가 주요한 국제 회담에서 한국 독립을 주장하게 된 것은 광복군이라는 병력이 존재했기 때문에 가능했다.

26

임정 최초로
좌우 연합 정부 수립

임시정부는 미일전쟁이 발발하자 즉
각 일본에 선전포고했지만, 일본과 싸울 수 있는 전력이 크게 부족
했다. 어렵게 창설한 광복군은 중국 측의 '한국광복군 9개 준승'에
묶여 있었고, 내부적으로는 김원봉 중심의 조선의용대와 양분된 상
태였다. 광복군이 중국 장제스 총통으로부터 조직 허락을 받은 지 1
년 6개월이 지나도록 지휘권 문제와 운영 문제를 해결하지 못한 채
귀중한 시간만 보내고 있었다.

그러나 긍정적인 조짐도 보였다. 미일전쟁이 발발한 지 이틀 후인
12월 10일 좌파 진영인 조선민족혁명당은 제6차 대표자대회에서 내
외 정세의 변화를 이유로 들어 임시정부에 참여할 뜻을 천명했다. 제
2차 세계대전의 발발과 함께 폴란드, 네덜란드, 프랑스 등의 반파시
스트 망명정부가 수립되고 연합국이 그들을 원조하면서 한국의 임시

정부도 승인을 받을 수 있을 것으로 내다보고 내린 결정이었다. 그동안 일관되게 임시정부를 부정해온 조선민족해방동맹도 정세의 변화로 임시정부의 국제적 위상이 제고되면서 임시정부 옹호를 선언하고 나섰다. 그동안 이념과 노선의 차이로 분열되었던 좌우 독립운동 진영이 임시정부를 중심으로 결속하게 된 것이다.

1942년에 실현된 독립군 진영의 군사 통일은 황하 이남의 군사력이 모두 광복군으로 통합되는 계기를 만들었다. 군사 통합은 곧 정치 통합으로 이어지고, 정치 통합은 강력한 대일 항전으로 발전해야 했다. 그러나 전시 체제의 임시정부는 노선 갈등과 사소한 문제로 극심한 갈등 양상을 빚게 되었다.

임시정부가 분쟁에 휩싸이면서 정기 의정원 회의가 공전하고 있던 11월 27일 '카이로선언'이 발표되었다. 한국의 독립을 국제적으로 보장한다는 최초의 선언인 카이로선언이 전해지면서 임시정부는 이를 즉각 환영하는 한편, '적시에'라는 단서에 격앙하면서 의혹을 감추지 못했다.

임시정부 요인들이 격앙한 데는 그럴 만한 까닭이 있었다. 태평양 전쟁이 막바지에 접어들면서 세계의 저명한 언론들은 미·영의 주요 지도자들이 한국의 독립에 대해 국제 관리 방식을 도입할 것이라고 잇따라 보도했기 때문이다. 미국의 『더 선(The Sun)』은 런던발 통신으로 영국 수상과 미국 대통령이 한국이 독립하기 전에 잠시 '국제감호 (國際監護)'를 하기로 했다고 보도하기도 했다.

이에 대해 임시정부는 외교부장 조소앙을 통해 그 부당성을 공박하는 성명을 발표하는 한편, 김구가 장제스 총통을 직접 만나 전후 한국 문제의 처리에 관해 논의하도록 했다. 7월 26일, 김구는 조소앙과 선전부장 김규식, 광복군 사령관 이청천, 부사령관 김원봉을 대동하고 장 총통과 영수회담을 했다.

카이로선언은 그동안 분열과 대립을 거듭해온 독립운동계에 자극제가 되었다. 공전을 거듭하던 임시정부 의정원 회의가 정파 간에 타협의 분위기로 돌아선 것도 정세의 변화에 힘입은 바 컸다. 각 정파는 1944년 4월 20일 제36차 의정원 회의를 열어 '임시헌장(헌법)'을 개정해 4월 21일 이를 통과시켰다. '임시헌장'에서도 주석의 권한을 강화해 비상 시국에 대처하도록 하면서 김구를 주석에 연임시켰다. 행정부는 국무위원회와 행정연락회로 이원화했다.

국무위원회에는 독립운동의 영수들과 각 정당의 대표자들을 안배해 정책 결정의 기능을 하도록 하고, 정책 집행과 행정 사무는 주석이 임명하는 각 부장들이 맡도록 했다. 정쟁을 완화하기 위한 타협의 소산이었다. 또 부주석제를 신설해 외교 분야에 능력을 갖춘 조선민족혁명당 위원장 김규식을 뽑았다. 이때 선임된 임시정부 요인의 명단은 다음과 같다.

- 주석: 김구
- 부주석: 김규식
- 국무위원(14명): 이시영, 조성환, 황학수, 조완구, 차리석, 장건상, 박찬익, 조소앙, 김붕준, 성주식, 유림, 김성숙, 김원봉, 안훈

1919년 임시정부가 수립된 이래 좌우 정파의 지도급 인사들이 총망라해 참여한 것은 이번이 처음이었다. 한국독립당, 조선민족혁명당, 해방동맹, 아나키스트들까지 참여한 것이다.

임시정부 주석으로 선출된 김구.

　김구는 민족 해방을 목전에 두고 자신을 줄기차게 비판하는 좌파 계열을 꾸준하게 설득해 연합 정부를 수립하는 데 성공했다. 김구는 조각에 들어가 각 부장을 인선해 국무회의의 인준을 받았다. 각료는 내무부장 신익희, 외교부장 조소앙, 군무부장 김원봉, 법무부장 최동오, 재무부장 조완구, 선전부장 엄항섭, 문화부장 최석순이었다.

　임시정부의 강화는 내외 동포들로부터 크게 환영을 받았다. 재미 동포들이 앞 다투어 축전을 보내고, 각지에서 경축식이 거행되었다. 중국 정부와 조야에서도 우정 어린 축하 의사를 표시했다. 중국국민당 조직부장 주자화는 임시정부 주석, 부주석과 국무위원, 각 부장들을 초청해 축하연을 베풀고, 입법원 원장 쑨커(孫科)도 임시정부의 신임 요원들에게 환영대회를 열어주었다. 또 중국공산당 대표 둥비우와 린쭈한(林祖涵)이 축하연을 베푼 데 이어 중국 국민당의 우티에청, 천궈푸(陳果夫), 량한차오(梁寒操) 등 지도자들도 축하연을 열고 임시정부의 대동 단합을 축하했다.

27

주변 열강의
한반도 분단 음모

제2차 세계대전이 막바지로 치닫고 있을 때 미국에서는 한국과 일본 점령을 비롯한 전후 처리에 대한 은밀한 전략이 수립되었다. 고려의 삼한 통일 이후 1,300여 년을 운명공동체로 더불어 살아온 한민족이 해방을 앞두고 다시 분단의 위기를 맞게 되었다. 식민지를 함께 겪고 독립운동을 함께 하면서 그토록 희구했던 해방을 맞아 분단의 비극을 안게 된 것이다. 그것도 우리 민족의 성원들이 원해서가 아니라 외세의 작용 때문이었다.

우리는 독일처럼 전범국가도 아니고, 베트남처럼 이데올로기 대립 때문도 아니고, 중국처럼 내전의 결과도 아닌, 그야말로 순전히 해양 세력(미국)과 대륙 세력(소련)의 이해관계 때문에 국토의 절반을 가르고 민족의 허리를 쪼개어 둘로 나누었다. 따지고 보면 한반도 분단의 원죄는 일본에 있었다. 그런데 전범국가 독일과는 달리 같은 전범국가 일본은 멀쩡하고, 엉뚱하게 한국이 분단되고 한민족은 피맺힌 고난의 세월을 살아야 했다. 그리고 아직 통일의 전망은 까마득하다.

'JWPC 358-1', 이 암호문 같은 문건은 제2차 세계대전 말기 한반도를 네 쪽으로 분할하려는 미 군부의 기밀 보고서 제목이다. 하마터면 한반도는 미국과 소련에 의해 남북으로 양분되는 것이 아니라, 영국과 중국까지 포함한 4대국에 의해 4분할될 뻔했다. 미국의 원자폭탄 투하로 일본이 예상보다 빨리 투항함으로써 미 합참본부의 작전 계획이 대폭 수정되고, 당초 한반도와 일본을 4분할해 점령하려던 전략은 한반도의 분단으로 마무리되었다. 일본이 항복 시점을 절묘하게 택함으로써 엉뚱하게 한반도가 두 동강 나는 운명을 겪게 된 것이다.

'JWPC 358-1'은 미국 합동참모부 내에 설치된 '합동전쟁계획위원회(Joint War Plans Committee)'의 약칭에 358-1이란 비밀번호를 달아서 작성한 기밀 보고서다. 전후에 한반도를 미·소·영·중의 4강이 분할 점령해 일정 기간 신탁통치를 시행한다는 것이 이 보고서의 핵심 내용이다. 제2차 세계대전 후 유럽에서 오스트리아를 4분할 점령했던 것과 유사하다.

이 보고서는 당초 한반도와 함께 일본도 4대국이 분할 점령한다는 계획을 담고 있었다. 이 보고서의 '부록 A: 일본의 주요 도서와 한국에 대한 연합군 장악과 최종적인 점령군 계획 초안'에는 일본 점령 계획이 상세히 수립되어 있다.

제1단계 일본 점령을 위해 23개 사단, 25육군항공대, 45개 해군 및 해병 비행중대 등 모두 85만 명과 3만 5천 명의 해안 배치 병력을 투입하고, 이와 함께 영국군 16만 5천 명, 중국군 13만 명, 소련군 21만 명을 투입해 170만 명의 일본 육군과 320만 명의 준군사력을 무장 해제한다는 복안이었다. 또한 제2단계에서 일본을 4개 점령 지역으로 분할해 미국은 도쿄·나고야·오사카 지역을, 소련은 홋카이도와 동부 혼슈, 영국은 서부 혼슈와 규슈, 중국은 오사카 지역과 4대 도서 지역을 각각 관장하고, 전쟁이 끝난 후에는 소·영·중 3개국이 각기 1개 사단씩 도쿄에 파견해 미군의 도쿄 점령을 지원하도록 하고 있다. 만약 이 계획이 그대로 시행되었다면 일본은 미·영·중이 하나의 서일본을 형성하고, 소련이 홋카이도와 동부 혼슈를 동일본으로 적화했을 것이며, 도쿄도 독일 베를린처럼 동도쿄와 서도쿄로 분단되었을 것이다.

이 보고서는 급박한 정세 변화로 내용을 크게 수정하게 되었다. 1945년 8월 6일 히로시마에, 9일 나가사키에 투하된 원자폭탄으로 일본이 무조건 항복할 기미를 보인 데다가 소련이 9일 일본에 선전포고를 하고 남하하면서 중국에 있는 일본 관동군을 격파하고 급속히 북한 지역으로 진주해 옴에 따라 이 군사 작전 계획서는 전면적으로 수정될 수밖에 없었다.

미국의 합동전쟁계획위원회는 8월 13일 긴급회의를 열어 'JWPC 358-3'이란 기밀 보고서를 다시 만들었다. 이 보고서는 '일반명령 제1호'에 맞춰 미·소 양군에 의해 한반도를 분할 점령한다는 것으로 수정되었다. 이어 9월 22일에는 '일본과 한국을 위한 점령군'이라는 제목의 'JWPC 358-5' 기밀 보고서를 작성했다. 이 보고서는 한반도에 대한 미·소 점령군의 분할선은 인위적인 38도선이 아니라 경기도와 강원도의 행정구역 경계선과 황해도와 함경남도의 경계선을 따라 그어져야 한다고 건의했다. 하지만 이 건의서는 채택되지 않았다.

제2차 세계대전 말기 미국이 가장 두려워했던 상대는 중국에 있는 일본 관동군이었다. 미국은 오키나와 등을 결국 점령하기는 했지만, 점령 과정에서 상당히 많은 희생을 치렀다. 그러다 보니 중국에 있는 일본 관동군의 엄청난 병력이 두려웠던 것이다. 그래서 미국은 한반도를 자기들이 군사력으로 다 점령하기 어려워 소련의 병력을 요청한 것이다. 당시 일본군 16만 병력이 한반도에 주둔하고 있었다. 그 결과, 소련군은 38도선 이북에서, 미군은 38도선 이남에서 일본군을 무장 해제하게 된다. 한민족의 장래에 대해서는 세계열강 어느 나라도 관심이 없었다. 미국은 한국의 역사적 맥락 등은 전혀 감안하지 않고 단지 일본군 무장 해제와 전후 처리 일환으로 한반도를, 그것도 미국 육군 대령 두 사람이 30분 만에 획정한 38도선으로 가른 것이다. 미국은 오로지 전후 소련을 어떻게 효과적으로 봉쇄할 것인가에만 관심이 있었다.

북위 38도선을 기준으로 남북을 가르자 소련 측에서는 깜짝 놀랐다. 자기들은 별로 한 일이 없으니 북위 40도 이북만 줘도 감지덕지라고 생각했는데 38도선으로 가르니 놀랄 수밖에 없었다. 소련으로서는 순순히 받아들일 수밖에 없는 호조건이었다. 놀랍기는 미국도 마찬가지였다. 소련이 이토록 쉽게 승낙한다는 말인가? 소련의 역량으로 봐서는 더 내놓으라고 할 수도 있었다. 결국 우리 민족은 열강의 패권 다툼의 희생양이 되고 말았다. 민족 분단이라는 비극은 이처럼 어이없게도 세계열강의 이해 다툼에서 비롯되었다.

일본은 한반도가 분단될 것을 기대하면서 항복 시점을 고르다가 8월 10일 스웨덴 대사관을 통해 미국에 항복 의사를 전했다. 그리고 15일 항복을 선언했다.

1945년 9월 2일 일본 외무대신 시게미쓰 마모루가 USS 미주리에서 항복 문서에 서명하고 있다.

8월 6일 히로시마에 이어 9일 나가사키에도 원자폭탄이 투하되면서 25만 명이 희생되었다. 나가사키에 원자폭탄이 투하되고 12시간이 지난 뒤 소련이 일본에 선전포고했다. 두 차례의 원자폭탄 투하로 자국민이 25만 명이나 희생되었는데도 일본 정부는 왜 곧바로 항복하지 않고 굳이 소련군의 참전을 기다렸을까? 그리고 소련이 선전포고를 하고 만주를 통해 북한으로 병력을 이동할 시점에 항복을 했을까?

일본이 즉시 항복하지 않은 이유는 이렇다. 소련이 참전하기 전에 항복해버리면 소련이 개입할 여지가 없으므로 한반도가 분단될 이유

통사와 혈사로 읽는 한국 현대사

가 전혀 없었다. 소련이 참전해 북한에 진주하면 미국과 소련이 한반도를 분할할 것으로 예상한 것이다. 역사적으로 이를 뒷받침하는 선례가 있다. 일본은 임진왜란 당시 전세가 불리해지자 명나라에 제안한다. 지금의 분단 지형과 상당히 비슷한데, 조선 8도 중 남쪽 4개 도를 일본이 차지하고 북쪽 4개 도는 명나라가 차지하자는 것이다. 러일전쟁 때도 비슷한 제안을 했다. 일본은 한반도의 역사적·지정학적 맥락을 너무 잘 알고 있었다. 몽골의 일본 침략 이후 한반도는 대륙 세력이 일본을 침략하는 발판이 될 수 있다는 것을 오래전부터 알고 있었기 때문에 항상 위기의식을 갖고 있었다.

임진왜란 당시부터 어떻게든 한반도를 분단시키려고 했던 일본은 원자폭탄 세례를 받으면서도 소련의 참전을 기다렸다. 소련의 참전을 계기로 한반도가 분단될 것이라고 확신했기 때문이다. 일본의 한반도 분열책은 현재 진행형이다.

28

허리 잘린 채 맞은
8·15 해방

마침내 해방의 날이 왔다. 하지만 1945년의 8·15는 일제로부터의 해방과 동시에 국토 분단의 날이고, 1948년의 8·15는 단독정부 수립과 더불어 북쪽에 또 다른 정부가 수립되는 민족 분열의 날이 되고 말았다.

이렇게 이중적인 8·15는 이후 한반도 전체는 물론 대한민국의 현재와 미래의 성격을 규제하는 족쇄가 되었다. 1민족 2국가의 원천적인 비극은 미·일의 해양 세력과 중·소(러)의 대륙 세력 사이의 대리전 성격을 띤 동족상잔의 비극을 가져왔고, 분단·외세영합 세력이 남북에서 각각 지배 주류가 되는 역설의 구조를 만들었다. 8·15는 본질적으로는 일본 제국의 붕괴에 따른 새로운 전후 동아시아 체제의 구축에 결정적인 계기가 성립하는 전환점이 되었으며, 전범국가 일본이 아닌 한반도가 두 동강이 나는 순간이기도 했다.

통사와 혈사로 읽는 한국 현대사

1945년 8월 16일 오전 9시, 마포형무소.

일왕 쇼와(昭和)는 1945년 8월 14일 밤 11시 25분부터 궁내성 내 정청사 2층에서 이른바 '옥음(玉音)방송'을 녹음했다. 4분 37초가 걸린 이 녹음은 "참기 어려움을 참고, 견디기 어려움을 견뎌, 이로써 만세 (萬世)를 위해 태평한 세상을 열고자 한다"로 시작되는 항복 선언이지만, 최고 전범자로서 사죄의 말은 한마디도 없었다. 녹음된 방송은 이튿날인 8월 15일 정오에 발표되었다. 의도한 것인지 우연인지 이 '종전조서'는 8백 15자로 구성되어서 그 배경을 살피게 한다.

8·15 해방은 우리 민족에게는 노예 상태로부터의 해방이었다. 일제의 식민통치는 세계 식민지 역사상 유례가 없는 혹독한 것이었다. 말과 글과 역사를 빼앗기고, 성씨를 비롯한 전통과 문화를 박탈당하고, 인력과 자원, 물산을 수탈당하는 민족 말살 바로 그것이었다.

일제에 짓밟힌 시기는 흔히 36년이라고 하지만, 1910년 8월 29일 국치일로부터는 만 34년 11개월 보름 만이고, 1876년 2월 2일 강압에 의해 체결된 병자수호조약(강화도조약)으로부터 기산하면 69년, 실질적으로 국권을 강탈당한 1905년 11월 17일의 을사늑약부터 치면 40년이다.

독립운동가들은 국내외에서 줄기차게 일제와 싸우면서 해방을 준비했다. 특히 김구, 김규식 등이 주도한 대한민국임시정부는 중국 충칭에서 좌우 합작 정부를 세우고 광복군을 창설하는 한편, 일제가 태평양전쟁을 도발한 지 이틀 후에 일본에 선전포고했다.

광복군은 미군 OSS 부대와 합작해 국내 진공의 날을 기다리며 맹훈련을 하고 있던 중에 일제가 항복함으로써 때를 놓치고 말았다. 김구 주석이 일제의 항복 소식을 듣고 환호, 감격하기보다 "우리가 크게 한 일이 없는데 조국의 앞날이 걱정된다"고 개탄했던 것은 바로 이런 배경 때문이었다.

김구가 우려한 대로 자력으로 해방을 쟁취하지 못한 데다 해방과 동시에 분단이 이루어지게 되면서, 해방의 날은 왔으나 완전한 해방이 되지 못했다. '춘래불사춘(春來不似春)', 즉 "봄이 왔지만 봄 같지 않다"는 고사 그대로였다. 친일 부역자들은 '춘면불각효(春眠不覺曉)', 즉 "봄잠에 취해 새벽이 오는 줄도 몰랐다"고 할 것이다.

해방의 날을 보지 못한 채 '그날이 오기만을' 애타게 그리다가 젊어서 숨진 소설 『상록수』의 작가 심훈의 「그날이 오면」에는 모든 항일운동가와 민중의 염원이 담겨 있었다.

그날이 오면 그날이 오며는
삼각산이 일어나 더덩실 춤이라도 추고

한강물이 뒤집혀 용솟음칠 그날이

이 목숨이 끊기기 전에 와주기만 할 양이면

나는 밤하늘에 나는 까마귀와 같이

종로의 인경을 머리로 들이받아 울리오리다.

두개골은 깨어져 산산조각이 나도

기뻐서 죽사오매 오히려 무슨 한이 남으오리까.

　한민족에게 8·15의 정언명령(定言命令)은 통일된 자주독립국가의 건설이었다. 친일파 민족 반역자를 처단하고, 대한민국임시정부가 건국강령으로 채택한 개인 간, 민족 간, 국가 간의 균등을 구현하는 민주적 삼균주의의 실천이었다. 그런데도 해방된 대한민국은 분단주의자, 친일파, 외세 추종자들이 주류가 되고, 독립운동가, 민족주의자, 남북협상파는 암살되거나 제거되고 말았다. 변통 세력이 정통 세력을 짓밟고 이 땅의 주역이 된 것이다. 따라서 8·15 해방정신은 실종되고, 반 8·15 세력이 득세하는 민족 모순, 역사 모순이 자리 잡게 되었다.

　해방 74주년이 되는 오늘에 이르기까지 대한민국의 3대 미해결의 모순이라면 첫째, 친일파 미청산, 둘째, 분단 미해결, 셋째, 군사독재와 그 아류 정권의 적폐 미청산이라 할 것이다. 이런 잔재들이 상호 연대·연계하면서 물적·인적 축적을 통해 한국 사회의 주류가 되고, 세습을 하면서 역사를 오도하고 민주주의를 짓밟았다.

29
조선건국준비위원회의
활동과 좌절

일제는 패망했지만 한반도에 일제의 망령은 권력의 실체로 남아 있었다. 총독부는 여전히 8 · 15 해방 공간에서 권력을 행사했다. 우리 광복군이 국내에 진공해 총독부의 항복을 받고 이를 접수하지 못한 상태에서 일제가 항복한 것이 이후 한국 현대사의 모든 모순 구조의 원인이 되었다.

포악한 일제 강점기에는 국내에서 독립운동이 불가능했다. 인도나 베트남 등 아시아 국가가 자국에서 독립운동을 한 데 비해 한국의 독립운동은 중국 등 해외에서 이루어졌다. 그만큼 일제의 지배가 광폭했던 것이다.

예외가 전혀 없었던 것은 아니다. 국내에서는 박헌영 등이 지하에서 항일운동을 계속했고, 1919년 상하이에서 신한청년당을 조직해 김규식을 파리강화회의에 파견하고, 국내에 밀사를 보내 대규모 항일

시위를 준비하도록 하는 등의 역할을 했던 여운형은 일경에 붙잡혀 국내로 들어온 후에도 항일운동을 멈추지 않았다. 옥고를 치르고 나온 여운형은 『조선중앙일보』 사장 때는 베를린 올림픽 손기정 선수의 일장기 말소 사건으로 신문사가 폐간되는 고초를 겪었다.

여운형은 일제의 패망을 내다보면서 준비를 서둘렀다. 1944년 8월 10일 서울 삼광한의원에서 조선건국동맹을 결성하고, 10월에는 경기도 용문산에서 농민동맹, 1945년 3월에는 건국동맹 산하에 군사위원회를 조직하는 한편, 베이징과 옌안 등지에 연락원을 파견해 임시정부와 화북조선독립동맹 등 해외 혁명 단체와 연계를 시도했다.

본국의 패망 소식을 접한 조선총독부는 8월 15일 아침 엔도 류사쿠(遠藤柳作) 정무총감을 통해 여운형에게 치안권 이양을 제안했다. 이에 여운형은 5가지 요구 조건을 제시했다.

① 전 조선의 정치범, 경제범을 즉시 석방하라.
② 집단 생활지인 경성(서울)의 식량을 8~10월 3개월분을 확보하라.
③ 치안 유지와 건설 사업에 아무 구속과 간섭을 말라.
④ 학생의 훈련과 청년의 조직에 간섭하지 말라.
⑤ 전 조선에 있는 각 사업장의 노동자들을 우리 건설 사업에 동원하
　는 데 절대로 간섭하지 말라.

엔도는 이 제의에 동의했고, 여운형은 막중한 시기에 치안 유지의 책임을 맡았다. 이것이 가능했던 것은 비밀리에 조직했던 건국동맹 조직의 뒷받침이 있었기 때문이다. 여운형은 해방 당일 홍증식에게 『매일신보』를 접수해 조선 독립을 알리는 호외를 찍어 알리도록 하

고, 동생 여운홍에게 경성방송을 접수해 조선 독립을 방송하도록 하는 한편, 건국동맹원을 소집해 치안대 조직, 식량대책위원회 조직 등의 임무를 부여하고, 안재홍과 함께 조선건국준비위원회(약칭 건준)를 조직했다.

건준은 여운형을 위원장으로, 안재홍을 부위원장으로 하고, 좌우익의 인사를 고루 실무 부서 책임자로 선임했다. 3대 강령을 내세웠는데, 첫째는 완전한 자주독립 국가의 건설, 둘째는 전체 민족의 정치적·사회적 기본 요구를 실현할 수 있는 민주주의 정권의 수립, 셋째는 일시적 과도기의 국내 질서를 자주적으로 유지해 대중 생활의 확보를 기한다는 내용이었다.

여운형은 9월 4일 미군의 진주에 앞서 건준을 모체로 국내 혁명 세력을 주축으로 하는 인민위원회를 구성키로 하고 조직을 확대해 한 달 만에 남한에 145개의 지부가 결성될 만큼 국민의 지지를 이끌어냈다. 그는 미군 환영을 위해 여운홍, 백상규, 조한용을 건준 대표로 인천에 보내 하지 사령관에게 메시지를 전달했다.

여운형은 9월 6일 전국인민대표자회의에서 임시의장으로 선출되어 활동 중, 9월 7일 6인조 테러단의 습격을 받았다. 미군정이 여운형을 적대시하고 그의 조직을 불법단체로 인정하면서 잇따라 테러가 일어났다. 인민위원회의 상부 조직이 공산주의자들의 수중으로 넘어간 것은 여운형의 일대 정치적 실패작이라는 평가가 따른다.

미군정 당국이 여운형과 건준을 적대시한 데는 배경이 있었다. 하지 장군이 인천에 상륙하기 전에 미군은 선발대를 서울로 보내 총독부의 항복 절차를 밟도록 했다. 총독부는 이 선발대 요원들을 최고급 호텔에서 영접하면서 여운형이 공산주의자라는 날조한 문건을 만들어 건넸다. 총독부는 자신들의 안전을 도모하고자 여운형에게 과도기적인 치안 유지를 맡겼는데, 그가 건준을 조직하는 등 독립정부를 수립하기 위한 활동을 하자 그를 배척하는 엉터리 정보를 미군측에 제공한 것이다. 그 대신 친일 경력의 한민당 인사들을 두둔하는 자료를 만들어 건넸다.

하지와 미군정 수뇌부는 이 같은 총독부의 엉터리 정보에 따라 민족주의자들을 배척하고, 친일 부역자들을 군정의 요직에 중용했으며, 한민당을 지원했다. 반면, 임시정부와 건준, 인민위원회 등은 불법단체로 만들었다.

건준은 좌절되었지만, 역사적 의미는 막중했다는 평가를 받는다.

첫째, 건준의 조직은 진정한 민족적·민주적 정부 수립을 위한 기초적 준비 작업이자 민족통일전선을 결성하기 위한 시도였다. 즉 건준은 민족통일전선인 동시에 건국 사업의 조직적·정치적 준비 작업 수행자였다. 이것이 건준의 가장 중요한 본질적 의의였다.

둘째, 건준은 해방 직후의 치안 유지, 식량 관리, 재산 관리라는 과도적 임무를 담당했다. 이 임무는 단시일 내에 해결할 수 있는 것이 아니었지만, 이미 건국동맹에서 수년간 조직·준비해온 과제였기에 체계적인 처리가 가능했다.

셋째, 결국 건준의 결성은 정세에 비추어 합리적이며 순리적이었다. 일제 패망 뒤 자율적인 정부 수립이 당면 과제였던 상황에서 건국의 준비 조직인 건준의 결성은 민족적 요구를 자연스럽게 반영한 것이었다. 또한 건국동맹이라는 조직과 준비된 역량이 뒷받침되었기 때문에 결국 동맹은 건준으로 자연스럽게 연계될 수 있었다. (정병준, 『몽양 일제의 패망을 앞두고 미국은 일본 점령에 대비해 2천 명의 행정관을 선발해 교육하고 일본에 파견했다. 그러나 한국에 대해서는 아무런 사전준비도 없었고, 오히려 자생적인 건준과 임시정부의 존재를 인정하지 않는 과오를 저질렀다. 어디까지나 자신들의 점령 정책을 수월하게 하기 위한 책략이었겠지만, 그 피해는 오롯이 한민족이 겪게 되었다.

해방 직후 「여운형론」을 쓴 이강국은 "여운형은 일본 제국주의의 포악한 위협과 교묘한 회유 속에서도 권위와 절도를 지키면서 지하의 투사, 지상의 신사로서의 전술을 겸비한 사람"이라고 평가했다. 이 같은 평가가 아니더라도 여운형의 독립운동과 해방 후 건준 조직, 향후 김규식과의 좌우 합작 등은 통일 정부 수립의 계기가 될 뻔했는데, 그가 1947년 7월 19일 혜화동 로터리에서 극우 청년에게 암살당하면서 건준의 이상도 그와 함께 역사의 뒤안길에 묻히게 되었다.

30

점령군이 된 미군, 군정 3년

한국을 불법 점령하고 아시아 각국을 유린한 데 이어 제2차 세계대전을 도발한 일제가 미국에 공식 항복한 것은 1945년 9월 2일 도쿄만의 미국 군함 미주리호 함상에서였다. 일본 정부 대표 시게미쓰 마모루, 일본군 대표 우메즈 요시지로(梅津美治郞)는 맥아더 장군 앞에서 포츠담선언을 수락하고 연합국에 무조건 항복해 일본의 통치 권한을 연합국 최고사령관의 권한하에 둔다는 항복 문서에 조인했다. 시게미쓰 마모루는 주중 일본공사로서 1932년 4월 상하이 일왕 생일 및 전승 기념 행사장에서 윤봉길 의사가 던진 폭탄에 한쪽 다리가 잘린 바로 그 인물이다.

맥아더는 이날 연합군 최고사령부 일반명령 제1호로서 동아시아 각 전선의 일본군의 항복을 수락하고 그 무장을 해제하기 위한 연합국 간의 지역적 분담을 발표했다. 이는 전 동북아시아에 대한 국제적 역학 관계를 규정한 문서였다. 여기서 처음으로 북위 38도라는 인위적인 선에 의해 한반도가 양분되는 것이 공개되었다. 일반명령 제1호의 제2항은 "만주, 북위 38도 이북의 한국, 사할린 및 쿠릴열도에 있는 일본의 선임 지휘관과 모든 육상, 해상, 항공 및 보조 부대는 소비에트 극동군 최고사령관에게 항복할 것", 제3항은 "일본 대본영, 일본 본토에 인접한 제 소도, 북위 38도 이남의 한국, 류쿠제도, 필리핀제도에 있는 일본 선임 지휘관과 모든 육상, 해상, 항공 및 보조 부대는 미국 태평양 육군 총사령관에게 항복할 것"을 명령했다.

이에 앞서 8월 20일 미군의 B29가 서울 상공에 나타나 미군의 진주를 예고하는 웨드마이어 장군 명의의 삐라를 시내에 살포했다. 9월 2일에는 다시 미 24군단 사령관 하지 중장 명의의 포고 삐라를 살포했다. '남한 민중 각위에 고함'이란 제목의 포고령에는 해방군이라기보다 점령군적인 내용이 담겼다. "주민의 경솔하고 무분별한 행동은 의미 없는 인민을 잃고 아름다운 국토가 황폐화되어 재건이 지연되는 결과를 낳을 것이다", "각자는 보통 때와 같이 생업에 전념해 주기 바란다. 이기주의로 날뛴다든가 일본인 및 미 상륙군에 대한 반란 행위, 재산 및 기설 기관의 파괴 등의 경거망동을 하는……" 따위의 협박적인 내용이 담겼다.

남북한에 미군과 소련군이 진주하면서 실시한 일련의 정책과 분위기 역시 점령군으로서의 성격을 나타냈다. 남한의 경우, 9월 12일 하지 중장이 아놀드 소장을 군정장관에 임명하고, 20일에는 군정청의 성격, 임무, 기구 및 인사를 발표하면서 본격적인 미군정 체제가 수립되었다. 이에 앞서 9월 8일 남한에 상륙한 미 7사단은 제1단계로 서울·경기 지역을 점령하고 9월 12일부터 23일까지 개성, 수원, 춘

한반도에 입성한 미군.

천 등을 점령했다. 제2단계로 40사단이 경남북 지역을 점령하고, 7사
단의 점령 지역이 확대되어 10월 10일까지 경기, 강원의 모든 지역을
점령했으며, 제3단계로 6사단에 의해 전남북을 점령하며 남한 전역을
점령하게 되었다. '점령'이란 표현을 썼지만 일본군의 저항이 전혀 없
어서 '무혈입성'이나 마찬가지였다.

미군정 당국은 남한에서 군정을 실시하면서 충칭의 임시정부는 물
론 여운형의 인민공화국 등을 인정하지 않았고, 전국 각지에서 자발
적으로 구성된 인민위원회, 치안대 등 각종 자치기구들을 강제로 해
산했다. 그 대신 일본의 식민지 통치기구를 그대로 존속시키면서 조
선인 행정 관리, 경찰을 인수받아 통치했다. 일제에서 미국으로 주역
만 바뀐 셈이다.

하지 장군은 김성수 등 11명의 한국인을 군정장관 고문으로 임명한 데 이어 조병옥, 장택상 등을 경찰 책임자로 임명했다. 또한 영어를 잘하는 지주 출신 친일 인사들을 행정고문에 임명했는데, 이는 사실상 과거의 친일 관료, 경찰, 지주 등 반민족적 인사들의 재등장 과정이었으며, 사회주의자들은 물론 임시정부 인사들도 배제되었다.

미군정은 치안유지법, 사상범 예방 구금령 등 일제가 만든 악법을 폐지했으나, 신문지법, 보안법 등은 존속시켜 점령 통치에 활용했다. 미군정기에 발생한 대구 10 · 1항쟁, 제주 4 · 3항쟁 등 민중항쟁은 친일 경찰이 미군정 경찰로 변신해 국민을 탄압·수탈한 데서 발생한 요인도 적지 않았다. 그리고 이른바 '통역정치'의 병폐도 많았다. 미군의 통역을 하면서 귀속 재산을 가로채는 등 악덕 모리배가 횡행했다.

미군정 체제에서 입법기구는 1946년 2월 14일 개원한 남조선대한국민대표민주의원(약칭 민주의원)이 효시가 된다. 미군정 사령관의 자문기관으로 출범한 민주의원은 의장에 이승만, 부의장에 김구, 김규식이 선출되었고, 좌익계를 제외한 인사들이 총망라되었다. 이승만이 의장을 사퇴하면서 김규식이 대리의장을 맡아 운영했다. 이승만이 남한 단독정부 수립을 주장하고, 김구, 김규식 등은 좌우합작운동을 추진함으로써 민주의원은 사실상 기능이 정지되었다.

그 후신으로 설립한 것이 남조선과도입법의원이다. 1946년 미군정 법령 제18호로 설치된 입법의원은 민선의원 45명, 관선의원 45명으로 구성되었다. 민선의원은 간접선거로 선출되었는데, 이승만 계열과 한민당 계열이 대부분 당선되었고, 관선의원은 좌우합작위원회 등 중도노선의 각계 인사가 임명되었다. 의장에 김규식, 부의장에 최동오, 윤기섭이 선임되었다.

입법의원에서 심의·제정한 법령이 50여 종이었는데, 미군정은 민족 반역자, 부일 협력자, 간상배 처벌에 대한 특별법과 농지개혁법 등 가장 시급하고 중요한 입법은 공포하지 않음으로써 친일 청산과 농지개혁의 시기를 놓치게 되었다. 두 법안이 사산된 것은 한민당 출신 입법의원들과 미 군정청 간부가 된 친일 세력의 방해 공작 때문이었다.

미군정기에 빼놓을 수 없는 것은 미·소 공동위원회 활동이다. 모스크바 3상회의 결정으로 한반도 문제 해결을 위해 1946년 3월 20일 개최된 미·소 공동위원회의 미국 측 수석위원은 아놀드 소장, 소련 측 수석위원은 스티코프 중장이었다. 신탁통치를 둘러싸고 좌우익의 대립이 심화되는 가운데 열린 미·소 공동위원회는 김구, 김규식 등의 좌우합작과 남북협상론, 이승만과 한민당 측의 단독정부 수립론, 여기에 미국과 소련의 이해 대립으로 공전을 거듭하다가 결국 미국의 제안으로 한반도 문제를 유엔으로 이관하면서 막을 내렸다.

1947년 11월 14일 제2차 유엔총회는 한국 문제 해결을 위해 유엔한국임시위원단을 설치해 그 감시하에 1948년 3월까지 자유선거를 실시, 국회 및 정부 수립 후 미·소 양군이 철수한다는 결의안을 제출했다. 소련 측은 이는 모스크바 3상회의의 결정을 위반하는 것이며, 한국 문제는 미·소 양군이 철수한 후 한국인 스스로 결정하게 하는 것이 가장 바람직하다며 반대했다. 당시 미국의 영향권 아래 있던 유엔은 미국의 제안을 받아들여 가능한 지역만의 총선거를 실시하도록 결의했다.

1948년 8월 15일 남한에서 대한민국 정부가 수립되고, 9월 13일 한·미 간의 행정권 이양이 이루어지면서 만 3년여 만에 미군정 체제는 종결되었다.

31
미국, 임시정부 요인
'개인 자격' 귀국시켜

김구 주석 등 임시정부 요인들은 1945년 11월 5일 장제스 정부가 내준 비행기를 타고 5시간 만에 충칭에서 상하이로 돌아왔다. 그러나 국내 귀환을 위해 미국이 보내주기로 한 비행기는 상하이에 머문 지 18일 만인 11월 23일에야 도착했다. 이날 김구 등 1진 15명은 미군 C-47 중형 수송기편으로 3시간 만에 김포공항에 도착했다. 이날 귀국하지 못한 2진은 일주일 후 군산공항을 통해 귀국했다. 국내에는 임시정부 환영 준비위원회가 구성되어 있었으나 미군정 측이 귀국을 알리지 않아 공항에는 환영객 한 명 없었다.

미군정은 임시정부 요인들을 개인 자격으로 귀국케 하는 등 임시정부를 인정하지 않았다. 반면 미국에 있던 이승만은 10월 16일 미국 태평양 방면 육군 총사령관 맥아더가 주선한 비행기를 타고 도

1945년 12월 3일 임시정부 요인 귀국 기념사진. 장건상, 조완구, 이시영, 김구, 김규식, 조소앙, 신익희, 조성환, 최동오, 김원봉, 유동열, 김붕준, 조경한, 유림, 김상덕, 김성숙, 성주식, 황학수, 유진동(앞줄 왼쪽부터 반시계 방향으로).

쿄를 경유해 서울에 도착했다. 미 육군 남조선 주둔군 사령관으로 임명된 하지 중장은 이승만이 일본 도쿄에 도착했을 때 그를 만나러 일본까지 가서 맥아더와 3인 회담을 가진 데 이어 대대적인 귀국 환영대회를 열었다. 미국은 투철한 민족주의자인 김구 등 임시정부 요인들보다 친미 성향이 강한 이승만을 처음부터 점찍고 크게 우대했다.

　임시정부 요인들은 환영 준비위원회에서 마련한 경교장과 한미호텔에 머물면서 해방정국에 대처했다. 12월 19일 임시정부 개선 환영식이 열렸다. 미군정은 냉대했지만, 국민은 임정 요인들을 뜨겁게 환영했다. 식장에는 〈임시정부 환영가〉가 우렁차게 울려 퍼졌다.

1절

원수를 물리치고 / 맹군이 왔건만은 / 우리의 오직 한 길 / 아직도 멀
었던가 / 국토가 반쪽이 나고 / 정당이 서로 분분 / 통일 없인 독립
없다 / 통일 만세 통일 만만세

2절

30년 혁명투사 / 유일의 임시정부 / 그들이 돌아오니 / 인민이 맞이하
여 / 이제는 바른 키를 / 돌리자 자주독립 / 독립 없인 해방 없다 /
통일 만세 통일 만만세

환국한 임시정부 요인들은 해방정국의 주역이 되지 못했다. 12월
말 모스크바 3상회의에서 5년 신탁통치를 결정했다는 소식이 전해지
면서 임정 요인들은 반탁운동에 앞장섰고, 미군정과 친일 세력으로부
터 사사건건 견제를 받았다. 참다못한 김구 주석은 12월 31일 내무
부장 신익희에게 '국자(國字)' 제1·2호의 임시정부 포고문을 발령케
했다. 미군정과 정면 대치하는 결단이었다.

국자 제1호

① 현재 전국 행정청 소속의 경찰기구 한국인 직원은 전부 임시정부
지휘하에 예속케 함.
② 탁치 반대 시위운동은 계통적·질서적으로 할 것.
③ 돌격 행위와 파괴 행위를 절대 금함.
④ 국민의 최저생활에 필요한 식량, 연료, 수도, 전기, 교통, 금융, 의
료기관 등의 확보·운영에 대한 방해를 금함.

⑤ 불량상인들의 폭리 매점 등은 엄중 취체함.

미군정 사령관 하지는 이와 같은 임시정부의 처사를 군정에 대한 쿠데타라고 비판하면서 김구를 구속해 인천감옥에 수감했다가 중국으로 추방할 계획을 세웠다. 이 계획은 한국 민중의 대대적인 저항을 불러올 것이라는 주변의 만류로 실행되지는 않았다. 하지만 임시정부(김구)와 미군정은 돌이키기 어려운 관계가 되었다.

해방정국은 신탁통치 문제를 둘러싸고 좌우 세력의 찬반 투쟁으로 갈리고, 통일정부 수립과 친일파 청산 등 민족적인 과제는 실종되었다. 임시정부는 미군정이 비록 실체로 인정하지는 않았으나, 가장 활발하게 반탁운동을 전개했다. 한 세대에 걸친 피어린 항일투쟁 끝에 독립된 나라가 또다시 외국의 신탁통치를 받을 수 없다는 것이 임시정부 측의 소신이었다.

김구는 미군정뿐 아니라 소련 측으로부터도 배척되었다. 1946년 3월 20일 미·소 공동위원회가 덕수궁 석조전에서 열렸다. 소련 대표 스티코프가 김구를 '반동적·반민주주의적'이라 비난하면서 "앞으로 수립될 민주주의 임시정부는 모스크바 3상회의를 지지하는 민주주의 정당과 사회단체를 망라한 대동단결의 토대 위에서 창설되어야 한다"고 해 사실상 김구와 임시정부 세력을 배제하는 발언을 했다. 이에 격노한 김구는 하지와 만난 자리에서 이를 따졌다.

김구: 장군, 단도직입적으로 말하겠는데, 당신들은 나라를 전략적으로 점령한 데 불과하오. 자주독립 정부를 세워야 할 것이 절실한 당면 과제인데 미·소 양국이 한국에 신탁통치를 실시한다는 것은 잘못이

아니겠소.

하지: 김구 선생, 신탁통치안은 어디까지나 잠정적인 조치에 불과할 뿐입니다. 우리 역시 한국의 자주정부 수립을 희망하고 있는 것은 사실입니다.

김구: 아니 잠정적인 조치일 뿐이라니, 물론 장군도 소련 스티코프란 자의 개회사를 기억하고 있을 것이 아닙니까? 분명히 말해두겠지만, 이번에 열리는 미·소 공위는 한민족 전체의 염원을 짓밟는 강대국의 처사라고 아니할 수 없소. 따라서 신탁통치를 반대하는 것은 우리 민족의 당연하고도 엄숙한 의사 표시인 것이오.(『백범 김구 전집』, 제5권)

대한민국임시정부는 충칭에서 일제의 패망을 내다보면서 좌우 합작을 이루고 광복군을 창설해 본토 진격 등을 준비했다. 1919년 3·1혁명을 계기로 4월 11일 상하이에서 출범한 임시정부는 27년 동안 중국 관내를 돌아다니면서 일제와 싸운 한민족의 대표적인 독립운동기관이었다.

임시정부는 1941년 11월 28일 건국강령을 제정해 해방 후 건설할 민족 국가의 성격을 규정하고, 12월 10일에는 일본에 선전포고하는 한편, 1944년 4월 약헌(헌법)을 개정해 부주석제를 신설, 김규식을 부주석으로 영입하고 민족혁명당 등과 통합해 좌우 합작 정부를 출범했다. 임시정부는 또 국무위원 장건상을 옌안에 특사로 파견해 김두봉을 비롯한 독립동맹 간부들을 만나 충칭에 모여 통합 문제를 협의하기로 했다. 그러나 시국이 급진전하면서 김두봉의 충칭행은 이루어지지 못했다. 이것이 성사되었으면 해방 후 통일 과업을 논의하는 데도 큰 기여가 될 수 있었는데, 안타까운 일이다.

임시정부는 일제의 항복 소식을 듣고 '임시정부의 당면 정책' 14가지를 제시했다. '임시정부는 빠른 기간 내에 입국할 것', '미·소·영 등 우방과 제휴하고 연합국 헌장을 준수할 것', '국내에 건립될 정식 정권은 반드시 독립국가, 민주정부, 균등사회를 원칙으로 할 것', '독립운동을 방해한 자와 매국적을 처단할 것' 등의 내용이 담겼다.

미·소 공위가 결렬되고 한국 문제가 유엔으로 넘어가 남한 단독 선거가 결정되면서 김구는 김규식 등과 남북협상론을 제기, 평양에서 북한 지도자들과 만나 단선·단정을 반대하고 통일정부 수립을 논의했으나, 결과적으로 남북한에 두 개의 정부가 수립되었다. 임시정부의 존재는 대한민국 정부 수립과 1949년 김구 주석의 암살로 사실상 종료되고 말았다.

32

단선·단정에 저항한
제주 4·3항쟁

1948년 4월 제주도에서 발생한 제주 4·3항쟁은 한국 현대사에서 한국전쟁 다음으로 인명 피해가 많았던 비극적인 사건이다. 동북아 요충지라는 지리적 특수성이 있는 제주도는 제2차 세계대전 말기 미군의 상륙을 저지하기 위해 일본군 6만여 명이 주둔했던 전략기지가 되었고, 전쟁 직후에는 일본군 철수와 외지에 나가 있던 제주인 6만여 명의 귀환으로 급격한 인구 변동이 있었다. 해방에 대한 기대와는 달리 귀환 인구의 실직난, 생필품 부족, 콜레라에 의한 수백 명의 희생, 극심한 흉년 등의 악재가 겹친 데다 미곡 정책의 실패, 일제 경찰의 군정 경찰로의 변신, 군정 관리의 모리 행위 등이 큰 사회 문제로 대두되었다.

이런 분위기 속에서 1947년 3·1절 기념행사 때 경찰이 시위 군중에게 발포해 6명이 사망하고 8명이 중상을 입는 사건이 벌어졌다. 희생자 대부분은 구경하던 일반 주민이었다. 바로 이 사건이 4·3항쟁을 촉발하는 도화선이 되었다. 이때 남로당 제주도당은 조직적인 반경(反警) 활동을 전개했다. 제주도민들이 경찰 발포에 항의한 '3·10 총파업'은 관공서, 민간기업 등 제주도 전체의 직장 95퍼센트 이상이 참여한, 한국에서는 유례가 없었던 민·관 합동의 총파업이었다.

미군정은 즉각 조사단을 제주에 파견해 총파업이 경찰 발포에 대한 도민의 반감과 이를 증폭시킨 남로당의 선동에 있다고 분석했다. 그러나 사후 처리 과정에서 '경찰의 발포 사건'보다는 '남로당의 선동'에 비중을 두고 강공 정책을 추진했다. 도지사를 비롯한 군정 수뇌부를 전원 외지 사람들로 교체하고, 지원 경찰과 무장한 서북청년단원들을 대거 제주로 보내 파업 주모자에 대한 대대적인 검거 작전을 전개했다. 검속 한 달 만에 500여 명을 체포하고, 4·3항쟁 발발 직전까지 1년 동안 2,500명을 구금했다. 이들에 대한 테러와 무자비한 고문이 잇따르면서 여론이 크게 악화되었다.

이때 미군정과 이승만에 의한 단선·단정론이 제기되고, 1948년 3월에는 일선 지서에서 3건의 고문치사 사건이 발생하면서 제주 사회는 폭발 직전의 위기 상황으로 치달았다. 제주도 지도자들은 당면한 단선·단정을 반대하는 '구국투쟁'을 이슈로 내걸었다.

1948년 4월 3일 새벽 2시, 350명의 무장대가 관내 12개 지서와 서북청년단원들을 공격하면서 무장봉기가 시작되었다. 이들 무장대는 경찰과 서북청년단에 의한 탄압 중지와 단선·단정 반대, 통일정부 수립 촉구 등을 주장했다. 미군정은 경찰력과 서청의 증파를 통해 사태를 막고자 했다. 그러나 사태가 수습되지 않자 주한 미군 사령관 하지 중장과 군정장관 딘 소장은 대규모 국방경비대에 진압 작전 출동 명령을 내렸다.

사태가 악화된 가운데 9연대장 김익렬 중령은 무장대 측 김달삼과의 '4·28 협상'을 통해 평화적인 사태 해결에 합의했다. 그러나 이 평화 협상은 우익 청년단체에 의한 이른바 '오라리 방화 사건' 등으로 무산되었다. 협상을 깨고자 하는 의도적인 방화였다. 미군정은 20연대장 브라운 대령과 24군단 작전참모 슈 중령의 제주 파견, 경비대 9연대장 교체 등을 통해 제주에서 5·10선거를 성공적으로 추진하고자 했다. 그러나 5월 10일 실시된 총선거에서 전국 200개 선거구 중 제주도 2개 선거구만이 투표수 과반수 미달로 무효 처리되었다.

이에 대해 미군정은 브라운 대령을 제주지구 최고사령관으로 임명하고, 강도 높은 진압 작전을 전개하며 6월 23일 재선거를 실시하려고 시도했으나, 이 역시 실패했다. 5월 20일에는 경비대원 41명이 탈영해 무장대 측에 가담하는 사건이 발생했고, 6월 18일 신임 연대장 박진경 대령이 부하 대원에 의해 암살당하는 사건이 발생하면서 사태는 더욱 악화되었다.

이후 제주 사태는 한때 소강 국면을 맞았다. 무장대는 김달삼 등 지도부의 '해주대회' 참가 등으로 조직 재편의 과정을 겪었다. 군경 토벌대는 8월 15일 정부 수립 과정을 거치면서 느슨한 진압 작전을 전개했다. 그러나 소강상태는 잠시뿐이었다.

남쪽에 대한민국이 수립되고, 북쪽에 조선민주주의인민공화국이 세워짐에 따라 제주도 사태는 단순한 지역 문제를 뛰어넘어 정권의 정통성에 대한 도전으로 인식되었다. 이승만 정부는 10월 11일 제주도경비사령부를 설치하고 본토의 군 병력을 제주에 증파했다. 그런데 이때 제주에 파견하려던 여수의 14연대가 반기를 들고 일어남으로써

1948년 5월, 처형을 기다리는 제주 주민들.

걷잡을 수 없는 소용돌이에 휘말리게 되었다.

　이승만 정부는 1948년 11월 17일 제주도에 계엄령을 선포했다. 이에 앞서 9연대 송요찬 연대장은 "해안선으로부터 5킬로미터 이상 들어간 중산간지대를 통행하는 자는 폭도배로 간주해 총살하겠다"는 포고문을 발표했다. 이때부터 중산간마을을 초토화한 대대적인 강경진압 작전이 전개되었다. 이와 관련해 미군 정보 보고서는 "9연대는 중산간지대에 위치한 마을의 모든 주민들이 명백히 게릴라부대에 도움과 편의를 제공하고 있다는 가정 아래 마을 주민에 대한 '대량학살 계획'을 채택했다"고 적고 있다. 이승만이 제주도에 계엄령을 선포할 때는 아직 계엄법이 제정되기 전이었다.

　계엄령 선포 이후 중산간마을 주민들이 많은 피해를 입었다. 중산간지대에서뿐만 아니라 해안변 마을에 소개(疏開)한 주민들까지도 무장대에 협조했다는 이유로 무차별 학살당했다. 그 결과, 목숨을 부지하기 위해 입산하는 피난민이 더욱 늘었고, 이들은 추운 겨울을 산에 숨어 지내다 잡히면 사살되거나 육지의 형무소 등지로 보내졌다. 심지어 진압 군경은 가족 중에 한 사람이라도 없으면 '도피자 가족'으로 분류, 그 부모와 형제자매를 대신 죽이는 '대살(代殺)'을 자행했다.

12월 말 진압부대가 9연대에서 2연대로 교체되었지만, 함병선 연대장의 2연대도 강경 진압을 계속했다. 재판 절차도 없이 주민들을 집단으로 학살했다. 가장 인명 피해가 많았던 '북촌 사건'도 2연대에 의해 자행되었다.

1949년 3월 이승만 정부가 제주도지구 전투사령부를 설치하면서 진압·선무 병행 작전이 전개되었다. 신임 유재흥 사령관은 한라산에 피신해 있던 사람들이 하산하면 모두 용서하겠다는 사면 정책을 발표했다. 이때 많은 주민이 하산했다. 1949년 5월 10일 제주 재선거가 성공리에 치러졌다.

한국전쟁이 발발하면서 또다시 비극이 시작되었다. 보도연맹 가입자, 요시찰자 및 입산자 가족 등이 대거 예비 검속되어 학살당했다. 또 전국 형무소에 수감되었던 4·3항쟁 관련자들도 즉결 처분되었다. 이들은 총 3천여 명에 이르는 것으로 추정된다. 유족들은 아직도 그 시신을 대부분 찾지 못한 상태다.

잔여 무장대들의 공세도 있었으나 그 세력은 미미했다. 1954년 9월 21일 한라산 금족(禁足) 지역이 전면 해제되었다. 이로써 1947년 3·1절 발포 사건과 1948년 4·3 무장봉기로 촉발되었던 제주 4·3 항쟁은 실로 7년 7개월 만에 막을 내리게 되었다. 이 과정에서 2만 5천명 내지 3만여 명이 희생되었다.

33

해방정국의 블랙홀,
신탁통치안

비록 자력으로 쟁취한 것은 아니지만 한국인들이 미군정 체제에서나마 해방의 기쁨에 자축하고 있을 때 세계열강들은 한국 문제를 멋대로 요리하기 시작했다. 1945년 12월 말, 미·영·소 3국의 대표들이 모스크바에 모여 한반도의 신탁통치안을 결정한 것이다. 한반도의 신탁통치 방침은 제2차 세계대전 중 미국에 의해 구상되고, 카이로·테헤란·얄타회담 등에서 제안된 바 있었다. 일본이 예상보다 빨리 항복하고 한반도는 미·소 양군이 분할 점령하게 되자 관련국들은 한반도 문제 처리를 위해 모스크바에서 3상회의를 열었다.

이 회의에서 미국 번즈 국무장관은 한국인의 참여가 극히 제한된 '통일시정기구'를 설치해 "미·영·중·소 4개국 대표로 구성되는 집행위원회에서 권한을 수행할 것"과 "탁치(託治) 기간은 5년을 넘지 않을 것"등을 골자로 하는 안을 제시했다. 이에 소련은 "한국의 독립을 부여하기 위한 임시정부 수립과 그 전제로서 미·소 공동위원회 설치"등 4개 항의 수정안을 제안했다. 회의는 소련의 수정안을 약간 손질해 최종안으로 채택했다.

신탁통치안을 요약하면 첫째, 한국을 독립국가로 재건하기 위해 임시적인 한국 민주정부를 수립한다, 둘째, 한국 임시정부 수립을 돕기 위해 미·소 공동위원회를 설치한다, 셋째, 미·영·소·중의 4개국이 공동 관리하는 최고 5년 기한의 신탁통치를 실시한다는 내용이었다.

한반도의 5년 신탁통치안이 국내 신문에 보도되면서 남한의 정국은 마치 벌집을 쑤셔 놓은 것 같았다. 신탁통치 소식을 처음 전한 『동아일보』는 1945년 12월 27일자에서 "소련은 신탁통치 주장, 미국은 즉시 독립 주장"이란 제목의 1면 머리기사를 대서특필했다. 외신 보도의 형식이었다.

이 기사는 "모스크바에서 개최된 3국 외상회담을 계기로 조선 독립 문제가 표면화하지 않는가 하는 관측이 농후해가고 있다. 즉 번즈 미 국무장관은 출발 당시에 소련의 신탁통치안에 반대해 즉시 독립을 주장하도록 훈령을 받았다고 하는데, 3국 간에 어떤 협정이 있었는지는 불명하나, 미국의 태도는 카이로선언에 의해 조선은 국민투표로서 그 정부의 형태를 결정할 것을 약속한 점에 있는데, 소련은 남북 양 지역을 일괄한 일국 신탁통치를 주장해 38선에 의한 분할이 계속되는 한 국민투표는 불가능하다고 하고 있다"면서 "소련의 구실은 38선 분할 점령"이란 큰 제목을 달아 보도했다.

이 보도를 근거로 이승만과 한민당, 김구와 임시정부 세력을 비롯해 모든 정당, 사회단체들이 반탁운동을 격렬하게 전개했다. 정치

1945년 12월 27일자 『동아일보』 1면에 실린 신탁통치 관련 기사. 기사에는 "외상회의에 논의된 조선 독립 문제 − 소련은 신탁통치 주장, 소련의 구실은 38선 분할점령, 미국은 즉시 독립 주장"이라고 쓰여 있다. 미국에 특파원이 없던 국내 신문사들은 UP와 AP 통신의 기사를 받아서 보도했다.

인들뿐만 아니라 국민 대부분이 반탁운동에 동조했다. 즉각적인 자주독립을 기대했던 독립운동가와 국민에게 신탁통치란 마른하늘의 날벼락이었다. 따라서 이념과 정파를 초월해 반탁운동이 전개되었다. 조선공산당과 조선인민당도 반탁 대열에 섰다. 좌익 세력의 경우 1946년 1월 2일부터 공식적으로 찬탁의 입장을 취할 때까지 개별적으로는 반탁의 입장을 분명히 했다.

모스크바 3상회담이 진행 중인 시점에서 반탁운동에 불을 지핀 이 기사는 3상회담의 내용을 신탁통치만으로 국한하면서 미국이 즉시 독립을 주장하고 소련이 신탁통치를 주장한 것처럼 전한 잘못된 기사였다. 더욱이 놀라운 것은 12월 25일자 미국발 기사라면서 정확한 출처도 밝히지 않았다는 것이다. 그 때문에 이 기사가 나가게 된 배경을 놓고 당시 국내 언론을 통제하던 미군정 당국의 단순 실수설, 반소·반탁 감정을 형성하기 위한 국내외의 모종의 음모설 등이 지금까지 제기되고 있다.

『동아일보』의 이 기사와 관련한 최근의 연구에 따르면 조작이라는 주장이 제기되고 있다.

> 이 기사를 조작한 자는 누구였나? "워싱턴 25일발 합동"이라는 걸 보면 합동통신사로 거슬러 올라가서 찾아봐야 할 텐데, 워싱턴의 어느 매체에 누가 쓴 글인지도 밝혀져 있지 않다. 그렇다면 한민당 대표 송진우가 사장으로 있던 『동아일보』의 조작으로 보지 않을 수 없다. 『동아일보』가 주범이란 것은 증거가 분명한 사실인데, 범죄의 성격으로 보아 단독 범행은 아니다. 공범 내지 공모자를 밝히는 것은 명확한 증거가 없으므로 쉽지 않은 일이다. 정용욱은 『태평양 성조기(Pacific Stars and Stripes)』지 12월 27일자에 같은 기사가 실린 것으로 보아 맥아더 사령부 개입의 개연성을 밝혔고, 이 허위 기사의 유포가 방치된 사실로 보아 군정청의 작용을 시사했다. 완벽한 실증적 증거는 아니라도 더할 나위 없이 명확한 개연성을 보인다. (김기협, 『해방일기 2』)

신탁통치를 추구하는 미 국무성 정책을 뒤집기 위해 맥아더 사령부, 미 군정청, 이승만, 한민당 세력이 협력해 조작한 것이라는 주장이다.

대한민국임시정부는 12월 28일 긴급 국무회의를 열어 김구와 김규식의 명의로 '4개국 원수에게 보내는 결의문'을 채택하고, 각계 대표 70여 명으로 신탁통치 반대 국민총동원위원회를 결성했다. 여기서 강력한 반대투쟁을 결의하고, 김구, 김규식, 조소앙, 김원봉, 유림, 신익희, 김붕준, 엄항섭, 최동오 등 9인을 신탁통치 반대 국민총동원위원회 '장정위원'으로 선정했다. 이날 채택한 성명서는 다음과 같다.

> 우리는 피로써 건립한 독립국과 정부가 이미 존재했음을 다시 선언한다. 5천 년의 주권과 3천 만의 자유를 전취하기 위하여는 자기의 정치 활동을 옹호하고 외래의 탁치 세력을 배격함에 있다. 우리의 혁혁한 혁명을 완성하자면 민족의 일치로서 최후까지 분투할 뿐이다. 일어나자 동포여!

1개 신문의 왜곡된 신탁통치 보도는 해방정국의 황금과도 같은 시기에 이 문제를 블랙홀로 만들었다. 모든 현안과 이슈가 이것으로 빨려들어 갔다. 해방정국의 최대 이슈는 통일정부 수립과 미·소 양군의 철수, 그리고 친일 민족반역자 처벌이었다. 민생문제도 시급한 과제였다. 하지만 탁치 문제는 이 같은 민족사 절체절명의 과제를 뒤로한 채 찬반 투쟁으로 치달았다. 그리고 찬반 운동이 어느새 이념 대결로 대치되었다. '귀축미영(鬼畜米英)'을 외치던 친일 민족반역자들은 이제 친미반공의 기치를 내걸고 해방 공간의 주역으로 탈바꿈했다.

사실 모스크바 3상회의에서 결정된 사항 중에는 활용하기에 따라 우리에게 유리한 조항도 있었다. 민족지도자들이 좀 더 진지하게 이를 검토하고 분석해 결집된 역량으로 대처했다면 해방 공간의 상황이 크게 달라질 수도 있었을 것이다. 하지만 정확한 정보가 없었고, 이를 확인하려는 인력이 없었던 것이 무엇보다 아쉬운 대목이었다.

민족 진영은 반탁운동에 참여하면서 미·소 열강의 대립과 이에 추종하는 신사대주의 세력의 준동을 지켜보며 한없는 무력감에 빠져들었다. 그리고 즉각적인 자주독립정부 수립운동에 나섰으나 세를 불리기에는 역부족이었다. 조선공산당 등 좌익 세력은 모스크바의 지침에 따라 1946년 초부터 찬탁으로 돌아섰다.

제2차 세계대전 후 오스트리아는 미·영·불·소 4대국에 점령되어 10년 동안의 신탁통치를 받고도 모든 정파가 협력해 외국군을 차례로 내보내고, 영세중립을 선언하면서 평화로운 자주독립국가를 수립했다. 하지만 한민족은 일제로부터 해방되었으나 분단과 함께 또다시 외국의 신탁통치를 받는 비극을 맞게 되었다. "봄이 왔으나 봄은 아니었다(春來不似春)"라는 형국이었다.

34

분단만은 막자,
남북협상에 나섰지만

동포가 갈라지고 국토가 두 동강으로 쪼개지는 분단기에 이를 막으려는 통일운동이나 남북협상론자가 없고, 반쪽 정권에서 권력이나 잡겠다고 날뛰는 정상배들뿐이었다면 후세의 비판을 면키 어려웠을 것이다. 김구와 김규식 등 남북협상 주도자들은 어떤 일이 있더라도 분단만은 막아야 한다는 신념에서 남북협상론을 제기했다. 그러나 이들의 북행에는 여러 가지 '뇌관'이 도처에 깔려 있었다. 미군정의 하지 사령관은 매일 그의 정치고문 버치 중위를 보내 이들의 북행을 만류했다.

당시 남한만의 단독선거를 코앞에 두고 있던 미군정은 이들 협상파들의 북행을 반대했을 뿐만 아니라 남북협상을 추진하는 남한의 지도자들을 '착각을 가진 사람', '공산주의자', '용공주의자'로 몰아세웠다. 북행을 반대하는 세력은 미군정만이 아니었다. 총선에 참여하려는 다수의 정치인들과 이들에게 조종되는 청년·사회단체들이 반대에 앞장섰다. 사회적 분위기도 저해 요인이 되었다.

이승만과 한민당, 친일 세력, 월남인 단체들은 결사반대의 뜻을 표명했다. 이승만은 "협상 찬성은 소련 목적에 추종하는 것"이라고 반대의 뜻을 넘어 용공시했고, 이승만의 영향력하에 있던 대한독립촉성국민회는 "협상담에 속지 말고, 총선거를 추진하자"는 성명서를 발표해 단독정부 수립을 촉구했다.(정용욱, 『존 하지와 미군 점령 통치 3년』)

김구와 김규식은 유엔소총회에서 남한 단독선거를 결의하고, 이 궤도로 정국이 진행되고 있는 시점(1948년 봄)에서 단선·단정을 막고, 남과 북에 포진한 미·소 양군을 철퇴시키며, 남북 통일정부를 수립하는 길은 남북협상밖에 없다는 신념에는 변함이 없었다. 물론 그것이 결코 쉽지만은 않다는 것도 잘 알고 있었다.

김구는 4월 19일 새벽, 경교장을 포위한 협상 반대 세력의 방해를 무릅쓰고 방북길에 올랐고, 홍명희도 같은 날 서울을 떠났으며, 4월 20일까지 여운홍 등 10여 명도 방북길에 올랐다. 김규식은 신병으로 며칠 지체하다가 4월 22일 아침 민족자주연맹의 대표 원세훈, 김붕준, 최동오, 신숙, 김성숙, 박건웅, 신기언, 강순, 송남헌 등 16명으로 구성된 대표단과 함께 평양으로 떠났다.

평양 모란봉극장에서 남북연석회의가 개최되었다. 본회의가 열릴 때 단상에는 태극기가 게양되고, 애국가가 울려 퍼졌다. 이때까지 북한에서도 태극기와 애국가를 국기와 국가로 인정했다.

연석회의는 세 분야로 나뉘어 열렸다. '남북조선 제정당 사회단체 대표자 연석회의(약칭 대표자연석회의)', '남북조선 제정당 지도자협의회(약칭 지도자협의회)', '김구·김규식·김일성·김두봉의 4자회담'이었다.

1948년 4월, 남북협상을 위해 방북 직전 38도선에서 포즈를 취하는 김구와 차남 김신(우), 비서 선우진(좌).

남북 56개 정당·사회단체 대표 545명이 참석한 대표자연석회의가 27일까지 열린 데 이어 27일 저녁부터 30일까지 15인으로 구성된 남북 요인회담이 열렸다.

대표자연석회의는 4월 26일 '사회주의 소비에트 연방공화국과 북미합중국에 보내는 남북정당사회단체대표자연석회의 요청서'를 채택했다. 홍명희와 엄항섭이 기초한 것으로 알려진 이 문건은 연석회의에서 채택되고, 미·소 양국에 전달할 것을 결의했다. 하루 전인 4월 25일에는 평양 시내 김일성광장에서 북한 주민 34만여 명이 모여 연석회의 축하 시민대회를 열었다. 대표자연석회의는 4월 23일 '조선 정치 정세에 관한 결정서'를 통과시켜 남북에서 단독선거 실시를 중단할 것을 요청했다.

김두봉은 4월 24일 오후 6시 자택으로 김구, 김규식, 조소앙, 조완구, 홍명희 등을 초청해 김일성과 합석한 자리에서 연석회의 결정서의 내용을 포함한 정치 문제를 토의했으며, 오후 7시부터는 김구, 김규식, 김일성, 김두봉 4인이 토의를 계속했다. 이 자리에서는 통일에 대한 남북 지도자의 공동성명, 통일을 위한 공동 대책기관의 설립, 그리고 통일운동을 위한 조직 문제 등이 논의되었다.

이 자리에서 김구와 김규식은 연백수리조합 개방 문제와 송전 문제, 그리고 조만식을 서울에 동행시켜 줄 것, 중국 뤼순감옥 공동묘지에 묻힌 것으로 알려진 안중근 의사의 유해 봉환 등을 요청했다. 이에 대해 김일성은 "물과 전기 문제는 미군정이 약속을 지키지 않아 발생한 것이라며, 조만식의 서울 동행은 별도의 문제가 있다"라고 설명했다. 김일성은 조만식을 대단히 부정적으로 평가했다. 4김회담에서 김구와 김규식이 제안한 북한의 대남 송전 계속, 연백수리조합 개방 문제는 성사되었으나, 안중근 의사 유해 봉환은 뤼순이 소련군 관할 지역이라는 이유로 이루어지지 않았다.

두 번째 4김회담은 4월 26일 대동강 한가운데 있는 뚝섬에서 열렸으나, 회담 내용은 구체적으로 알려지지 않았다. 5월 1일은 노동절로, 북한 당국은 기념식을 성대하게 거행했다. 남측 인사들도 기념식에 초대받아 참석했다.

김구와 김규식 일행은 5월 4일 평양을 떠나 5일 서울로 귀환하고 김원봉, 홍명희 등은 귀환을 포기하고 평양에 체류했다. 서울로 돌아온 김구와 김규식은 연석회의의 공식 문서인 외국군 철수 요청서를 미군정청에 전달할 책임자로 여운형의 동생 여운홍을 선택했다. 여운홍이 하지 사령관을 만나 이 요청서를 전달하자 하지 사령관은 이를 보지도 않고 내팽개쳐버렸다고 한다. 연석회의에서 외국군 철수 요청서가 통과되었다는 사실을 이미 알고 있었기 때문에 읽어볼 필요도 없다는 뜻에서 그런 행동을 취했던 것이다. 소련군 사령부에 문서를 전달하는 것은 북측에서 맡았다.

북한 주둔 소련군 사령관은 연석회의 요청서에 대한 회답을 소련 정부의 이름으로 김두봉에게 전달했다. 편지에서 그는 외군을 동시에 철퇴해 외국의 간섭 없이 자유롭게 총선거를 실시해 통일정부를 수립할 수 있게 해달라는 요청에 대해 이 같은 심정을 이해하며 동정하고 있다고 말했다. 그리고 소련 정부는 미국 군대와 동시에 철수하기 위한 준비가 여전히 되어 있다고 밝혔다고 한다.

남북협상은 결과적으로 성공하지 못했다. 그렇다고 실패한 것은 아니었다. 민족의 영구 분단을 눈앞에 두고 분단 세력에게 국가의 운명을 내맡겨둘 수는 없다는 생각에 추진된 노력이었다. 김구가 북행을 앞두고 "현실적이냐 비현실적이냐가 문제가 아니라 그것이 정도냐 사도냐가 문제"라고 피력했던 심경 그대로였다.

남한에서는 미국이 분단 정권 수립을 대한 정책으로 확정했고, 북한에서도 소련이 지목한 김일성 체제가 굳어지고 있던 상황이었다. 어떤 의미에서 남북협상은 타의에 의해 갈라졌던 부부가 재결합을 위해 힘들게 만난 격이었으나, '최후의 만찬'으로 끝난 송별연이 되고 말았다.

35
'민주'와 '공화'
두 날개의 헌법 제정

                우리나라 헌법은 민주와 공화의 두 날개로 출범했다. 1919년 3 · 1혁명 정신과 그 결실로 태어난 대한민국임시정부의 '약헌' 등을 바탕으로 제정되었다.

  1948년 5월 10일 남한에서 초대 민의원 선거가 실시되어 당선된 의원들은 6월 1일 국회 본회의에서 헌법기초위원 선임을 위한 전형위원을 각 도별로 1명씩 10명을 선출했다. 그 전형위원들이 30명의 헌법기초위원을 선출했으며, 사법부, 법조계, 교육계 등 각계에서 권위 있는 10명을 전문위원으로 선임했다. 헌법기초위원장에는 서상일이 선임되고, 기초위원에는 유성갑, 윤석구, 김상덕, 허정, 조헌영, 조봉암, 이청천 등이, 전문위원에는 유진오, 권승렬, 윤길중 등이 선임되었다. 헌법기초위원회는 6월 3일부터 22일까지 16차의 회의를 열어 유진오가 초안한 내용을 중심으로 전문 10장 102조의 헌법안을 마련해 23일 국회 본회의에 제출했다.

헌법 초안은 대한민국임시정부의 '대한민국 임시약헌', 미군정 시대 민주의원에서 마련한 헌법안, 그리고 1919년에 제정된 독일 바이마르 공화국의 헌법 등을 모델로 삼았다. "바이마르 헌법은 그 당시 다른 나라에서는 찾아볼 수 없는 세계적으로 가장 앞선 민주헌법이었다." (오인석, 『바이마르공화국의 역사』)

제헌헌법은 심의 과정에서부터 정치 세력 간의 알력을 겪었다. 이 승만은 대통령제를 고집했고, 한민당 측은 대통령은 이승만을 선출하되 실권은 자신들이 갖는 내각제를 바랐다. 헌법기초위원회에서 합의한 헌법 초안은 내각책임제였다. 즉 상징적 대통령으로 하고 실권은 국무총리에게 부여하는, 국회에 의한 내각의 통제 등을 특징으로 하는 시안이었다. 그러나 6월 15일 국회의장 이승만이 돌연 헌법기초위원회에 출석해 "직접 선거에 의한 대통령책임제가 적합하다"고 발언한 데 이어 며칠 후 다시 나타나 "이 초안이 헌법으로 채택된다면 자신은 이 헌법하에서는 어떠한 지위에도 취임하지 않고 민간에 남아서 국민운동을 하겠다"고 통고했다. "이에 한민당 측은 고민에 빠졌다. 만일 김구, 김규식에 이어 이승만마저 정부에 참여하지 않는다면 그 정부는 약체 정부가 될 수밖에 없었다. 이에 21일 밤 서상일, 김준연, 조헌영 등 한민당 측 중진 의원들은 이승만의 요구를 받아들이기로 합의했다."(박찬승, 『대한민국은 민주공화국이다』)

이렇게 하여 대한민국 헌법은 내각책임제에서 대통령중심제로 탈바꿈되어 6월 22일 헌법기초위원회에서 채택되었다. 초장부터 '위인설관(爲人設官; 사람을 위해서 벼슬자리를 만듦)'의 비극적 운명을 타고 태어난 셈이다.

국회 헌법기초위원회에 내놓은 유진오 헌법 초안의 제1조는 "조선은 민주공화국이다"로 시작되어 "주권은 인민에게 있고, 모든 권력은 인민으로부터 나온다"로 이어진다. 당시에는 아직 국호가 결정되기 전이어서 통상적으로 조선이라 불리고, '국민' 대신 '인민'이라는 용어가 널리 쓰였다. 미국 독립선언이나 프랑스혁명의 인권선언, 유엔 인권선언의 'people'이란 용어는 국민보다 인민에 더 가깝다.

국회 본회의 헌법 심의 과정에서 국호를 둘러싸고 치열한 논쟁이 일었다. '조선'이라는 국호와, 고종이 1897년 건원칭제를 단행하면서 채택한 대한제국의 '대한(大韓)'을 회복해 다시 찾아 써야 한다는 주장이 맞섰다. 결국 투표로 결정하기로 했다. 헌법기초위원 30명 중 26명이 참가한 투표 결과, 대한민국 17표, 고려공화국 7표, 조선공화국 2표로 '대한민국'이 국호로 채택되었다.

유진오의 헌법 초안 전문에는 "3·1혁명의 위대한 독립정신을 계승하여"라고 되어 있었는데, 한민당 소속 일부 의원들이 이승만에게 혁명이란 용어가 과격하다는 등의 이유로 "기미 3·1운동으로 대한민국을 건립하여"라고 고칠 것을 주장했고, 결국 '3·1혁명'을 '3·1운동'으로 표기하게 되었다.

제헌헌법은 이승만의 권력 야망으로 권력 구조 문제에서 변질되기는 했으나 국민주권주의와 3권분립 정신을 바탕으로 하는 진보적인 내용을 많이 담고 있었다. "유구한 역사와 전통에 빛나는 우리들 대한국민은 기미 삼일운동으로 대한민국을 건립하여 세계에 선포한 위대한 독립정신을 계승하여, 이제 민주독립국가를 재건함에 있어서 정의와 인도와 동포애로써 민족의 단결을 공고히 하며……"로 이어지는 헌법 전문은 대한민국이 지향하는 방략을 제시했다. 여기서 "민주독

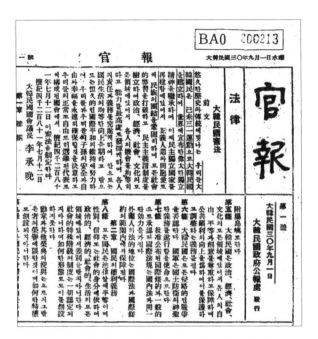

대한민국 헌법 전문이 실린 관보 1호. 1948년 9월 1일 발행.

립국가를 재건"이란 대목은 대한민국임시정부의 법통을 승계한다는 뜻이 담겼다. 최근 이명박·박근혜 중심의 수구 세력과 어용 언론인, 사이비 학자들의 1948년 8·15 정부 수립일을 광복절 대신 건국절로 하자는 주장이 얼마나 무식하고 반헌법적인가를 살피게 한다.

헌법 전문에 나타나는 대한민국 국가 건설의 기본정신은 ① 민족의 단결을 공고히 하고, ② 사회적 폐습을 타파하고, ③ 민주주의 제도를 세우고, ④ 모든 영역에서 개인의 기회를 균등히 하여 능력을 발휘케 하고, ⑤ 국민의 책임과 의무를 완수해야 한다는 것이다. 세계 선진 민주국가 어느 나라의 헌법과 비교해도 손색이 없는 내용이었다. 특히 본문 제2조 "대한민국의 주권은 국민에게 있고, 모든 권력은 국민으로부터 나온다"는 조항은 임시정부의 헌장을 그대로 계승한 것이며, 제1조의 "대한민국은 민주공화국이다"라는 국호와 정체의 규정에서 단순한 '공화국'이 아닌 '민주공화국'이라고 표현한 것은 바이마르공화국의 헌법에도 없는 매우 독창적인 내용이다.

훗날 박정희·전두환의 군사독재 정권과 그 아류들이 '자유민주주의'라는 용어를 남용하고, 최근 수구 세력이 이 용어를 전가의 보도처럼 사용하고 있지만, 우리나라 제헌헌법 정신은 일체의 수식어를 허용하지 않은 '민주공화국', 즉 '민주주의' 공화국일 뿐이다. 민주주의에 수식어를 붙이면 정치적 불순성이 담보되기 마련이다. '행정적 민주주의', '민족적 민주주의', '인민민주주의' 따위가 그렇다.

제헌헌법의 특장 중 하나는 정치의 민주주의와 함께 경제의 공화주의였다. '민주'가 정치의 민주주의라면, '공화'는 경제의 민주주의를 상징한다. 경제적 민주주의는 임시정부가 채택한 조소앙의 삼균주의, 즉 정치적 균등, 경제적 균등, 교육적 균등 사상을 이은 것이다. "안으로는 국민생활의 균등한 향상을 기하고……"라 하여 삼균주의적 요소를 담고 있다. "모든 국민은 인간으로서의 존엄과 가치를 가지며 행복을 추구할 권리를 가진다"는 현행 헌법 제10조와 "모든 인간은 인간다운 생활을 할 권리를 가진다"는 제34조 역시 삼균주의 정신을 모태로 하고 있다.

제헌헌법은 이승만의 발췌개헌, 사사오입 개헌, 3선 개헌 등으로 장기 집권의 장식품이 되었다가 박정희에 의해 헌정 중단과 몇 차례의 변칙적인 개헌에 이어 유신헌법으로 송두리째 유린되는 과정을 겪었다. 그리고 전두환에 의해 또 한 번 짓밟혔다. 지금 다시 제10차 개헌이 논의되고 있다.

통사와 혈사로 읽는 한국 현대사

이번 개헌에서는 전문에서 3·1혁명의 정명이 회복되는 것은 물론, 의병전쟁이 추가되고, 촛불혁명으로 발현된 저항권, 삼균 사상에 기초한 경제·복지 부문의 균등성 등이 추가되어야 할 것이다.

36

해방 3년 만에
대한민국 정부 수립

광복 3주년이 되던 1948년 8월 15
일, 남한에서 대한민국 정부가 수립되었다. 1910년 8월 29일 국치로
부터는 38년 만이고, 임시정부 수립으로부터는 29년, 1945년 광복으
로부터는 3년 만의 일이다. 일제 패망과 함께 남북한에 미·소 군대
가 진주한 가운데 모스크바 3상회의, 미·소 공동위원회, 좌우합작,
남북협상과 미군정, 이승만의 단정수립론 등의 과정을 거친 후에 이
루어낸 쾌거였다.

미·소 공동위원회가 결렬되면서 미국이 유엔총회에 한국 문제를
넘기자 유엔은 한국에서 총선을 감시할 유엔한국임시위원단을 설치
하고, '인구 비례에 의해 선출된 국회 구성'을 통해 통일정부를 수립
할 것을 결의했지만, 소련 측이 유엔한국임시위원단의 38도선 이북의
월선을 거부하면서 다시 유엔소총회가 '가능한 지역만의 총선'을 의

통사와 혈사로 읽는 한국 현대사

결하기에 이르렀다.

이에 따라 1948년 5월 10일 남한에서 총선거가 실시되었고, 4·3 항쟁으로 제주도 2석을 제외한 198명의 민의원 의원이 선출되었다. 당선자가 통계상으로는 무소속이 많았으나 실제로는 한민당과 이승만의 독촉 계열이 압도적으로 다수를 차지했다. 김구·김규식 계열의 남북협상파와 좌익 측은 총선에 참여하지 않았기 때문이다.

사상 처음으로 민선으로 뽑힌 국회는 7월 17일 헌법을 공포한 데이어 7월 20일 국회에서 이승만과 이시영이 정부통령에 각각 당선되고 조각이 완료되면서 8월 15일 정부 수립 선포식이 거행되었다. 그 과정에 이르기까지 숱한 곡절이 있었다. 또한 여운형, 김구 등 민족지도자들이 차례로 암살되는 비극을 치러야 했다.

1948년 8월 15일 오전 11시부터 중앙청(현 국립중앙박물관) 광장에서 '대한민국 정부 수립 국민축하 준비위원회'가 주최한 '대한민국 정부 수립 선포 및 광복 3주년 기념식'이 엄숙하게 거행되었다. 준비위원회는 그동안 '정부 수립 기념 표어'를 현상 모집했고, 응모작 4,353편 중 1등 당선자는 없고 2·3등만 선정했다. 상금은 각 100만 원이었다. 2등은 '오늘은 정부 수립 내일은 남북통일', 3등은 '새 나라 새 살림 너도나도 새 일꾼', '받들자 우리 정부 빛내자 우리 역사'였다.

독립운동가 오세창이 "8월 15일은 해방의 날이며 정부 수립 선포의 날임에 영원히 기념할 날이다. 우리는 세계의 평화와 자유에 공헌할 것을 맹세하는 바다"라는 개회사를 했다. 이어서 연합합창단의 〈대한민국 정부 수립 기념가〉 합창이 있었고, 이승만 대통령은 기념사에서 "동양의 한 고대국인 대한민국 정부가 회복되어서 40여 년을 두고 바라며 꿈꾸며 투쟁해온 사실이 실현된 것입니다"라고 선언했

1948년 대한민국 정부 수립 선포식.

다. 미군정 사령관 하지 중장은 축사에서 "일본 항복 3주년인 이날에 대한민국 정부 수립을 축하하게 된 것은 한국 국민의 위대한 업적을 표시하는 것입니다"라고 말했다. 기념행사 참석을 위해 방한한 맥아더 장군은 공항 기자회견에서 "제2차 세계대전을 승리로 종결한 8월 15일을 기해 대한민국 정부가 수립된 것은 의의 깊은 일로, 나는 그 앞길을 무한히 축복한다"고 언급했다.

8월 15일 오후와 저녁에는 천주교 등 종교단체와 각계 사회단체에서 '해방 기념 겸 대한민국 정부 수립 경축 행사'가 열렸고, 정부는 '정부 수립 기념우표'를 제작해 판매했다. 각 신문과 방송은 "대한민국 정부 수립일" 또는 "대한민국 정부 선포식"을 큰 제목으로 뽑아 이날 행사를 보도했다.

비록 반쪽이지만 남한에 민주공화제를 채택한 대한민국 정부가 수립되면서 3년여 동안 남한을 통치했던 미군정은 종식되었다. 유엔의 승인을 거친 합법정부의 출범이었다.

한편 인구 비례를 통한 남북 총선거 실시를 거부한 북한은 최고인민회의 선거를 실시해 헌법을 마련하고, 9월 9일 사회주의 이데올로기를 채택한 조선민주주의인민공화국을 선포했다. 수상 김일성, 부수상 박헌영·김책·홍명희, 내무상 박일우, 외상 박헌영, 민족보위상 최용건, 국가계획위원장 정준택 등이 선임되었다.

조선민주주의인민공화국은 소련을 비롯한 공산국가들의 승인을 받았다. 남북에 서로 적대적인 상이한 두 개의 정부가 들어섬으로써 한반도는 양단되었고, 동족상쟁을 예비하면서 분단 시대가 시작되었다.

37

반민특위 해체한
이승만과 친일파

해방 이후 대한민국이 민족정기와 사회 정의를 상실한 채 오랫동안 독재와 부패 세력의 지배를 받게 된 가장 큰 이유로 1949년 6월 6일 이승만 대통령과 그를 둘러싼 친일파들에 의한 반민족행위특별조사위원회(약칭 반민특위)의 해체를 꼽는다.

제헌국회는 1948년 9월 22일 국권 침탈기에 일제에 협력해 민족 반역 행위를 했던 친일분자들을 처벌하기 위해 반민족행위처벌법을 공포했다. 헌법 제101조에 의거한 특별법의 제정이었다. 이에 따라 반민특위가 구성되고, 국회는 독립운동가 출신 김상덕 의원을 위원장으로 선출한 데 이어 특별재판부, 특별검찰부, 사무국 등을 구성하고, 각 시도에 지부를 설치했다. 반민특위는 1949년 1월 8일부터 화신재벌 박흥식에 대한 검거를 시작으로 활동에 들어갔다.

통사와 혈사로 읽는 한국 현대사

1949년 반민특위 재판 모습.

반민특위는 최린, 이종형, 이승우, 노덕술, 박종양, 김연수, 문명기, 최남선, 이광수, 배정자 등을 체포하면서 본격적인 활동을 시작했다. 친일 세력을 기반으로 집권에 성공한 이승만 대통령은 자신의 지지 세력, 특히 친일 경찰 출신의 경찰 간부들이 구속되면서 정치적 위기에 내몰렸다. 친일 경찰은 이승만에 구명을 기대하는 한편, 반민특위 해체 음모를 꾸몄다.

반민자 공판이 진행되고 있을 때 친일 세력은 3·1혁명의 성지 탑골공원과 반민특위 본부에까지 몰려와서 특위의 해체를 주장하고, 반민특위를 빨갱이 집단이라고 외치며 시위를 벌였다. 심지어 6월 2일에는 친일 세력의 사주를 받은 유령단체들이 국회 앞에 몰려와 특위 요원들을 온갖 욕설로 헐뜯고 체포된 반민자들의 석방을 요구하기도 했다.

반민특위는 6월 3일 시위자들이 특위 본부를 습격한다는 정보를 듣고 경찰에 경비를 요청했지만 경찰은 이를 외면했다. 경찰의 방치 속에서 동원된 시위대는 특위 본부를 포위하고 사무실까지 습격할 기세를 보였다. 특위의 특경대들이 공포탄을 쏘면서 시위대를 해산하려 하자 그제야 경찰이 나타났다. 특위의 특경대는 친일 경찰 출신인 서울시경 사찰과장 최운하가 6·3 반민특위 활동 저지 시위의 주동자라는 사실을 밝혀내고 그를 구속한 데 이어 선동자 20여 명을 연행했다. 최운하가 구속되자 각 경찰서의 사찰경찰 150여 명이 집단 사표를 내는 소동을 벌였다. 특위 활동에 제약을 가하고 이에 대항하려는 친일 경찰의 조직적인 책략이었다.

서울시경 산하 전 사법경찰이 반민특위 특경대 해산 등을 요구하며 집단 사직서를 내놓고 있을 때인 6월 5일, 중부서장 윤기병, 종로서장 윤명운, 치안국 보안과장 이계무 등은 "실력으로 반민특위 특경대를 해산하자"는 데 뜻을 모으고 음모를 꾸몄다. 이들은 밤늦게 시경국장 김태선에게 자신들의 음모를 전하고 내무차관 장경근의 지지를 얻어냈다. 장경근은 "앞으로 발생할 모든 사태에 대한 책임은 내가 질 테니 특경대를 무장 해제하라. 웃어른께서도 말씀이 계셨다"라고 이승만의 사전 양해가 있었음을 암시했다.

6월 6일 심야에 내무차관 장경근의 지지와 '웃어른'의 양해를 받은 이들은 반민특위 습격의 구체적인 작전 계획을 짰다. 행동 책임자는 반민특위의 관할서장인 중부서장 윤기병이 맡기로 했다. 윤기병은 새벽 일찍 중부경찰서 뒷마당에 전 서원을 비상소집했고, 차출한 서원 40명을 2대의 드리쿼터에 태워 중구 남대문로의 특위 본부로 출동시켰다. 윤기병이 직접 지휘한 습격대는 특위 본부 뒷골목에 도착해 20명은 주변 경계에, 나머지 반은 정문과 비상구, 각 층 사무실에 배치되었다. 윤기병은 장탄한 권총을 꺼내 들고 오전 8시경에 출근하는 특위 직원들을 모조리 붙잡아 드리쿼터에 싣도록 명령했다.

소식을 듣고 달려온 특위 검찰관 차장 노일환 의원과 검찰관 서용길 의원도 이들에 의해 무장 해제되었다. 뒤늦게 출근하다 사태를 목격한 김상덕 위원장과 김상돈 부위원장이 "국립경찰이 불법으로 헌법 기관인 특위를 점거하고 직원을 불법 체포하니 이게 무슨 행패냐!"고 분노를 터뜨렸으나 경찰은 들은 체도 하지 않았다. 특위 사무실 점거 소식을 전해 들은 검찰총장 겸 특별검찰관인 권승렬이 현장에 달려왔지만, 오히려 경찰에 의해 몸수색을 당하고 출입조차 저지되었다.

현직 검찰총장의 휴대용 권총까지 빼앗는 경찰의 무지막지한 행동은 법질서나 위계 따위는 안중에도 두지 않는 만행이었다. 그들은 '상부의 지시'를 불법 행동의 이유로 댔다. 검찰총장의 상부는 이승만 대통령이었다. 이승만이 직접 김상덕이 거처하는 특위 관사를 두 차례나 찾아와 악질 친일 경찰 출신인 노덕술 등의 석방을 요구했으나 듣지 않자 공권력을 동원하기에 이른 것이다.

경찰의 반민특위 습격 사건은 국회로 비화되어 이날 오후 열린 제13차 본회의에서 격론이 벌어졌다. 국회 내무치안위원장 라용균 의원이 경무대에서 이승만을 만난 사실을 보고하면서 "특경대 무장 해제는 국무회의를 거치지 않고 대통령이 친히 명령한 것"이라는 이승만의 전언을 공개했다. 특위 습격 사건이 이승만의 직접 명령이라는 발표에 의원들의 분노는 가라앉지 않았다. 여기에다 사건 경위 보고에 나선 장경근이 "특경대는 내무부가 인정한 국가경찰관이 아닌데도 특위가 임의로 임명해 경찰관 호칭을 사용, 신분증명서까지 소지하고 경찰관 임무를 불법적으로 행사했다"고 말하고, "내무부가 누차 그

불법성을 지적, 해산을 중용했으나 특경대의 경찰권 행사가 더욱 늘어나 부득이 강제 해산했다"고 변명했다.

반민특위 간부들의 일괄 사퇴서를 받은 국회는 새로운 후임 위원을 선출했고, 김상덕은 조국남·조규갑 의원과 함께 특위위원으로 재선출되었으나 끝내 사임했다.

경찰의 반민특위 습격에 놀란 국회는 다음 날 내각 총사퇴와 압수한 반민특위의 무기와 문서의 원상회복, 내무차관과 치안국장의 파면을 요구하는 결의안을 상정, 찬성 89표, 반대 59표로 통과시키고, 정치적인 수습 방안을 모색했다. 협상 결과, 특위가 구속한 최운하, 조응선 등 친일 경찰과 연행된 특경대원들을 교환 석방키로 했다. 참으로 어이없는 '협상'으로 악질적인 친일 경찰이 석방되고 반민특위는 만신창이가 되었다.

이런 와중에 제2차 국회 프락치 사건이 발생해 독립운동가 출신 국회부의장 김약수와 반민법 제정에 앞장섰던 노일환 의원 등이 체포됨으로써 특위 활동이 위축될 대로 위축되었다. 반민특위 검찰관인 곽상훈은 때를 놓치지 않고 반민특위의 활동이 여러 요인으로 지지부진하니 반민법 제29조 중 공소시효를 1949년 8월 31일까지로 단축하자는 개정안을 내놓았다. 곽상훈은 "반민특위의 모든 공소시효를 중단해도 좋을 만큼 업무 수행을 거의 끝냈다"고 엉뚱한 이유를 댔다. 1950년 6월 20일로 규정된 시효 기간을 크게 단축한 내용이었다. 이 개정안은 표결에 부쳐져 74 대 9로 쉽게 가결되었다.

후임 반민특위 위원장에는 법무장관 시절부터 반민법의 모순을 지적하며 반민특위 활동 자체를 못마땅하게 여겨온 이인이 맡게 되었다. 이인은 특위 직원을 새로 임명하고 결원된 특별검찰관 및 재판관들을 보강해 7월부터 잔무 처리에 들어갔지만, 특위는 이미 사양길에 들어섰다. 새 진용의 반민특위는 반민 행위자들의 자수 기간을 설정해 체면치레라도 하고자 했고, 예상외로 13명이 자수해 겨우 체면을 유지할 수 있었다.

하지만 반민특위는 본래의 취지와 정신이 상실된 채 잔무 처리나 하다가 시효 만료로 문을 닫았다. 이로써 민족정기는 굴절되었으며, 이승만을 정점으로 하는 친일 반민족 세력이 재등장하는 계기가 되었다. 반민특위의 좌절은 곧 민족 양심과 사회 정의, 나아가 민족정기의 패배였다.

38
대리전 성격을 띤
통한의 6·25 동족상쟁

남과 북은 싸울 이유가 전혀 없었다. 국치와 식민지 생활을 함께 겪고, 독립운동을 더불어 했다. 해방을 함께 감격하고, 분단을 더불어 비통해했다. 싸울 이유가 없는데 싸우는 것은 투견(鬪犬)이다. 서로 만난 적도 없는 개들은 투견사들의 돈벌이용으로 서로 물고 뜯고 심지어 죽이기까지 한다. 구경꾼들은 이를 즐기고 개평을 얻는 사람도 있다. 미·소는 한국을 분단시키고 투견사 노릇까지 했다.

김구와 김규식 등은 남북에 두 개의 정권이 수립되면 필연적으로 동족상쟁이 벌어질 것이라고 우려했다. 그래서 남북협상으로 분단을 막고자 노력했으나 끝내 무위로 돌아가고, '우려'는 현실이 되었다.

북한군은 1950년 6월 25일 새벽 4시 40분을 기해 전면 남침을 자행했다. 소련제 T-34형 탱크 240여 대, 야크 전투기와 IL폭격기 200

여 대, 각종 중야포와 중박격포로 무장하고 있었다. 38도선은 쉽게 무너지고, 북한군은 물밀듯 남하해 26일 낮 12시경에는 야크기 2대가 서울 상공에 날아와 김포공항을 포격했다. 이승만 정부의 방비나 대처는 허술하기 그지없었다. 이승만은 25일 오전 10시 30분경에야 남침 보고를 받았다. 이날 이승만은 9시 30분부터 경회루에서 낚시를 즐기고 있었다. 군 통수권자인 대통령이 북한군의 전면 남침 보고를 6시간 후에야 받은 것이다. 그나마 긴급 국무회의는 전쟁 발발 10시간이 지난 오후 2시에 열렸다.

국무회의에서 채병덕 육군 참모총장은 "적의 전면 공격은 아닌 것 같으며, 이주하, 김삼룡을 탈취하기 위한 책략으로 보인다"고 엉터리 보고를 했다. 채병덕은 26일 열린 국무회의에서 "국군 17연대가 해주로 진격 중이며, 곧 반격으로 전환해 북진할 것"이라고 보고했다. 실제로 그 시각 17연대는 인천으로 철수하고 있었다.

이승만 정부의 군 수뇌부는 대부분 일군·만군 출신들로 포진해 있었다. 이들은 국가 안보는 뒷전이고 뇌물과 승진에만 혈안이 되어 있었다. 남침 전야인 24일 저녁 군 수뇌부는 육군장교클럽 개관식을 기념하는 성대한 심야 파티에 참석했다. 그리고 국군 전 장병에 대해 외출, 외박과 휴가가 실시되었다. 밤 10시까지 파티는 계속되고, 술판은 2차, 3차까지 이어졌다. 채병덕도 새벽까지 술을 마셔 술이 덜 깬 상태에서 남침 보고를 받았지만, 방어 대책도 제대로 세우지 못하고 국무회의에서는 엉터리 보고로 일관했다.

이승만은 27일 새벽 2시에 특별열차를 타고 대전으로 줄행랑을 쳤다. 그 와중에도 육군교도소에 수감되었던 김구 암살범 안두희를 챙겨 갔다. 직전에 국회에서는 수도 사수를 결의했는데, 이승만은 국회

북한의 남침 직후 폭파되었다가 1952년 7월 22일 2년여 만에 복구된 한강철교를 이승만 대통령이 각료 등과 함께 기차를 타고 지나며 손을 흔들고 있다.

에도, 국무위원들에게도, 육군본부에도 '서울 철수'를 통고하지 않았다. 이승만이 서울을 떠난 지 30분 후에 육군 공병부대에 의해 한강철교가 폭파되어 다리를 건너던 시민 600~1,200명이 수장되고, 이후 서울 시민들의 피난길이 막혔다.

대전에 도착한 이승만은 27일 새벽 4시에 비상국무회의를 열어 정부의 이전을 의결하고, 대통령과 내각으로 구성된 망명정부를 일본에 수립하는 방안을 주한 미국 대사에게 문의했는데, 이는 그대로 미

　　　　　　　　　　　통사와 혈사로 읽는 한국 현대사

국무부에 보고되었다. 대전을 거쳐 대구로 갔던 이승만은 너무 내려 갔다는 판단에서인지 다시 대전으로 돌아와 27일 밤 9시경 녹음 방송을 통해 "대통령과 정부는 평상시와 같이 중앙청에서 집무하고, 국군이 의정부를 탈환하고 있으니 국민은 안심하고 생업에 종사하라"는 허위 방송을 내보냈다. 이 방송은 밤 10시부터 11시까지 서너 차례 녹음으로 방송되었다.

대전에서 4일을 머문 이승만은 7월 1일 새벽 열차편으로 이리(현재의 익산)에 도착했고, 7월 2일에는 목포에 도착해 배편으로 부산으로 이동했다. 이승만은 6·25전쟁 발발 초기의 로열 타임을 도망치느라 허비하고, 국토방위의 임무를 수행하지 못했다.

분단정부 수립 이후, 특히 1949년과 1950년의 38도선 부근은 남북 양측 군대 사이에 크고 작은 충돌이 속출해 준전시 상황을 방불케 했다. 이 같은 상황인데도 신성모는 "아침은 평양에서 먹고 저녁은 신의주에서 먹을 수 있다"는 허언장담을 일삼고, 이승만은 이를 곧이곧대로 믿었다. 6·25 직전 북한은 기동훈련의 명분으로 군을 38도선으로 집결시키고 있었다. 그런데도 국방 당국은 근거 없는 '태평가'에 취해 몽롱한 상태에 빠져 있었다. 여기에 대통령과 국방장관 등 군 통수권자들의 무능과 무책임으로 북한군은 손쉽게 남한의 대부분을 점령할 수 있었다.

6·25전쟁은 몇 가지 국내외적 요인이 겹쳐 발생했다. 국외적인 요인으로는 ① 1949년 10월 중국 대륙이 공산화되고, ② 1949년 8월 주한 미군이 500명의 고문단을 남긴 채 철수했으며, ③ 1950년 1월 미 국무장관 에치슨이 미국의 극동방어선에서 한국을 제외했고, ④ 1949년 12월 김일성이 모스크바를 방문, 남한의 무력 침공 계획에

대해 스탈린의 동의를 받았다. 국내적인 요인으로는 ① 김구, 여운형 등 민족지도자의 정치적 암살, ② 농지 개혁의 미진으로 농민의 불만 고조, ③ 반민특위 해체로 국민의 분노 고조, ④ 남로당의 붕괴로 남한 내부의 '인민혁명' 가능성 희박, ⑤ 5·30총선(제2대 국회)의 결과 반이승만 계열의 국회 다수석 차지로 정부에 대한 국민 불신 증대, ⑥ 민족해방투쟁의 경쟁 상대로서 김일성과 박헌영의 대립, ⑦ 북한군에 대한 국군의 병력 열세 등이 지적된다. 여기에 정치적 위기에 몰린 이승만이 적절한 규모의 국지전을 바라고 남침 정보를 방치했다는 주장과 스탈린의 적극적인 사주론도 제기된다.

이승만 정부가 피난에 급급할 때 유엔 안전보장이사회는 6월 26일 오전 4시(한국 시간) "북한군의 즉각적인 전투 행위 중지와 38도선 이북으로의 철수"를 9 대 0으로 결의했다. 소련 대표가 거부권을 행사하지 않은 것은 여전히 풀리지 않은 의문으로 남는다. 소련이 북한을 전쟁에 내세워 중국과 미국이 군사적인 적대 관계를 갖도록 유도하려는 스탈린의 책략이었다는 분석도 나온다.

전쟁 초기에는 북한군이 파죽지세로 남한을 석권했다. 4일 만에 서울을 점령하고, 3개월 만에 대구, 부산 등 경상도 일부를 제외한 전 지역을 장악했다. 그러나 9월 15일 유엔군의 인천 상륙을 계기로 우리 군은 전세를 역전해 서울을 탈환하고 38도선을 넘어 진격해 평양을 점령한 후 국군 일부 병력이 압록강 근처 초산까지 진격하게 되었다.

유엔군의 북진에 위협을 느낀 중국군의 개입으로 다시 전세가 역전되어 한국군이 오산까지 후퇴했다가 얼마 후 38도선을 넘어 철원, 금화까지 진격하고, 소련의 휴전 제의를 미국이 받아들이면서 1953

통사와 혈사로 읽는 한국 현대사

년 7월 27일 유엔군(미군)과 북한군 사이에 휴전협정이 조인되었다.

전쟁 중 이승만 정부의 군경은 거창 민간인 학살 사건을 비롯해 각지에서 수많은 학살을 자행했고, 국민방위군 사건으로 1천여 명의 장정이 굶어 죽거나 부상당하는 권력형 비리가 자행되었다. 3년 동안 전개된 6·25전쟁은 남북 쌍방에 약 150만 명의 사망자와 360만 명의 부상자, 국토의 피폐화를 가져왔고, 남북에 이승만과 김일성의 독재 체제가 강화되었으며, 민족 분단 체제가 더욱 굳어졌다. 이후 한반도는 동서냉전의 분계선이 되었다.

39

이승만의 학정과
암살 미수 사건

이승만 대통령과 함께 1948년 7월 12일 제헌국회에서 초대 부통령에 당선, 취임한 이시영은 임시정부 요인 출신으로서 새 나라 건설에 몸을 아끼지 않고 온 힘을 쏟았다. 하지만 이승만의 견제는 날이 갈수록 심해지고, 거듭된 실정으로 국정은 더욱 어지러워지기만 했다. 제헌국회의 뜻을 받아들여 초대 부통령으로 선출된 이래 만 3년 동안이나 봉직했으나, 6·25전쟁으로 인한 동족상쟁과 이승만의 권력욕을 지켜보면서 상심하지 않을 수 없었다.

1951년 5월 1일, 이시영은 '국민에게 고한다'라는 한 통의 서한을 신익희 국회의장 앞으로 전달하고 부통령직 사임서를 피난국회에 제출했다. 그는 사임서에서 "취임 3년 동안 오늘에 이르기까지 나는 도대체 무엇을 해왔던가? 대통령을 보좌하는 것이 부통령의 임무라 할진대, 내가 취임한 지 3년 동안에 얼마만 한 익찬(翼贊)의 성과를 거두어왔단 말인가"라고 자탄하면서 사임 이유를 밝혔다. 사임서에는 노애국자의 우국충정이 그대로 드러나 있었다. 내용을 간추려본다.

> 탐관오리는 도처에 발호하여 국민의 신망을 실추케 하며 정부의 위신을 손상케 하고 신생 대한민국의 장래에 암영을 던져주고 있으니, 누가 참다운 애국자인지 흑백과 옥석을 가릴 수가 없게 되었으니, 내 어찌 그 책임을 통감하지 않을 것인가. 그러한 나인지라 이번에 부통령직을 사임함으로써 이 대통령에게 보좌를 다하지 못한 부끄러움을 씻으려 하며, 과거 3년 동안 아무런 공헌이 없었음을 사과하는 동시에 일개 포의(布衣)로 돌아가 국민과 더불어 고락과 생사를 같이하려 한다.
>
> 나 이시영은 본시 노치(老齒)인 데다가 무능한 인물임에도 불구하고 선량 여러분이 돈독한 중의를 모아 부통령으로 선출해준 데 대해 과분하고 또 참괴한 일로 생각했으므로 사퇴할까 했으나 외람되게 대임을 맡았던 것이다. 취임 3년 동안에 아무런 소임을 다하지 못하고 시위(尸位)에 앉아 소찬(素餐)을 먹는 격에 지나지 못했으므로 이 자리를 물러나서 국민 앞에 무위무능함을 사과함이 도리인 줄 생각되어 사표를 내는 것이다. 선량 여러분에게 부탁하고자 하는 것은 국정감사를 더욱 철저히 하여 이도(吏道)에 어긋난 관료들을 적발·규탄하되, 모든 부정 사건에 적극적 조치를 취해 국민의 의혹을 석연히 풀어주기 바란다.

이 부통령의 돌연한 사임서 제출로 국회는 큰 충격에 빠졌다. 국회는 사임서를 본회의에서 공개하고 심각하게 토의한 끝에 반려하기로 의견을 모았다. 재석 의원 131명 중 가 115표로 반려가 의결되었다. 이에 따라 국회는 장택상·조봉암 두 부의장과 각 정파 대표를 부통령 숙소로 보내 사임의 뜻을 거두어줄 것을 요청했지만, 무위에 그치고 말았다.

국회의 각 정파 대표들은 이승만을 방문, 사임을 만류해줄 것을 요청했으나 보기 좋게 거절당했다. 이승만은 "부통령이 현 정부를 만족하게 생각지 않아서 나가겠다는데 내가 어떻게 말리느냐"고 오히려 그의 사임을 바라는 듯한 발언을 했다. 그만큼 부통령의 존재를 고깝게 여겼던 것이다. 부통령 사임서는 국회에 제출된 지 3일 후에야 본회의에서 수리되었다.

5월 16일 국회는 부통령 보궐선거를 치렀으나 재석 과반수 이상의 득표자가 없어 결선투표까지 거쳐야 했다. 결선투표 결과 김성수가 78표를 얻어 74표를 얻은 이갑성을 누르고 제2대 부통령에 당선되었다. 김성수는 "오죽했으면 이시영 부통령이 그 자리에서 물러났겠느냐"며 수락을 고사하다가 결국 민국당 간부들의 권유를 받아들여 5월 18일 국회에서 수락 연설을 하게 되었다.

하지만 김성수는 잔여 임기조차 채우지 못한 채, 1952년 5·26정치파동이 절정에 오른 5월 29일 사임서를 제출하고 물러나고 말았다. 이승만이 5·26정치파동을 일으켜 10여 명의 야당 국회의원을 체포하고 국회를 탄압하면서 장기 집권을 획책하자 김성수는 미련 없이 사퇴를 결행하고 야당 결성에 나섰다.

이런 상황에서 6월 25일 부산 충무로 광장에서 거행된 6·25기념

이승만을 저격하는 유시태.

식에서 이승만 저격 사건이 발생해 정계는 한층 더 심상치 않은 먹구름에 가리게 되었다. 이날 유시태(당시 62세)는 민국당 출신 김시현 의원의 양복을 빌려 입고 김 의원의 신분증을 소지한 채 유유히 기념행사장에 들어갔다. 그리고 이 대통령이 기념사를 읽는 도중 2미터쯤 떨어진 뒤에서 독일제 모젤 권총의 방아쇠를 당겼다. 하지만 어찌된 일인지 탄환이 나가지 않았다. 거듭 방아쇠를 당겼으나 탄환은 여전히 나가지 않았다. 그때 옆에 서 있던 경호 헌병이 권총을 든 유시태의 팔을 탁 치고, 동시에 뒤에서는 치안국장 윤우경이 유시태를 끌어앉혔다.

대통령 암살 기도는 실패로 돌아가고, 유시태는 헌병대로 끌려갔다가 곧 육군 특무대로 이송되었다. 현장에서 체포된 유시태에 이어 그에게 권총과 양복을 제공한 혐의로 김시현 의원이 체포되고, 뒤이어 민국당의 백남훈·서상일·정용한·노기용 의원과 인천형무소장 최양옥, 서울고법원장 김익진, 안동약국 주인 김성규 등이 공범으로 체포되었다.

정부는 민국당 고위층으로까지 수사를 확대할 기미를 보였으나 뚜렷한 혐의 사실이 드러나지 않자 더 이상 확대하지는 않았다. 국가원수 살인 미수 혐의로 구속 기소되어 선고 공판에서 유시태, 김시현에게 사형이 선고되고, 김성규·서상일·백남훈 의원에게는 각각 징역 7년, 6년, 3년 형이, 최양옥, 김익진, 노기용에게는 무죄가 선고되었다.

그 후 1953년 4월 6일 대구고등법원에서 열린 제2심에서 유시태, 김시현에게 사형, 서상일, 백남훈에게는 징역 6월에 집행유예 1년이 선고되고, 나머지 피고들에게는 모두 무죄가 선고되었다. 사형 선고를 받은 두 사람은 대법원에서 무기로 감형되어 복역하던 중 4·19혁명을 맞아 과도정부에서 국사범 제1호로 출감했다.

김시현은 1924년 사이토 마코토(齋藤實) 총독과 총독부 고관들을 암살하기 위해 상하이에서 동양 최초로 제조한 시한폭탄과 권총을 반입해 거사에 착수하던 중에 발각되어 10여 년을 복역하고, 정부 수립 후에는 안동 갑구에서 민의원으로 당선된 현역 의원이었다. 그는 유시태와 함께 이승만 암살을 준비하는 과정에서 동지들에게 누를 끼칠까 싶어 민국당을 탈당하기도 했다.

유시태는 석방되면서 "그때 내 총알이 나가기만 했으면 이번에 수많은 학생들이 피를 흘리지 않았을 텐데, 한이라면 그것이 한이다"라고 목메는 출감 소감을 밝혀 많은 사람을 감동시켰다. 김시현은 독립운동가임에도 이 사건을 이유로 국가의 서훈을 받지 못했다.

40

'전작권' 넘겨주고
권력 연장한 이승만

전쟁 초기인 1950년 7월 15일 이승만은 유엔군 사령관 맥아더 장군에게 보낸 '대한민국 육해공군 지휘권 이양에 관한 공한'을 통해 한국군의 지휘권을 미군에게 이양했다. 아무리 전시라고 하더라도 기한도 명시하지 않은 채 국군 지휘권을 외국군 사령관에게 이양한 것이다. 다음은 이승만이 맥아더 장군에게 보낸 공한이다.

대한민국을 위한 국제연합의 공동 군사 노력에 있어 한국 내 또는 한국 근해에서 작전 중인 국제연합의 육해공군의 모든 부대는 귀하의 통솔하에 있으며, 또한 귀하는 최고사령관으로 임명되어 있음에 감(鑑)하여 본인은 현 작전 상태가 계속되는 동안 일체의 지휘권을 이양하게 된 것을 기쁘게 여기는 바이오며, 여사한 지휘권은 귀하 자

6·25전쟁 중 이승만 대통령과 더글러스 맥아더 장군.

신 또는 귀하가 한국 내 또는 한국 근해에서 행사하도록 위임한 기타 사령관이 행사해야 할 것입니다. 한국군은 귀하의 휘하에서 복무하는 것을 영광으로 생각할 것이며, 또한 한국 국민과 정부도 고명하고 훌륭한 군인으로서 우리의 사랑하는 국토의 독립과 보전에 대한 비열한 공산 침략을 대항하기 위하여 힘을 합친 국제연합의 모든 군사권을 받고 있는 귀하의 전체적 지휘를 받게 된 것을 영광으로 생각하며, 또한 격려되는 바입니다. 귀하에게 심후하고도 따뜻한 개인적인 경의를 표하나이다.

이렇게 미군에게 넘겨준 전시작전통제권은 70여 년이 넘도록 회수되지 못했다. 못한 것이 아니라 하지 않은 것이다. 미국 측이 되돌려

주겠다고 해도 받지 않은 것이다. 박근혜 전 대통령은 2014년 거의 무기한으로 회수 기한을 다시 연장했고, 한국은 유엔 회원 국가 중 전작권이 없는 유일한 나라가 되었다.

전쟁 중의 이승만의 행태는 국난을 극복하고 국민을 보호해 자주 독립국가를 세우려는 자세가 아니었다. 1951년 1월 국민방위군 사건이 벌어졌다. 정부는 국민방위군 설치법을 제정해 제2국민병에 해당하는 만 17~40세의 장정들을 국민방위군에 편입시켰다. 국군의 후퇴가 시작되어 방위군을 후방으로 집단 이송하게 되자 국민방위군 간부들은 이 기회를 틈타 막대한 돈과 물자를 빼돌려 사복(私腹)을 채웠다. 그 결과, 보급 부족으로 천여 명의 사망자와 환자가 발생했다. 이들이 부정 처분한 돈과 물자는 당시 화폐로 무려 24억 원, 양곡 5만 2천 섬에 달했다.

국회에서 4월 30일 방위군 해산을 결의함에 따라 5월 12일 방위군은 해산되고, 사건을 일으킨 김윤환 등 4명은 처형되었다. 국회 조사단이 구성되어 국민방위군 사건의 조사에 나서자 이승만은 국방장관 신성모를 해임하고 이기붕을 임명하면서 수습에 나섰으나, 이승만과 정부의 행태, 군부의 부패 문제는 쉽게 시정되지 않았다.

6·25전쟁을 전후해 남한 도처에서 100만 명으로 추산되는 민간인이 군경과 우익단체에 의해 학살되었다. 민간인 학살은 국군과 경찰, 특무대, 서북청년단 등 우익 세력에 의해 '빨갱이', '통비분자'로 몰려 자행되고, 미군에 의해 집단 학살된 경우도 적지 않았다. 특히 1950년 6~8월에 자행된 국민보도연맹(약칭 보도연맹)의 학살 사건은 수법이나 희생자 수에서 천인공노할 만행이었다. 보도연맹은 1949년 반공검사 오제도의 제안으로 이른바 좌익운동 전향자들이 보도연맹에

가입하면 전과를 묻지 않는다는 명분으로 조직했다. 그런데 막상 전쟁이 발발하자 군, 경, 서북청년단 등이 이들을 무차별 검거해 집단 학살한 것이다. 실제로 이들은 예비 검속을 당하거나 자발적으로 경찰서에 출두할 때까지 생업에 충실한 민간인이 대부분이었다. 군경과 우익단체들은 이들이 북한군에 '동조'할지 모른다는 이유로 강제로 검속해 집단 학살극을 자행했다. 일차적인 책임은 현지 관련자들에게 있지만, 정치적 책임은 오롯이 이승만에게 있었다.

정부는 북한군에 밀려 대전에서 대구로 이전했다가 1950년 8월 18일 부산으로 옮겼다. 1592년 4월 13일 왜군의 침략으로 선조가 국토의 최북단 의주로 피난한 이래 358년 만에 이번에는 이승만이 최남단 부산까지 피난한 것이다.

6·25전쟁 발발 2년 차가 된 1952년이 되었다. 이승만의 임기가 끝나고 제2대 대통령 선거가 실시되는 해이기도 했다. 1951년 7월 개성에서 처음으로 휴전회담이 개최된 데 이어 10월 25일 판문점에서 정전회담이 열렸다. 전쟁은 소강상태에서 휴전(정전)으로 전환되고 있었다.

이승만은 대통령 재선을 위해 여러 구상을 거듭했다. 국회 의석의 분포로 봐서는 도저히 재선이 불가능한 구도였다. 그래서 짜낸 것이 대통령 직선제 개헌이었다. 상식적으로 대통령 선거가 직선제라도 전시에는 간선제로 바꾸는 것이 도리일 터인데, 이승만은 그 반대였다. 국가의 안위나 일반 상식보다 자신의 권력욕을 우선시한 것이다.

이승만은 제2대 대통령 선거에 대비하면서 1951년 11월 23일 자유당을 발족했다. 원내의 공화민정회, 원외의 국민회, 대한청년단(한청), 대한노총, 대한부인회, 농민조합연맹 등의 대표들을 모아 신당발기준비협의회를 구성했다. 그러나 당의 주도권을 둘러싸고 원내파와 원외파로 분열되었다. 원내파는 이갑성을 중심으로, 원외파는 이범석을 중심으로 각각 자유당을 발족, 하나의 이름으로 두 개의 정당이 만들어지는 기형적인 모습으로 자유당이 창당되었다.

이승만은 재집권을 위한 대통령 직선제 및 양원제 개헌을 앞두고 두 개의 자유당을 하나로 통합해 악명 높은 자유당을 만들었다. 자유당은 향후 10여 년 동안 집권당으로서 온갖 악행을 자행한다.

이승만이 1951년 11월에 제안한 대통령 직선제 개헌안은 공고 기간을 거쳐 1952년 1월 28일 국회의 표결 결과, 재적 163명 중 가 19, 부 143, 기권 1로 부결되었다. 민국당 등 야권은 여세를 몰아 1952년 4월 국회의원 123명이 내각제를 골자로 하는 개헌안을 국회에 제출했다. 이에 당황한 이승만은 5월 14일 국회에서 이미 부결된 직선제 개헌안을 다시 꺼내 맞불을 놓았다.

직선제 개헌안이 국회에서 부결되자 이승만은 자유당과 방계단체인 국민회, 대한청년단, 조선민족청년단(족청) 등을 동원해 1952년 1월 말부터 백골단, 땃벌떼, 민중자결단 등의 명의로 국회의원 소환 벽보를 붙이고 각종 삐라를 살포하는 등 공포 분위기를 조성했다. 또 전국 애국단체 명의로 대통령 직선제와 양원제 지지 관제데모, 가두시위, 국회 앞 성토대회, '민의 외면한' 국회의원 소환 요구 연판장 등 광적인 이승만 지지운동을 전개했다. 이명박 · 박근혜 정권의 극우단체 관제데모는 여기서 기원한다.

합법적인 방법으로는 직선제 개헌이 불가능하다고 판단한 이승만은 5월 25일 정국 혼란을 이유로 부산을 포함한 경남과 전남북 일부 지역에 비상계엄을 선포하고, 영남지구 계엄사령관에 측근 원용덕을 임명하는 등 군사력을 개헌 공작에 동원했다. 적과 대치 중인 전방 전투부대까지 후방으로 빼내어 계엄령을 선포한 것이다.

계엄사령부는 즉각 언론 검열을 실시하는 한편, 내각책임제 개헌을 주도한 의원들의 체포에 나섰다. 5월 26일에는 국회의원 40여 명이 타고 국회에 등청하는 통근버스를 크레인으로 끌어 헌병대로 연행했다. 이런 상황에서 이시영, 김창숙, 김성수, 장면 등 야당과 재야 원로들은 부산에서 호헌구국선언대회를 열어 이승만 독재를 규탄하고 나섰다. 그러나 6·25 기념식장에서 김시현, 유시태 등의 이승만 암살 미수 사건이 일어나면서 야권은 완전히 전의를 잃게 되었다.

장택상은 기회를 놓치지 않고 국회 해산을 협박하면서 발췌개헌을 추진했다. 정부가 제출한 대통령 직선제와 양원제에 야당이 제안한 개헌안 중 국무총리의 추천에 의한 국무위원의 임명, 국무위원에 대한 국회의 불신임 결의권 등을 덧붙인, 두 개의 개헌안의 절충 형식을 취한 내용이었다.

발췌개헌안은 7월 4일 심야에 일부 야당 의원들을 강제 연행하고 경찰, 군대와 테러단이 국회를 겹겹이 포위한 가운데 기립 표결로서 출석 166명 중 가 163명, 기권 3명으로 의결되었고, 7월 7일 공포되었다. 비상계엄은 28일 해제되었다.

발췌개헌은 이승만의 권력 연장을 위한 사실상 친위 쿠데타였다. 개정 헌법에 따라 8월 5일 실시된 첫 직선제 대통령 선거에서 이승만은 74.6퍼센트의 득표로 제2대 대통령에 당선되고, 조봉암과 이시영은 각각 유효표의 11.4퍼센트, 10.7퍼센트를 획득했다. 전시하에서 이승만의 일방적인 선거운동의 결과였다.

　　　　　　　　　　　통사와 혈사로 읽는 한국 현대사

41

정통 야당의 원조,
민주당 출범

한국 정통 야당의 원조 격인 민주당
은 현대적인 정당의 형태와 조직을 갖춘 최초의 야당이면서 해방 후
최초의 민주 세력 집결체로 인식된다. 민주당은 이승만의 사사오입
개헌을 계기로 반이승만 세력이 보수 연합으로 결집, 출범했다.

이승만의 거듭되는 횡포와 헌정 유린에 효율적으로 대처하기 위해
1955년 9월 호헌동지회는 신당추진위원회를 구성하고 본격적인 창당
작업에 들어갔다. 신당운동은 원내의 호헌동지회가 모체로 등장했
으나, 민국당의 기성 조직과 원내 자유당, 조민당, 흥사단, 혁신계 등
광범한 재야 세력이 원외 조직의 발판이 되었다. 이들은 정권 유지를
위해 불법과 전횡을 거듭하는 이승만 정권을 타도하는 것이 당면 목
표였기 때문에 이념의 동질성과 정책의 공감에서 출발한 것이 아니
라, 범야 세력을 규합하는 하나의 정치 결집체로서 출범한 것이다.

신당운동은 진보 혁신 진영의 조봉암과 그동안 이승만의 수족 노릇을 해온 이범석, 장택상의 참여 문제를 둘러싸고 진통을 겪는 등 내부 분란이 따랐다. 신당의 발기취지문을 기초하는 데도 "수탈 없는 경제 체제를 발전시켜야 한다"는 혁신 세력의 주장과 "소이를 버리고 대동에 따르며, 호양지심으로 기성 조직을 버리고 흔쾌히 결속할 것을 호소한다"는 보수 세력이 맞섰다. 결국 민주당은 진보·혁신의 노선이라기보다는 자유당과 유사한 보수 야당으로 태동했다.

　　신당운동은 창당 과정에서 보수 세력의 자유민주파와 개혁 세력의 민주대동파로 갈라졌고, 민국당의 신익희·조병옥·윤보선, 원내 자유당계의 장면·오위영, 무소속의 곽상훈·박순천, 조민당의 한근조 등이 주축이 되는 창당 작업으로 축소되었다. 조봉암의 참여를 막은 것은 그의 평화통일론과 혁신 노선, 그리고 조병옥, 김준연 등의 라이벌 의식 때문이었다. 이에 따라 조봉암, 서상일 등은 별도로 혁신 정당 창당에 나서고, 장택상과 이범석은 제외되었으며, 이인, 전진한, 윤치영 등은 신당운동에 불참했다.

　　신당발기위원회는 1955년 9월 18일 전국 대의원 2,013명이 참석한 가운데 서울시 공관에서 창당대회를 열어 선언문 및 강령, 정책을 통과시키고 4백 명의 중앙위원을 선출했다. 중앙위원회는 234표를 얻은 독립운동가 출신 신익희를 대표최고위원으로 선출하고, 최고위원에 조병옥, 장면, 곽상훈, 백남훈을 선출했다.

- 대표최고위원: 신익희
- 최고위원: 조병옥, 장면, 곽상훈, 백남훈
- 중앙상무위원회장: 성원경

　　　　　　　　　　　　　　통사와 혈사로 읽는 한국 현대사

민주당 초대 대표최고위원을 역임한 신익희.

• 총무부장: 홍익표 / 조사부장: 최희송 / 조직부장: 현석호 / 부녀부
장: 박봉애 / 재정부장: 이정래 / 청년부장: 서범석 / 선전부장: 조
재천 / 문화부장: 이시목 / 섭외부장: 정일형 / 산업부장: 서동진 /
훈련부장: 조한백 / 농민부장: 신각휴 / 정책부장: 한동석 / 노동
부장: 유진산 / 의원부장: 윤보선 / 어민부장: 정재완.[각 부에 국(局)
을 두었다.]

민주당의 창당은 그동안 개인의 인기만을 무기로 삼았던 무소속
정치인의 몰락과 정책 정당의 탄생을 가져온 한국 정치사의 전환을
이룬 계기가 되었다. 특히 이승만 정권에 대한 체계적인 비판과 견제
에 나섬으로써 본격적인 양당 체제의 확립에 기여했으며, 수권 대체
세력으로 성장할 수 있는 발판을 만들었다.

이렇게 출발한 민주당은 지방 조직을 급속도로 강화했다. 그러나
새로 출발한 민주당 내에는 민주계와 원내 자유당계의 갈등이 조성
되어 신구파의 파벌이 형성되고, 1954년의 제3대 대통령 선거를 앞두
고 극심한 대립과 암투가 벌어지기도 했다.

42
'못 살겠다, 갈아보자' 민주당 선거 구호

대한민국 헌정사상 최고 걸작으로 꼽히는 구호는 '못 살겠다, 갈아보자'라는 민주당의 대선 구호다. 이 구호는 지금도 인구에 회자되고, 후계 정당에서 변주되기도 한다.

1956년 5월 15일 실시된 제3대 대통령 선거와 제4대 부통령 선거는 우리 헌정사상 처음으로 여야 후보가 국민 직선에 의해 대결하는 '선거다운 선거'의 효시가 되었다. 사사오입 개헌 파동으로 이승만의 3선 출마의 길을 튼 자유당은 이 대통령의 후계자로 등장한 이기붕을 러닝메이트로 묶어 당선시키기 위해 1년 반에 걸쳐 정지 작업을 진행해왔다. 다수의 문인, 학자, 언론인들이 이기붕의 호를 딴 '만송족'이 되어 그의 부통령 만들기에 동원되었다.

그러나 노회한 이승만은 3월 5일 실시된 자유당 지명대회에서 대통령 후보로 지명을 받았음에도 불출마를 선언, "제3대 대통령에는 좀 더 연부역강(年富力强)한 인사가 나와 국토 통일을 이룩해주기 바란다"는 뜻을 밝혔다. 정치적인 위장 술책이었다.

이렇게 되자 자유당은 각종 관제민의(官製民意)를 동원해 이승만의 번의(飜意)를 촉구했다. 연일 경무대(청와대) 어귀에는 관제데모대가 집결해 이승만의 재출마를 탄원하는가 하면, 자유당 지방당부와 지방의회로부터 재출마를 간청하는 호소문, 결의문, 혈서가 답지했다. 그것도 부족해 평소에는 서울 시내의 통행을 규제해오던 우차와 마차를 총동원해 "노동자들은 이 박사의 3선을 지지한다"는 함성을 지르도록 하는 이른바 '우의마의(牛意馬意)'까지 동원해 국제적인 조소거리를 만들었다. 이때 시위에 동원된 사람이 연인원 500만 명이고, 연판장에 서명한 사람은 300만 명에 이르렀다. 당시 대한민국 총유권자 수와 맞먹는 수치였다. 이와 같이 관제민의 소동이 절정에 이르자 마침내 이승만은 3월 23일 담화를 통해 "민의에 양보해 종전의 결의를 번복하고 대통령 선거에 출마하기로 결심했다"고 밝히면서 선거전에 나섰다.

제1야당 민주당도 정부통령 후보 선출을 둘러싸고 심각한 갈등을 겪었다. 후보 선정 과정에서 신익희(민국당 계열)와 장면(원내 자유당 계열)의 지지 세력 사이에 심각한 대립이 있었으며, 부통령 후보에는 조병옥과 김준연이 치열한 경합을 벌였다. 그 후 몇 차례의 타협 끝에 3월 29일 전국대의원대회에서 대통령 후보에는 구파의 신익희, 부통령 후보에는 신파의 장면을 선출하기에 이르렀다.

혁신계에서는 진보당추진위원회에서 대통령 후보에 조봉암, 부통령 후보에 박기출을 내세웠다. 이렇게 대통령 후보는 이승만, 신익희, 조봉암으로 압축되었고, 투표일인 5월 15일을 향해 서서히 열기가 달아

오른 가운데 야권 후보 단일화 운동이 추진되었다.

조봉암은 '책임정치 수립', '수탈 없는 경제 체제 실현', '평화통일 성취' 등 3가지 정책을 신익희 후보가 수용하면 용퇴하겠다고 제의했다. 민주당에서는 야당 후보 단일화를 기피하고 있다는 인상을 주지 않기 위해 조봉암의 협상 제의를 수락하고, '내각책임제와 경찰의 중립화', '유엔 감시하의 남북한 총선거', '경제 조항의 재검토' 등을 협상 조건으로 내걸고 야당 연합전선을 위한 담판에 나섰다. 진보당은 막바지 회담에서 "진보당에서 대통령 후보를 양보할 테니 민주당에서 부통령 후보를 포기하라"는 협상안을 제시했다.

20여 일을 끈 두 야당의 협상이 지지부진한 채 선거전은 어느새 중반전에 접어들었다. 민주당은 선거 구호를 '못 살겠다, 갈아보자'로 내걸고 자유당의 실정과 독재, 부정부패를 공격하고 나섰고, 자유당은 노골적으로 '구관이 명관이다', '갈아봤자 별수 없다' 등의 구호로 맞서면서 조직 확장에 총력을 기울였다.

선거전은 날이 갈수록 격렬해졌다. 민주당은 전국 각 도시는 말할 것도 없고 농촌에까지 붐을 일으켜 지지자를 불렸고, 정부 기관지를 제외한 대부분의 언론이 민주당에 동조하는 논조를 보이는 등 정권 교체의 가능성이 급속히 확산되기 시작했다. 민주당은 이 같은 선거 분위기를 끝까지 끌고 가기 위해 5월 3일 토요일 오후 한강 백사장에서 서울에서는 마지막 신익희 후보의 유세를 가졌다. 당시 서울 인구 70만 명 중 30만의 인파가 모인 이 유세는 선거 사상 처음 보는 대성황을 이루었다. 구름같이 모여든 인파 속에서 신익희 후보는 "대통령은 국민의 심부름꾼에 지나지 않는다"고 전제하고, "심부름꾼이 잘못을 저질렀을 때 주인이 갈아치우는 것은 당연한 권리"라면서 정

신익희, 장면의 선거 포스터.

권 교체를 역설해 열광적인 환호와 박수를 받았다. 시민들은 "못 살
겠다, 갈아보자"는 구호를 연발하며 박수갈채를 보냈다.

　한강 백사장의 유세가 전대미문의 폭발적인 인기를 얻자 신 후보
는 일요일인 4일 지방에도 야당 바람을 일으키기 위해 장면 후보와
함께 호남선 열차에 몸을 싣고 전북 익산으로 내려갔다. 그러나 연일
과로가 겹친 신 후보는 선거를 10일 앞둔 5일 새벽 4시쯤 열차 안에
서 뇌일혈로 쓰러져 운명하고 말았다. 이후 우리나라의 민주주의는
군사독재자와 사이비 민주주의자들의 등장으로 거듭 불운을 겪었다.

이때 신익희가 사망하지 않았다면 처음으로 수평적인 정권 교체가 이루어졌을 것이다.

제1야당의 후보를 잃은 채 실시된 선거전에서 이승만의 승리는 불을 보듯 뻔한 일이었다. 자연스럽게 야권 단일 후보가 되었으나, 장면이 속한 민주당 신파 측은 '조봉암 대통령'보다는 '민주당 부통령'을 택했고, 결국 이승만의 재집권이 이루어졌다. 민주당은 공공연히 '신익희 추모표'를 찍으라고 말하고, 심지어 김준연은 이승만을 찍겠다고 공언했다. 결과적으로 민주당은 이승만의 장기 독재를 허용하는, '도끼로 제 발 찍는' 우를 저질렀다.

개표 결과, 이승만 504만 6,437표, 조봉암 216만 3,808표, 신익희 추모표 185만 표로 집계되었다. 엄청난 부정선거에도 불구하고 이승만은 총투표수의 80퍼센트 이상을 획득할 것이라는 당초의 예상과는 달리 겨우 52퍼센트 득표율에 그쳤다. 부통령에는 박기출이 사퇴하면서 장면이 401만 2,654표로 380만 5,502표를 얻은 이기붕을 누르고 당선되었다. 자유당은 이 선거에서 실제적으로 패배한 셈이 되었다.

서울에서 이승만은 20여 만 표밖에 얻지 못했는데, 무효표(추모표)가 28만여 표나 나왔다. 민심은 이승만과 자유당을 떠나 있음을 보여준 것이다. 그러나 정권 교체까지는 다시 수년을 더 기다려야만 했다.

통사와 혈사로 읽는 한국 현대사

43
날치기로 강화된
국가보안법

국가보안법은 단순한 법률이 아
니라 바로 이 땅의 불행한 현대사를 그 날개로 온통 뒤덮고 있는 거
대한 괴조(怪鳥)와도 같은 것이었다.(박원순)

2006년부터 2010년까지 활동했던 '진실·화해를 위한 과거사정리
위원회'에 따르면 박정희·전두환 정권에서 180여 명이 국가보안법과
반공법의 칼날 아래 사형을 당했다고 한다. 이승만 정권에서는 통계
조차 나와 있지 않은 실정이다.

1948년 12월 1일 제정된 이후 현재까지 국가보안법처럼 국내외적
으로 논란과 곡절을 많이 겪은 법률도 드물 것이다. 여수·순천 사
건 직후에 이승만 정권에 의해 형법보다 먼저 제정된 국가보안법은
1958년 12월 이른바 보안법 파동, 1960년 민주당 집권 때 폐기, 박

정희 군사정권에서 강화, 1991년 5월 민자당에 의한 날치기 개정에 이르기까지 그야말로 우여곡절을 겪어왔다.

1958년 12월 24일 국회에서 경위권이 발동된 가운데 자유당 단독으로 신국가보안법을 통과시킨 이른바 '보안법 파동'은 자유당 정권의 정권 연장을 위한 하나의 폭거였다. 그해 5월 2일 총선거에서 개헌선을 확보하지 못한 채 갈수록 지지 기반을 상실해간 이승만과 자유당은 탈출구를 모색하기 위해 부심해오던 중 1960년의 제4대 정부통령 선거를 앞두고 야당의 발을 묶고 비판 언론에 재갈을 물릴 목적으로 국가보안법을 강화하는 데로 눈길을 돌렸다. 자유당은 이와 같은 목적을 숨긴 채, 간첩을 색출하고 좌경 세력을 발본색원한다는 명분을 들어 그해 8월 11일 신국가보안법률안을 국회에 제출했다. 전문 3장 40조, 부칙 2조로 된 신국가보안법률안은 간첩 행위를 극형에 처하되, '간첩 활동의 방조 행위에 대해 범죄 구성의 요건을 명백히 하며', '간첩죄 피고인의 변호사 접견을 금지하며', '상고심제도를 폐지한다'는 3대 원칙의 정략을 숨기고 있었다.

자유당의 이 법률안이 국회에 제출되자 민주당과 일부 무소속 의원들은 "간첩 개념의 확대 규정은 정부통령 선거를 앞두고 야당과 언론인의 활동을 제약하고 탄압하려는 저의가 숨어 있다"고 지적하고, "변호사의 접견 금지와 3심제의 폐지는 명백한 헌법 위반"이라며 반대에 나섰다. 일부 언론도 정부 여당의 의도를 간파하고 강력히 비판했다.

민주당과 무소속 의원 95명은 '국가보안법 개정 반대 원내투쟁위원회'를 구성, 위원장에 백남훈, 지도위원에 조병옥·곽상훈·장택상 의원을 추대해 범야 연합전선으로 저지투쟁에 나섰다. 자유당도 이에 맞서 엉뚱하게 '반공투쟁위원회'를 구성, 장택상 의원을 회유해 위원장으로 추대함으로써 범야 연합전선의 붕괴를 기도하면서 강행 통과를 서둘렀다.

이승만 정권은 그동안 무리를 거듭하면서 이 대통령의 3선에까지 이르렀는데, 1960년 봄으로 예정된 4선을 위해 국민의 지지보다는 보안법으로 억압통치의 장치를 만들어 영구 집권하려는 전략을 세웠다. 이러한 책략에서 1958년 1월 31일 차기 대통령 선거의 강력한 라이벌 중 하나인 진보당 조봉암 위원장 등 간부 7명을 간첩 혐의로 구속하고, 이미 시효가 만료된 미군정법령 제55호까지 꺼내 진보당의 등록을 취소하는 등 야만적인 정치 공작의 법적 토대를 마련했다. 그리고 이 '괴조'는 불사조가 되어 오늘에 이르고 있다.

정치적인 목표를 오로지 '재집권'으로 설정한 이승만과 자유당은 야당과 국민의 반대에도 아랑곳하지 않고 신보안법의 강행 처리도 불사한다는 방침을 세웠다. 그리고 12월 19일 법사위에 상정해, 야당 의원들이 식사하러 간 사이에 자유당 의원만으로 3분 만에 기습 처리하는 변칙성을 보여주었다. 이때의 날치기 수법은 역대 독재 정권의 국회 날치기의 교범이 되었다.

자유당 의원들의 기습작전으로 법사위에서 허를 찔리고 만 야당 의원들은 법사위 변칙 처리의 무효를 주장하면서 의사당 안에서 농성투쟁에 들어갔다. 그 사이에 두 당은 협상을 벌였지만 무위에 그치고, 제1공화국의 의정사에 또 하나의 오점을 남기게 되는 12월 24일이 다가왔다.

자유당 정부는 강행 통과를 위해 내무부와 은밀한 협의를 거쳐 전국 각지의 경찰서에서 유도와 태권도 유단자인 무술경찰관 3백 명

1958년 12월 24일, 농성 중인 야당 의원들을 국회 경위들이 본회의장 밖으로 밀어내는 모습.(출처: 한국민족문화대백과)

을 임시로 특채해 3일 동안 비밀리에 국회 경위의 역할을 담당할 훈련을 시켰다. 정치 야욕을 위해서는 국법 질서나 국회의 권위 따위는 안중에도 없었다.

이날 상오 10시를 기해 훈련된 무술경위들은 사회를 맡을 한희석 부의장을 에워싸고 본회의장에 난입해 6일째 철야농성으로 지칠 대로 지친 야당 의원들을 무자비하게 짓밟고, 일부는 끌어다가 지하실에 감금했다. 이 과정에서 구타당한 의원들도 있었다. 본회의장은 삽시간에 아비규환이 되었다. 무술경위들의 폭력으로 야당 의원들의 비명이 의사당 안팎에 메아리쳤다. 박순천·김상돈·허윤수·유성권·윤택중·김응주·김재건 의원 등이 중경상을 입고 세브란스병원에 입원해 응급 치료를 받았다.

이렇게 야당 의원들에게 폭력을 행사한 무술경위들이 의사당의 모든 출입문을 차단하고 있는 가운데 한희석 부의장의 사회로 자유당 소속 의원들만으로 본회의가 열렸다. 이들은 법 절차도 무시한 채

통사와 혈사로 읽는 한국 현대사

순식간에 보안법을 통과시킨 데 이어 1959년도 새해 예산안과 12개의 세법 개정안 등을 일사천리로 처리했다. 보안법이 일방적으로 처리된 후 지하실 한구석에 감금되어 있던 야당 의원들의 '금족령'이 풀리자 이들은 태평로 의사당 앞에서 "보안법 무효", "민주주의 만세"를 외쳤지만 '기차'는 이미 떠나고 말았다.

야당 활동과 언론 규제를 목적으로 2·4파동을 일으키면서 보안법을 통과시킨 자유당 정권은 1959년 4월 30일 서울지방법원으로 하여금 당시 정론지인 『경향신문』에 대해 압수수색 영장을 내게 하고, 미군정법령 제88호를 적용, 폐간 명령을 내리는 등 정권 말기적인 횡포를 서슴지 않았다.

일제가 한국 민족운동 탄압을 목적으로 제정한 치안유지법을 모태로 한 국가보안법은 국가 안보보다 정부 비판 세력에 대한 탄압을 목적으로 제정되고 실제로 악용되어 왔다는 비판을 받으면서 지금까지 건재하다. 박근혜 정부가 2015년 1월 10일 이른바 '종북 콘서트'를 이유로 재미동포 선은미 씨를 강제 출국시킨 것도 국가보안법 위반 혐의였다.

박원순 서울시장은 재야 시절 『국가보안법 연구』 1~3권을 잇달아 내면서 "지금까지 검토해온 국가보안법의 운용 현실은 국민의 기본권을 대량으로 유린하고 그에 대한 어떠한 구제 방법도 불가능하게 됨으로써 저항권의 행사를 가능하게 했다고 보지 않을 수 없다. 이제 더 이상 '악법도 법'이기 때문에 지켜져야 한다는 법실증주의자들의 주장이 용납되어서는 안 된다. 악법은 그 자체로서 민주주의와 법치주의에 어긋나기 때문이다"라고 주장했다.

44

피난수도 부산에서
첫 쿠데타 음모

군부 내 최초의 쿠데타 음모는 6·25전쟁 시 피난수도 부산에서 기도되었다. 6·25전쟁 후 국정농단이 극심한 이승만 대통령을 축출하고 장면 전 국무총리를 옹립하려는 계획이었다. 쿠데타 주동 인물의 하나는 박정희 대령이다. 박정희는 당시 육군본부 작전교육국 차장이었다.

역사의 아이러니라 할까? 1952년 여름 이승만을 축출하고 장면을 추대하려고 기도했던 박정희는 그로부터 9년 후 장면 정권을 전복하고 스스로 군사정권을 수립했다. 박정희의 심중은 타도의 대상에 있는 것이 아니라 권력 획득에 있었음을 보여준다.

6·25 전란기에 첫발을 뗀 쿠데타 모의는 길지 않은 우리 헌정사에서 이후 몇 차례에 걸쳐 이어졌다. '5·16쿠데타'와 쿠데타적 사건인 '12·12', 그리고 '5·17 쿠데타'가 그것이다. 10월 유신도 엄격

통사와 혈사로 읽는 한국 현대사

한 의미에서 친위 쿠데타에 해당한다. 이와 같은 몇 차례의 쿠데타와 '쿠데타적 사건'으로 현대사는 장기간의 군부 통치를 겪었고, 지금까지도 그 작용과 부작용의 역학 구조에서 완전히 헤어나지 못하고 있는 실정이다.

여전히 전쟁 상태인 1952년 봄, 이승만의 권력욕은 헌정 질서를 유린하면서 이른바 '부산 정치파동'을 일으켰다. 광복 이후 첫 군사 쿠데타 기도는 바로 이 정치파동의 와중에서 모의되었다.

이승만 정부는 6 · 25전쟁 발발로 부산에 피난 중이던 1952년 여름 제2대 대통령 선거를 앞두고 재집권을 위해 직선제 개헌안을 국회에 제안했다. 정부의 무능력, 전쟁 중에 터져 나온 부정부패, 국민 방위군 사건과 거창 민간인 학살 사건 등으로 이승만은 권위가 크게 실추되고, 국민적 지탄의 대상이 되었다. 이런 상황에서도 이승만은 오로지 재집권을 위해 대통령 직선제와 국회의 상하 양원제를 골자로 하는 개헌안을 추진하는 한편, 신당운동을 통해 자유당을 창당했다.

이승만은 1952년 4월 장면 국무총리를 해임하고 장택상 의원을 총리에 임명, 그가 이끌던 신라회를 개헌 지지 쪽으로 끌어들였다. 이승만은 5월 22일 전투 중인 전방의 부대를 끌어들여 부산을 포함한 경남 · 전남북 일대에 계엄령을 선포하고, 이범석을 내무장관에, 원용덕을 영남지구 계엄사령관에 임명하면서, 내각책임제 개헌 추진 주동 의원들의 체포에 나섰다. 26일에는 국회의원 40여 명이 탄 버스를 헌병대로 강제로 끌고 가 일부 의원에게 국제공산당과 결탁했다는 혐의를 씌워 체포하기도 했다.

이처럼 정국의 혼란이 가중되자 국무총리 장택상이 대통령 직선제와 양원제에다 국무총리의 요청에 의한 국무위원 임면, 국무위원에 대한 국회 불신임 결의권을 덧붙여 이른바 '발췌개헌안'을 제안했고, 개헌안은 7월 4일 경찰과 헌병대가 국회의사당을 겹겹이 포위한 가운데 기립 투표 방식에 의해 출석 의원 166명 중 찬성 163, 기권 3으로 통과되었다. 개헌 역사상 가장 비열하고 추악한 방식의 개헌이었다.

이 발췌개헌에 따라 8월 5일 대통령 직선제 선거를 실시, 이승만이 제2대 대통령으로 당선되었다. 내무장관으로서 개헌 과정에서 이승만의 심복 노릇을 한 이범석은 자유당 공천으로 부통령 후보에 선임되었으나, 이승만은 이범석과 족청계의 세력이 커지는 것을 막기 위해 선거 도중 무소속의 함태영을 러닝메이트로 지명하고 부통령에 당선시켰다. 이범석은 '토사구팽'의 신세가 되고 만 것이다. 일부 군인들의 쿠데타 기도는 이러한 와중에서 추진되었다.

육군본부 작전교육국장 이용문 준장과 작전교육국 차장 박정희가 쿠데타를 모의한 주동자였다. 일본 육사 50기 출신인 이용문과 57기 출신인 박정희는 특별한 연고가 있었다. 6·25전쟁이 발발하기 전에 이용문이 육군 정보국장일 때 박정희는 이 부처의 문관으로 있었고, 이용문이 9사단 부사단장일 때 그의 참모장이었으며, 이용문이 국군의 요직인 정보국장에 취임하면서 박정희 대령을 정보국으로 데려올 만큼 두 사람은 끈끈한 관계였다. 박정희는 당시 남로당 프락치 사건으로 예편되었을 때다.

이들은 5월 중순께로 거사일을 잡고, 15연대 병력 2천여 명을 동원해 원용덕 장군이 거느리고 있는 대통령 친위 병력 400~500명을 제압해 정권을 장악한다는 구체적인 전략을 수립했다. 이승만 대통령을 체포해 살해한다는 계획도 세웠다. 거듭되는 실정과 헌정 유린, 사병화한 군 동원령 등 이미 국가원수의 자격을 상실하고 있다는 판단에서였다.

이들은 이 대통령의 대안으로 국무총리직에서 해임당한 장면을 추대할 계획이었다. 이용문은 5월 10일 평양고보 후배이자 4월 20일 사임한 장면 총리의 비서실장을 지낸 선우종원을 은밀히 만나 무력으로 이승만을 축출하고 장면을 추대할 계획임을 밝혔다. 이에 선우종원은 "이 박사는 어떻게 하느냐?"고 물었고, 이용문은 "혁명의 성공을 위해서는 마땅히 죽여야 한다"고 대답하면서, 이 거사는 이종찬 참모총장도 알고 있고 밴플리트 미8군 사령관의 묵계도 받아두었다는 말을 덧붙였다. 쿠데타 모의 과정에서 이 총장과 밴플리트 사령관이 어느 정도 알고 있었고 묵계를 한 것인지는 명확하지 않다. 다만 이용문과 박정희에 의해 모의된 쿠데타 기도 당시 정치파동에 계엄군 동원을 거부한 이 총장과는 달리 밴플리트 사령관은 묵계 또는 양해했을 가능성이 충분하다는 평가가 따른다. 쿠데타 기도가 장면 측에 의해 거부된 직후 주한 미군에 의해 비슷한 모의가 다시 시도된 사실만 봐도 짐작할 수 있다.

이용문으로부터 쿠데타 계획을 전해 들은 장면 측은 이를 단호하게 거부했다. 그는 군이 정치에 개입해서는 안 된다는 원칙론을 들었다. 이로써 장면을 추대하려는 쿠데타 시도는 일단 좌절되었다. 그로부터 9년 후 장면은 내각제의 첫 국무총리가 되었다가 8개월 만에 그때의 박정희가 주동한 쿠데타로 탈권당한다.

이 쿠데타 기도와는 별개로 주한 미군 측이 한국군을 동원해 이승만 정권을 전복시키려는 쿠데타 움직임이 또 있었다. 전남 지역에 주둔한 이용 연대에서 1개 대대, 거창의 박경원 연대에서 1개 대대를 빼내어 부산의 이승만 정권을 전복시킨다는 계획은 이용문, 박정희의 전략과 비슷한 시나리오였다. 이들은 2개 대대의 병력으로 원용덕 친위부대를 무장 해제하고 야당이 우세한 국회에서 이승만을 실각시킨 다음 새 정부를 세우겠다는 계획이었다. 이 기도는 미 국무성의 반대로 무산되었다.

정부 수립 초기 6·25전란의 와중에 몇 차례 시도된 쿠데타 음모는 이렇게 좌절되었지만, 박정희의 야심은 더욱 치밀하게 구체화되어 가고 있었다.

통사와 혈사로 읽는 한국 현대사

45

조봉암 사형과
진보정치 압살

이승만 대통령의 죄과 중에는 유력한 민족지도자, 그것도 독립운동의 지도자들을 정치적 라이벌로 인식하고 제거한 사실을 빼놓을 수 없다. 백범 김구와 죽산 조봉암이 대표적이다.

6·25전쟁이 겨우 정전협정으로 마무리된 1950년대 중반, 한국전쟁 와중에 조금이라도 혁신 내지 진보적 색채를 띤 사람들은 철저히 학살당하거나 북으로 가거나 아니면 지리산으로 들어가 죽어버렸다. 분단과 전쟁과 학살이 휩쓸고 간 한반도 남쪽에는 '멸균실 수준'의 반공 체제가 이루어졌다. 이런 상황에서 조봉암은 '평화통일론'과 '노동독재도 자본독재도 거부하는' 민주사회주의 깃발을 내걸고 진보당을 창당해 활동에 나섰다가 참변을 당했다. 이승만의 라이벌 제거와 사법농단, 그리고 '반공 히스테리'의 희생양이 된 것이다.

이승만 대통령에게 현재적이든 잠재적이든 도전자는 죽음이 따랐다. 제헌의원 선거 당시 동대문 선거구에서 이승만과 대결하려 한 독립운동가 최능진은 6·25 때 처형되고, 잠재적 라이벌 관계이던 여운형과 김구는 암살되었다. 야당 대통령 후보 신익희와 조병옥은 병사하고, 현직 부통령 장면은 이승만 수하들이 총을 쐈지만 '불행히'(다행히) 죽지 않았다. 다음은 조봉암의 차례였다.

조봉암은 제2·3대 대통령 선거에 출마해 이승만에 도전했고, 제4대 대통령 선거를 앞두고는 정권에 위협적인 인물로 등장했다. 이승만은 자신이 정부 조각 때 농림부장관으로 발탁했던 사람을 좌경 용공으로 몰아 처형하고 진보당을 해산했다. 조봉암의 '평화통일론'이 정부의 '북진통일론'에 배치된다는 이유를 댔지만, 목적은 어디까지나 정적 제거였다.

노회한 이승만은 집권 후 조각을 하면서 친일파·우파 일색의 인물들만으로는 미국과 유엔의 지지가 어려울 것으로 알고 공산주의자 출신의 독립운동가로서 해방 후 전향해 대한민국 정부 수립에 참여한 조봉암을 농림부장관으로 임명했다. 친일 지주 계급이 중심이 된 한민당 세력을 견제하고, 이승만 정부가 다양한 계층의 인사들로 조각되었음을 대내외적으로 과시하기 위한 이유도 있었다. 주한 미군사령관 하지 중장의 천거설도 있었다.

한민당의 지원으로 대통령이 된 이승만은 조각에서 한민당을 철저하게 배제했다. 이들이 친일 지주 출신이라는 이유와 함께 자신의 권력을 위협하는 막강한 정치 세력이 될 것으로 예상하고 견제한 것이다. 한민당을 견제하는 한편 시급한 현안인 농지 개혁을 단행할 적임자로서 조봉암만 한 인물을 찾기가 쉽지 않았다. 그는 독립운동, 공산주의운동을 하면서 친일파 지주 계급에 증오심을 갖고 있었고, 미국과 유엔 등 대외용으로도 적합한 인물이었다.

대한민국 정부가 수립된 1948년 여름에 조봉암의 대중적 인기는 각료나 국무위원 누구 못지않았다. 국민의 대부분이 농민이고, 일제와 친일 지주들의 수탈에 시달려온 농민들은 정부의 농지 개혁을 목이 빠지도록 기다렸다. 미군정은 끝내 농지 개혁을 실행하지 않았다. 북한에서는 이미 해방 직후에 '무상몰수·무상분배'의 방식으로 농지 개혁이 이루어진 터였다. 조봉암은 농지 개혁을 서둘렀지만 한민당의 제동으로 결행이 쉽지 않았다. 이런 와중에 이승만 대통령은 날이 갈수록 농민들로부터 인기가 높아가는 조봉암의 행보에 심기가 편치 않았다.

조봉암이 이승만과 대결하게 된 것은 제2대 대통령 후보에 출마하면서부터였다. 이후 제3대 대선 때는 온갖 탄압에도 불구하고 이승만과 자유당 정권의 간담을 서늘하게 하는 표가 쏟아져 나왔다. 1960년 제4대 대통령 선거를 앞두고 이승만 세력에게 조봉암이란 존재는 최대의 걸림돌이 되었다. 그를 제거하지 않고서는 승산이 없다고 보았다. 그래서 제거 공작이 시작되었다.

'사법살인'에는 법조계가 동원되었다. 그들은 권력의 하수인이 되어 양심과 법정신을 팔았고, 조봉암을 끝내 사형대에 세웠다. 헌정사상 첫 번째 사법농단이다. 그를 사법살인으로 몰아간 검사, 판사 중에는 친일 행위자들이 적지 않았다.

검찰은 1958년 1월 13일 진보당 간부들을 일제히 검거하고, 2월 16일 조봉암과 간사장 윤길중을 비롯해 박기출, 김달호, 신창균, 조규희, 이명하, 조규택, 전세룡, 이상두, 권대복, 이동화 등을 국가보안

1958년 진보당 사건 재판 당시의 조봉암.

법 위반 혐의 등으로 구속 기소했다. 조봉암에게는 국가보안법 외에도 간첩죄와 무기불법소지죄 등이 병합되었다.

자유당 정권은 1958년 2·4파동을 일으켜 국보법을 개정했다. 언론 탄압과 조봉암의 평화통일론을 탄압하려는 데 일차적인 목적이 있었다. 구속되기 전 측근들이 조봉암을 찾아가 사태의 심각성을 설명하고 해외 망명을 권했다. 조봉암은 "나도 진보당 탄압의 정보를 들었지만 혼자 편하자고 망명이나 도주를 할 생각이 없다"고 거절했다.

조봉암을 죽이기로 결정한 이승만 정부의 음모는 급속도로 진행되었다. 첩자 양명산을 내세워 불법 자금을 조봉암에게 전달했다는 모략 속에서도 1심은 징역 5년을 선고하는 데 그쳤다. 용공판사를 죽이라는 따위의 관제데모가 일어나고, 국무회의 석상에서 이승만은 세 차례나 조봉암 문제를 언급했다. 마침내 고등법원이 사형을 선고

통사와 혈사로 읽는 한국 현대사

하고 대법원도 그대로 따랐다. 모두 짜인 각본대로였다.

조봉암에 대한 재심 청구도 기각되었다. 사형을 선고한 대법원의 주심 판사였던 김갑수가 재심의 주심이 된 것도 법정신이나 상식과는 거리가 먼 처사였다. 일반적으로 사형수는 몇 차례 재심 청구를 하고 확정 판결 뒤에도 한두 해 정도는 형의 집행이 연기되는 것이 관례였다. 하지만 조봉암의 경우는 달랐다.

7월 30일 하오 3시, 재심 청구 기각 통보를 받은 대검은 긴급회의를 열어 이튿날 상오에 조봉암의 사형을 집행할 것을 결정, 만반의 준비를 갖추었다. 날이 밝고 7월 31일 오전 10시 30분, 대기 중인 대검 검사실에 전화로 "집행하라"는 법무장관 홍진기의 명령이 떨어졌다.

집행관은 의례적인 절차에 이어 마지막으로 할 말이 없느냐고 물었다. 조봉암은 마지막 말을 남겼다. "이 박사는 소수가 잘살기 위한 정치를 했고, 나와 나의 동지들은 국민 대다수를 고루 잘살게 하기 위한 민주주의 투쟁을 했소. 나에게 죄가 있다면 많은 사람이 고루 잘살 수 있는 정치운동을 한 것밖에는 없소. 그런데 나는 이 박사와 싸우다가 졌으니 승자로부터 패자가 이렇게 죽임을 당하는 것은 흔히 있을 수 있는 일이오. 다만 나의 죽음이 헛되지 않고 이 나라의 민주 발전에 도움이 되기를 바라며, 그 희생물로는 내가 마지막이 되기를 바랄 뿐이오."

독립운동가 출신 진보적인 혁신 정치와 평화통일론의 주창자 조봉암은 처형되었다. 2011년 1월 20일 사법부는 재심에서 52년 만에 그에게 무죄를 선고했다. 하지만 죽은 조봉암은 살아나지 못하고, 그의 평화통일론과 진보정치는 이어지지 못했다.

46

고등학생들이 역사의
물꼬 돌린 대구항쟁

1950년대 한국은 6·25전쟁과 전후의 황폐해진 국토, 이승만 정권의 폭정으로 어디에서도 희망의 싹이 보이지 않는 암담한 시기였다. 이런 상황에서도 이승만은 오로지 종신 집권을 위해 정치적 폭주를 자행하고 있었다.

1960년 봄으로 예정된 제4대 정부통령 선거를 앞두고 자유당 정권은 무소불위, 그야말로 앞뒤를 가리지 않고 날뛰었다. 박정희가 중앙정보부와 국군보안사를 내세워 정권을 유지했다면, 이승만은 경찰을 앞세워 폭정을 자행했다.

기성세대들은 전쟁이 남긴 트라우마로 비판과 저항정신을 잃고 현실 순응적인 '순한 양'이 되었다. 이승만 시대의 경찰은 일제 강점기의 순사들과 다르지 않았다. 국민 생활에 사사건건 간섭했고, 가히 3권 위에 군림했다. "말 많으면 빨갱이"라는 유행어가 나돌 만큼 국민들에게는 침묵이 강요되었다. 민주주의는 허울뿐이고, 경찰국가 체제로 국가가 운영되었다.

3·15선거를 앞두고 자유당 정권은 이승만의 4선과 이기붕의 부통령 당선을 위해 국력을 총동원했다. 자유당 정권은 전통적으로 야당세가 강한 대구에서 특별한 선거 전략을 짰다. 자유당 경북도당은 2월 28일로 예정된 민주당 부통령 후보 장면의 선거 유세장에 정치에 민감한 고등학생들이 참가하는 것을 막기 위해 대책에 부심했다. 그 결과 시내 고등학교장 긴급회의를 소집해 일요일에 등교시킬 것을 지시하기에 이르렀다. 이에 따라 경북고는 학기말 시험, 대구고는 토끼 사냥, 경북사대부고는 임시수업, 대구상고는 졸업생 송별회, 대구여고는 무용 발표회 등의 명목으로 28일 일요일에 긴급 등교 지시를 내렸다. 하나같이 예정에 없던 일들이었다.

한국 근대사에서 여러 차례 역사의 큰 물꼬를 돌린 것은 청년 학생들이었다. 자유당 경북도당이 학교장들에게 일요일 등교 지침을 내린 사실을 알게 된 경북고, 대구고, 경북사대부고의 학도호국단 간부 학생들은 25일 밤부터 비밀회동을 갖고, 일요일에 등교해 항의 시위를 하기로 결의했다. 이승만 정권이 전국의 학생들을 옴짝달싹하지 못하도록 묶기 위해 조직한 학도호국단의 간부 학생들이 이승만 정권 붕괴의 전조 역할을 하게 된 것은 역사의 아이러니다.

반독재의 첫 봉화를 올린 것은 경북고생들이었다. 2월 28일 낮 12시 50분, 교내 운동장에 모인 800여 명의 학생들은 미리 준비한 결의문을 낭독하고, "민주주의를 살리자", "학원의 자유를 달라", "학생들을 정치 도구로 이용하지 말라" 등의 구호를 외치며 대구 시내 중심가로 진출했다. 대구고생 200여 명도 오후 2시경 교문을 박차고 나와 시위를 벌였고, 경북여고생 100여 명도 시위에 참여했다. 경북 사대부고생들은 교사들이 시위를 눈치 채고 학생들을 강당에 가두어 서 오후 늦게 시위에 나섰다. 대구여고, 대구농고, 대구상고 등에서도 시위에 동참했다. 학생들은 시위에 나서기 전 준비한 '결의문'을 낭독 하면서 자신들의 의사를 분명히 밝혔다.

> 우리 백만 학도는 지금 이 시각에도 타고르의 시를 잊지 않고 있다.
> …… 우리는 민족을 사랑하고 민족을 위해 누구보다도 눈물을 많이
> 흘린 학도 …… 이 민족애의, 조국애의 피가 끓는 학도의 외침을 들
> 어주려는가? 우리는 끝까지 이번 처사에 대한 명확한 대답이 있을 때
> 까지 싸우련다. 이 민족의 울분, 순결한 학도의 울분을 어디에 호소해
> 야 하나?

대구 고등학생들의 반정부 시위에 대해 대구의 한 신문은 다음과 같이 보도했다.

> 경북고등학교에서는 전체 학생들에게 극장 단체 관람을 위해 일요일
> 인 2월 28일 하오 1시까지 등교할 것을 지시했다. 28일 12시 50분까
> 지 학교에 나왔던 2백여 명의 학생 앞에서 동교 운영위원회 부위원
> 장 이대우 군이 공휴일에도 등교시키는 폐습을 시정하자고 학생들을
> 선동했다. 일요일에 등교시킨 학교 당국의 조치에 불만을 품은 2백여
> 학생은 이 선동에 호응해 학교를 뛰쳐나와 경북도청에 모여들었다. 학
> 생들은 경찰 측의 종용으로 해산했으며, 일부 학생들은 경찰에 연행
> 되었다. (『대구매일신문』, 1960. 2. 28.)

경찰은 이날 저녁 7시 40분경 학생 시위대를 강제 해산하고, 주동 학생 30여 명을 비롯해 300여 명을 연행했다. 경찰은 연행된 학생 간부들을 폭행하면서 배후를 캐묻고 빨갱이들의 소행으로 몰아가려 했으나, 시위 확대를 우려한 자유당 중앙당의 지시로 이날 밤 모두 석방했다.

대구 시내 고등학생들이 치켜든 햇불은 곧 전국으로 확산되었다. 3월 5일 서울운동장에서 민주당 선거 연설이 끝난 후 유세에 참석했던 1,000여 명의 시민과 학생들이 "학생들은 궐기하라", "공명선거 실시하라" 등의 구호를 외치며 가두시위를 벌였다. 3월 8일에는 대전고생 1,000여 명, 3월 10일에는 대전상고생 300여 명, 수원농고생 300여 명, 충주고생 300여 명, 3월 12일에는 부산해동고생, 청주고생, 3월 13일에는 오산고생 100여 명, 3월 14일에는 원주농고생, 부산의 동래고생, 부산상고생, 항도고생, 테레사여고생, 포항고생, 서울의 중동고생, 배제고생, 대동고생, 보인상고생, 인천의 송도고생 등의 시위가 이어졌다.

특히 3월 13일 서울의 고등학생들은 서울시 공관 앞, 미도파·반도호텔, 시청, 국제극장 등까지 진출해 산발적인 시위를 벌이면서 공명선거를 요구했고, 투표일인 3월 15일에는 마산에서 민주당원 30여 명이 시위한 데 이어 마산시청 앞에서 시민 1만여 명이 행진하고, 평화적인 시위대에 경찰이 발포하면서 3·15의거로 폭발했다.

2월 28일 대구에서 촉발된 고등학생들의 시위가 전국으로 확산되고, 마산의거, 4·19혁명으로 이어졌다. 2·28학생의거는 단순히 일요일 등교 지시에 반대하는 우발적이고 즉흥적인 시위가 아니었다. 학생들은 기성세대가 눈앞에서 벌어진 선거 부정과 각종 사회악에 침묵하자 의로운 젊은 혈기로써 시대정신을 갖고 궐기한 것이다.

　　2·28의 가장 중요한 정치사적 의의는 선도성(先導性)에 있다고 할 것이다. 2·28은 식민통치, 미군정, 분단국가의 수립, 한국전쟁, 이승만 권위주의 정권으로 이어지는 일련의 과정에서 자신의 '정치적 효능'에 회의적 태도를 내면화하고 있던 시민들에게 용기를 주었다. 2·28은 냉전 체제와 분단 체제를 기초로 독재 권력을 휘두르고 있던 이승만 정권에 저항을 시작함으로써 체념적 순종 상태에 있던 국민들에게 자신감을 불어넣어 주었다. 정부 수립 이후 민주운동을 선도함으로써 2·28은 4월 혁명의 횃불을 밝혔다.(김태일,「4월 혁명의 출발: 2·28 대구민주운동의 정치사적 의의」)

47

이승만의 무덤을 판
3·15부정선거와 마산의거

권력자가 이성을 잃으면 자신은 물론 국가를 파멸시킨다. 그래서 정치학자 새뮤얼 버틀러(Samuel Butler)는 "권력은 마주(魔酒)와 같다"고 했다. 마실수록 취하고, 취할수록 마시고 싶은 것이 권력이라는 '마주'다. 이승만은 비정상적인 방법으로 정권을 유지하고 헌정을 유린하면서 무소불위하게 12년간이나 집권하고, 그의 나이도 80이 넘었다. 하지만 변치 않는 것은 끝없는 권력 욕망이었다.

제4대 정부통령을 선출하기 위해 1960년 3월 15일 실시된 선거는 이승만 정권이 사상 유례 없는 부정선거를 자행해 4월 혁명의 도화선이 되었다. 이승만 정권은 거듭된 실정과 장기 독재로 공정한 선거를 통해서는 전혀 승산이 없음을 알고 관권을 동원한 엄청난 부정선거 계획을 세웠다. 자유당은 민주당의 대통령 후보 조병옥이 신병 치료차 미국에 건너간 틈을 타 5월 중에 실시하기로 되어 있는 정부통령 선거를 2개월이나 앞당겨 3월 15일 실시한다고 전격적으로 공고했다. 선거 날짜 택일부터 정략적이었다.

이승만 대통령은 1959년 3월 선거를 앞두고 선거 관련 5부 장관을 경질했다. 내무장관에 최인규, 재무장관에 송인상, 부흥장관에 신현확, 농림장관에 이근직, 교통장관에 김일환을 임명하고, 시도 지사와 일선 경찰서장들 역시 선거팀으로 교체했다. 하나같이 우직한 충성파들이었다. 최인규는 취임사를 통해 "공무원과 공무원 가족은 대통령과 정부의 업적을 국민에게 선전해야 하며, 이 같은 일이 싫은 공무원은 그 자리에 있을 필요가 없다"면서 공무원을 공공연하게 선거에 동원했다. 선거법 위반 따위는 안중에도 없었다.

민주당의 조병옥 후보가 사망했기에 자유당은 이미 재집권이 보장된 상태였는데도 함량이 크게 부족한 이기붕을 부통령에 당선시켜야 한다는 목적으로 선거에 온갖 부정과 관권을 동원했다. 최인규는 공공연히 각 지방의 시장, 군수, 경찰서장의 사표를 미리 받아 놓고, 부정선거에 협력하지 않거나 선거 결과가 좋지 못할 때는 파면한다는 것을 통고하고 압력을 가했다.

행정기관만 아니라 극우 어용 단체인 대한반공청년단을 강화해 이들을 일선 행동대원으로 이용했다. 1959년 8월 12일 단장을 신도환으로 바꾼 대한반공청년단은 전국 89개 시·군 단부를 조직하는 한편, "우리 전 단원은 국부 이승만 각하와 서민정치가 이기붕 선생을 정부통령으로 선출하기 위해 엄숙히 약속한다"는 구호를 외치고 떼지어 몰려다니면서 유권자들을 공갈 협박했다.

자유당의 부정선거의 핵심은 4할 사전투표, 3인조·5인조·9인조의 공개투표 등을 통해 자유당 후보의 득표율 85퍼센트를 사전에 달성한다는 내용이었다. 이 같은 부정선거를 방해하지 못하도록 야당 참관인들을 매수하거나 말을 듣지 않으면 테러해 투개표장에서 쫓아내도록 지령했다.

이런 자유당의 부정선거 계획이 말단 경찰관에 의해 언론에 폭로되었다. 4할 사전투표와 3인조·5인조·9인조의 공개투표 외에 유령 유권자의 조작과 야당 성향 유권자의 기권 강요 및 기권자의 대리투표, 내통식 기표소 설치, 투표함 바꿔치기, 개표 때의 혼표와 환표, 득표수 조작 발표 등이 포함된 내용이었다. 이렇게 부정선거의 음모가 사전에 폭로되었는데도 자유당의 관권·부정선거는 멈추기는커녕 더욱 거침없이 자행되었다.

자유당은 이 같은 관권부정 외에도 엄청난 선거 자금을 조달해 유권자를 매수하거나 동원비에 썼다. 이기붕, 한희석, 박용익, 송인상 등이 협의해 한국은행과 산업은행을 통해 거액의 은행 자금을 기업에 융자해주고 그 융자금을 선거 자금으로 염출했으며, 기업인들로부터는 별도로 선거 자금을 끌어모았다. 이렇게 모은 부정선거 자금이 천문학적 수준이었다.

선거가 막바지에 접어들면서 전남 여수와 광산에서 민주당 간부가 괴한에게 구타·살해당하는 사건이 발생하는 등 전국 도처에서 폭력이 난무했다. 민주당은 자유당의 부정선거 계획과 내무부의 부정투표 지령을 폭로하면서 부정 살인선거의 중단을 촉구했지만, 이미 이성을 잃은 자유당 정권은 들은 척도 하지 않았다.

3월 15일 실시된 선거는 자유당의 사전 계획대로 전면적인 부정선거로 이루어졌으며, 야당 참관인들이 거의 퇴장한 가운데 부정 투개표가 진행되었다. 민주당 중앙당은 이날 전국의 모든 선거 참관을 포기하는 한편, 선거의 불법 무효를 선언했다.

어용 기관이 된 중앙선관위는 선거 결과를 발표, 전국의 유권자 1,119만 6,498명 중 1,050만 9,482명이 투표에 참가해 963만 3,376표로 이승만이 제4대 대통령에 당선되고, 부통령에는 833만 7,059표를 얻은 이기붕이 당선되었다고 공고했다. 장면은 184만 4,257표, 김준연은 24만 5,526표, 임영신은 9만 9,090표를 얻었다. 이승만은 전체 유권자의 92퍼센트, 이기붕은 78퍼센트를 득표했다는 발표였다.

개표가 진행되면서 일부 지역에서는 이승만과 이기붕의 득표수가 총유권자 수를 초과하기도 해 자유당 측은 내무장관 최인규에게 득표율을 이승만은 80퍼센트 정도로, 이기붕은 70~75퍼센트 정도로 하향 조정하도록 지시하는 촌극을 벌이기도 했다. 선거가 아니라 선거라는 이름의 정치 곡예였다.

3·15선거가 부정과 폭력으로 자행되는 것을 지켜보고 많은 국민이 분노에 떨었다. 그중에서도 가장 용기 있게 떨치고 일어선 것은 마산의 시민, 학생과 야당 당원들이었다. 야당 당원들을 더욱 분개하게 한 것은 자유당으로 변신한 이 지역 출신 허윤수 의원이었다.

마산의 시민과 학생들은 3월 15일 오후 부정선거를 규탄하는 평화적인 시위를 벌였다. 그런데 경찰이 이를 강제 해산하려 하자 시위대는 투석전으로 맞섰고, 경찰의 무차별 발포와 체포, 구금으로 다수의 희생자가 발생했다. 이에 격분한 시위대가 남성동파출소를 비롯한 경찰관서와 자유당으로 변절한 국회의원 및 경찰서장 자택을 습격, 이 과정에서 7명이 사망하는 등 80여 명의 사상자가 발생했다. 경찰은 시위 주모자로 구속한 26명을 공산당으로 몰아 혹독한 고문을

이승만 대통령 4선 당선, 이기붕 부통령 당선을 보도한
1960년 3월 17일자 『동아일보』 기사.

가했다.

　시민들의 분노가 가라앉지 않고 있던 4월 11일, 1차 시위 당시 행방불명되었던 마산상고생 김주열 군의 시체가 오른쪽 눈에 최루탄이 박힌 처참한 모습으로 실종 27일 만에 낚시꾼에 의해 마산 앞바다에서 떠오르자 마침내 온 시민이 궐기해 경찰의 만행과 부정선거를 규탄함으로써 제2차 마산의거에 불길을 댕겼다.

　이날 3만여 명의 마산 시민들은 자유당 건물과 남성동파출소에 이어 마산경찰서, 자유당 허윤수 의원의 집, 북마산파출소, 창원군청, 허윤수가 경영하는 동양주정과 무학주조공장을 부수고 재차 마산경찰서 앞으로 몰려갔다. 밤 9시경 무장한 경찰과 시민들이 대치한 가운데 경찰의 발포로 시민 2명이 또 사망했다. 밤 12시경 시민들의 자진 해산으로 이날의 시위는 막을 내렸다. 하지만 분노가 가라앉지 않았다. 16일에도 시위가 이어졌다. 마산공고생, 창신고생, 마산여고생, 마산고생들이 앞서고 시민 수천 명이 합세했다. 시위가 격렬해지자 경찰은 소방 호스로 붉은 물감을 탄 물을 시민들에게 퍼부었고, 얼굴과 옷에 붉은 물이 든 시민을 체포해 이들을 공산주의자로 뒤집어씌웠다. 이승만은 마산 시민들의 시위가 공산당의 사주에 의해 벌어진 사건이라고 특별성명까지 발표했다.

그러나 4월 17일 한옥신 부장검사가 "공산당 개입은 속단할 수 없다"고 발표함으로써 마산의거는 국민저항권의 발동으로 평가되기 시작했다. 마산의거는 새봄의 남풍과 함께 내륙으로 북상했다.

통사와 혈사로 읽는 한국 현대사

48

독재 타도에 성공한
사상 초유의 4월 혁명

4천여 년 지속된 왕조 체제에서
피지배 민중이 지배자를 타도하고 역사의 주역이 된 것은 1960년
4·19혁명이 처음이었다. 우리나라 역사에는 왕조 창업, 반정·반란,
민란, 쿠데타, 유신정변 등 여러 정치 변혁이 있었으나 '성공한 혁명'
은 한 번도 없었다. 전봉준의 동학혁명과 1919년 3·1혁명은 좌절된
혁명이었다. 이런 의미에서 4월 혁명은 아무리 강조해도 지나치지 않
은 학생·시민혁명이다.

1960년 4월의 민주혁명은 3·15부정선거에 대한 저항으로부터 발
화되었다. 마산에서 일기 시작한 부정선거 규탄의 시민·학생시위는
서울과 부산, 대구, 광주, 목포, 청주 등 대도시로 번졌다. 자유당 정
권의 하수기관이 된 경북도 당국이 야당의 선거 유세장에 나가지 못
하도록 일요일에 등교 조치한 데 반발해 대구 시내 고등학생들이 시

위를 벌인 것을 기점으로 전국 주요 도시의 고등학생들이 부정선거를 규탄하는 데모에 앞장섰다. 그리고 대학생들이 뒤를 이었다.

김주열 군의 시체 인양으로 마산의 2차 시위가 4월 11일에 격렬하게 전개되면서 시위는 곧 전국으로 번져갔다. 특히 4월 18일 고려대생 3천여 명이 광화문 국회의사당 앞에서 연좌데모를 한 후 귀교하던 중 정치깡패의 습격을 받아 수십 명이 부상당하는 사태가 발생한 것이 다시 기폭제가 되었다. 이날 고대생들의 시위는 구호를 '부정선거 규탄'에서 '독재 타도'로 바꿔놓았고, 이튿날인 4월 19일을 기해 서울 시내 대학생들이 총궐기하는 계기가 되었다.

'피의 화요일'로 불린 4월 19일, 고등학생, 대학생을 비롯해 10만여 명의 서울 시민이 시위에 참가했고, 시위대 일부가 경무대로 향하는 한편, 서울신문사와 반공회관, 경찰서 등에 불을 지르고 부정선거를 규탄했다. 지방 도시에서도 수십만 명의 시민, 학생들이 부정선거 규탄과 함께 이승만 정권 타도 시위를 벌였다. 시위는 전국으로 확산되었다. 경찰의 무차별 발포로 이날 서울에서만 104명, 부산에서 19명, 광주에서 8명 등 전국적으로 186명이 사망하고, 6,260명이 부상당했다. 희생자는 하층 노동자 61명, 고등학생 36명, 무직자 33명, 대학생 22명, 초등학생과 중학생 19명, 회사원 10명, 기타 5명 등이었다. 희생자 규모로 보아 국민혁명의 성격을 띠었다.

이승만 대통령은 경찰이 시위대에 발포하기 시작한 직후 서울 등 주요 도시에 계엄령을 선포하고, 육군 참모총장 송요찬 중장을 계엄사령관에 임명했다. 그러나 서울 시내에 진입한 군대는 경찰의 유혈 사태와 일부 과격분자들의 파괴를 방지하는 정도에 그치며 중립적인 태도를 견지했다. 이승만 정권에 대한 민심의 이반 현상이 워낙 강했

4·19 혁명에 참가한 시위대 모습.

기 때문이었다.

4월 21일 내각이 유혈 사태에 책임을 지고 퇴진하고, 22일에는 이 기붕이 모든 공직에서 물러난다고 밝혔다. 이어 당시 부통령이던 장 면은 이승만이 대통령직에서 물러날 것을 촉구하면서 부통령직을 자 진 사퇴하기에 이르렀다.

이승만은 자유당 총재직을 사퇴하는 등 일련의 모션을 취하면서 사태를 미봉하고, 계속해서 정권을 유지하고자 시도했다. 그러나 이 미 혁명적인 열기에 휩싸인 민중은 이승만의 하야를 요구하기 시작했 다. 4월 25일의 시위는 정국에 새로운 물결을 일으켰다. 그동안 침묵 했던 대학교수들이 시국 수습을 위한 선언문을 발표하고 시위에 나 선 것이다.

이날 오후 3시 서울대학교 교수회관에 모인 27개 대학 교수 258명 은 "대통령을 위시한 여야 국회의원들과 대법관 등은 3·15부정선거와 4·19사태의 책임을 지고 물러나는 동시에 재선거를 실시하라"는 요지의 14개 항의 시국선언문을 발표했다. 이어 교수들은 '4·19의거로 쓰러진 학생의 피에 보답하라'는 슬로건을 내걸고 평화적인 시위를 감행, 서울 시가를 행진했다.

4월 25일의 교수단 시위는 시민과 학생들의 절대적 지지를 불러일으켜 26일 또다시 대대적인 데모를 촉발함으로써 마침내 이승만의 하야를 촉진하는 결정적인 계기가 되었다. 이승만은 4월 26일 새로 임명된 외무장관 허정, 계엄사령관 송요찬과 주한 미국대사 월터 매카나기(Walter McConaughy)의 권고를 받아들여 대통령직에서 물러나겠다는 의사를 밝혔다. 이 대통령은 4월 26일 오전 10시 하야성명을 통해 다음과 같이 밝혔다.

① 국민이 원한다면 대통령직을 사임하겠다.
② 3·15선거에 많은 부정이 있었다고 하니 선거를 다시 하도록 지시했다.
③ 국민이 원한다면 내각책임제 개헌을 하겠다.
④ 선거로 인한 모든 불만스러운 점을 없애기 위해 이기붕 의장을 모든 공직에서 완전히 물러나도록 조치했다.

이승만 대통령의 전격적인 하야성명이 발표되기 직전 송요찬 계엄사령관은 26일 아침부터 이 대통령의 하야를 요구하면서 데모를 벌이고 있던 시위 군중 중에서 5명의 대표를 골라 이승만과의 면담을 주선했다. 이날 오전 데모 군중들에 의해 탑골공원에 있던 이승만의 동상이 파괴되고, 시위대가 그 동상의 목에 밧줄을 걸고 끌고 다니는 것을 목격했으며, 수십만 군중이 경무대 어귀에 집결하는 것을 보고 이승만의 하야를 더 이상 지체할 수 없다고 판단했기 때문이다.

이 무렵 사태 수습을 논의 중이던 국회는 3·15선거의 무효화 선언과 내각책임제 개헌 등을 수습 방안으로 채택했다가 이 대통령의 하야 소식이 발표되자 다시 긴급회의를 소집, 이 대통령의 사임 권고 결의안을 만장일치로 통과시켰다. 국회의 결의가 전달되자 이 대통령은 4월 27일 국회의 결의를 존중해 즉각 대통령직에서 물러나겠다는 뜻을 밝히고 대통령직 사임서를 국회에 전달했다.

이로써 이승만의 12년 독재 정치는 종식되고, 그는 4월 28일 경무대를 떠나 이화장으로 옮겼다가 곧 망명길에 올랐다. 그는 상하이 임시정부 의정원에 의해 탄핵되고, 4·19혁명으로 두 번째 탄핵당한 부끄러운 정치인이었다. 그는 초대 대통령으로서 국민에게 모범을 보이기는커녕 헌법을 유린하는 등 반헌법적 행위를 거듭하다가 퇴출되었다. 57년 뒤 박근혜가 뒤를 이었다.

4·19혁명은 몇 갈래의 역사적 의지가 접목되어서 성공할 수 있었다. 하나는 동학혁명의 맥박이요, 다른 하나는 3·1혁명의 정신이다. 황토현에서 찢긴 민중의 혼이, 탑골공원에서 발화된 독립의 의지가 4·19에 접목되어 벽혈(碧血)로 발휘되었다. 따라서 4·19혁명은 단순한 정치 변혁운동이 아닌 역사성을 보여준다.

① 계층, 신분, 지역, 성별의 구분 없이 민중이 하나가 되어 일으킨 국민혁명.
② 외세는 물론 특정 정치 집단의 조종이 아닌 민중의 자주적이고 자발적인 주체혁명.

③ 반공을 분명히 하면서도 남북 대화를 제의하는 민족통일정신.

④ 매판자본, 원조물자 착복 등 전근대적인 경제 질서를 타파하고 산업의 근대화 제시.

⑤ 전근대적 신민의식에서 근대적 시민의식을 고취한 시민정신의 발휘.

⑥ 정체된 사회에 활력을 불러일으킨 신생활운동.

4월 혁명 정신은 곧이어 닥친 5·16쿠데타로 좌절되고 말았으나, 이후 반군정·반독재 민주화운동의 사상적·이념적 가치로 작동했다. 그 면면한 전통은 반유신 투쟁, 부마항쟁, 광주민주화운동, 6월 항쟁, 촛불혁명으로 이어졌다.

49

혁신계,
중립화통일론 제안

이승만은 12년의 통치 기간 '반공'을 구호로 권력을 유지했다. 평화통일론까지 탄압하면서 시대착오적인 북진통일론만 내세웠다. 따라서 4·19혁명은 단순히 독재 정권을 타도한 정치혁명이 아니었다. 프랑스혁명이 앙시앙 레짐(ancien régime, 구체제)을 타도하면서 자유, 평등, 박애의 세기적인 가치를 제시했듯이, 4월 혁명은 이승만 정권에서 금기시되었던 평화통일을 바라는 젊은 세대들과 혁신계 활동의 물꼬를 텄다.

4월 혁명과 더불어 새롭게 나타난 가장 특별한 현상 중의 하나는 혁신 세력의 등장이었다. 혁신 세력은 이승만 치하에서 불법화되고, 가혹한 탄압으로 오랫동안 동면 상태를 유지해오다가 4월 혁명의 물결을 타고 활동하기 시작했다.

혁신 정당 중에서 4·19 직후에 정당 간판을 내걸고 7·29총선에 입후보자를 낸 것은 사회대중당, 한국사회당, 혁신연맹 등이었다. 혁신 정당의 재건을 목표로 구(舊)진보당 간부와 민주혁신당 일부가 결성한 사회대중당은 1960년 6월 17일 창당준비위원회를 조직하고, 서상일, 윤길중 등을 간부로 선출해 창당 작업에 착수, 그해 11월 24일 출범했다. 통일사회당은 1961년 1월 21일 결성되었으며, 민족자주통일중앙협의회(약칭 민자통)는 1960년 9월 사회대중당, 혁신동지총동맹, 천도교, 유교회, 민주민족청년동맹, 4월혁명학생연합회 등 혁신계 정당 및 사회단체가 연합해 결성했다. 중립화조국통일총연맹은 1961년 2월 21일 통일사회당, 사회혁신당, 삼민회, 광복동지회 등 민자통을 이탈한 정당·사회단체가 결성한 통일운동 단체다. 혁신연맹은 김창숙, 장건상, 유림, 조경한, 정화암, 김학규 등 혁신계의 원로급이 중심이 되어 조직했다.

대부분의 혁신 정당들은 7·29총선에 입후보자를 냈으나, 이들 중에서 사회대중당이 민의원 4명, 참의원 1명을 당선시켰고, 한국사회당은 민의원과 참의원 각각 1명씩을 당선시켰을 뿐이다. 혁신 세력의 난립으로 유력한 후보들이 대부분 당선되지 못한 것이다.

통일사회당은 창당 선언문에서 "폐쇄적 할거성을 지양하고 이념적 산화(酸化)를 시도할 겨를도 없이 산만하고 무력한 태세로 7·29총선에 임한 것"을 철저히 자아비판하고, "조국을 통일, 자주, 독립의 훌륭한 민주적 복지국가로 발전시키는 역사적 대과업을 능히 담당, 완수할 수 있는 …… 민주적 사회주의 노선을 지향하는 …… 대동적이고 단일화한 혁신 정당을 창건하려 한다"고 밝혔다.

민자통은 '자주·평화·민주'의 3대 원칙 아래 남북통일을 실현하기 위한 국민운동을 전개할 것을 결의하고, 그 구체적 실천 방안으로 '즉각적인 남북 정치 협상', '남북 민족 대표들에 의한 민족통일건국최고위원회 구성', '외세 배격', '통일 협의를 위한 남북대표자회담 개최', '통일 후 오스트리아식 중립 또는 영세중립이나 다른 형태의 선택 여부 결정' 등의 중립화 통일 방안을 주장했다.

민자통은 이와 함께 학생들의 남북학생회담 제의를 적극 지지해 1961년 5월 13일 '남북학생회담 환영 및 통일 촉진 궐기대회'를 개최했다. 1만여 명의 시민과 학생이 참석한 가운데 진행된 이날 대회는 '남북학생회담 전폭적 지지', '남북정치협상 준비' 등 6개 항의 결의문을 채택하고, "가자, 북으로! 오라, 남으로!"라는 구호를 외치며 통일의 열기를 드높였다.

중립화조국통일총연맹은 민자통의 '자주·평화·민주'라는 원칙이 지나치게 여러 가지로 해석될 소지가 있고, 통일의 기본 방향이 될 수 없다는 이유를 들어 탈퇴 의사를 밝히고, 국제회의를 통한 국제적 보장하에 영세중립통일을 기해야 하며, 영세중립화를 성취하기 위해 국민운동을 전개해야 한다는 '영세중립화 방안'을 제시했다.

4월 혁명으로 통일론의 금제가 풀리면서 대학생들은 다양한 통일론을 들고 나왔다. 대표적인 것이 1960년 9월 24일 고려대학교가 주최한 '민족통일에 관한 제 문제'라는 논제로 열린 전국 대학생 시국대토론회였다. 이날 학생들의 통일 방안을 요약하면 다음과 같다.

① 중립화 운동의 전개.
② 중립적인 민주주의 통일정부 수립.
③ 중립국가로서 남북한 통일.
④ 중립국이 되는 길은 민족이 자립·독립하는 길.

⑤ 중립화 통일을 국내에서 여론화할 것.

5·16쿠데타로 중립화통일론을 주장했던 혁신계와 학생 지도자들은 심한 탄압을 받았다. 그리고 한국에서 중립화통일론은 지하로 잠복하거나 단절되었다.

통일 문제가 특히 젊은 층에 호소력이 있는 것을 인식한 혁신 정당들은 통일과 관련한 조직체를 만들었다. 사회대중당은 민족자주통일연맹을 구성했으며, 통일사회당은 중립화조국통일총연맹을 지원했다. 이 단체들은 혁신 정당을 대신해 적극적으로 시위운동을 주도해 장면 정부가 통일에 보다 적극적인 태도를 보일 것을 촉구했다.

혁신 세력은 장면 민주당 정권에 의해 추진된 '반공법'과 '집회와 시위에 관한 법률안'을 양대 악법으로 규정하고 대대적인 반대투쟁에 나섰다. 선거를 통해 원내 정치 세력으로 등장하는 데 실패한 혁신 세력은 시위와 행동으로 국민의 지지를 확대하고자 벼르던 중, 마침 정부에서 제안한 두 개의 안보 법안에 대한 반대운동을 세력 확대를 위한 절호의 기회로 삼고자 했다. 두 가지 이슈를 혁신계의 급진파와 중도파 양 집단이 공동의 대의명분을 위해 협동할 수 있는 기회로 삼은 것이다.

혁신 정당들과 노조 세력, 일부 학생들은 1961년 3월 22일 오후 2시를 기해 서울시청 앞 광장에서 대대적인 '2대 악법 반대 성토대회'를 열었다. 1만 명이 넘는 민중은 "밥 달라 우는 백성, 악법으로 살릴쏘냐", "데모가 이적이냐, 악법이 이적이냐"라는 플래카드를 앞세우고 시위를 벌이면서 2대 악법을 철폐하라고 요구했다. 이들에 맞서 4개의 반공단체가 동원되어 안보 법안을 지지하는 데모를 벌여 한때 서울의 중심 거리는 양측 시위대의 물결로 뒤덮였다.

　혁신 세력의 횃불 시위로 그동안 혼미 상태를 거듭해온 정계에 긴장 상태가 고조되고, 4~5월 위기설이 공공연히 나돌았다. 갓 출범한 장면 정부에는 큰 타격이었다. 또한 혁신계가 이합집산을 거듭하면서 일부 과격한 용어와 슬로건을 내걸고, 취약한 장면 정부의 혼란한 정국이 지속되면서 국민에게 불안감을 안겨주었다. 또 혼란의 틈새를 노리는 군부의 야심가들에게 기회를 제공해주는 측면도 없지 않았다. 그러나 1961년 봄부터는 치안 질서가 정상을 유지하고 정국도 차츰 안정을 되찾아갔다.

50

내각제 개헌과 솜방망이 부정선거 원흉 재판

　　　　　　　　　민주주의를 유린하고 소수의 측근들과 국정을 농단하다가 혁명을 유발한 이승만은 대통령직에서 물러난 뒤 1개월 남짓 이화장 사저에서 두문불출하다가 허정 과도정부에 의해 부정선거 관련자 처벌 과업이 한창 진행되고 있던 1960년 5월 29일 상오 부인 프란체스카만 동반하고 미국 CAT 전세기 편으로 비밀리에 김포공항을 떠나 하와이로 망명했다. 미국 정부가 주선한 망명이었다. 국민에게는 출국 뒤에 알렸다. 임시정부에서 탄핵된 데 이어 두 번째의 망명이었다.

　과도정부 수반은 외무장관 허정이 맡았다. 승계권자인 장면 부통령이 이승만의 사임을 촉구하면서 사직한 터여서 수석 국무위원인 허정이 맡은 것이다. 이승만은 퇴임 후 자신의 신변 보호를 위해 측근인 허정을 승계권자 1순위의 국무위원으로 임명했다.

1960년 5월 29일, 하와이로 출국하는 이승만 박사와 전별하는 허정 대통령 권한대행.

허정 과도정부 수반은 취임 초 기자회견에서 시국 수습을 위해 내각책임제 개헌을 기필코 실현시킬 것을 다짐하면서, 개헌이 성취된 후에 대통령 선거와 국회의원 선거를 최대한 빨리 실시하겠다고 약속했다. 또 자유당 혁신파 의원들도 내각책임제 개헌을 위해 움직이기 시작했다. 4월 26일 이승만의 하야성명이 발표되자 수만 명의 시위 군중들은 의사당 앞에서 내각책임제 개헌을 촉구하는 등 6개 항의 결의문을 채택했다.

이처럼 4월 혁명 후의 정치사회적 분위기는 내각책임제 개헌으로 국민의 공감대가 형성되고 있었다. 다만 집권이 예상된 민주당의 신·구파 사이에는 개헌을 둘러싸고 정치적인 이해가 첨예하게 대립했다. 신파는 장면이라는 인기 있는 정치 지도자가 있기 때문에 종래의 내각책임제 강령에도 불구하고 대통령 중심제를 고수하려는 입장을 보인 데 비해, 구파는 조병옥의 사망으로 리더를 잃은 상태여서 내각책임제로의 개헌을 완강하게 주장했다.

그러나 신파 역시 도도한 여론의 흐름에 따르지 않을 수 없어서 내각책임제로 개헌 방침을 정하게 되고, 양측은 5인 소위를 구성, 개헌 초안을 만드는 데 합의했다. 신파의 엄항섭 의원과 구파의 정헌주 의원이 도맡아서 만든 개헌 초안의 요강은 다음과 같다.

① 국정은 국무총리를 중심으로 하는 내각이 책임지고 수행한다.
② 대통령은 명목상의 국가원수로서 국군통수권과 영예수여권, 공무원 임면권, 국무총리 제청권, 법률 공포권 등 내각을 통해 수행하는 형식적인 권한만을 갖는다.
③ 국회는 내각 불신임권, 내각은 국회 해산권을 갖게 하여 상호 견제한다.

이기붕 일가 자살, 이승만의 해외 망명 등 돌발적인 사태가 이어지며 더 이상 국정의 공백을 만들어서는 안 된다는 여론이 일자 국회는 4월 29일, 민주·자유 양당 4명씩과 무소속 1명으로 개헌특위 기초위원회를 구성했다. 민주당의 엄항섭 의원이 위원장으로 선출되었다. 개헌특위는 연일 회의를 거듭했고, 그 과정에서 엄 위원장이 과로로 사망하고 후임에 정헌주 의원이 선출되는 등 불상사를 겪으면서도 개헌안 작성에 열성을 보였다. 내각제 개헌은 4월 혁명기의 시대정신이었다. 개헌특위는 공법학회에서 개헌 초안을 만들어 국회에 보내오는가 하면 특위 주최로 공청회를 열어 국민의 여론을 수렴하는 등 업무를 게을리 하지 않았다. 이렇게 각계의 의견을 듣고 협의를 거듭한 개헌특위는 국회 제출 시한을 하루 앞둔 5월 9일, 개헌 요강 작성에 대체로 합의를 보았다.

민주당 측 개헌 요강에서 크게 달라진 내용은 다음과 같다.

① 선거권자의 연령, 21세에서 20세로 하향 조정.
② 정당에 대한 국가의 보호 조항 강화.
③ 언론·출판·집회·결사의 허가 및 검열제 폐지.
④ 국회는 상하 양원제로 하되, 참의원은 서울특별시 및 도 단위로 하는 중선거구제 채택.
⑤ 경찰 중립화를 위해 특별한 헌법상의 기구 마련.

이 개헌안은 전문 103조로 되어 있던 제1공화국의 헌법 중 무려 52개 조항이 고쳐진 것으로 사실상 제헌이나 다름없는 것이었다. 개헌안은 자유당 잔재 세력에 의한 저지, 방해 등 몇 차례의 고비와 곡절을 거듭한 끝에 확정되어 30일 간의 공고 기간을 거쳐 마침내 6월 15일 재적 211명 중 찬성 208표, 반대 3표로 통과되었고, 이로써 제2공화국의 모태가 된 헌법이 만들어졌다.

허정 과도정부가 들어서면서 국민의 관심은 자연히 4·19혁명의 뒤처리에 쏠렸다. 혁명적 분위기에 들떠 있던 시민들은 3·15부정선거의 원흉, 주동자들과 4·19혁명 발포 책임자들의 처벌을 요구하고 나섰다. 국민들은 부정선거 원흉 처단, 발포 책임자 색출과 처단, 부정 축재자 척결, 정치깡패 처벌 등을 요구했다.

허정 과도정부 수반은 4월 28일 3·15부정선거의 뒤처리에 관한 특별성명을 발표하고 "국민이 원하는 방향으로 3·15부정선거의 책임 소재를 밝히고 엄정히 다스리겠다"고 다짐했다. 검찰은 이 같은 정부의 방침에 따라 먼저 3·15부정선거 당시 내무장관이었던 최인규를 구속하는 한편, 이강학 치안국장, 이성우 내무차관, 최병환 내무부 지방국장, 한희석 자유당 선거사무장, 신도환 반공청년단장, 홍진기 법무장관, 김일환 교통장관, 전성천 공보실장, 자유당 기획위원 이중재·임철호·이재학·장경근·박만원·정문흠·정기섭·조순·박용익·정존수·이존화, 송인상 재무장관, 이근직 농림장관, 최재유 문교장관, 신현확 부흥장관, 손창환 보사장관, 구용서 상공장관을 구속했다. 이어서 박찬일 경무대 비서관, 임흥순 서울시장, 최응복 부시장, 김용진 내무국장, 강남희 시경 사찰과장, 고상원 시경 보안과장, 조인구 치안국장, 유충렬 시경국장, 곽영주 경무관, 백남규 시경 경비과장, 이상국 치안국 특정과장 등을 차례로 구속했다.

그러나 이들에 대한 사법부의 재판은 지지부진해 허정 과도정부에서 장면 정권으로, 다시 박정희 군사쿠데타 정권으로 넘겨졌다. 당초 이승만 독재 체제에 부역했던 사법부가 혁명재판을 맡은 것 자체가 아이러니였다.

박정희 군사정권은 극소수의 부정선거와 발포 책임자, 정치깡패들에게만 중형을 가하고, 대부분의 피의자는 면책했다. 특히 기업인들에 대한 재판은 솜방망이였다. 쿠데타 세력과 재계가 유착한 것이다. 이로써 해방 후 친일파 면책에 이어 다시 한 번 헌정 유린과 부정선거 관련자들이 구제되는 역사의 오점을 남겼다.

51

헌정 질서를 파괴한
박정희 쿠데타

박정희의 5·16군사쿠데타는 고려 정중부·최충헌 일당의 무단통치 이래 최초의 무인 지배 체제였다. 한국 현대 정치사에서 가장 비극적인 사건의 하나인 5·16군사쿠데타는 4월 민주혁명으로 민주당 정권이 들어선 지 8개월 만인 1961년 5월 16일 새벽에 발생했다. 5·16은 군정 3년과 유신에 이어 그 아류 전두환·노태우의 제5·6공화국에 이르기까지 장장 31년에 걸친 군사통치의 시발이 되었다. 그리고 이들의 유산을 이어받은 이명박·박근혜 정권으로 이어졌다.

박정희 육군 소장과 그의 조카사위인 김종필 예비역 육군 중령을 중심으로 하는 장교 250여 명과 사병 3,500여 명이 동원된 반란군은 이날 새벽 3시경 한강 어귀에 진입했고, 짧은 총격전 끝에 예정보다 약 1시간 늦게 서울 입성에 성공했다. 서울로 진격한 반란군은 중앙청 및 서울중앙방송국 등 목표 지점을 일제히 점거하고, 새벽 5시 첫 방송을 통해 거사의 명분을 밝히는 한편, 6개 항의 이른바 '혁명공약'을 국내외에 선포했다. 이어 9시에는 군사혁명위원회 명의의 포고령을 통해 전국에 비상계엄을 선포하고, 오후 7시를 기해 장면 정권을 인수한다고 밝힘으로써 반란군은 일단 정권 찬탈에 성공했다. 혁명공약 제6항에서는 '원대 복귀'를 약속했지만, 쿠데타 주역들은 번의를 거듭한 끝에 민정에 참여해 스스로 공약을 짓밟았다. 대국민 속임수였다.

쿠데타 주동자들이 처음으로 거사를 모의한 것은 1960년 9월 10일이었다. 김종필을 비롯한 영관급 장교 9명이 서울 충무장에서 모임을 갖고 군의 정풍운동을 시도하는 한편, 쿠데타를 결의하는데, 11월 9일에는 신당동 박정희 소장 집에서 다시 회합, 쿠데타 거사를 논의했다. 이들은 1961년 4월까지 쿠데타 조직 및 거사 계획을 완성하고, 4월 19일을 택일했으나 좌절되었고, 다시 5월 12일로 예정했으나 역시 실패, 그리하여 16일에 거사한 것이다.

한국군의 작전통제권을 장악하고 있던 유엔군 사령관 매그루더 (Carter Bowie Magruder) 장군은 쿠데타 반대 성명을 발표하면서 강제 진압 의사를 밝혔으나, 윤보선 대통령이 "올 것이 왔다"라고 군사쿠데타를 인정, 반란군에 승복하면서 매그루더 장군의 쿠데타 저지 요구를 거절함으로써 쿠데타 성공은 기정사실화되었다.

한편 수녀원에 피신해 있던 장면 총리는 18일 은신처에서 나와 국무회의를 열고 내각 총사퇴와 군사혁명위원회에 정권 이양을 의결했으며, 윤보선 대통령은 국무회의의 결정을 그대로 재가했다. 같은 날 미 국무성도 한국 군사혁명위원회의 지도자가 반공친미적임을 지적하

1961년 5월 16일 군사쿠데타를 일으킨 박정희 소장.

면서 쿠데타를 사실상 승인했다. 한때 미 국무성은 박정희의 좌익 전력을 이유로 원주의 제2군사령부를 동원해 진압할 것을 구상했으나, 군 통수권자인 윤보선과 장면의 '투항'으로 실행에 옮기지 못했다. 쿠데타 주모자가 박정희와 김종필이었다면, 동조 또는 방조자는 윤보선과 장면이었다. 전시작전통제권을 장악하고 있던 미군의 책임도 그에 못지않았다.

반란군은 최고권력기구로 군사혁명위원회를 구성해 의장에는 당시 육군 참모총장인 장도영, 부의장에는 쿠데타의 실질적 주도자인 박정희를 선임했다. 군사혁명위원회는 남한 전역에 비상계엄령을 선포함과 동시에 포고령 제1호를 통해 옥내외 집회 금지, 전국 대학의 휴교령, 국외여행 불허, 언론 사전 검열, 야간 통행금지 시간 연장 등을 발표했다. 쿠데타에 성공한 반란군은 5월 18일 군사혁명위원회를 국가재건최고회의로 개칭하고, 6월 6일 국가재건비상조치법을 공포해 최고 권력기구로서의 법적 뒷받침을 마련했다.

국가재건최고회의는 입법권·행정권의 전부와 사법의 통제권을 장악하고, 산하에 법제, 사법, 내무, 외무, 국방, 재정, 경제, 교통, 체신, 문교, 사회, 운영, 기획 등 13개 분과위원회를 설치한 데 이어 직속기관으로 중앙정보부, 재건국민운동본부, 수도방위사령부, 감사원을 두어 본격적인 군정을 실시했다. 또한 산하기구로 혁명재판소와 혁명검찰부를 두어 용공분자의 색출을 표방하며 구정권 인사들과 혁신 세력을 대대적으로 검거하는 한편, 각급 정당과 사회단체, 언론 매체, 노동조합을 강제 해산하는 등 민주 세력에 대한 폭압적인 탄압을 자행했다.

군정은 3·15부정선거와 관련해 최인규, 발포 책임자 곽영주, 정치깡패 이정재 등을 사형하고, 『민족일보』 사장 조용수를 반국가죄로 처형한 반면, 국민의 지탄을 받아온 독점재벌 등 부정축재자들은 경제 건설에 적극 활용한다는 명분으로 거의 사면 조치했다.

정권 장악이 확실해지면서 쿠데타 세력 내부에서는 권력 쟁탈전이 치열하게 전개되었다. 5·16쿠데타를 방관·동조했던 장도영을 몰아내고 실권자인 박정희가 최고회의 의장에 취임했다. 박정희 세력은 7월 3일 장도영과 쿠데타 주동자였던 육사 5기 출신의 박치옥, 문재준 등이 반혁명 쿠데타를 기도했다는 혐의로 체포하고, 김종필 계열의 육사 8기 출신들이 권력의 핵심을 장악했다. 군정 기간에 적발된 이른바 반혁명 사건이 13건에 달했고, 최고회의에 참여했던 최고위원 장성들의 상당수가 여러 혐의로 제거되어 1963년 2월 최고회의에는 발족 당시 32명의 위원 가운데 6명만 남을 정도로 치열한 숙청이 단행되었다. 쿠데타 세력은 정치활동정화법을 제정해 민간정치인들을 일부는 거세하고 일부는 포섭하는 등 '분열시켜 통치'하는 전략을 펴면서, 자금을 확보하기 위해 화폐개혁과 통화증발 등의 경제 조치를 단행했다. 5·16은 군부가 정치에 개입해 무력으로 정권을 찬탈하는 반헌법의 악폐를 한국 현대사에 남기게 되었으며, 이후 군부 야심가들이 권력욕의 충동을 뿌리치지 못하게 하는 선례를 만들었다.

민주국가에서 군사쿠데타는 국헌을 유린한 반란 행위다. 더욱이 일본군 장교 출신들의 쿠데타는 헌정사 이전에 민족사적으로 용납할 수 없는 반역이었다. 쿠데타로 집권한 박정희는 18년 5개월 10일 동안의 집권 기간에 군정 940일, 계엄령 3회, 위수령 4회, 대학 휴교령 5차례, 국가 비상사태 1회, 긴급조치 9회 등 폭압통치로 일관했다. 그의 집권 기간은 이승만보다 6년이 길고, 김영삼·김대중·노무현 3대의 합계 15년보다 3년 반이 더 많았다.

52

중앙정보부 창설,
정보정치의 악행

이명박·박근혜 정권의 각종 불법, 비리, 적폐의 본산은 국가정보원이다. 다시 '국민의 원부(怨府)'로 부각된 국정원의 뿌리는 중앙정보부(약칭 중정)였다. 군사정권 시절에 인권 탄압과 정보정치의 대명사로 불린 중앙정보부는 1961년 6월 10일 법률 제619호로 '중앙정보부법'이 국가재건최고회의에서 제정·공포됨으로써 창설되었다.

국가재건최고회의 직속기관으로 발족된 중정은 "국가 안전 보장에 관련된 국내외 정보 사항 및 범죄 수사와 군을 포함한 정부 각 부서의 정보·수사 활동을 감독"하며, "국가의 타 기관 소속 직원을 지휘·감독"하는 막강한 권한을 갖고 태어났다. 중정은 쿠데타에 성공한 박정희 세력이 군 내부의 반혁명 기도나 민간정치인들의 저항을 효과적으로 분쇄·저지하기 위해 비밀리에 조직되었다. 쿠데타의 2인자 김종필이 군부 내 첩보부대, 방첩부대, 헌병대, 육군본부 정보국, 총리 직속의 중앙정보위원회 요원 등 3천 여 명을 중심으로 중정을 조직하면서 대통령(당시는 최고회의 의장) 직속의 최고권력기관으로 군림하게 만들었다.

선발된 요원들 중에는 총독부 치하에서 검사, 경찰, 형사, 밀정 노릇을 했던 자들도 다수 포함되었다. 따라서 중정은 각종 정보·수사 기관뿐만 아니라 정부를 구성하고 있는 모든 기관의 활동을 지휘·감독할 수 있는 명실 공히 최고권력기관으로 군림하면서 현역 군인의 직접적인 관여를 통해 군부를 완벽하게 장악할 수 있었다.

군사정권은 중앙정보부를 통해 정부기관, 군부에 그치지 않고 사회의 모든 분야에 대한 실질적인 통치력을 발휘하고 감시와 통제 활동을 벌여 국민에 대한 정보통치를 구체화했다. 중앙정보부는 미국 CIA의 명칭을 따오고 CIA 교법으로 요원들을 교육했으며, 역할은 소련 정보기관인 KGB를 닮았다. 중앙정보부는 쿠데타 직후에 발생한 이른바 장도영 장군의 반혁명 사건을 비롯해 권력 내부의 반대 세력 제거에 크게 기여함으로써 박정희의 신뢰를 받고 막강한 권부의 실세로 등장했다.

1964년에는 중정 요원의 수가 37만 명에 이르렀다. 거번 맥코맥 (Gavan McCormack)의 『한국과 일본: 관계 정상화 10년』이란 책에 따르면, 남한 인구의 약 10퍼센트가 중앙정보부와 직간접적으로 관계를 맺고 음지에서 활동하고 있었다고 한다. 중앙정보부 요원들 중 상당수는 민간인들로 채워졌는데, 이들은 정보요원이라는 신분을 숨긴 채 통상적인 직업에 종사하면서 주변 동태를 감시하고 그 결과를 기관에 보고하는 역할을 맡았다. 또한 이들은 암암리에 정부의 시책을 홍보하고 주변 여론을 정부에게 유리하도록 조성하는 등 다방면에서 권력의 말초신경 역할을 수행했다.

군사정부는 이처럼 요소요소에 정보요원과 프락치를 심어 놓음으로써 국민의 일거수일투족을 감시·통제했고, 보다 상급의 전문적인 요원들(이들 중에는 민간인 복장을 한 현역 군인 상당수가 포함되었다)은 학원, 야당, 언론사 편집국, 노조, 각종 문화단체 등 사회적으로 영향력 있는 비정부 기관에 공개적으로 드나들면서 회유하거나 협박했다.

중앙정보부 요원의 개입 활동은 여기에 머무르지 않고, 사실상 사회의 모든 영역에 걸쳐 광범위하게 이루어졌다. 하다못해 도시의 다방과 술집에 이르기까지 이들의 손길이 미쳤다.(김정원, 『분단한국사』)

중앙정보부는 공화당 사전 조직, 4대 의혹 사건을 비롯해 정치활동규제법 제정, 각종 선거와 야당 전당대회에 이르기까지 개입하지 않는 부분이 없을 정도였다. 특히 인혁당 사건, 김대중 납치 사건 등 대형 정치 사건과 숱한 용공 조작 사건을 만들어 많은 사람을 투옥하고 죽음으로 몰아넣었다. 학생과 민주인사들을 끌어다 고문하는 일은 다반사였다.

중앙정보부는 초법적인 위치에서 엄청난 예산과 인력을 동원해 독재 정권의 전위 역할을 수행했다. 이를 법적으로 뒷받침하기 위해 고안된 것이 바로 1961년 7월 3일에 제정·공포된 이른바 반공법이다. 이 법은 반공이라는 명분 아래 국민의 모든 권리를 억압하고 탄압하는 것을 조항으로 갖고 있었다. 반공법은 야당, 학생, 언론인, 종교인, 노동자 등 모든 비판 세력의 활동을 규제할 수 있는 내용을 담고 있었다. 세계적으로도 유례가 드물 만큼 지독한 악법인 이 반공법은 흔히 말하는 대로 '귀에 걸면 귀걸이, 코에 걸면 코걸이' 식으로 권력의 입장에 반대되는 모든 행위를 처벌할 수 있도록 되어 있었다.

남북협상이나 평화통일론은 말할 것도 없고 단순한 서신 교환 등 낮은 차원의 남북 교류 주장도 반국가단체인 북한과 회합·통신하는 것에 해당한다는 이유로 반공법의 저촉 대상이 되었다. 이를 근거로 5·16쿠데타 이전에 중립화통일론이나 남북학생회담 추진 등 평화적 민족통일을 위한 운동에 주도적으로 참여했다가 체포·구속된 인사들 모두에게 반공법이 소급 적용되었다. 이 중에는 오직 '남북한의 경제적·문화적 교류를 지지했다'는 이유만으로 폐간 조치당했던 『민족일보』 사장 조용수와 간부들도 포함되었다. 또한 단순히 정부의 정책을 비판하는 시나 수필, 소설조차도 반국가단체의 주장에 동조했거나 적을 이롭게 했다는 이유로 처벌의 대상으로 삼았다. 반공법은 특히 언론 탄압에 광범위하게 악용되었다.

5·16쿠데타 무렵 주한 미 대사관 문정관이었던 그레고리 헨더슨(Gregory Henderson)의 중정에 관한 기술이다.

중앙정보부는 고전적인 모호성을 현대적인 비밀로 대체했고, 국내외에서 조사, 체포, 테러, 검열, 대대적 신원조사, 그리고 수천 명의 요원, 밀고자, 스파이 등을 추가했다. …… 한국 역사상 …… 어처구니없을 정도로 그 기능이 팽창된 시기에 중앙정보부는 폭넓게 감시하고 숱한 정부 기획을 입안했으며, 신임 정부기관 요원들을 모집하고 일본과의 관계를 고무했으며, 기업체를 후원하고 기업들한테 돈을 빼앗았으며, 학생들을 감시하고 조작했으며 …… 극단, 무용단, 관현악단 및 워커힐 같은 대규모 관광센터를 후원했다. (브루스 커밍스, 『한국현대사』)

그레고리 헨더슨.

　여기에는 빠져 있지만, 박정희에게 미녀들을 뽑아 바치는 채홍사 노릇까지 했던 중앙정보부는 마침내 부메랑이 되어 수장이 주군을 암살하는 사태로 번지면서, 18년 만에 또 다른 정보기관에 명칭과 기능을 넘기고 역사 속으로 사라졌다.

53

『민족일보』를
좌익 경력 세탁용 삼아

쿠데타를 일으켜 정권을 장악한 박
정희에게 가장 시급한 문제는 미국으로부터 신임을 받는 일이었다.
국내는 계엄령과 중앙정보부, 반공법 등으로 다스리면 되는데 문제는
미국이었다.

박정희는 민주당 정부 각료와 군부의 이른바 반혁명 세력, 그리고
혁신계 인사들을 대대적으로 구속했다. 민주당 각료들과 군부 내 라
이벌을 제거한 것은 이들의 재기를 막기 위한 조처였지만, 혁신계의
일망타진은 다분히 미국을 겨냥한 처사였다. '혁명공약' 제1항에 '반
공 국시'를 내건 것도 박정희의 좌익 콤플렉스 때문이었다.

박정희 군부는 5월 16일 거사 직후부터 혁신계 인사들의 체포 작
전에 돌입해 19일에는 '용공분자 930명', 22일에는 '용공분자 2,014
명'을 검거했다고 발표했다. 미 국무성은 그제야 "한국의 사태는 고무

적"이라며 쿠데타에 사실상의 지지를 표명했다. 미국의 지지에 고무된 쿠데타 측은 이어서 4천여 명에 이르는 혁신계 인사들을 검거했다고 '전과'를 속속 발표했다. 그럴수록 미국의 신뢰는 두터워졌다.

쿠데타 세력이 구속한 4천여 명 중에는 진짜 간첩이나 용공분자가 섞여 있었을지 모르지만, 대부분 4월 혁명 공간에서 진보·혁신의 기치를 내걸고 활동했거나 과거 남북협상 또는 평화통일운동 계열의 인사들이었다. 6·25전쟁기에 용케 살아남은 보도연맹 관계자들도 포함되었다.

> 박정희는 미국도 놀랄 수준의 '빨갱이 사냥'으로 미국의 환심을 사고자 했다. 진짜 빨갱이를 때려잡는 것도 아니었다. 미국으로부터 승인을 받는 것이 주된 목적이었기 때문에 빨갱이가 아닌 사람들을 빨갱이로 때려잡는다면 더욱 좋은 일이었다.
> 순전히 박정희의 빨갱이 경력을 세탁시켜주는 용도로 수많은 사람들이 억울하게 당해야만 했다. 그 어이없는 게임의 최대 희생자 중 한 사람이 바로 『민족일보』 사장 조용수였다. (강준만, 『한국 현대사 산책: 1960년대 편 1권』)

5·16쿠데타가 일어난 지 3일 만인 5월 19일 계엄사령부는 『민족일보』에 폐간을 통보하는 동시에 조용수 사장을 비롯한 8명의 간부를 구속했다. 조총련계에서 1억 환의 불법 자금을 들여와 신문사를 만들고 북한 괴뢰 집단에 동조해왔다는 이유였다. 박정희 군부가 『민족일보』 사장 조용수를 구속하고 결국 사형까지 집행한 데는 두 가지 목적이 숨겨져 있었다. 하나는 미국에 보이기 위한 희생양이고,

다른 하나는 언론인들에게 공포, 경각심을 갖게 하려는 의도였다. 이승만 시대에 잔뜩 움츠렸던 언론이 4월 혁명에 무임승차하면서 기세를 올리고, 자유화 바람을 타고 각종 언론사가 우후죽순 난립해 사이비 기자들의 민폐가 심각한 형편이었다. 조용수는 이런 상황에서 선택된 희생양이었다.

조용수는 자유당 때 국회 부의장을 지낸 조경구의 조카이며, 대구 출신으로 대륜중학을 거쳐 연세대학 재학 중 6·25전쟁이 발발하자 중퇴하고 삼촌의 비서관으로 국회에서 근무했다. 1951년 일본으로 건너가 메이지대학에서 수학한 후 재일거류민단 조직부차장으로 활약했으며, 조총련계와는 무관하고 오히려 재일교포 북송 때는 앞장서서 반대하기도 했다.

4월 혁명을 맞아 귀국한 조용수는 사회대중당으로 경북 청송에서 7·29총선에 입후보했으나 낙선하고, 서상일, 윤길중, 고정훈, 김달호, 이동화, 송지영, 이종률 등 혁신계 및 진보적 인사들과 1961년 2월 13일『민족일보』를 창간했다. 신문은 '민족의 진로를 가리키는 신문', '근로대중의 권익을 옹호하는 신문', '부정과 부패를 고발하는 신문', '조국의 통일을 절규하는 신문' 등 4대 사시를 내걸었다.

『민족일보』는 창간 때부터 시련이 따랐다. 진보적 논조 때문이었다. 장면 민주당 정부가 인쇄소 계약을 해지시켜 3일간 휴간한 뒤 3월 6일자로 속간할 수 있었다.『민족일보』는 평화통일론을 주장하고, 민주당 정부의 2대 악법 제정과 부정선거 원흉 등의 재판 지연을 신랄하게 비판했다. 이 신문은 1961년 2월 8일 체결된 한미경제협정의 문제점을 지적하는 등 혁신계의 주장과 논리를 대변했으나 비교적 온건한 편이었다.

『민족일보』는 독특한 편집과 진보적인 주장으로 창간 초기부터 국민의 뜨거운 사랑을 받았다. 갓 창간한 신문이『동아일보』·『조선일보』와 비슷한 수준인 5만 부를 발행하고, 가판에서는 단연 1위를 달렸다.

군사정권의 검찰이 조용수 등을 구속하면서 밝힌 혐의 내용의 요지는 다음과 같다.

조용수는 그가 일본에 있을 당시인 1959년 8월 중순경, 대남 간첩인 이영근과 접선해 소위 혁신 세력의 규합 및 위장 평화통일 주장의 지령을 받고 귀국한 후, 이(㈜)로부터 전후 1억 6백만 환의 공작금을 받아 윤길중, 서상일, 고정훈, 최근우 등 혁신계 인물들과 활동하는 동시에, 1961년 2월 13일『민족일보』를 창간해 북한 괴뢰의 주장과 동일한 언론 활동을 벌였다. 그리고 조용수 외의 피고 12명은 모두『민족일보』의 사시 결정에 결정적 역할을 담당한 자이거나, 조와 이영근 간의 자료 수수를 담당한 자들이다.

검찰이 제기한『민족일보』의 창간 자금은 조총련이 아니라 국내 혁신계 인사들로부터 지국 설치 보증금 형식으로 모은 것이었다. 훗날 노태우 정부가 간첩이었다는 이영근에게 국가에 기여한 공로로 국민훈장 문화장을 수여한 것에서 알 수 있듯이, 이영근을 통한 조총련계의 불법 자금 유입설은 날조된 것이었다.

8월 28일 열린 혁명재판 2심 재판부 김홍규 대령은 "『민족일보』가 평화통일, 남북협상 등 반국가단체 북한 괴뢰에 이익이 된다는 점을 알면서 그 주장에 고무·동조했다"는 등의 혐의로 조용수, 안신규 간

1961년 사형된 『민족일보』 사장 조용수.

사, 송지영 논설위원에게 사형, 다수의 간부들에게는 무기 등 중형을 선고했다. 조용수는 장문의 상고 이유서를 냈으나, 10월 31일 열린 상고심에서 전우영 재판장은 문석해·선우주·정기순·양회경·이존 웅·계철순 재판관이 배석한 가운데 상고를 기각, 사형을 확정했다. 변호인의 변론도 없이 진행된 재판이었다.

조용수는 1961년 12월 21일 오후 현저동 서대문형무소에서 형이 집행되었다. 그는 32세의 젊은 나이에 이 땅에서 처음으로 진보 정론 지를 발행하다가 형장의 이슬로 사라졌다. 대한민국 역사상 언론인 이 재판에 의해 처형된 것은 그가 처음이었다. 조용수는 "민족을 위 해 할 일을 못 하고 가는 것이 억울하고, 신문을 만들기 위해 동지에 게 꾼 돈을 갚지 못한 것이 미안하다"는 유언을 남겼다. 형이 집행되 기 전 국제펜클럽과 국제신문인협회 등의 항의 전문이 발표되고 일 본에서는 구명운동이 제기되었으나, 다수의 국내 언론이 침묵한 가운 데 박정희 최고회의 의장이 12월 20일 사형을 확인한 다음 날 교수 형이 집행되었다. 1962년 1월 13일 국제저널리스트협회는 조용수에 게 1961년도 국제기자상을 추서했다.

조용수의 사형 집행 후 함께 사형 선고를 받았던 송지영은 감형이 거듭되어 전두환이 만든 민정당의 전국구 의원, 한국방송공사(KBS) 이사장 등을 지내고, 다른 인물들도 송지영과 비슷한 길을 걸었다. 조용수 처형과 『민족일보』 폐간으로 박정희의 목표가 '훌륭하게' 달성되었기에 나타난 기이한 현상이었다.

54

군사정권이 만든
제3공화국 헌법

쿠데타를 일으켜 권력을 찬탈한 박정희는 언제까지나 군정을 계속하기는 어려웠다. 국민의 눈과 국제사회의 여론 때문이었다. 박정희 국가재건최고회의 의장은 몇 차례의 '반혁명 음모 사건'으로 반대파 숙청을 거듭한 끝에 명실상부한 실력자로 등장해 본격적으로 민정 참여 전략을 세우기 시작했다.

박정희는 1963년 2월 18일 이른바 민정 불참을 선언한 바 있었다. 시국 수습을 위한 9개 방안을 각 정당이 수락한다면 자신은 민정에 참여하지 않을 것임을 천명한 것이다. 이 9개 항목에는 '5·16의 정당성과 정치 보복 금지', '한일 문제의 초당적 협조' 등이 들어 있었다. 이에 따라 2월 27일에는 12개 정당 대표와 7개 사회단체 대표 및 27명의 재야인사가 개인 자격으로 참가한 가운데 이른바 민정 불참 선서식이 거행되었다.

그러나 박정희는 1주일 만에 민정 불참 선언에 부정적인 의사를 표명하고, 3월 16일 "현 시국은 과도적 군정이 필요하다"는 이유로 4년간의 군정 연장을 국민투표에 부치겠다며 민정 불참 선언을 번복했다. 이에 야권에서는 3월 22일 군정 연장 규탄대회를 열어 맞대결에 나섰다. 우여곡절 끝에 다시 박정희의 4·8성명이 나오면서 그의 민정 참여는 기정사실로 굳어졌다. 결국 혁명 공약을 뒤집은 것이다.

군사정부는 1962년 11월 박정희의 민정 참여를 위한 헌법 개정안을 만들어 국가재건최고회의에서 의결한 후, 12월 17일 국민투표를 통해 이를 확정했다. 우리나라 헌정사상 처음으로 국민투표에 회부되어 총투표수 1,058만 5,998명(투표율 85.28퍼센트) 가운데 833만 9,333명(78.78퍼센트)의 찬성으로 확정된 이 헌법은 제2공화국의 내각제 헌법을 전면적으로 개정했다는 점에서 실질적으로는 헌법의 제정에 가까웠다. 새 헌법의 주요 내용은 '대통령중심제 채택', '국회의원 소선거구제 채택', '국회의 단원제와 국회 활동 약화', '법원에 위헌법률 심사권 부여', '헌법 개정에 대한 국민투표제 채택', '경제과학심의회의, 국가안정보장회의 설치' 등이다. 국민투표를 거쳐 확정된 개헌안은 1962년 12월 26일 시민회관에서 공포식이 거행되어 제3공화국의 새 헌법으로 확정되었다.

5·16쿠데타 이후 금지되었던 정치 활동이 1년 7개월 만인 1963년 1월 1일부터 재개되었다. 군사정부는 1962년 12월 31일 군사혁명 포고령 제4호로 되어 있던 정당·사회단체의 정치 활동 금지 조항을 폐기하고 '집회 및 시위에 관한 법률'을 제정하는 등 규제 방안을 마련하고, 정치 활동 재개의 길을 터놓았다. 최고회의는 정치 활동 재개와 더불어 전 민의원 의장 곽상훈 등 171명을 1차로 정치 활동 금

지에서 해제했다. 해제된 정치인은 자유당계 76명, 민주당계 31명, 신민당계 38명, 무소속 26명이었다.

일련의 진통 끝에 정치 활동이 재개되자 야당 연합을 목표로 삼아 창당 작업을 추진 중이던 민정당은 각 정파 사이에 타협이 이루어져 대통령 후보 윤보선, 당대표 김병로를 각각 옹립하고, 집단 지도 체제를 채택하기로 결정했다.

민정당은 재야 정당으로는 처음으로 1963년 5월 14일 서울 시민회관에서 창당대회를 열었다. 대표최고위원에 김병로, 최고위원에 김도연, 백남훈, 이인, 전진한, 김법린, 서정귀 등을 선임했고, 대통령 후보에는 예정대로 윤보선이 선출되었다.

민정당은 창당대회에서 채택한 강령을 통해 ① 우리는 진정한 자유민주주의에 입각한 새 시대 창조의 선두주자가 된다, ② 우리는 모든 형태의 독재와 독선을 배격하고 자유와 평등의 원칙하에 모든 국민의 기본권을 보장한다, ③ 우리는 국민자본주의에 입각한 자유경제 체제를 확립하고 안정 기조 위에 경제 성장의 증대를 도모하고 자유 경제의 터전을 마련한다, ④ 우리는 민족정기의 앙양, 도의심(道義心)의 함양 및 과학 기술의 향상을 기하고, 교육의 민주화를 실현해 세계 문화 창조에 기여한다 등 7개 항을 선언했다.

김종필 중앙정보부장이 공화당의 사전 조직을 도맡았다. 4대 의혹 사건 등으로 엄청난 정치자금을 조달한 중앙정보부는 5·16 주체 세력을 중심으로 '혁명 이념의 계승과 민족적 민주주의 구현'을 표방하면서 창당 준비를 서둘렀다. 이들은 정치 활동이 재개된 1963년 1월 10일, 가칭 '재건당'이란 명칭 아래 첫 발기인대회를 갖고, 1월 18일 민주공화당이라는 당명으로 김종필을 창당준비위원장으로 하는 발기

선언대회를 열었다.

군사정부 안에는 김종필 라인과 이에 맞서 유원식·김동하 최고위원 등의 반발 세력이 주축이 된 반김 라인이 형성되어 일촉즉발의 대치 상태로 발전했다. 결국 김종필이 4대 의혹 사건과 간첩 황태성의 지침으로 공화당의 창당 준비 과정에서 2원제 사전 조직을 도입했다는 비판을 받아 모든 공직에서 떠나 제1차 외유길에 올랐다.

공화당은 창당 주역 김종필이 반대파에 밀려 외유길에 오르자 재야 법조계의 원로 정구영을 총재로 영입해 창당대회를 갖고 공식 출범했다. 공화당에는 쿠데타 주체들뿐만 아니라 윤치영, 이효상, 박준규, 민관식, 백남억 등 구야권 인사와 학계 인사들도 다수 참여했다.

한편 윤보선 대통령은 5·16쿠데타 3일 후인 5월 19일 쿠데타에 대한 책임을 지고 하야를 천명했으나, 국가의 법통을 수호해야 한다는 여론에 따라 하야를 철회했다가 국가재건최고회의가 정치활동정화법을 제정해 많은 구정치인의 공민권을 제한하자 전격적으로 사임을 발표했다. 최고회의는 이를 받아들이면서 박정희 의장이 대통령의 권한까지 대행토록 했다.

55

박정희 전력 둘러싼
사상 논쟁

박정희는 처음부터 정권을 넘겨줄 의사가 추호도 없었다. 그의 목표는 죽을 때까지 집권하는 것이었다. 그래서 선거를 통한 재집권의 길을 열었다. 군사쿠데타를 주동한 인물이 여당의 후보로 나선 가운데 '민정 이양'이라는 기묘한 대통령 선거가 1963년 10월 15일 실시되었다.

1963년 5월 27일 민주공화당의 개편대회에서 대통령 후보로 지명된 박정희는 재야 세력으로부터 지명 수락에 앞서 최고회의 의장 등 공직을 사퇴하라는 압력을 받고 있었다. 그는 8월 13일 지포리에서 가진 전역식에서 눈물을 글썽이며 "이 나라에서 다시는 나와 같이 불행한 군인이 없도록 하자"면서 군복을 벗고 본격적으로 대통령 선거전에 나섰다.

반면에 야권의 사정은 복잡하기만 했다. 재야 정당 통합을 위해 추

허정의 대통령 후보직 사퇴 기자회견. 『동아일
보』 1963년 10월 2일자.

진되었던 '국민의당'이 결렬되면서 몇 갈래로 흩어진 야권은 9월 15일
에 마감된 대통령 후보 등록에서 민정당의 윤보선, 국민의당의 허정,
자유민주당의 송요찬(옥중 출마), 추풍회의 오재영, 정민회의 변영태, 신
흥당의 장이석 등 도합 6명이 나섰다. (이들 중 허정과 송요찬은 막바지에 후
보를 사퇴했다.)

  대통령 후보의 난립 상태를 보인 가운데 대통령 선거일이 공고되
고, 여야의 선거전이 개막되었다. 사전 조직을 통해 리·동·반에 이
르기까지 조직책을 갖고 있던 민주공화당의 방대한 전국 조직과 고
무신, 밀가루 살포 등 막대한 자금력, 그리고 난립 상태에서 군정 종
식을 바라는 국민 여론에 호소하는 야권의 홍보전과의 대결이 시작
된 것이다.

  초반에 각 당 후보자들은 지방 유세를 갖고 각종 공약을 제시하
면서 국민의 지지를 호소했다. 그런데 박정희 후보가 9월 23일 방송
연설을 통해 "이번 선거는 민족적 이념을 망각한 가식된 자유민주주

의와 강렬한 민족주의를 바탕으로 한 진정한 자유민주주의의 사상적 대결"이라고 말하면서 이른바 '사상 논쟁'의 불이 붙었다.

바로 다음 날 지방 유세 도중에 전주에서 기자회견을 가진 윤보선 후보가 "여순 반란 사건의 관련자가 정부 안에 있으며, 이번 선거야 말로 이질적 사상과 민주 사상의 대결"이라고 응수함으로써 사상 논쟁이 본격화되었다. 윤 후보는 이어 "박정희 후보가 공산주의자라고 말한 것은 아니다. 그러나 그의 민주주의 신봉 여부가 의심스럽다"라고 말해 국민을 놀라게 했다.

같은 날 윤 후보의 찬조 연사로 나선 윤재술 의원은 여수에서 "이곳은 여순 반란 사건이란 핏자국이 묻은 곳이다. 그 사건을 만들어낸 장본인들이 죽었느냐, 살았느냐? 살았다면 대한민국에서 지금 무슨 일을 하고 있는가를 여러분은 아는가, 모르는가? 여러분이 모른다면 저 종고산(鐘鼓山)은 알 것이다"라고 박정희를 공격했다.

사태가 이렇게 되자 긴급회의를 소집한 최고회의는 윤 후보의 전주 발언을 국가 안보의 차원에서 대처키로 했다. 공화당에서는 선거법 위반 혐의로 고발하면서, "윤 씨가 대통령에 재직하고 있을 때부터 5·16사태를 미리 알고 있었다"고 폭로하며 '이중인격자'라고 비난하고 나섰다.

그러자 대통령 후보를 낸 재야 6당은 박 후보의 등록 취소를 청구하는 행정소송을 제기하는가 하면, 공명선거투쟁위원회 주최의 선거 집회에서 "간첩 황태성의 책략에 의해 공화당의 2원제 사전 조직이 추진되었으며 밀봉교육이 실시되었다"는 내용의 삐라가 뿌려져 사상 논쟁을 부추겼다. 이 무렵 국민의당 대통령 후보인 허정이 기자회견에서 "박정희 의장이 한일회담에서 양보한 대가로 일본 민간 회사로

부터 거액의 수표를 받았다는 설이 있다"고 폭로하고 민정당 기획위원회가 "박 의장의 사상은 이질적이며 위험한 존재"라는 성명을 발표하면서 쌍방의 공방은 더욱 확산되었다.

또한 9월 25일 열린 시국강연회에서 자민당 대표 김준연이 1961년 5월 26일자 미국 『타임』지의 박정희 프로필을 인용, "박 소장은 전에 공인된 공산주의자였다. 그는 군 반란(여순 사건)을 조직하는 데 협력했다. 그래서 그는 이승만의 장교들에 의해 사형 선고를 받았다. 그러나 그는 전향해 반란군에 관한 정보를 제공하고 사형을 면제받았다. 그는 지금 분명히 강력한 반공주의자다"라고 포문을 열었다.

이에 대해 박 후보는 기자회견에서 "여순 반란 사건에 관련되었다는 야당 측 주장을 해명할 수 없느냐"는 물음에 "허무맹랑한 일이어서 해명할 필요조차 없으며 법이 가려낼 것"이라고 가볍게 응수했다. 그리고 여순 사건 당시 진압 작전을 지휘한 원용덕을 내세워 "박 의장은 여순 사건에 관련이 없으며, 토벌 작전 참모로서 공을 세웠다"고 상반된 주장을 펴도록 했다.

선거 종반, 윤 후보를 구속하자는 최고의원들의 의견이 대두되기도 했으나 '인지사건'으로 수사한다는 선에서 일단락되고, 선거전은 끝까지 정책 대결이 아닌 사상 논쟁으로 전개되었다.

선거전이 종반에 접어들면서 야당 단일 후보 실현을 위해 허정이 사퇴한 데 이어 송요찬도 사퇴함으로써 선거는 박정희와 윤보선의 양자 대결로 압축되었다. 투표를 5일 앞둔 10월 10일 민정당의 찬조 연사 김사만이 경북 안동 연설에서 "대구·부산에는 빨갱이가 많다"는 등의 발언을 해 선거 분위기를 더욱 과열시켰다.

그러나 이와 같은 회오리바람을 몰고 온 사상 논쟁에도 불구하고

통사와 혈사로 읽는 한국 현대사

비교적 평온한 가운데 투표가 진행되었다. 선거 분위기의 과열 탓이었는지 투표율은 84.99퍼센트로 높게 나타났다. 개표 결과, 16일 자정까지 윤 후보가 앞서다가 17일 새벽부터 박 후보가 역전해 15만 6천여 표 차이로 박정희 후보의 승리로 막을 내렸다. 중앙정보부는 한때 윤 후보의 우세로 집계되자 특수 요원들을 동원해 그를 살해할 계획까지 세웠던 것으로 후일 알려졌다.

박정희 후보의 전력을 두고 벌어진 사상 논쟁은 당사자가 절대 권력자가 되면서 진위가 가려지지 않은 채 덮이고 말았다. 이후 대선에서는 주로 수구 세력이 민주 진영의 후보들에게 색깔론 공세를 벌였다. 한국적 매카시즘의 광풍은 현재 진행형이다.

56
친일 정부의
굴욕적인 한일협정

외교는 내정의 연장이지만, 외교를 정치 수단으로 활용하면 돌이키기 어려운 국가적 재난이 된다. 합헌 정부를 쿠데타로 짓밟고 권력을 찬탈한 박정희는 정치적 조급증에 시달렸다. 비록 민정 이양을 통해 대통령 선거를 거치기는 했지만, 그것으로 정통성을 부여받기는 어려웠다. 그래서 무엇인가 가시적인 성과를 국민에게 보여주고자 했다. 그것이 졸속적인 한일회담 추진의 배경이 되었다. 여기에는 일본군 출신으로서의 개인적인 '향수'도 크게 작용했을 터이다.

마침 1960년대에 들어 미국은 새로운 동아시아 전략의 일환으로 한일 간의 국교 정상화 문제를 강력히 제기하고 나왔다. 군사쿠데타를 승인해주는 대가로 비교적 말을 잘 듣는 박정희 정권을 통해 한일 간의 국교를 정상화해 동아시아에서 소련의 남하 정책을 저지하고 중국을 견제한다는 것이 미국의 기본 전략이었다.

한일 국교 정상화는 이승만 정권 이래 양국의 현안이기도 했다. 두 나라 간의 국교 정상화를 위한 한일회담은 1951년부터 시작되었지만, 10여 년에 걸친 교섭에서도 일본 측의 고자세로 타결점을 찾지 못한 상태였다. 자유당 정부에 이어 4월 혁명으로 집권한 민주당 정부도 한일회담을 추진해 1960년 10월 25일 제5차 한일회담이 열렸으나, 이후 5·16쿠데타로 중단되고 말았다.

박정희 군사정부는 미국의 원조가 대폭 삭감된 상황에서 무엇보다 경제개발 5개년 계획에 따른 대규모 투자 재원의 확보가 필요했다. 여기에 미국의 지역 통합 전략, 일본의 자본 해외 진출 욕구 등이 맞아떨어져 한일회담이 적극적으로 추진되는 배경으로 작용했다. 또한 박정희를 비롯한 군사정권 핵심 요인들이 대부분 일본 육사와 만주 군관학교 출신들로서 친일 성향과 향수를 갖고 있었던 것도 중요한 요인이었다.

이런 요인들로 인해 1961년 10월 20일 제6차 한일회담이 재개되었는데, 합의 사항을 둘러싸고 한일 양국의 이견과 양국 내의 격렬한 반대 분위기로 타결이 늦어지고 있었다. 이에 정부는 비밀리에 김종필 중앙정보부장을 특사로 파견, 이케다 수상과 비밀회담을 갖고 타결 조건에 대한 이면 합의를 이루도록 했다. 그러나 한국의 거듭된 양보에도 불구하고 일본은 여전히 고자세의 버티기 전략으로 맞섰다.

박정희 정권에게 1962년은 경제개발 5개년 계획의 첫해로서 시급한 자본 도입이 요구되었고, 충분한 검토 과정 없이 감행한 화폐개혁의 실패로 경제 상황이 매우 불안정한 시기여서 한일회담의 조기 타결이 필요했다. 그래서 김종필이 다시 일본으로 건너가 김종필·오히

오히라 마사요시(大平正芳). 자민당 보수파 주류로서 통산장관, 재무장관 등을 역임했고, 총리를 지냈다. 외무장관 재직 시 한일회담에서 김종필과 '김·오히라 메모'라 불리는 각서를 교환해 회담 타결을 이끌었다.

라 회담을 열고, 여기서 비밀메모(김·오히라 메모)를 통해 대일청구권 문제 등에서 우리에게 크게 불리한 합의를 보고 말았다. 청구권 협상의 타결로 일본은 무상 3억 달러를 10년간에 걸쳐 지불하고, 경제 협력의 명목으로 정부 간의 차관 2억 달러를 연리 35퍼센트로 제공하며, 상업 베이스에 의한 무역차관 1억 달러를 제공하기로 약정했다. 이때 대일청구권이라는 용어도 사용하지 못하고 일본이 '독립 축하금'이란 이름으로 무상 3억 달러에 일제 36년 식민통치에 따른 모든 배상 문제를 마무리하기에 이른 것이다. 특히 독도를 폭파해 분쟁의 요인을 없애자는 등 그야말로 굴욕적인 내용이 이면에 깔렸다. 정부는 그나마 이와 같은 협상 내용도 즉각 밝히지 않은 채 1964년까지 2년 동안 비밀에 묻어두었다. 지나치게 일본에 양보한 것을 국민에게 밝히기 두려웠던 것이다.

박정희 정부는 1964년 3월에야 한일회담의 3월 타결, 4월 조인, 5월 비준의 방침을 밝혔다. 이에 따라 야당과 재야는 즉각 '대일굴욕외교반대 범국민투쟁위원회'를 결성하고 전국을 순회하면서 유세에

통사와 혈사로 읽는 한국 현대사

돌입했고, 3월 24일 서울대생들은 '한일회담의 즉각 중지'를 요구하는 집회를 갖고, 이케다 일본 수상과 김종필을 상징하는 '현대판 이완용'의 화형식을 거행한 뒤 가두시위를 벌였다.

학생들의 시위는 삽시간에 전국으로 번져 나갔고, 5월 20일 서울 시내의 대학생연합은 박 정권이 표방한 '민족적 민주주의' 장례식을 거행하고, 4 · 19 민족 · 민주 이념에 정면 도전한 군사쿠데타 정권 타도투쟁을 선언했다. 경찰의 난폭한 진압으로 시위 참가 학생 1백여 명이 부상당하고 2백여 명이 연행되었다.

그러나 학생들은 굴하지 않고 단식 투쟁과 연좌농성 등을 벌이면서 투쟁을 계속해 6월 3일 1만여 명의 시위대가 광화문까지 진출, 일부 파출소에 방화했으며, 군사쿠데타, 부정부패, 정보정치, 매판독점자본, 외세 의존 등 박정희 정권의 본질적인 문제에 대한 비판으로 확대되어 정권 퇴진을 요구하기에 이르렀다.

학생들의 시위에 많은 시민이 가담하면서 규모가 커지자 위기감을 느낀 정부는 그날 밤 8시를 기해 서울시 일원에 비상계엄을 선포하고 대대적인 탄압을 개시했다. 계엄사령부는 포고령으로 일체의 시위금지와 언론 · 출판의 사전 검열, 모든 학교의 휴교를 명령했다.

박정희 정부는 4개 사단 병력을 서울 시내에 투입해 계엄통치를 실시했다. 7월 29일 계엄령이 해제되기까지 학생 168명, 민간인 173명, 언론인 7명을 구속하고, 이 기간 포고령 위반으로 890건에 1,120명을 검거했으며, 그중 540명이 군사재판, 68명이 민간재판, 216명이 즉결심판에 회부되었다.

정부에서는 계엄 선포 이틀 후인 6월 5일 공화당 의장 김종필을 문책, 당의장직에서 사임시키고 두 번째 외유에 나서도록 조처했다.

박정희의 지침에 따라 움직인 김종필을 희생양으로 삼은 것이다.

정부는 야당과 학생들의 격렬한 반대투쟁을 위수령, 계엄령으로 억압하면서 1965년 6월 22일 한일기본조약을 체결하기에 이르렀다. 한국 외무장관 이동원, 한일회담 수석대표 김동조와 일본 외상 시나에쓰사부로(椎名悦三郎), 수석대표 다카스키 신이치(高杉晋一) 사이에 '대한민국과 일본국 간의 기본관계에 관한 조약(기본조약)'과 부속된 4개의 협정 및 25개의 부속 문서로 된 '한일협정'을 일괄 타결했다.

이 협정에 의해 평화선이 철폐되었고, 우리 측의 40해리 전관수역 주장이 철회되고 일본의 주장대로 12해리 전관수역이 설정되었다. 또한 재일교포의 법적 지위 및 영주권 문제 등이 일본 정부의 임의적 처분에 맡겨지게 되었고, 문화재 및 문화 협력에 관한 협정으로 일제가 강탈해 간 모든 한국 문화재를 일본의 소유물로 인정해버리고, 성노예(위안부), 사할린 교포, 원폭 피해자 등의 문제는 거론조차 하지 못한 채 그야말로 졸속·굴욕회담으로 끝나게 되었다.

박정희 정권의 굴욕적이고 졸속적인 한일 국교 정상화 추진은 일제의 침략과 식민 지배에 대한 사죄와 각종 침략 조약의 원천무효, 그리고 정당한 배상 없이 마무리되었다. 일본은 태평양전쟁 기간 3~4년 동안 지배한 동남아 각국에도 5~10억 달러의 배상금을 주었다. 그에 비하면 한국은 턱없이 부족한 금액을, 그나마 배상금이 아닌 '독립 축하금' 명목으로 받았다. 그 이면은 여전히 베일에 싸여 있다. 지금 일본이 독도를 자국의 영토라고 우기고, 위안부 문제, 한국인 강제징용 노동자 임금 체불 문제 등에서 억지를 부리면서 1965년 한일회담에서 모두 해결되었다고 잡아떼는 것은 잘못된 한일회담이 남긴 업보이기도 하다.

57
5천 명의 사상자 낸 베트남 파병

한민족은 유사 이래 한 번도 다른 나라를 침략한 적이 없다. 숱한 외침을 당하고도 결코 타국의 영토를 침범하지 않았다. 고려 때에 원(元)의 일본 정벌에 동참한 일이 있었지만, 강제 동원된 비자발성이었다. 그래서 한민족은 '평화민족'이라는 자부심을 가져왔다. 그런데 박정희 정권에서 이 전통이 깨지고, 국제 사회로부터 '미국의 용병'이라는 지탄을 받게 되었다.

박정희 정권은 야당과 국민의 반대에도 불구하고 미국의 요청으로 베트남전에 국군을 파병, 참전했다. 베트남 파병은 한국 역사상 초유의 해외 전쟁 참전이라 할 수 있다. 정부는 1964년 7월 30일 국회 본회의에서 '베트남 공화국 지원을 위한 국군 부대의 해외 파병 동의안'을 제출해 통과시켰다. 이때는 의료 지원 등 비전투 부대 파병안이었다. 전투 부대 파병안은 1965년 8월 13일 야당이 불참한 가운데 공화당 단독으로 처리했다.

한국군이 처음으로 베트남전에 투입된 것은 1963년 9월 11일, 남부 베트남 정부로부터 지원 요청을 받은 직후의 일이었다. 이때는 불과 130명 규모의 의무 부대와 10명의 태권도 교관이 전부였다. 그후 다시 지원 요청을 받아 1964년 2월 14일 2천 명 규모의 비전투 부대인 공병대 중심의 병력이 파견되었다. 이때만 해도 국내외적으로 크게 말썽이 없었다.

2천 명 규모의 국군 병력을 파병하기 위해 정부에서 제출한 동의안은 국회에서 무난히 통과되었다. 그러나 1965년 6월 26일 베트남과 미국 정부의 요청을 받고 전투 부대 파병 동의안을 국회에 제출하면서부터 상황이 달라졌다. 일반 국민과 학생들 사이에 반대 의견이 적지 않았고, 국회 내에서도 반대 의견이 쏟아졌다.

한국군의 베트남 파병에는 곡절이 있었다. 박정희는 미국 정부로부터 쿠데타를 승인받고자 1966년 11월 13일부터 존. F. 케네디 대통령의 초청 형식으로 미국을 방문했다. 11월 14일 오후, 백악관에서 한미정상회담이 열렸다. 이때 박정희는 자진해서 한국군의 파병을 제안했다. 케네디의 환심을 사고 쿠데타의 승인을 받기 위해서였다. 당시 미국은 베트남전에서 곤욕을 겪고 있었다. 최고 우방이라는 영국도 파병을 거부할 만큼 외로운 전쟁을 치르고 있었다. 많은 미군이 희생되고, 엄청난 전비 지출로 미국 경제에 주름이 잡혀갔다. 이런 때에 박정희가 자발적으로 정규군 파병을 제안함으로써 케네디는 큰 외교적 성과를 얻었고, 박정희는 쿠데타를 공식 인정받기에 이르렀다. 일종의 야합이었다.

정부는 파병의 명분으로 6·25 때 자유 우방의 도움으로 공산 침략을 격퇴한 우리가 한 우방국이 공산 침략에 희생되는 것을 바라보고만 있을 수는 없다는 주장을 내세웠다. 그리고 6·25 이래의 혈맹인 미국을 도와 베트남전을 승리로 이끄는 것이 우리의 도리라고 선전했다. 경제적 측면에서는 한·미·월 3각 협력 체제가 선전되었고, 군사적 측면에서는 주한 미군을 빼내어 베트남에 보내겠다는 미국의 위협도 따랐다.

1964년 9월 소규모 비전투 부대로부터 시작된 한국의 베트남전 개입은 1973년 3월 완전히 철수할 때까지 8년 5개월 동안 지속되었는데, 공식적으로 5차례에 걸쳐 군대가 파견되었다. 한국은 이 기간 베트남에 평균 5만 명 수준의 병력을 유지했으며, 베트남에 파견된 한국 총병력은 약 32만 명에 달했다.

1965년에는 미국 측의 추가 파병 요청과 그에 따른 보상 조치인 이른바 '브라운 각서'를 조건으로 2만 명 규모의 백마부대가 추가 파병되었다. 베트남 추가 파병은 조약상의 의무에서가 아니라, 미국 측이 파병의 대가로 한국군의 전력 증강과 경제 개발에 소요되는 차관 공여를 약속함으로써 이루어진 것이었다.

미국이 한국군의 베트남 추가 파병에 대한 보상 조치로 마련한 14개 항의 '브라운 각서'의 주요 내용을 살펴보면 ① 추가 파병에 따른 비용은 미국 정부가 부담한다, ② 한국군 육군 17개 사단과 해병대 1개 사단의 장비를 현대화한다, ③ 베트남 주둔 한국군을 위한 물자 용역은 가급적 한국에서 조달한다, ④ 베트남에서 실시되는 각종 건설, 구호 등 제반 사업에 한국인 업자를 참여시킨다, ⑤ 미국은 한국에 추가로 AID 차관과 군사 원조를 제공하고, 베트남과 동남아시아로의 수출 증대를 가능케 할 차관을 추가로 대여한다, ⑥ 한국이 탄

베트남 전쟁에 참전할 장병들이 서울역을 향해 시가행진을 하고 있다.

약 생산을 늘리는 데 필요한 자재를 제공한다 등이다.

한국군은 베트남전에서 월맹군 4만 1천여 명을 사살하고 7,438제곱킬로미터를 평정했으며, 참전 기간 국군도 약 5천여 명의 사상자를 낸 것으로 집계되었다. 베트남전 기간, 노동력 진출은 1965년 1백 명 미만에서 1966년에는 무려 1만 명이 넘는 급격한 증가를 보여주었다. 1963년부터 1970년 6월 말까지 해외 취업 실적 4만 3,508명 가운데 베트남 취업이 2만 4,294명으로, 선원을 제외한 해외 취업자의 70퍼센트를 차지할 정도로 많은 고용 증대를 가져왔다고 발표되었다.

한국에서는 베트남 전쟁 기간 이른바 '베트남 특수' 현상이 나타났다. 5만 5천 명 규모의 전투 요원과 노무자, 기술자 등 민간인 1만

6천여 명이 베트남에 파견되고, 이에 따라 군납, 파월 장병 송금, 파월 기술자 송금 등으로 1966년에 6,949만 달러, 1966~1970년 6억 2,502만 달러 규모의 수익을 올렸다.

박정희 정부는 베트남전 참전 결과, 총 10억 달러의 외화를 획득해 제2차 경제개발 5개년 계획의 수행에 필요한 외자를 충당해 연평균 12퍼센트의 경제성장률을 달성할 수 있었다. 그리고 이를 통해 새로운 독점자본과 신흥 재벌이 출현했다. 한진그룹은 1966~1967년 1년간 베트남에서 71억 원을 벌어 '월남상사'라는 호칭을 들었다.

그러나 한국군의 베트남 파병은 순전히 미국 측의 이해에 맞추어 추진되었고, 5천여 명의 무고한 청년의 희생을 가져왔으며, 공산국가는 물론 제3세계, 심지어 다수의 친서방 국가들로부터 '용병'이라는 비난을 받아야 했다. 뿐만 아니라 비동맹권 내에서 한국의 국제적 지위는 약화되었다.

전후에 드러난 후유증 또한 만만치 않았다. 파월 장병과 파월 취업자들에 의한 '현지처'와 2세 문제를 비롯해, 고엽제 등으로 본인들은 물론 후세들에게까지 심각한 후유증을 남기고 있다. 또한 베트남 일부 지역에는 한국군에 의한 베트남 민간인들의 잔혹한 학살을 기록한 석비가 남아 있어 아픈 상처를 보여주고 있다. 무엇보다 평화민족의 전통을 가지고 있던 우리나라가 국제 사회로부터 '용병'이라는 부끄러운 명에를 쓰게 된 점이 가장 안타깝다.

58

박정희의 권력 야욕,
3선 개헌 강행

　　　　　　　　　　외줄을 타는 곡예사는 선배의 추락
을 지켜보면서도 자신만은 안전하리라고 믿는다. 독재자들도 비슷하
다. 숱한 독재자들의 비참한 말로를 보거나 듣고도 교훈은커녕 똑같
은 길을 걷는다.

　박정희 대통령은 이승만 대통령이 영구 집권을 기도하다가 1960
년 3·15부정선거로 쫓겨난 지 9년 만에 다시 장기 집권을 위한 3선
개헌을 추진하기 시작했다. 전임자가 국민의 봉기로 권좌에서 쫓겨난
지 채 10년도 되지 않은 시점에 다시 장기 집권을 기도하는 개헌을
하겠다고 나서는 것은 역사에서 전혀 교훈을 배우지 못한 무지한 행
동이었다.

　1967년의 6·8부정선거를 통해 개헌선을 확보한 박정희는 권력 지
향의 충성분자들을 동원해 본격적으로 개헌에 시동을 걸었다. 1968

년 12월 17일 공화당 당의장서리 윤치영은 부산에서 "조국 근대화와 민족중흥의 과업을 이룩하기 위해서는 무엇보다 강력한 정치적 리더십이 필요하다"고 역설하면서 "이 같은 지상명제를 위해서는 대통령 연임 조항을 포함한 현행 헌법상의 문제점을 개정하는 것이 연구되어야 한다"면서 3선 개헌의 물꼬를 텄다. 윤치영은 자유당 시대에는 "이승만은 단군 이래의 지도자"라고 아첨해 지탄을 받았던 인물이다.

박정희 대통령은 개헌 문제가 야당의 강력한 반대에 못지않게 공화당 내에서도 김종필 계열의 반발에 부딪치자 일차적으로 '항명파동'을 통해 이들을 숙당하는 등 정지 작업을 벌였다. 이런 과정을 거친 박 대통령은 1969년 7월 25일 "여당은 빠른 시일 안에 개헌안을 발의해 개헌 추진에 대한 공식적인 입장을 발표하라"고 지시하기에 이르렀다. 이승만과 똑같이 민주주의의 '건널 수 없는' 다리를 건너는 무리수를 던진 것이다. 7월 28일 공화당은 백남억 정책의장이 마련한 대통령의 3선 연임 허용과 국회의원의 각료직 겸직을 내용으로 하는 개헌안 골격을 확정한 뒤 소속 의원들에 대한 설득 작업에 나섰다. 국회의원의 각료직 겸임 등은 부가적인 것일 뿐, 목표는 대통령의 연임 조항에 있었다.

개헌안은 공화당 의원 108명, 정우회 11명, 신민당 의원 3명 등 모두 122명이 서명해 국회에 제출되었다. 서명 과정에서 청와대, 중앙정보부 등 권력기관이 총동원되어 김종필계 의원들을 협박과 회유로 끌어들이고, 성낙현, 조홍만, 연주흠 등 신민당 의원들까지 변절시켜 개헌 대열에 끌어들이는 '솜씨'를 보였다. 이승만의 수법보다는 많이 '근대화'되었다는 평가가 따랐다.

그러나 당 총재를 지낸 정구영이 끝까지 개헌안 서명을 거부해 공

공화당 당의장서리 윤치영.

화당은 108명이 서명했다. 공화당 창당 과정에서 영입되었던 올곧은 법조인 출신 정구영은 권력의 갖은 위협에도 끝내 3선 개헌 반대의 소신을 굽히지 않았다. 그는 나중에 민주회복 국민운동에 참여했다.

신민당은 변절자들의 의원직을 자동 상실케 하기 위한 편법으로 9월 7일 당을 해산하고 신민회란 이름의 국회 교섭단체로 등록했다가 9월 20일자로 다시 신민당을 복원시켰다. 신민당 유진오 총재는 "3선 개헌은 민주주의가 돌아오지 않는 다리이며, 이 다리를 넘어서는 날에는 평화적 방법으로 민주주의를 되찾을 길이 영원히 막힐 것"이라며 개헌 저지 투쟁에 나섰다. 개헌 반대 진영에는 야당뿐 아니라 학생, 문인, 종교인 등 양심적인 다수의 국민이 참여했다.

30일의 공고 기간이 끝나고 개헌안이 9월 13일 국회 본회의에 회부되자 신민당 의원들은 표결 저지를 위한 단상 점거에 들어갔다. 이날 자정 이효상 국회의장은 "13일 본회의는 자동적으로 유회되었으므로 월요일인 15일에 본회의를 열 수밖에 없다"고 선포하고 본회의장에서 빠져나갔다.

신민당 의원들이 안심하고 잠자리에 든 시간, 광화문길 건너편 제 3별관에서는 이변이 일어났다. 9월 14일 새벽 2시 30분, 공화당 의원들만 참석한 가운데 이효상 의장의 사회로 단 6분 만에 개헌안을 변칙 처리한 것이다. 국회 주변 반경 5백 미터를 1천 2백여 명의 기동경찰이 엄중하게 통행을 차단하고 있는 가운데, 개헌 지지 의원들만으로 개헌안을 처리한 것이다. 그야말로 신종 쿠데타적 수법이며, 역대 개헌사에서 가장 비도덕적인 개헌안 처리였다. 부산 5·25 정치파동, 사사오입 개헌 파동에 이은 세 번째의 변칙 개헌이었다. 박정희 집단은 합법적인 절차도 밟지 않고 국민들은 안중에도 없었다. 오직 권력욕만 충만했다.

공화당은 본회의장을 옮겨 가면서까지 변칙적으로 개헌안을 처리한 것이 야당의 단상 점거 때문이라고 내세웠지만, 실상은 내부의 이탈 표가 두려웠기 때문이었다. 김종필 계열 일부에서는 3선 개헌을 반대하고 있었다.

국회 본회의장에서 농성 중이던 신민당 의원들은 뒤늦게 변칙 처리된 사실을 알고 현장으로 달려갔지만, 이미 기차는 떠난 뒤였다. 개헌안을 변칙 처리한 이효상 의장이 도의적 책임을 지고 의장직 사퇴서를 제출하는 등 여권은 유화적인 제스처를 보냈지만, 야당의 분노를 쉽게 달래기는 어려웠다.

개헌안의 국민투표를 앞두고 공화당의 지지 유세와 신민당의 반대 유세가 전국적으로 진행되며 국민적인 쟁점으로 부각되었다. 공화당은 "안정이냐 혼란이냐, 양자택일을 하자"고 내세우고, 신민당은 "개헌안 부결로 공화당 정권 몰아내자"면서 국민의 지지를 호소했다.

종교계, 재야 등이 참여하는 3선개헌반대 범국민투쟁위원회가 결성되어 개헌 저지 투쟁에 나서고 전국의 대학생들이 궐기하는 가운데 10월 17일 개헌안의 국민투표가 실시되었다. 투표율 77.1퍼센트, 최종 집계 결과 총투표자 1,160만 4,038명 중 찬성 755만 3,655표, 반대 363만 6,369표, 무효 41만 4,014표로서 개헌은 확정되었다.

개헌안 국민투표 과정에서 정부, 여당에 의한 각종 부정과 관권 동원이 자행되고 투·개표 과정에서도 무더기표가 발견되는 등 부정이 나타났다. 국민투표는 부정으로 일관된 하나의 통과의례에 불과했다.

개헌 반대 투쟁을 일선에서 지휘하던 유진오 신민당 총재는 9월 10일 뇌동맥경련증으로 몸져누웠고, 국민투표를 이틀 앞둔 10월 15일 특별성명을 통해 "부정과 불법을 막아 개헌을 저지하기 위한 민권 투쟁에 참여해줄 것"을 호소했다. 그러나 개헌안이 압도적으로 통과되자 10월 19일 국민투표 결과에 대한 책임과 신병을 이유로 신민당 총재직에서 물러날 뜻을 밝히고 신병 치료차 일본으로 떠났다.

3선 개헌 반대투쟁 과정에서 신민당 장준하 의원은 박정희 대통령에 대해 "사카린 밀수 왕초", "한국 청년의 피를 베트남에서 팔아먹었다"는 등의 발언으로 대통령 명예훼손 혐의로 구속되었다. 광복군 출신인 장준하는 일본군 출신 박정희의 헌정 유린과 폭압통치에 격렬하게 저항했다.

3선 개헌에 성공하면서 박정희는 종신 집권을 가로막는 또 하나의 장애물을 제거하고, 이후의 역사가 보여준 대로 유신 쿠데타와 긴급조치 등 더욱 철저한 헌정 유린으로 나아가게 된다. 그는 자신의 권력욕을 위해 자신이 만든 헌법을 한낱 장식물로 취급했다.

59

노동운동의 전기가 된
전태일 열사 분신

굴곡이 많았던 한국 현대사는 유달리 의인, 열사의 죽음이 많았다. 이들의 희생이 조국 해방과 민주화, 그리고 산업화의 초석이 되었다.

1970년 11월 13일 낮 1시 30분경, 한 청년이 전신에 석유를 뿌린 채 불을 붙였고, "내 죽음을 헛되이 말라"고 절규하면서 쓰러졌다. 워낙 순식간의 일이라 아무도 덤벼들어 불을 끄지 못하고, 전신에 치명적인 화상을 입은 청년은 병원에 실려 갔으나 끝내 회생하지 못한 채 산화했다.

청년의 분신은 한 무명 근로자의 죽음이었지만, 이후 한국 사회에 미친 파장은 가히 태풍급이었다. 그의 죽음으로 권리 위에 잠자던 노동자들이 깨어났고, 이 사건은 한국 노동운동의 새 장을 열었다.

청년의 이름은 전태일, 1948년 8월 26일 대구에서 전상수와 이소선 사이에서 태어났다. 6 · 25전쟁으로 부산으로 피난을 갔으나, 봉제 기술자였던 아버지의 파산으로 1954년 가족이 모두 서울로 올라왔다. 전태일은 가난 때문에 거의 정규 교육을 받지 못했다. 남대문초등학교 4학년에 다닐 때 학생복을 제조해 납품하던 아버지가 사기를 당하고 큰 빚을 지는 바람에 학교를 그만두고 가족의 생계를 책임지기 위해 동대문 시장에서 물건을 떼어다 파는 행상을 시작했다. 그러다 17살 때 학생복을 제조하던 청계천 평화시장의 삼일사에 보조원으로 취직했다. 일찍이 아버지에게서 재봉 일을 배웠던 전태일은 기술을 빨리 익혔고, 1966년에는 재봉사가 되어 통일사라는 회사로 옮겼다. 이 무렵 빚 때문에 뿔뿔이 흩어졌던 가족도 다시 모여 살 수 있게 되었다.

당시 전태일이 일하던 청계천의 평화시장은 인근의 동화시장, 통일상가 등과 함께 의류 상가와 제조업체가 밀집되어 있는 곳이었다. 좁은 공간에 다락을 만들어 수많은 노동자를 밀어넣고 일을 시키다 보니 노동 환경이 극히 열악했다. 노동자들은 해도 들지 않는 좁은 다락방에서 어두운 형광등 불빛에 의존해 하루 14시간씩 일했다. 환기 장치가 없어서 폐질환에 시달리는 노동자들이 많았다. 이들은 대부분 젊은 여성이었는데, 특히 '시다'라고 불린 보조원들은 13~17세의 어린 소녀들로 초과근무 수당도 받지 못한 채 극심한 장시간 저임금 노동에 시달리고 있었다. 노동법이 있었지만 이들에게는 먼 나라 이야기일 뿐이었다.

전태일은 가난과 중노동에 시달리면서도 주변 사람들의 어려움을 외면하지 않고, 어린 여성 노동자들이 열악한 노동 환경에 시달리는 것을 보면서 노동운동에 관심을 갖기 시작했다. 함께 일하던 여성 노동자가 폐렴에 걸린 상태에서 해고되자 그를 도우려고 애쓰다가 함께 해고되기도 했다. 이웃의 아픔을 함께하고, 어려운 일에는 솔선수범해 앞장섰다.

이후 전태일은 재단사 보조를 거쳐 상대적으로 괜찮은 대우를 받는 재단사가 되었으나, 동료 노동자들의 노동 환경을 개선하려는 노력을 멈추지 않았다. 1968년에 근로기준법의 존재를 알게 된 후에는 그것을 공부하면서 대부분의 회사가 실정법조차 지키지 않는 현실을 개선해야 한다는 의지를 더욱 다졌다. 그는 1969년 6월 동료 노동자들과 함께 친목단체 '바보회'를 만들어 설문으로 평화시장의 노동 환경을 조사하며 인근 노동자들에게 근로기준법의 내용을 알렸다. 이 같은 사실이 사업주들에게 전해지면서 전태일은 해고당하고 평화시장에서 일할 수 없게 되었다.

한동안 막노동을 하며 지내던 전태일은 1970년 9월 평화시장으로 돌아와 '삼동회'를 조직했다. 그리고 다시 노동 환경 실태를 조사하는 설문지를 돌려 노동청, 서울시, 청와대 등에 진정서를 제출했다. 이러한 내용이 한 신문에 실려 사회적 주목을 받자 삼동회 회원들은 노동 환경 개선과 노동조합 결성을 위해 사업주 대표들과 협의를 벌이고자 했다. 그러나 행정기관과 사업주들의 조직적인 방해로 무산되고 말았다. 행정기관들은 노동자들보다 업주들의 편이었다.

그래서 전태일과 삼동회 회원들은 1970년 11월 13일 평화시장 앞에서 근로기준법 화형식을 벌여 근로기준법상 노동자의 권리를 제대로 보호하지 못하는 현실을 고발하기로 했다. 경찰의 방해로 시위가 무산될 상황에 놓이자 전태일은 자신의 몸에 석유를 뿌리고 불을 붙인 채 "근로기준법을 준수하라! 우리는 기계가 아니다!" 등의 구호를 외쳤다.

병원에 실려 간 전태일은 어머니에게 "내가 못다 이룬 일을 어머니가 대신 이뤄주세요"라는 유언을 남기고 그날 세상을 떠났다. 장례식은 11월 18일 노동단체장으로 엄수되었고, 유해는 경기도 마석의 모란공원에 안장되었다. 어머니 이소선은 아들의 유언에 따라 죽을 때까지 '노동자의 어머니'가 되었다.

전태일(全泰壹)은 자신의 몸을 던져 '모두가 크게 하나 된다'는 이름대로 노동자들의 영원한 친구가 되었다. 그의 죽음은 1970년 11월 27일 최초의 민주노조인 전국연합노조 청계피복노동조합이 태어나는 직접적인 배경이 되었다. 그의 헌신은 한국 노동운동의 새로운 계기가 되었으며, 노동자들이 크게 각성하는 역사의 사건이었다.

박정희식 경제 정책인 '신성장 후분배'의 논리에 입각한 고도성장책의 해악과 일선 노동자의 참상을 정면으로 고발한 전태일 열사 분신 사건은 1970년대 이후 한국 기층사회의 저항적 이데올로기가 되었다. 긴 세월 순응과 인고로 순치된 노동자들이 권리를 주장하는 주체로 등장하게 된 것이다.

전태일은 하루 14시간이 넘는 고된 노동 속에서도 독서와 일기 쓰기를 게을리 하지 않았다. 그가 쓴 일기는 많이 파손되고 유실되었지만 평화시장에서 일하면서 쓴 일기는 상당 부분 남아 있다. 그의 일기와 편지, 관계기관에 보낸 진정서 등은 『내 죽음을 헛되이 말라』(돌베개, 1988)라는 책으로 정리되었으며, 일기와 주변 사람들의 구술 등을 기초로 그의 삶을 기록한 조영래의 『전태일 평전』(돌베개, 1983)이 간행되어 노동자들은 물론 일반인들에게도 큰 각성을 주었다. 1995년에는 그의 삶을 영화로 옮긴 〈아름다운 청년 전태일〉(박광수 감독)이

청계천에 있는 전태일 흉상.

국민 모금 방식으로 제작되기도 했다. 그가 자신의 몸을 불태웠던 청계천 6가의 '버들다리' 위에는 2005년 그의 정신을 영원히 기리는 반신 부조가 설치되었다.

2012년 12월 대통령 선거 때 박근혜 새누리당 후보가 청계천에 세워진 전태일 열사의 부조를 찾으려 했으나 노동자들의 저지로 뜻을 이루지 못했다. 박근혜 정부의 문화체육관광부는 2015년 초 장관상 대상에서 '전태일청소년문학상'을 배제시켰다. '이명박근혜' 정부에서 '노동자들의 영원한 벗' 전태일 열사의 꿈은 다시 후퇴하게 되는 듯했으나, 결국 박근혜는 탄핵되고, 전태일 정신은 노동 민주화의 햇불로 살아 숨 쉬고 있다.

60
박정희와 김대중의 용호상박전

박정희에게 김대중은 함께하기 힘든 라이벌이었다. 예상치 못했던 그의 등장으로 대선에서 혼쭐이 난 박정희는 유신쿠데타를 감행한 데 이어 그를 납치·살해하려 했다.

박정희는 3선 금기의 성벽을 무너뜨렸지만, 3선으로 가는 길이 쉽지만은 않았다. 그의 '18년 세도' 장기 집권에 국민들이 혐오감을 갖게 되었고, 그동안 추진해온 경제 개발이 특정 지역, 계층에 치우치고 빈부 양극화 현상이 가속화된 데다 '혜성'같이 나타난 야당의 젊은 후보가 도전하고 나섰기 때문이다.

신민당은 3선 개헌 저지에 실패하고, 이 과정에서 유진오 총재가 발병해 신병 치료차 일본으로 떠나는 등 능률적인 국정 참여를 하지 못한 채 국회 출석을 거부하고 있었다. 신민당은 1970년 1월에 전당대회, 9월에 대통령 후보 지명대회를 각각 개최하기로 결정했다. 전국

대의원 606명이 참석한 시민회관의 전당대회는 단일 지도 체제의 당헌을 채택하고, 새 당수에 유진산을 선출했다.

신민당의 전당대회에 앞서 1969년 11월 8일 원내총무 김영삼 의원(당시 42세)이 돌연 '40대 기수론'을 제창했다. 김대중 의원(당시 45세)도 1970년 1월 24일 대선 출마를 선언하고 이철승(당시 48세)이 뒤따라 출마를 선언함으로써 '40대 기수'의 3파전으로 대통령 후보가 압축되었다.

'40대 기수론'에 대해 당내 일각에서는 거센 반발이 제기되었다. 특히 유진산 당수는 대통령 후보가 40대여야 한다는 것은 '구상유취(口尙乳臭)'한 것이라면서 맹타를 가했다. 젖비린내 난다는 노골적인 험담이었다.

그러나 '40대 기수론'은 거역할 수 없는 대세로 굳어져갔다. 신민당 대통령 후보 지명대회가 9월 29일 서울시민회관에서 개최되었다. 막강한 주류의 세와 유진산 당수 지명의 힘을 업은 김영삼이 후보에 선출될 것으로 예상되었다. 이날 일부 석간신문은 '김영삼 후보 지명'을 머리기사 제목으로 뽑기도 했다.

그러나 지명대회 결과는 의외였다. 1차 투표 결과 총투표자 885명 중 김영삼 421표, 김대중 382표, 무효 82표였다. 이철승의 지지표가 무효로 나타난 것이다. 2차 투표 결과는 더욱 의외였다. 김대중 의원의 역전승으로 대세가 완전히 바뀐 것이다. 총투표자 884명 중 김대중 458표, 김영삼 410표, 무효 16표로 김대중이 대통령 후보에 지명되었다.

전당대회에서 대통령 후보에 지명된 김대중은 "군정 종식과 민주화 시대의 개막"을 위해 모든 노력을 다하겠다고 밝혔으며, 패배한 김영삼은 "나와 같은 40대 동지의 승리는 신민당의 승리요, 바로 나의 승리"라면서 대통령 선거에서 협력을 다짐했다. 한국 정치사에서 가장 드라마틱하게 전개된 이날의 전당대회는 야당의 깨끗한 경선과 함께 김대중과 김영삼이라는 참신한 정치 지도자를 배출한 의미 깊은 대회로 기록되었다.

신민당이 제7대 대통령 후보로 김대중을 지명해 선거운동에 나선 데 반해 공화당은 비교적 차분한 자세로 일선 조직 강화에 열중했다. 이미 3선 개헌을 통해 박정희가 대통령 후보에 내정된 것이나 마찬가지이기 때문에 후보 지명 절차는 요식행위에 불과했다. 그러나 당헌상 지명대회를 거치지 않을 수는 없었다. 3월 17일 지명대회를 가진 공화당은 박정희 총재를 또다시 만장일치로 대통령 후보에 추대했다.

선거전은 당연히 박정희와 김대중 후보의 대결로 압축되었다. 공화당은 전국적인 막강한 조직과 풍부한 자금력으로 선거전에 나서고, 신민당은 김 후보의 다양하고 참신한 정책과 전국적인 유세를 통해 이에 맞섰다.

김대중 후보는 10월 16일 첫 기자회견에서 '향토예비군 폐지', '대통령 3선 조항 환원의 개헌', '대중경제 구현을 위한 노사공동위원회 설치', '미·일·중·소 4대국에 의한 전쟁 억제 요구' 등을 당면 정책으로 제시했다.

1971년 4월 27일 치러진 대선은 과거 어느 선거에 비해 여야 간의 정책 대결로 진행되었다. 그것도 야당 후보의 리드에 의한 정책 대결이라는 특징을 보였다.

김대중 후보는 지방 도시 유세를 통해 ① 대통령 재산 공개, ② 남북 간의 서신 교류, 기자 교환 및 체육인 접촉, ③ 지식인, 문화인 및 언론의 권력으로부터의 해방, ④ 제2의 한일회담 및 주월 국군 철수, ⑤ 대통령 및 국회의원 선거권 연령 하향, ⑥ 반공법 제4조의 목적범 적용에 국한하는 개정 작업, ⑦ 정부기관 일부의 대전 이전, ⑧ 전매 사업의 공영화 내지 민영화 실현 등을 집권 공약으로 내걸었다. 모두 155개에 달하는 집권 청사진을 제시해 정책 대결을 이끌었다.

박정희 후보도 10개 부문에 걸쳐 56개 항목의 정책을 제시했다. 정치 관련 공약에서 ① 국민 여론을 바탕으로 한 발전적 민주정치의 구현, ② 야당 협조로 생산적 정치윤리 구현, ③ 민원 행정 간소화, ④ 지방 재정 자립도를 높여 단계적 지자체 실시 등을 제시하고, 경제 정책에서 세제 개혁 및 금융제도의 개선, 국토 개발 계획을 내세웠다.

두 진영의 정책 대결에서는 김 후보의 정책이 상대적으로 돋보였다. 공약을 둘러싸고 쌍방 간에 대립이 빚어지기도 했다. 쟁점은 주로 ① 안보 논쟁, ② 통일 문제와 남북 교류, ③ 장기 집권 시비, ④ 부정부패의 척결, ⑤ 예비군과 교련 폐지 문제, ⑥ 경제 정책의 특혜 시비 등에 집중되었다. 정부 여당의 안보 논쟁 확산으로 정국에 긴장이 감돌기도 했다.

전국적인 유세 대결에서 가장 관심을 끌었던 것은 서울 장충단공원에서 벌어졌던 두 후보의 공방전이다. 박 후보는 "다시는 국민에게 표를 찍어달라고 나서지 않겠다"고 선언하고, 김 후보는 "이번에 정권교체를 이루지 못하면 총통제가 실시될 것"이라고 단언해 많은 국민의 관심을 불러일으켰다.

선거운동 과정에서 두드러진 현상의 하나는 공화당 측에서 노골적

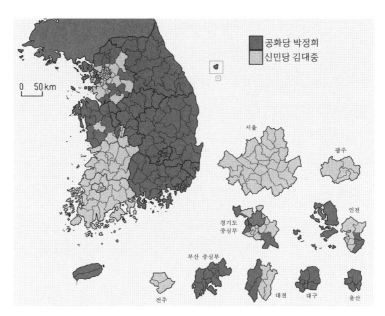

제7대 대통령 선거의 시군별 결과.(출처: 위키피디아, Communist 1968)

인 지역감정을 조장한 사실이다. 특히 국회의장 이효상은 "신라 천년 만에 다시 나타난 박정희 후보를 뽑아서 경상도 정권을 세우자"고 지역감정을 촉발했다. 야당 탄압도 여러 형태로 나타났다. 김포·강화의 김 후보 차량 총격 사건을 비롯해, 김 후보의 집에서 폭발물이 터지고 정일형 선거대책본부장의 자택이 원인 모를 화재를 당하는 등 상식 밖의 일이 연달아 발생했다. 정부 여당은 '조작극'이라고 잡아떼고, 경찰은 김 후보 자택의 화재는 "김 후보의 15세 된 조카인 김홍준 군의 단독 범행"이고, 정 선거대책본부장 집의 화재는 고양이가 실화범이라고 밝혀 많은 국민들의 실소를 자아냈다.

투표 당일에도 여러 관권 개입으로 시비가 일었다. 심지어 김대중 후보가 투표한 마포구 동교동 제1투표소에서는 투표구 선관위원장이

통사와 혈사로 읽는 한국 현대사

사인(私印) 대신 직인을 찍어 1,690표가 무효표가 되기도 했다. 개표 결과, 박정희 후보가 634만 2,828표를 얻어 539만 5,900표를 얻은 김대중 후보를 94만 6,928표 앞질러 당선이 결정되었다. 뒷날 드러난 바에 따르면, 박정희 정권은 대선에 1년 국가 총예산의 6분의 1에 해당하는 천문학적인 자금을 썼다고 한다. 엄청난 금권선거였다.

4·27대선의 가장 큰 특징은 ① 지방색의 노출, ② 표의 동서현상, ③ 여촌야도의 부활, ④ 군소정당의 철저한 몰락이었다. 이 선거에서 영남에서는 72 대 28의 비율로 박 후보 지지표가 쏟아졌으나, 호남에서는 65 대 35의 비율로 김 후보 표가 나왔다. 지역별로 보면 박 후보가 영남 지방에서 전승의 기록을 세운 데 비해 김 후보는 진안, 무주, 고흥, 곡성에서는 오히려 뒤졌다.

61

유신으로 가는 길목에서
국가비상사태 선포

박정희에게 대한민국 헌법은 한낱 장식품이었다. 취임식 때 '국헌 준수'를 다짐했으나, 국헌은 안중에도 없었다. 정상적인 국가에서는 심각한 자연재해가 아니면 비상사태를 선포하지 않는다. 하지만 박정희 대통령은 1971년 12월 6일 느닷없이 국가비상사태를 선포하면서 6개 항의 특별조치를 발표했다. 대선 이후 계속되었던 학생 시위는 대학에 대한 위수령 발동과 데모 주동 학생의 가혹한 처벌로 어느 정도 수그러들었고, 사회의 전체적인 분위기도 정부의 강경책으로 크게 위축되고 있던 시점에서 나온 국가비상사태 선포는 그야말로 '느닷없는' 것이었다.

박 대통령은 이날 청와대에서 열린 국무회의와 국가안보회의의 공동 제안으로 비상사태를 선언한다면서 "최근 중공(중국)의 유엔 가입을 비롯한 국제 정세의 급변과 이것이 한반도에 미치는 영향 및 북괴의 남침 준비에 광분하고 있는 양상을 예의주시한 결과 현재 대한민국은 안전 보장상 중대한 시점에 처해 있는 것으로 단정하기에 이르렀다"고 주장했다.

박 대통령이 국가비상사태를 선언하면서 밝힌 6개 항의 특별조치 내용은 다음과 같다.

① 정부의 시책은 국가 안보를 최우선으로 하고, 조속히 만전의 안보 태세를 확립한다.
② 안보상 취약점이 될 일체의 사회 불안을 용납하지 않으며, 또 불안 요소를 배제한다.
③ 언론은 무책임한 안보 논의를 삼가야 한다.
④ 모든 국민은 안보상 책임 수행에 자진 성실해야 한다.
⑤ 모든 국민은 안보 위주의 새 가치관을 확립해야 한다.
⑥ 최악의 경우 우리가 가져야 할 자유의 일부도 유보해야 한다.

중국의 유엔 가입은 동북아의 평화를 가져오면 가져왔지 한국이 위협받을 일은 아니었다. 엉뚱한 핑계를 댄 것이었다. 박정희가 국가비상사태를 선포한 1971년 12월 6일은 그가 쿠데타로 집권한 지 10년 반, 제7대 대통령 선거에서 힘겹게나마 김대중을 누르고 3선 한 지 6개월여가 지난 시점이었다. 아직 대통령 임기가 3년 이상 남은 시점이기도 했다.

'비상'은 아니지만 '사태'가 없었던 것은 아니다. 1971년 5월 25일 실시한 제8대 국회의원 선거에서 놀라운 결과가 나타났다. 야당인 신민당이 총의석 204석 중 89석을 차지한 것이다. 개헌 저지선 69석에서 20석을 더 확보한 것이다. 그것도 서울을 비롯한 대도시에서 의석을 석권했다. 득표율도 47.64퍼센트로 공화당의 52.26퍼센트에 근접했다.

박정희는 국가비상사태를 선포한 후 이를 합리화하고자 공화당의 구태회 의원 외 110명의 소속 의원 이름으로 "국가 안보에 효율적으로 대처하고 사회의 안녕질서 유지를 목적"으로 한다는 명분으로 국가보위법안을 국회에 제안해 12월 27일 변칙 처리했다. 국가보위법의 주요 내용은 다음과 같다.

① 대통령은 국가비상사태를 선포할 수 있다.
② 경제 규제를 명령하고 국가 동원령을 선포할 수 있다.
③ 옥외 집회나 시위를 규제할 수 있다.
④ 언론, 출판에 대한 특별조치를 취할 수 있다.
⑤ 특정한 근로자의 단체행동권을 제한할 수 있다.
⑥ 군사상 목적을 위해 세출 예산을 조정할 수 있다.

자유 민주 체제를 유지하는 국가에서는 상상할 수도 없는 강권 전제 체제의 내용을 담고 있었다. 그것도 국민 여론의 수렴이나 여야의 토론 과정도 없이 국회에서 일방적으로 처리한 내용이었다. 더욱이 중국이 유엔에 가입한 것을 국가 위기로 위장하는 등 안보상의 논리 비약이 있었으며, 시위·집회를 규제하고 노동 3권을 제약하며, 특히 언론, 출판에까지 특별조치를 취할 수 있도록 하는 등 그야말로 군정 체제로의 회귀를 의미했다.

4·27 대통령 선거 때부터 공명선거를 요구하며 박정희 정권 비판

에 앞장서온 대학생들은 교련교육 반대라는 새로운 이슈를 내걸고, 5·25총선거를 전후해 더욱 강력하게 부정부패 척결과 국정 개혁을 요구했다. 학생들은 한일 굴욕회담 반대투쟁이 절정을 이루었던 6·3 사태 이후 가장 강력한 반정부 시위를 벌였다.

강력한 야당의 등장과 함께 각종 사태, 여기에다 집권당의 항명파동까지 겹치고 학생들의 대규모 시위가 계속되자 박 대통령은 정권의 안위를 걱정하기에 이르렀고, 이에 대처하기 위해 1971년 10월 15일 서울 일원에 위수령을 선포했다. 대국민 설득이나 정책 전환 등이 아닌 강경 일변도였다.

박 대통령의 특별 지시가 내려지자 양택식 서울특별시장은 즉각 군 당국에 병력 출동을 요청했다. 이에 따라 군 당국은 수도경비사령부와 공수특전단 및 경찰 병력을 서울대의 문리대와 법대, 고대, 연대, 성대, 경희대, 서강대, 외대 등에 진주시켰다. 잘 짜인 각본대로였다.

대학에 위수령을 발동하는 동시에 서울 상대, 전남대 등에 무기한의 휴교령을 내리고, 중앙대, 국민대, 건국대, 한신대, 숙대, 이대 등은 자체 휴강에 들어가 서울의 대학가는 거의 문을 닫게 되었다. 각 대학은 문교부의 지시에 따라 23개 대학에서 177명의 학생을 데모 주동자로 제적했다. 학생들에게는 사형 선고와 같은 제적을 거침없이 단행하고, 이미 어용화된 대학 총장, 교수들은 군말 없이 따랐다.

초헌법적인 비상대권을 장악한 박정희는 특별조치법을 유신으로 가는 징검다리로 삼았다. 신민당은 1972년 6월 5일부터 4일 동안 국회 본회의장에서 농성을 한 후 "비상사태를 철회하라", "국가보위법은 무효다"라는 플래카드를 들고 광화문 국회의사당에서 중앙청 정문까지 가두시위를 벌였다. 시위 과정에서 경찰과 충돌해 14명의 의원이 연행되기도 했다. 특히 김홍일 대표위원은 국회에서 4일간 단식을 하면서 보위법의 철회를 촉구했다.

그러나 국가보위법 날치기와 비상사태 선언은 유신의 전 단계 조처로서 예정된 코스대로 진행되었다. 뒷날 박정희가 암살된 중정동 안가에서는 어용 학자, 권력에 눈이 먼 검사 등이 모여 '유신'의 음모를 꾸미기 시작했다.

62

정치 곡예로 끝난
7·4남북공동성명

군사독재자들은 남북문제를 정권
연장과 유지에 활용해왔다. 박정희가 특히 심했다.

"실은 평양에 다녀왔습니다."

1972년 7월 4일 오전 10시, 중대 방송이 예고된 가운데 이후락
중앙정보부장의 내외신 기자회견은 온 국민을 흥분의 도가니로 몰아
넣었다. 외신들도 충격적 사건으로 받아들였다.

이후락 중앙정보부장은 이날 평양에서도 동시에 발표된 남북공동
성명을 발표하면서 자신이 북한을 다녀온 사실을 밝혔다. 이후락은
1972년 5월 2일부터 5일까지 평양을 방문해 북한의 김영주 조직지
도부장과 두 차례 회담했고, 김영주 부장을 대신해 박성철 제2부수
상이 1972년 5월 29일부터 6월 1일까지 서울을 방문해 회담을 가졌
다는 사실을 공개했다. 이후락은 자신이 김일성 수상과도 면담을 가

1972년 5월 31일 박 전 대통령이 청와대에서 박성철 당시 북한 부수상을 만나는 장면.

졌고, 박성철도 서울을 방문해 박정희 대통령을 면담했다는 사실도
밝혔다.

남북공동성명이 발표되기 전에 남북적십자회담이 열렸다. 1971년
8월 12일 대한적십자사 총재 최두선이 제의하고 이틀 후 북한 적십
자사가 이를 수락함으로써 열리게 된 남북적십자회담은 같은 해 9월
20일 판문점에서 개최된 제1차 예비회담에서 상설 연락사무소 설치
와 직통전화 가설 등에 합의함으로써 남북 간의 철벽같은 대치 상태
에 물꼬를 트게 되었다.

불과 1년여 전 야당의 김대중 대통령 후보가 4대국 전쟁 억제 보
장론, 남북 간의 긴장 완화, 기자·체육인 교류, 서신 교환 등을 선
거 공약으로 제시하자 이를 좌익용공으로 몰아붙였던 박정희 정권이
었다. 그리고 중국의 유엔 가입 등을 이유로 국가비상사태를 선포한
정부가 국민과 국회에는 한마디 상의도 없이 중앙정보부장이 방북해

김일성과 만나고 박성철 제2부수상이 서울을 방문해 박정희와 면담했다는 발표는 충격과 아울러 정치적 의혹을 불러일으키기에 충분했다. 비국교 국가나 심지어 전쟁 상태의 국가 간에도 비밀외교나 비밀 접촉은 상례지만, '반공 국시'를 내걸면서 쿠데타를 하고, 이후 통치의 모든 영역을 '반공'에 두었던 박정희의 행태로서는 쉽게 납득이 가지 않는 밀사 파견이고 공동성명이었다.

남북 양측은 상호 방문을 통한 회담에서 "남북 간의 오해와 불신을 풀고 긴장의 고조를 완화시키며 조국 평화통일을 촉진하기 위해" 다음과 같이 합의했다.

1. 통일 원칙으로서 ① 외세 의존과 간섭을 배제한 자주적 해결, ② 무력 행사가 아닌 평화적 방법으로 실현, ③ 사상과 이념, 제도의 차이를 초월한 민족적 대동단결 도모 등에 합의했다.
2. 상대방을 중상 비방하지 않고 무력 도발과 군사적 충돌을 방지하기 위한 적극적 조치를 취하기로 합의했다.
3. 남북 사이에 다방면적 제반 교류를 실시하기로 합의했다.
4. 남북적십자회담의 성사를 위해 적극 협조하기로 합의했다.
5. 군사 사고 방지와 남북 간 문제를 처리하기 위해 서울과 평양 사이에 상설 직통전화 가설에 합의했다.
6. 이후락 부장과 김영주 부장을 공동위원장으로 하는 남북조절위원회를 구성·운영하기로 합의했다.
7. 이 합의 사항의 성실한 이행을 민족 앞에 약속한다.

이후락 부장은 남북공동선언을 발표하면서 기자회견에서 다음과 같이 밝혔다.

① 유엔은 외세가 아니므로 유엔 감시하의 남북 총선을 배제하는 것은 아니다.
② 전쟁을 방지하는 데 의도가 있으므로 법적 제도 면에서 바꿀 것은 바꾸고 보완할 것은 보완해 새 시대에 알맞게 갖춰 나가야 한다.
③ 반목으로 일관된 과거의 남북 대결이 대화로 전환된 만큼 과거 체제의 보완 및 법적 뒷받침이 필요하다.
④ 새로 설치될 조절위에서 남북적십자회담을 지원할 것이다.
⑤ 상호 교류에는 인적·물적·통신은 물론, 사회적·정치적 교류가 포함되며, 군사정전위의 역할이 휴전협정 문제에 국한되지만, 여기서는 군사적·정치적 문제뿐만 아니라 전쟁 방지를 위한 모든 방법이 거론될 것이다.

남북한은 7·4남북공동성명의 규정에 따라 남북한 쌍방 간의 합의 사항을 추진하고, 남북한 간에 발생하는 제반 문제들을 개선·해결하며, 조국의 통일 문제를 협의·해결할 목적으로 '남북조절위원회'를 설치했다. 이것은 '남북조절위원회 구성 및 운영에 관한 합의서'에 양측이 합의, 정식으로 발족되었다.

1972년 10월 12일 판문점에서 제1차 남북조절위원장 회의가 열렸다. 남한 측에서 이후락 중정부장과 김치열 차장, 정홍진 협의조정 국장이, 북한 측에서 박성철 제2부수상과 유장식 노동당 조직지도부 부부장, 김덕현 노동당 책임지도위원이 대표로 참석했다. 이날 회담에서는 7·4남북공동성명의 정신을 재확인하고 상호 불신을 해소하는 문제가 논의되었으며, 제2차 회의는 평양, 제3차 회의는 남한에서 열기로 합의했다.

남북조절위원회는 제1차 회의를 시발로 구체적인 활동을 위한 토의에 들어갔다. 남한 측은 남북조절위원회 운영 세칙 및 감사위원회 운영 세칙, 공동사무국 설치 규정 등을 조속히 제정할 것을 제의하고, 경제, 사회, 문화 등의 분과위원회를 우선 설치하며, 체육, 학술, 통신 등 실현 가능한 분야부터 교류를 시작해 점차 확대해갈 것을 제의했다.

그러나 북한 측은 쌍방 군비 축소, 주한 미군 철수, 군비 경쟁 지양, 무기 및 군수물자 반입 중지, 평화 협정 체결 등 5개 항목과 남북정당사회단체대표자연석회의의 개최를 제안하는 등 양측의 주장이 팽팽히 맞서 합의점을 찾지 못했다. 1973년 6월의 제3차 회의를 끝으로 조절위원회 본회담은 교착 상태에 빠졌고, 북한 측이 한국 정부의 6·23선언과 김대중 납치 사건을 이유로 들어 남북 대화의 중단을 선언했다.

7·4남북공동성명과 남북조절위원회는 결국 남북이 국민들 몰래 정부 당국자들 간의 밀담을 통해 통일 문제를 처리하려 한 한계성을 보여주었고, 자신들의 권력 기반 강화에 이를 이용하고 폐기함으로써 남북 간의 불신과 대치를 더욱 심화한 계기가 되었다. 7·4남북공동성명은 진정 어린 통일의 방법이 아닌 권력 연장을 위한 수단으로 악용되었다. 이후 박정희는 유신 체제를, 김일성은 유일 체제를 가속화한다.

63

전제군주를 노린
유신쿠데타

박정희의 권력욕은 끝 간 데를 몰랐
다. 그는 전제군주를 꿈꾸었다. 아니면 일본 메이지처럼 '천황'이 되
고자 했는지도 모른다. 박정희 대통령은 1972년 10월 17일 군대를
동원, 국회를 해산해 헌법 기능을 마비시키고, 야당의 정치 활동을
전면 봉쇄하는 사실상의 친위쿠데타를 감행했다.

박정희는 5·16쿠데타를 일으킨 지 11년, 3선 연임 금지의 헌법을
고친 지 3년, 4·27 대통령 선거로 제8대 대통령에 취임한 지 1년
반 만에 또다시 쿠데타로 헌정을 짓밟고, 독재 권력을 강화했다. 이로
부터 1979년 10월 26일 암살당할 때까지 7년 동안을 1인 군주처럼
군림하면서 전횡을 일삼았다. 그중에는 "다양한 직업여성 100여 명
을 보유"한 중앙정보부가 주선한 엽색 행각도 끼어 있었다.

박 대통령은 이날 저녁 7시를 기해 전국에 비상계엄령을 선포하고 국

회 해산, 정당 및 정치 활동 중지, 비상국무회의 설치 등의 비상조치를
감행했다. 박 대통령이 발표한 4개 항의 비상조치 내용은 다음과 같다.

① 1972년 10월 17일 하오 7시를 기해 국회 해산, 정당 및 정치 활
동 중지 등 현행 헌법의 일부 조항의 효력을 정지시킨다.
② 일부 효력이 정지된 헌법 조항의 기능은 비상국무회의에 의해 수
행되며, 비상국무회의의 기능은 현행 헌법하의 국무회의가 수행한다.
③ 비상국무회의는 1972년 10월 27일까지 조국의 평화통일을 지향
하는 헌법 개정안을 공고하며, 이를 공고한 날로부터 1개월 내에 국
민투표에 부쳐 확정한다.
④ 헌법 개정안이 확정되면 헌법 절차에 따라 늦어도 금년 연말 이전
에 헌정 질서를 정상화한다.

박 대통령은 '대통령 특별선언'을 발표, 비상조치 발동에 대해 설명
하면서 "열강의 세력 균형의 변화와 남북한 간의 사태 진전에 따른
평화통일과 남북대화를 추진할 주체가 필요한데, 현행 법령과 체제는
냉전시대의 산물로서 오늘날의 상황에 적응할 수 없으며, 대의기구는
파쟁과 정략의 희생이 되어 통일과 남북 대화를 뒷받침할 수 없으므
로 부득이 비상조치로써 체제 개혁을 단행한다"고 주장했다.

전국에 비상계엄을 선포한 박정희는 노재현 육군 참모총장을 계엄
사령관으로 임명하고, 포고령 제1호로서 ① 각 대학의 휴교 조치, ②
정치 집회 금지, ③ 언론·출판·보도·방송의 사전검열 등의 조치를
취했다. 계엄 당국은 신민당 의원 김상현, 이세규, 최형우, 강근호, 이
종남, 조윤형, 김한수, 조연하 등을 구속하고, 이들에게 가혹한 고문

10월 유신을 발표하고 있는 당시 김성진 청와대 대변인.

을 자행하는 등 공포 분위기 속에서 체제 정비에 나섰다.

1972년 10월 27일 비상국무회의에서 헌법 개정안이 의결·공고되고, 정부는 한 달간의 공고 기간에 계몽 활동을 벌인 후 11월 21일 국민투표에 회부했다. 반대운동이 금지된 일방적인 개헌안의 국민투표 결과, 1,441만 714명이 투표해 91.5퍼센트에 이르는 찬성률로 개헌안이 통과되었다. 확정된 '유신헌법'은 임기 6년의 대통령을 통일주체국민회의에서 간선으로 선출토록 하고, 국회의원 3분의 1도 여기서 뽑기로 하는 등 '국체의 변혁'에 가까울 정도의 비민주적인 내용을 담고 있었다. 박정희는 평화통일을 실현하기 위한 강력한 통치 체제의 구축이라는 명분을 내세워 전제적 1인 체제를 구축할 목적으로 이를 제도적으로 뒷받침할 '유신헌법'을 만든 것이다.

유신헌법의 주요 내용을 살펴보면, 대통령 선거 제도를 국민직선제

통사와 혈사로 읽는 한국 현대사

에서 통일주체국민회의 대의원에 의한 간선제로 바꾸고, 대통령에게 긴급조치권, 국회해산권 등 초헌법적 권한을 부여하며, 대통령이 정수의 3분의 1에 해당하는 국회의원 및 법관의 임면권을 갖고, 국회의원 선거제도를 소선거구제에서 2인 선거구제로 바꿔 여야 의원이 동반 당선되도록 만들었다. 야당의 의석수에 제한을 가하고, 국회의 비판 기능을 전면 마비시키는 등 대통령 1인에게 모든 권력을 집중시키고 입법부와 사법부를 정권의 시녀로 전락시킨 반민주적인 악법이었다. '10월 유신'은 영구 집권을 위한 친위 쿠데타로서, 박정희는 10·27 보위법 파동과 7·4남북공동성명 등 내외적인 여건을 조성한 다음, 야당의 분열을 계기로 또다시 헌정을 유린한 것이다.

당시 신민당은 양분 상태에서 치열한 당권 투쟁을 벌이고 있었다. 1971년의 진산 파동으로 신민당의 당권을 장악한 김홍일은 1972년의 전당대회를 맞아 퇴진했던 유진산의 롤백작전에 직면하자 김대중계의 지원을 받아 유진산 사단과 대결을 시도하다가 결국 분당 사태를 맞게 되었다. 유진산 사단과 김홍일 사단으로 갈라진 신민당의 전당대회는 1972년 9월 26일과 27일 각각 시민회관과 효창동 김홍일 자택에서 별도로 열렸다. 시민회관 대회에는 유진산, 고흥문, 김영삼, 이철승, 정해영, 신도환 등 이른바 진산 사단의 범주류가 참석해 합법성을 주장하고, 효창동 대회에서는 김홍일·김대중·양일동계가 참석해 시민회관 대회의 무효를 선언했다.

두 대회가 개최된 후 김홍일 측이 유진산을 상대로 당대표 직무정지 가처분 신청을 제기해 법통 시비가 일어난 가운데, 국회는 8·3 사채 동결 긴급재정명령 이후 문제가 된 '동결사채'의 진상을 파악하기 위해 국정감사 활동을 벌이다가 10월 유신으로 국회 해산과 정치 활동의 중지라는 날벼락을 맞게 되었다.

박정희는 이 같은 야당의 분열을 적극적으로 활용하면서 12월 23일 통일주체국민회의의 대통령 선거에 단독 출마, 제8대 대통령에 당선됨으로써 유신 체제를 가동했다. 박정희가 무력을 동원한 비상수단으로 체제 개편을 단행하게 된 것은 3선 개헌에 이어 또다시 개헌을 단행하기란 현실적으로 어려웠고, 1971년의 대통령 선거에서 예상밖으로 고전한 데다 야당에 의한 국회 비판 기능의 활성화로 정상적인 방법으로는 재집권이 불가능하다는 것을 인식했기 때문이었다.

박정희 정권은 유신쿠데타를 감행하기 전에 두 차례나 북한 측에 '사전 통보'한 것으로 후일 드러났다. 주한 미국 대사관이 국무부에 보낸 1972년 10월 31일자 비밀문건에 따르면, 이후락 당시 중정부장은 10월 12일 박성철 북한 부수상을 만나서 "남북 대화를 지속적이고 성공적으로 이어 나가기 위해서는 정치 시스템을 바꾸는 게 필요하다고 우리 정부는 생각한다"고 밝혔다고 한다. 이 비밀문건은 또 "남북조절위원회 남측 실무대표인 정홍진이 계엄 선포 하루 전인 10월 16일 북쪽 실무대표인 김덕현을 판문점에서 만나 명시적이고 구체적인 내용을 통보했다"고 적었다.

2009년에 공개된 동독과 루마니아, 불가리아의 북한 관련 외교 문서에는 이후락이 남북조절위원회 북측 대표인 김영주에게 "박 대통령은 17일 북한이 주의해서 들어야 할 중요한 선언을 발표할 것"(10월 16일)이라는 내용의 메시지를 보낸 것으로 적혀 있다.

우연인지 '짜고 친 고스톱'인지, 박정희의 유신헌법과 김일성을 유일 체제로 하는 북한의 사회주의 헌법이 1972년 12월 27일 같은 날 제정되었다.

64

중정의 김대중
납치 살해 시도

동서고금을 막론하고 독재자들이 갖는 공통점의 하나는 정치적 라이벌을 제거한다는 것이다. 러시아 혁명에 성공한 레닌은 트로츠키(Leon Trotsky)를 암살하고, 중국혁명에 성공한 마오쩌둥(毛澤東)은 린뱌오(林彪)를 제거했다. 이승만은 김구와 조봉암을 암살 또는 사법살인하고, 김일성은 박헌영 등을 제거했으며, 박정희는 김대중과 장준하를 살해 또는 제거하고자 했다.

김대중은 해외에 머물면서 유신통치를 반대하는 투쟁을 벌였다. 주로 미국에 머무르며 반정부 활동을 전개한 그는 일본 안의 유신 반대 투쟁을 지원하기 위해 1973년 도쿄에 머무르고 있었다.

김대중은 1973년 8월 8일 오후 1시가 조금 지난 시각에 당시 통일당 총재였던 양일동이 묵고 있던 그랜드 팰리스 호텔 2212호실에서 양일동과 당시 통일당 국회의원 김경인을 만난 뒤 거처로 돌아가기 위해 김경인과 함께 방문을 나섰다. 그 순간 바로 옆 2210호실 및 건너편 2215호실에서 5명의 괴한이 뛰어나와 그중 3명은 김대중을 2210호실로 끌고 들어갔고, 나머지 2명은 김경인을 양일동이 있던 2212호실로 밀어 넣었다.

김대중을 덮친 괴한 중 1명이 마취약을 묻힌 손수건으로 김대중의 코를 틀어막았고, 괴한들은 그의 목을 짓누르며 두 손을 뒤로 꺾어 로프로 묶으면서 유창한 한국말로 "조용히 하지 않으면 죽여버리겠다"고 위협했다. 잠시 뒤 괴한들은 그를 끌고나와 엘리베이터에 태우고 호텔 지하로 내려갔다.

괴한들이 떠난 뒤 2210호실에는 대형 배낭 2개, 숄더백 1개, 10여 미터 길이의 나일론 끈, 휴지, 녹슨 실탄 7발이 들어 있는 권총 탄창 1개, 묽은 농도의 마취제가 들어 있는 약병, 북한제 담배 '백두산' 2개비가 들어 있는 담뱃갑 등이 놓여 있었다. 일본 경찰은 이곳에서 범인이 남긴 지문을 채취했고, 그것이 주일 한국대사관 1등 서기관 김동운의 것임을 밝혀냈다.

김대중을 납치한 괴한들은 호텔 지하주차장을 통해 승용차 편으로 어디론가 달아났다. 이 차는 요코하마 주재 한국총영사관의 부영사 유영목의 것이었고, 당시 승용차 조수석에는 김동운이 타고 있었다. 납치범들은 오사카나 고베 근처로 추정되는 안가에서 김대중을 작업복으로 갈아입히고 얼굴을 포장용 테이프로 감은 다음 다시 차에 태워 1시간가량 달려 바닷가에 이르렀다. 여기서 모터보트에 태워 30~40분쯤 항해한 뒤 정박해 있던 대형 선박에 옮겨 싣고 그곳에 있던 사람들에게 인계했다. 이 배는 중앙정보부의 공작선인 536톤짜리 용금호였다. 용금호는 그해 7월 29일 일본에 입항해 그곳 외항에 정박해 있었다.

김대중을 넘겨받은 용금호에 있던 자들은 급히 출항한 뒤 김대중을 배 아래쪽 선실로 끌고 가서 다시 몸을 묶었다. 손발을 꼼짝 못하게 묶고, 눈에는 테이프를 여러 겹 붙인 다음, 그 위에 다시 붕대를 감았다. 그리고 오른 손목과 왼 발목에 각각 수십 킬로그램의 돌을 매달았다. 마지막으로 등에 판자를 대고 몸과 함께 묶었다. 그들은 "던질 때 풀어지지 않도록 단단히 묶어", "이불을 씌워 던지면 떠오르지 않는다" 등의 말을 주고받았다.

얼마 후 김대중은 번쩍하는 불빛을 느끼는 동시에 굉음을 들었다. 그 순간 선실에 있던 자들은 "비행기다!" 하면서 뛰쳐나갔고, 배는 매우 빠르게 달리기 시작했다. 비행기의 폭음 소리도 되풀이되었다. 이런 상태가 30분 이상 계속되었다.

김대중은 어느 항구에 도착해 구급차에 태워지고, 수면제에 의해 잠이 들었다. 잠에서 깬 순간, 그는 2층 양옥에 갇혀 있었다. 다시 어두워진 다음 승용차에 태워진 그는 몇 시간 후 서울 동교동 자택 근처에 내려졌다. 납치된 지 129시간 만인 8월 13일 저녁 10시 30분경이었다.

훗날 김대중의 증언에 따르면, 김대중이 해외에서 유신 체제를 계속 비판하면서 1973년 7월 6일 재미교포들의 반정부단체인 한국민주회복통일촉진회의(약칭 한민통)를 결성, 초대 명예회장이 되고 일본에서도 8월 13일 도쿄 한민통의 결성을 준비하자 박정희 대통령이 그의 납치 살해를 중앙정보부에 지시했다고 한다.

납치 사건이 발생하자 박 정권은 처음부터 끝까지 한국 정부의 개입설을 완강히 부인했다. 일본 경시청이 사건 현장에서 범인 김동운

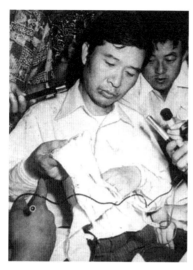
납치에서 풀려난 후 기자들과 만나는 모습.

의 지문을 채취하는 등 확실한 증거를 포착하고 사건 관련자의 출두를 한국 정부에 요구해도 묵묵부답이었다. 이에 따라 일본 내에서는 '국권 침해'에 대한 비난 여론이 대두하고, 한일 정기 각료회의 연기, 대륙붕 석유 탐사를 위한 한일 교섭 취소, 경제 협력 중단 등 오랫동안 밀월 관계를 유지해오던 한일 관계가 냉각 상태에 빠져 들었다.

이후 미국의 배후 영향력 행사와 한일 간의 막후절충을 통해 관계 정상화가 시도되어 '김동운 1등 서기관의 해임', '김대중의 해외 체류 중 언동에 대한 면책', '김종필 총리의 진사방일(陳謝訪日)' 등에 합의, 사건 발생 86일 만에 이 사건은 정치적으로 결말지어졌다. 이로써 무기 연기되었던 한일 각료회의가 다시 열리고 중단된 차관사업도 재개되었으나, 국권 침해, 중앙정보부 관련설, 범인 출두, 김대중의 원상회복 문제 등은 사건 진상규명과 더불어 영구 미제로 남겨지고 말았다.

사건 후 박 대통령은 미국의 칼럼니스트 잭 앤더슨(Jack Anderson)에게 "나는 하느님에게 맹세코 납치 사건과 관계가 없다. 사건은 아마 중앙정보부의 소행일 것"이라고 말했다. 그러나 사건 당시의 중앙정보부장 이후락은 훗날 "1973년 봄 박정희가 나를 불러 김대중을 죽이라고 지시했다. 나는 곤혹스러운 나머지 실행을 미루고 있었는데, 박정희는 김종필과도 이야기되었다면서 다시 명령을 내렸다. 김대중을 납치한 것도 나지만 살려준 것도 나다"라고 밝혀, 어느 정도 진실인지는 알 수 없지만 이 사건의 본질이 최고 권력자의 정적 제거 음모임이 드러났다.

　김대중은 후일 대통령에 당선되어 박정희기념관을 짓도록 지원하고, 박정희의 딸 박근혜는 대통령 후보가 되어 퇴임한 김대중을 찾아 '아버지의 박해'에 대해 사과했다.

65

들불처럼 일어난
'유신 타도' 횃불

유신쿠데타가 발생한 지 1년 만인 1973년 10월 2일, 서울 문리대생 250여 명은 교내 4·19기념탑 앞에 모여 비상총회를 열고 자유 민주 체제 확립을 요구하는 선언문을 낭독한 후 시위를 벌였다. '김대중 납치 사건'을 계기로 유신 선포 이후 최초로 학생들이 '유신 체제 비판 불용'이라는 금기를 깨고 시위에 나선 것이다. 마침내 반유신 투쟁의 횃불이 타올랐다.

이날 학생들은 '정보·파쇼통치 즉각 중지와 자유 민주 체제 확립', '대일 경제 예속 관계 즉각 중지 및 민족 자립경제 확립, 국민 생존권 보장', '중앙정보부 즉각 해체와 김대중 납치 사건 진상규명', '기성 정치인과 언론인의 각성 촉구' 등 4개 항을 결의하고, 2시간여 동안 구호를 외치며 교내에서 시위를 벌였다. 유신 체제 출범 이후 패배주의와 냉소주의에 빠져 있던 학생 운동권 및 재야 운동권을 일깨운 이날의 시위는 전국 대학의 유신 철폐 시위, 재야인사들의 시국 선언문 발표, 신문사와 방송국 기자들의 자유언론 실천선언으로 이어지는 반독재 투쟁의 기폭제가 되었다.

서울 문리대에서 점화된 학생 시위는 11월 말에서 12월 초에 걸쳐 전국 대학으로 확산되면서 일부 대학에서는 가두 진출로 격화되었고, 투석전과 최루탄의 공방이 계속되는 가운데 고등학교까지 시위가 확대되었다. 박정희 정부가 시위 주동 학생들을 대거 구속·제적하면서 이들의 석방과 학원의 자유가 새로운 이슈로 등장하고, 정치적으로는 정보·파쇼통치와 유신 철폐가 여전히 핵심 이슈가 되었다. 학생들의 시위에 각성한 일부 기자들은 언론 자유 수호 선언투쟁에 나서고, 노동자들은 노조 결성의 자유와 임금 현실화를 요구하며 파업을 벌였다.

10월 16일에는 서울대 법대에 재직 중이던 최종길 교수가 중앙정보부에 출두했다가 간첩 혐의로 구속되어 7층 심문실에서 창밖으로 투신자살하는 사건이 벌어졌다. 이는 '김대중 납치 사건'과 함께 '유신 독재의 마각'을 드러내는 상징적인 사건이 되었고, 대학과 재야인사들의 진상규명운동이 전개되었다. 12월 24일에는 함석헌, 장준하, 천관우, 계훈제, 백기완 등 각계의 민주인사들이 서울YMCA에서 '개헌청원운동본부'를 발족하고 유신헌법 철폐를 위한 개헌청원운동을 본격적으로 전개했다. 개헌청원운동은 불과 10일 만에 30여만 명의 서명을 받는 등 놀라운 속도로 번져 나갔다. 그동안 움츠렸던 각계 각층에서 민주화의 대열에 참여하면서 나타난 현상이다.

이에 당황한 박정희 대통령은 12월 29일 김성진 청와대 대변인을 통해 발표한 담화에서 "최근 일부 지각없는 인사들 중에 유신 체제

서재에서 독서를 하는 함석헌.

를 뒤집어엎고 사회 혼란을 조성하려는 불순한 움직임이 있다"면서
개헌 서명을 즉각 중지할 것을 요구했다. 국민의 여론을 수렴하기보
다 여전히 폭압적인 태도였다.

박 대통령의 반 협박적인 담화에도 불구하고 개헌서명운동은 날
로 확산되었다. 개헌청원운동본부의 장준하 대변인은 박 대통령의 담
화에 대한 성명을 발표하고 "개헌청원운동은 우리 백성들이 정부 당
국과 대화하는 최선의 방법으로 채택한 것"이라 전제하면서 "당국은
이 합리적이고 합법적이며 평화적인 운동을 막는 우를 범하지 말라"
면서 청원운동을 계속하겠다고 맞섰다.

전국 주요 대학이 반유신 시위에 나선 가운데 11월 15일 단식농성을 하던 한국신학대학생 90여 명은 삭발농성에 들어갔으며, 한국 기자협회는 11월 29일 언론의 책임을 다하기 위해 객관적 사실을 충실히 보도하기로 결의했다. 기자협회장단과 한국신문편집인협회도 각각 결의문을 채택하고 "민주언론의 창달을 위해 1971년 5월에 채택한 '언론 자유 수호 행동 강령'을 준수할 것과, 최근 일선 기자들이 각 신문사 단위로 혹은 기자협회를 통해 밝힌 언론 자유 수호를 위한 결의는 당연하고 순수한 것이므로 이를 뒷받침할 것"을 다짐했다.

12월 13·14 양일에는 전국 대학 총학장회의에서도 결의문을 통해 "우리 총학장 일동은 교수 전원의 협조를 얻어 자율을 바탕으로 학원의 정상화, 면학 분위기의 조성이 조속한 시일 내에 이룩되도록 총력을 기울이겠다"고 밝혔다. 우회적이지만 학생들의 반유신 투쟁을 지지한 것이다.

함석헌, 김재준, 천관우, 이병린 등 민주수호국민협의회 대표와 윤보선, 김수환, 유진오, 백낙준, 이희승, 이인, 한경직, 김관석, 이정규 등 사회 원로들은 12월 13일 서울YMCA 회의실에 모여 시국간담회를 갖고 "현재의 시국은 민주주의 체제를 근본부터 또 제도적으로 회복해 국민의 자유를 소생시키지 않으면 민족적 위기를 초래할 위험이 있다고 보아 이에 대한 대통령의 조처를 기대한다"면서, 정상적인 민주주의 체제로의 회복을 촉구했다. 이들은 적어도 ① 국민의 기본권을 철저히 보장할 것, ② 3권 분립 체제를 재확립할 것, ③ 선거에 의한 평화적 정권 교체의 길을 열 것 등이 포함되어야 한다고 주장했다.

해가 바뀌어 1974년 1월 7일에는 공화당의 초대 총재와 당의장을 지낸 정구영과 전 사무총장 예춘호가 공화당을 탈당했다. 정구영은 이날 성명을 통해 "나는 진정한 자유민주주의를 구현코자 민주공화당의 창당에 참여해 초대 총재가 되었으나, 오늘의 사태는 당원으로서 소신을 밝힐 수 있는 최소한의 자유마저 잃은 채 조국의 안위는 백척간두에 서 있다 해도 과언이 아니므로 오랜 자책 끝에 드디어 당과 결별하기로 작정했다"고 밝히고 개헌서명운동에 참여했다. 집권당의 근간이 무너진 사태였다.

같은 날 이희승, 이헌구, 김광섭, 박두진 등 문학인 61명은 '헌법 개정을 청원하는 것은 국민의 당연한 권리이며, 우리는 이 권리를 결코 포기하지 않는다', '국민의 기본적 인권이 제도적으로 보장되어야 하며, 빈부격차가 해소되고 물량 위주 대외 의존적 근대화 정책은 근본적으로 시정되어야 한다' 등 4개 항의 결의문에 서명·발표했다. 이들은 "민족의 존망 자체가 위태로운 이 어려운 시기를 맞아 문학인들이 더 이상 침묵할 수 없다"고 밝히고, "국민의 편에 서서 용기와 신념을 갖고 민주주의와 사회 정의의 성취를 위해 싸우는 모든 양심적인 지식인들과 더불어 어떠한 가시밭길도 헤쳐 나갈 것을 선언한다"고 다짐했다.

박정희는 유신쿠데타 1년여 만에 총체적인 국민의 저항에 직면했다. 하지만 그는 더욱 강경한 태도로 국민을 억압하고 폭압 체제 유지에 권력을 동원했다.

66

반헌법의 '도깨비 방망이'
긴급조치

대한민국의 1970년대는 박정희의 유신 체제로 인한 탄압과 저항으로 극심한 대립상이 이어진 아픈 시대였다. 국체를 변혁한 유신 체제를 국민은 결코 용납하지 않았다.

1974년 새해가 밝으면서 유신헌법 철폐와 민주 회복을 요구하는 국민의 목소리는 더욱 거세게 확산되었다. 심지어 박 정권과 정치적 유착설이 나돌던 유진산의 신민당까지 1월 8일 개헌을 요구하기에 이르렀다. 그러자 정부는 개헌서명운동을 저지하는 더욱 날선 강압책을 들고 나왔다. 1월 8일 긴급조치 제1·2호를 선포해, 유신헌법을 반대·부정·비방하거나 개헌을 주장하는 일체의 행위를 금지하고, 위반자는 영장 없이 체포하고 군법회의에서 15년 이하의 징역에 처하며(제1호), 이에 따른 비상군사재판을 설치한다(제2호)고 선포했다. 합법적인 국민의 요구를 원천적으로 억압하는 반헌법 조치였다.

긴급조치는 원래 천재지변 또는 중대한 재정·경제상의 위기에 처하거나 국가의 안전 보장 또는 공공의 안녕질서가 중대한 위협을 받거나 받을 우려가 있어 신속한 조치를 취할 필요가 있다고 판단되는 경우에 대통령이 내정, 외교, 국방, 경제, 재정, 사법 등 국정 전반에 걸쳐 내리는 특별한 조치다. 그러나 유신헌법 제53조에 규정된 대통령 긴급조치권은 단순한 행정명령 하나만으로 국민의 자유와 권리에 대해 무제한의 제약을 가할 수 있는 초헌법적 권한으로, 사실상 반유신 세력에 대한 탄압 도구로 악용되었다. 나치 시대 히틀러의 비상대권과 유사한 것이었다.

1974년 1월 8일 제1·2호가 처음 발동된 이래 1979년 12월 8일 제9호가 해제되기까지 만 5년 11개월 동안 이른바 '긴조시대'가 계속되었다. 국민의 기본권을 제약하고 반대 세력을 탄압하는, 그야말로 권력의 광기가 절정에 이른 암흑의 시대였다. 대통령의 행정명령이 3권 위에 군림하고, 권력분립과 의회민주주의는 형해화(形骸化)되었다. 대한민국은 무헌법의 무인통치 시대를 맞게 되었다.

긴급조치 제1호는 헌법 개정 관련 외에도 '유언비어의 날조·유포 금지', '금지 행위의 선동, 선전 및 방송, 보도, 출판 등 전파 행위 금지', '이 조치의 위반자 및 비방자는 영장 없이 체포·구속·압수·수색하며, 비상군법회의에서 15년 이하의 징역과 15년 이하의 자격정지에 처하도록 함' 등의 내용을 담고 있다.

이에 따라 1월 15일 비상보통군재 검찰부는 전 『사상계』 사장 장준하와 백범사상연구소 대표 백기완을 긴급조치 위반 혐의로 첫 구속하고, 21일 도시산업선교회 김경락 목사 등 종교인 11명을 같은 혐의로 구속하는 등 종교인과 학생 다수를 법원의 영장 없이 체포·

구속했다. 정부는 이어 4월 3일에는 전국민주청년학생총연맹(약칭 민청학련) 사건을 날조해 학생들의 반독재 투쟁에 족쇄를 채우기 위해 긴급조치 제4호를 선포했다.

이 조치는 △ 민청학련과 관련되는 제 단체를 조직하거나 이에 가입 또는 회합, 통신, 편의 제공 등으로 구성원의 활동에 직간접으로 관여하는 일체의 행위 금지, △ 민청학련 및 관련 단체의 활동에 관한 문서, 도서, 음반, 기타 표현물을 출판 · 제작 · 소지 · 배포 · 전시 · 판매하는 일체의 행위 금지, △ 정당한 이유 없이 출석, 수업, 시험을 거부하거나 학교 관계자 지도 · 감독하의 정상적 수업과 연구 활동을 제외한 학내외 집회, 시위, 성토, 농성, 기타 일체의 개별적 집단 행위 금지, △ 이 조치를 위반하거나 비방한 자에 대해서는 5년 이상의 징역에서 최고 사형까지 처할 수 있고, 위반자가 소속된 학교는 폐교 처분할 수 있도록 했다.

내무부 치안국은 민청학련 관련자 자진 신고 기간에 자수하지 않은 서울대생 이철, 서울대 졸업생 유인태, 강구철 등을 전국에 현상 수배하고, 비상보통군재는 7월 16일 민청학련 배후 지원 혐의로 구속한 윤보선, 박형규, 김동길, 김찬국 등을 내란선동 및 긴급조치 위반 혐의로 군사재판에 회부하는 등 초강경의 탄압 정책을 계속했다.

박정희 정권은 긴급조치라는 폭력적인 조치를 단행하면서 국민을 현혹하고자 이번에도 어김없이 '용공 카드'를 꺼내 들었다. 이른바 '문인 간첩단 사건'이다. 2월 25일 서울지검 공안부 정명래 부장검사는 서울을 거점으로 한 문인 간첩단을 1월 26일 적발했다며, 이호철, 임헌영, 김우종, 정을병, 장병화 등 5명의 문인을 반공법 위반 및 간첩 혐의로 구속하고, 언론인 천관우 등에 대해서는 계속 수사 중이라고 발표했다. 긴급조치가 발효되어 어느 정도 효과를 보고 있던 10월 31일 서울형사지법 항소3부는 선고 공판에서 이호철, 임헌영, 김우종, 장병화에게 각각 징역 1년에서 1년 6개월에 집행유예를 선고하고 모두 석방했다. 훗날 이들은 재심에서 모두 무죄가 선고되었다.

박정희 정부는 거듭되는 긴급조치에도 국민의 반유신 저항운동이 거세게 확산되자 1975년 5월 13일 긴급조치 제9호를 선포했다. 서울농대생 김상진 군의 할복자살을 계기로 유신헌법 철폐와 정권 퇴진을 요구하는 민주화운동이 다시 거세지자 이를 탄압하기 위해 더욱 강력한 긴급조치 제9호를 선포한 것이다.

그 내용은 △ 유언비어의 날조, 유포 및 사실의 왜곡·전파 행위 금지, △ 집회, 시위 또는 신문, 방송, 기타 통신에 의해 헌법을 부정하거나 폐지를 청원·선포하는 행위 금지, △ 학교 당국의 지도·감독하에 행하는 수업, 연구 또는 학교장의 사전 허가를 받았거나 기타 예외적 비정치적 활동을 제외한 학생의 집회, 시위, 정치 관여 행위 금지, △ 이 조치에 대한 비방 행위 금지, △ 금지 위반 내용을 방송, 보도, 기타의 방법으로 전파하거나 그 내용의 표현물을 제작·소지하는 행위 금지, △ 주무 장관에게 이 조치의 위반 당사자와 소속 학교, 단체, 사업체 등에 대해 제적, 해임, 휴교, 폐간, 면허 취소 등의 조치를 취할 수 있는 권한 부여, △ 이런 명령이나 조치는 사법적 심사의 대상이 되지 않으며, 위반자는 영장 없이 체포할 수 있다는 것이다.

긴급조치 제9호 시대는 민주주의의 암흑기로서, 이에 저항하는 8백여 명의 구속자를 낳아 '전 국토의 감옥화', '전 국민의 죄수화'라는 유행어를 만들어내기도 했다. 5년 11개월 동안 학생, 교수, 문인,

정치인, 종교인, 시민 등 모두 1,389명이 이 조치로 옥고를 치렀고, 긴급조치 제9호 관련 판결은 1,289건으로 피해자 수만 974명에 이르렀다.

긴급조치 시대는 우리 헌정사상 전두환 5공 정권기와 더불어 전무후무한 인권 탄압과 독재의 암흑시대였다. 긴급조치는 김대중·노무현 정부에서 무효화가 이루어지고, 피해자들은 대부분 재심에서 사면 복권 조치가 이루어졌다. 하지만 반헌법적인 부당한 법 집행을 일삼은 판검사 등 부역자들은 하나도 처벌되지 않았다.

67

독재의 희생양 '민청학련 사건'과 '인혁당 사건'

독재자는 정치적 위기를 맞으면 희생양을 찾는다. 이승만, 박정희, 전두환이 그랬고, 그 아류 이명박과 박근혜도 유사한 행태를 보였다. 집권 13년 차에 이른 박정희에게 1974년은 정치적 위기의 해였다. 계엄령, 위수령에 이어 긴급조치까지 연달아 발동해 공포감을 불러일으켰으나 날이 갈수록 약효가 떨어졌다. 그래서 다시 꺼낸 것이 '용공 카드'로 국민을 겁박하는 것이었다. 1974년 4월 25일 중앙정보부장 신직수는 어마어마한 공안사건을 발표해 국민을 공포에 떨게 했다. 이날은 긴급조치 제4호가 선포되어 민청학련 사건으로 많은 사람이 구속된 지 3주일이 지난 시점이었다.

신직수 부장의 발표 내용의 요지는 다음과 같다.

민청학련은 공산계 불법 단체인 인혁당 재건위 조직과 재일 조총련계 및 일본 공산당, 국내 좌파 혁신계 인사가 복합적으로 작용, 1974년 4월 3일을 기해 현 정부를 전복하려 한 불순 반정부 세력으로, 이들은 북괴의 통일전선 형성 공작과 동일한 4단계 혁명을 통해 노동자, 농민에 의한 정권 수립을 목표로 했으며, 과도적 정치기구로 민족 지도부의 결성을 획책했다.

이들이 획책한 이른바 4단계 혁명은,

① 유신 체제를 비민주 독재로 단정, 반정부 세력을 규합하며, ② 4월 3일을 기해 전국 주요 대학이 일제히 봉기해 중앙청, 청와대 등을 점거, 파괴하고, ③ 민주연합 정부를 수립하고, ④ 순수한 노농(勞農) 정권을 세운다는 것을 내용으로 했다.

민청학련의 배후 주동 인물로는,

① 전 인혁당수 도예종과 여정남 등의 불순 세력, ② 재일 조총련 비밀조직의 곽동의와 곽의 조종을 받은 일본 공산당원 다치가와 마사키(太刀川正樹), 하야카와 요시하루(早川嘉春) 등 일본인 2명, ③ 기독교학생총연맹 간부진, ④ 이철, 유인태 등 주모급 학생운동가와 유근일 등이다.

1973년 말 절정에 달했던 학원가의 반독재 시위는 긴급조치 제1호의 선포로 잠시 수그러들었다가 이듬해 신학기의 시작과 더불어 다시 술렁이기 시작했다. 연초부터 떠돌기 시작한 '4월 위기설'이 나도는 가운데 4월 3일 서울대, 성균관대, 이화여대 등에서 일제히 시위가 일어났다. 서울대 의대생 5백여 명은 흰 가운을 입고 시위를 벌이기도 했다. 이날 시위의 특징은 거의 같은 시간에 각 대학이 동시에 시위를 벌였다는 것과 선언문의 주체가 '전국민주청년학생총연맹'의 명의로 되어 있다는 점이었다.

학생들이 시위에서 배포한 '민중·민족·민주선언'의 유인물이 민청학련 사건의 단초가 되었다. 이 유인물은 ① 부패, 특권, 족벌의 치부를 위한 경제 정책을 시정하고 부정부패, 특권의 원흉을 처단할 것, ② 서민들의 세금을 대폭 감면하고 근로대중의 최저생활을 보장할 것, ③ 노동 악법을 철폐하고 노동운동의 자유를 보장할 것, ④ 유신 체제를 철폐하고 구속된 애국인사를 석방할 것, ⑤ 모든 정보·폭압정치의 원천인 중앙정보부를 해체할 것 등의 내용을 담고 있었다.

정부는 이 사건을 빌미로 4월 3일 저녁 긴급조치 제4호를 선포했다. 정부는 민청학련 사건을 기화로 학생들의 반유신 투쟁에 족쇄를 채우고자 이 사건의 관련자들을 급조한 비상군법회의에 송치했다. 군법회의에 송치된 사람은 배후 조종 혐의를 받은 전 대통령 윤보선, 지학순 주교, 박형규 목사, 김동길·김찬국 교수, 김지하 시인, 인혁당 재건 관련자 21명, 일본인 2명을 포함해 무려 253명에 이르렀다.

민청학련 사건 관련자에 대한 군법회의 재판은 1974년 6월 15일부터 10월 11일까지 119일간 계속되었다. 1974년 한여름 내내 긴급조치 피의자들을 다루는 군법회의 공판정은 연일 사형, 무기징역, 징역 20년, 15년 등 유례없는 중형을 선고해 큰 충격을 주었다. 히틀러의 나치 시대를 방불케 하는 한국판 공포시대였다.

이로 인해 구속자 석방을 요구하는 집회 및 시위가 학계 및 종교계를 중심으로 광범위하게 번져가고 각계각층의 반독재 민주화 투쟁이 격화되는 한편, 외교 문제로까지 번져 미국 의회에서 대한 군사·경제 원조의 대폭 삭감이 논의되는 등 국제 여론이 악화되었다.

이에 당황한 정부는 인혁당 관련자와 반공법 위반자 일부를 제외한 사건 관련자 다수를 석방함으로써 이 사건이 날조된 것임을 스스로 폭로했다. 이 사건으로 종교계, 학계 등 광범위한 세력이 연대의 틀을 마련했으며, 지식인들이 변혁운동의 중심에 서게 되는 계기가 만들어졌다. 박정희 정권은 스스로 몰락의 무덤을 판 것이다.

이러던 와중에 1974년 4월 25일 중앙정보부장 신직수에 의해 다시 인혁당 사건이 발표되었다. 1차 사건이 있은 지 10년 만에 또 인혁당 이름을 내걸었다. 혐의 사실도 10년 전과 거의 똑같았다. 현 정부를 전복하고 노동자, 농민에 의한 정부를 수립하기 위한 학생 데모를 배후 조종했다는 것이다. 정부는 민청학련 사건의 배후 세력으로 인혁당을 지목하면서 이 사건 관련자 서도원, 도예종, 김용원, 우홍선, 송상진, 여정남, 김한덕, 유진건, 나경일, 전재권 등 23명을 군사재판에 회부했다.

이들은 비상군법회의 검찰부에 의해 국가보안법, 반공법, 내란예비음모, 내란선동 등의 혐의로 구속·기소되어 비상보통군법회의, 비상고등군법회의, 대법원 확정 판결에 이르기까지 3심을 거쳤지만, 형량은 거의 변함이 없었다. 특히 도예종, 서도원, 하재완, 이수병, 김용원, 우홍선, 송상진, 여정남 등 8명의 피고인은 처음부터 끝까지 사형이었다. 이들을 희생양으로 지정한 것이다.

인혁당 사건을 둘러싸고 이번에도 고문에 의한 조작설이 드러났다. 피고인들의 법정 진술과 가족들에 의해 고문 사실이 알려졌다. 고문과 조작설을 대담하게 터뜨리면서 항의하고 나선 사람은 조지 오글(George E. Ogle) 목사와 제임스 시노트(James Sinnott) 신부였다. 이들은 인혁당 사건이 수사기관의 고문에 의해 조작된 것이라고 밝혔다가 얼마 후 한국에서 추방당했다.

인혁당 사건의 고문과 조작설에 대해 박 대통령과 황산덕 법무장관이 부인하는 가운데 1975년 4월 8일 대법원은 8명의 피고인에게 사형을 확정했고, 이례적으로 대법원 판결 바로 다음 날인 4월 9일 이들에 대한 사형 집행이 강행되었다. 확정 판결 다음 날 사형을 집행하는 것은 극히 드문 일이었다. 시신도 유족들에게 인도하지 않았다. 정부 당국은 고문 흔적을 없애기 위해 불법적으로 화장을 하는 등 만행을 자행했다.

노무현 정부의 과거사위원회는 인혁당 사건이 조작된 것을 밝혀내고, 사법부는 뒤늦게 재심을 통해 전원에게 무죄를 선고했다. 그리고 국가는 유족에게 배상금을 지불했다. 그러나 박근혜 정부에서 유족에게 지불했던 배상금 일부를 환수하는 등 반인륜적 작태가 계속되었다.

68

'무릎 꿇고 사느니'
김상진 열사 자결

한민족은 내우외환 때면 어김없이 자기 몸을 던져 국가와 민족을 구하는 의·열사의 전통이 면면히 이어졌다. 구한말 민영환, 황현으로부터 일제 강점기 장인환, 전명운, 안중근, 이봉창, 윤봉길 등 일일이 열거하기 어려울 정도다.

박정희의 폭압통치에 노동자들의 권익을 위해 전태일이 몸을 불살랐다면, 유신 체제를 타도하고 학생들의 의기를 살리고자 김상진이 할복했다. 항일 자주독립 과정에서 전개된 의·열사들의 전통은 민주회복과 통일조국을 위한 학생, 노동자들의 할복, 분신으로 이어졌다.

박정희 정권은 1975년 들어 '유신 체제 찬반을 묻는 국민투표'라는 이름과는 달리 일방적인 찬성운동 끝에 73퍼센트의 찬성이라는 결과를 이끌어내고, 자유언론 선언을 주도한 『동아일보』 기자들을 폭력으로 끌어내 해고하고, 인혁당 사건을 날조해 무고한 8명을 재심의 기회도 주지 않고 전격 처형했다. 이같이 계속되는 폭압통치에도 저항 세력은 움츠러들지 않았고, 민주회복운동의 전위 역할을 해온 대학생들은 반유신 항쟁으로 많은 학생이 투옥되거나 제적당하면서도 항쟁을 멈추지 않았다.

긴급조치 제7호가 선포된 것은 1975년 4월 8일이다. 대학가 신학기를 겨냥한 '예방 조치적' 성격이 짙었다. 새봄을 맞아 대학가는 더욱 활기차게 움직였다. 3월 28일 수원에 있는 서울 농대 학생총회는 제1차 대학선언과 제2차 선언문을 잇따라 발표하고, 학원 자유 보장과 구속 학생 석방을 요구했다. 경찰은 학생회장 황연수 군 등을 구속했다.

서울 농대생들은 4월 2일 박정희 정권에 맞서 학원과 사회 전반의 민주화를 촉구하는 선언문을 발표하고, 이어 4일에는 "유신헌법 철폐하라", "학원 자유 보장하라" 등의 구호를 외치면서 시위를 벌였다. 그리고 11일 학내에서 자유성토대회를 열어 단식투쟁을 하기로 결정했다.

4월 11일 오전 11시경, 농대 대강당 앞 잔디밭에는 300여 명의 학생이 모여들었다. "구속 학생 문제가 잘 해결될 것 같으니 성토대회나 가두시위는 삼가기 바란다"는 학장의 통고와 월요일까지 단식 연기를 합의한 과대표회의의 결정에도 불구하고 학생들의 발길은 끊이지 않았다. 학교 당국의 말을 신뢰할 수 없었던 것이다.

11시 20분경, 축산과 4학년 김상진 군이 연단에 올랐다. 이날 집회의 세 번째 연사였다. 그는 차분한 어조로 준비한 '양심선언문'을 읽어 내려갔다.

…… 학우여, 아는가. 민주주의는 지식의 산물이 아니라 투쟁의 결과라는 것을. 금일 우리는 어제를 통탄하기 전에, 내일을 체념하기 전에 치밀한 이성과 굳은 신념으로 이 처참한 일당 독재의 아성을 향해 불퇴진의 결의로 진격하자. 민족사의 새날은 밝아오고 있다. 그 누가 이날의 공포와 혼란에 노략질당하길 바라겠는가.

우리 대학 학도는 민족과 역사 앞에 분연히 선언한다. 이 정권이 끝날 때까지 후퇴치 못하고 이 민족을 끝까지 못살게 군다면 자유와 평등과 정의를 뜨겁게 외치는 이 땅의 모든 시민의 준열한 피의 심판을 면치 못하리라. 역사는 이러한 사태를 원치 않으나, 우리는 하나가 무너지고 또 무너지더라도 무릎 꿇고 사느니 차라리 서서 죽을 것임을 재천명한다.

탄압과 기만의 검은 바람이 불어오는 것을 보라. 우리는 이제 자유와 평등의 민주사회를 향한 결단의 깃발을 내걸어 일체의 정치적 자유를 질식시키는 공포의 병영 국가가 도래했음을 민족과 역사 앞에 고발코자 한다.

이것이 민족과 역사를 위하는 길이고, 이것이 영원한 사회 정의를 구현하는 길이라면, 이 보잘것없는 생명 바치기에 아까움이 없노라. 저 지하에 선 내 영혼이 눈이 뜨여 만족스러운 웃음 속에 여러분의 진격을 지켜보리라. 그 위대한 승리가 도래하는 날, 나 소리 없는 뜨거운 갈채를 만천하에 울리게 보낼 것이다.

'양심선언문'을 차분하게 읽어가던 김상진 군은 "이 보잘것없는 생명" 부분을 읽을 때 등산용 칼을 꺼내 학우들이 말릴 새도 없이 왼쪽 하복부를 찔렀다. 그리고 선혈을 뿌리면서 연단에 쓰러졌다. 학우들이 택시에 태워 병원으로 옮길 때 김 군은 "애국가를 불러달라"고 요청했고, 애국가를 들으며 혼수상태에 빠져들었다. 그는 수원 도립 병원에서 하복부의 혈관을 잇는 봉합수술에 이어 2차 수술을 받고 도 의식을 회복하지 못한 채 이튿날 아침 서울대 의대 부속병원으로 옮기는 구급차 속에서 절명했다.

김상진 열사는 '양심선언문'과 별도로 '대통령께 드리는 공개장'을 유서로 남겼다. 박정희의 폭압통치를 낱낱이 규탄한 이 유서에서 그는 박 대통령의 퇴진을 촉구했다. "죽음으로써 바라옵나이다. 이 조국을 진정 사랑하는 마음에서 바라옵나니, 국민 된 양심으로서 진실로 엎드려 바라옵나니, 더 이상의 혼란이 오지 않도록 숭고한 결단을 내려주시길 바라옵니다."

박정희 정권이 가장 두려워한 집단은 대학이었다. 군부는 오래전부터 중앙정보부와 보안사를 통해 관리해왔고, 언론과 야당은 얼마든지 통제가 가능했다. 이제 남은 것은 학생들이었다. 정부는 김 열사의 시신을 12일 저녁 8시경 고양시 벽제 화장터에서 서둘러 화장했다. 법률상 24시간을 넘기지 않은 시신은 매장이나 화장을 하지 못하도록 한 규정도 무시한 채였다.

김 군의 할복 자결 소식은 언론 통제로 보도가 금지되었으나, 『동아일보』만 송건호 편집국장의 지시로 1단 기사로 짧게 보도했다. 기사의 위력은 대단했다. 대학가에서는 긴급조치 제7호 선포에도 불구하고 더욱 거세게 반유신 투쟁을 전개했으며, 천주교 정의구현사제단을 비롯한 재야 단체들이 그를 열사로 추앙하면서 추모 행사를 벌였다. 그의 순절은 꺼져가던 반독재 투쟁의 대열에 새로운 횃불이 되었다.

통사와 혈사로 읽는 한국 현대사

69

박정희가 두려워한
장준하 암살

"결정적 증거 앞에서도 오류를 인정하지 않으려고 고집하는 날, 바로 그때 진정한 과오가 시작된다." 에밀 졸라(Émile Zola)가 「나는 고발한다(J'accuse)」에서 한 말이다.

1975년 8월 포천군 약사봉 계곡에서 암살당한 장준하의 오른쪽 두개골에서 지름 6센티미터 크기의 원형 함몰이 확인되었다. 전문가들에 따르면, 두개골 함몰은 망치와 같은 예리한 둔기로 가격당한 흔적이라 한다. 바위에서 추락사했다면 두개골 전체가 망가졌을 터인데, 한 부위만 함몰되어 있는 상태는 인위적인 가격이라는 소견이다.

장준하의 유골은 전문가가 아니라도 알아볼 수 있을 정도로 타살 흔적을 확연하게 드러낸다. 오른쪽 두개골에 깊이 1센티미터가량 함몰된 흔적이 있고, 그 오른쪽 위 45도 각도로 금이 가 있으며, 왼쪽과 아래쪽으로도 갈라져 있었다.

1944년의 장준하.

　진실은 무엇인가? 장준하는 왜 의문사를 당해야 했고, 긴 세월 진
실은 묻혔는가? 37년 만에 드러난 유골은 무엇을 말하는가?

　장준하는 광복군 대위로서 일본군의 항복을 받기 위해 해외 망명
지사 중 가장 먼저 1945년 8월 17일 고국에 들어왔다가 일제에 쫓
겨 다시 중국으로 건너갔고, 뒤늦게 임시정부 요인들과 함께 귀국했
다. 그리고 정확히 30년 뒤 같은 날 일본군 장교 출신들이 지배하는
고국에서 '실족사'라는 이름의 의문사를 당했다. 정확한 표현으로는
암살되었다.

　장준하가 암살당한 시점은 박정희 대통령의 '전성기'였다. 그는 박
정희를 대통령으로 인정하지 않았다. 자신이 일본군을 탈출해 광복
군 장교가 되어 일제와 싸울 때 박정희는 혈서를 써서 만군에 들어
가고, 일본 육사를 졸업하고, '다카키 마사오'라는 이름으로 일제에
충성했다는 이유에서였다. 박정희의 권력 주변에는 만군·일군 장교
출신들이 주류를 이루었다.

'운명의 해'인 1975년 1월 8일, 장준하는 대통령 박정희에게 공개서한을 보냈다. "국헌을 준수한다고 서약한 귀하 스스로가 그 선서를 헌신짝같이 버리고 헌법기관의 권능을 정지시키고, 헌법 제정 권력의 주체인 국민을 강압적인 계엄하에 묶어놓고 '국민투표'라는 요식행위를 통해 제정한 이른바 '유신헌법'으로 명실상부하게 귀하의 1인 독재 체제만을 확립시켰다"고 매섭게 비판한 그는 파괴된 민주 헌정의 회복을 위해 대통령 자신이 개헌을 발의하라고 촉구했다. 하지만 장준하의 충고는 철저하게 배척되고, 박정희는 오히려 계엄령, 위수령, 긴조 제1~8호의 종합세트 격인 긴조 제9호를 선포하며 막장으로 치달았다.

장준하는 중국 망명기 불로하(不老河) 강가에서 불렀던 애국가와 〈못난 조상이 되지 않기 위하여〉의 다짐을 돌이키면서, 변고를 당하기 전 무엇인가 중대한 일을 앞둔 사람처럼 '신변 정리'를 서둘렀다. 그는 서울에서 함석헌, 김대중을 만나고 광주로 내려가 홍남순 변호사를 만났다. 홍 변호사와는 무등산 등반을 하면서 긴 이야기를 나누었다. 장준하는 이러한 일련의 만남을 통해 재야 대표 인사들과 긴조 제9호의 해제는 물론 박정희의 퇴진을 비롯한 초강경 투쟁 방안을 논의한 것으로 알려진다.

이와 같은 장준하의 수상한 행보는 권력의 촉수에 잡혔을 것이다. 오래전부터 박정희 정권은 장준하의 일거수일투족을 감시하고 있었다. 김옥길 이화대학 총장이 쌀 한 가마를 장준하의 셋집에 실어다 준 것까지 보고받고 있었다. 이런 상황에서 장준하가 약사봉 계곡에서 사망한 채 발견된 것이다.

장준하의 약사봉 변고 다음 날 진종채 보안사령관이 법무장관이

나 중앙정보부장에 앞서 47분 동안 청와대에서 박 대통령을 독대한 것으로 밝혀졌다. 장준하 사망 당시 105보안부대장이 검안 현장을 방문했고, 그 결과를 보안사령부 본부에 텔레타이프를 통해 보고했으며, 당시 진 보안사령관에게 직접 보고한 사실이 의문사위원회가 발간한 보고서에 나타난다. 법무장관은 19일, 중정부장과 국방부장관은 21일 각각 대통령에게 장준하 변사 사건을 보고했다.

중정의 움직임도 의문투성이였다. 유일한 '목격자'라는 김용환이 중정의 사설정보원이라는 중정 직원의 진술도 있었다. 김용환은 사고 발생 직후인 오후 4시께 사고 현장을 이탈해 밤 12시까지 행방이 묘연했다. 당일 실시한 현장검증에도 동행하지 않았다.

현지 경찰관서인 포천서 이동지서 경찰관은 사고 신고를 받기 전에 이미 경기도경으로부터 사망 소식을 들어 알고 있었으며, 중정 요원들은 당일 오후 5시경 사고 현장을 시찰하고, 사고 현장에서 경찰에게 "안 본 것에 대해 쓸데없는 말 하지 말라"고 윽박질렀다.

중정 안전조사국(6국)과 경찰은 오랫동안 자체 정보요원과 사설정보원을 동원해 장준하의 활동을 집중 감시해왔다. 그의 "개헌운동 계획을 사전에 탐지해 와해·봉쇄함으로써 조직 확장을 방지하고, 공작 필요 시 보고 후 실시한다"는 내용이 담긴 중정의 문건이 발견되기도 했다.

의문사위원회는 여러 정황상 "중정 요원의 사건 조사 개입 가능성이 높다고" 판단했다. 중정의 장준하 사찰 기록은 변고 당일치만 공백으로 남아 있다. 공백의 의미는 무엇일까? 사고 당일 오후 3~4시 사이에 장준하의 상봉동 자택에 사고를 알리는 익명의 전화가 걸려왔다. 산행 일행 중에는 같은 시간에 하산한 사람이 없어서, 괴전화의 정체가 의문이다. 사건 뒤 10시간 동안 사라졌던 김용환은 통화 사실을 부인했다.

필자는 사건 후 7차례 정도 약사봉을 찾았다. 야당의 조사단에 참여해 김용환을 증인으로 '모시고' 장준하와 함께 정상을 거쳐 하산했다는 코스를 답사했다. 그는 '목격자'가 아니라는 확신이 들었다. 산행 코스를 전혀 몰랐고, '추락' 과정의 목격담도 오락가락했다. 사고 뒤 왜 고인의 시계를 차고 있었느냐고 묻자 누가 훔쳐 갈까 우려되어 사체에서 시계를 풀었다고 말했다. 존경하는 분의 변고를 목격하고, 그 경황에 시계를 풀어 자기가 차고 있었다는 것이 상식적일까, 의문이 따른다.

일본군 장교 출신 대통령의 권력 체제에서 광복군 장교 출신 '재야 대통령'의 의문의 죽음은 한국 현대사의 가장 부끄러운 대목의 하나로 꼽힌다. 독립운동의 상징 백범 김구가 친일, 분단, 외세의 종합세트 격인 이승만 정권의 하수인에게 암살당한 사건과 함께 민족 모순, 역사 모순의 상징이다. 민족과 반민족, 독립과 식민, 자주와 사대, 민주와 독재의 대결에서 김구와 장준하는 패자가 되었다. 그리고 암살과 의문사의 배후는 여전히 미궁인 채로 남아 있다.

장준하 의문사의 진실은 여전히 역사의 장막에 덮여 있다. '혐의'를 받는 측이 억울하다면 억울함을 풀기 위해서라도 진실 밝히기에 주저할 이유가 없을 것이다. 사건에 관여했던 정보기관원들이나 관련자들이 뒤늦게나마 역사 앞에 사죄하는 모습을 보고 싶다.

70

반유신의 햇불
'3·1민주구국선언'

박정희의 권력욕은 집요하고 강력했다. 유신 체제에 대한 국민적 비판과 저항에도 민주화를 수용하지 않았다. 당연히 용기 있는 국민이 나설 수밖에 없었다.

1976년 3월 1일 저녁, 서울 명동성당에서는 3·1혁명 57주년을 기념하는 기도회가 열리고 있었다. 약 7백 명의 천주교 신자들이 모인 가운데 열린 기도회가 끝나갈 무렵 이우정 전 서울여대 교수가 미리 준비한 '민주구국선언문'을 낭독함으로써 유신 체제와 재야 지도자들이 정면 대결하게 되는 이른바 '3·1민주구국선언 사건' 또는 '3·1명동 사건'이 일어났다.

이날 전격적으로 발표된 '민주구국선언문'의 내용은 '이 나라는 민주주의 기반 위에 서야 한다', '경제 입국의 구상과 자세가 근본적으로 재검토되어야 한다', '민족통일은 오늘 이 겨레가 짊어진 최대의 과업이다'라는 세 부분으로 나뉘어 있다. 선언문은 결론에서 "이때에 우리에게는 지켜야 할 마지막 선이 있다. 그것은 통일된 이 나라, 이 겨레를 위한 최선의 제도와 정책이 '국민에게서' 나와야 한다는 민주주의의 대헌장이다. 다가오고 있는 그날을 내다보면서 우리는 민주 역량을 키우고 있는가, 위축시키고 있는가?"라고 묻고 있다.

구국선언문 서명자는 윤보선, 김대중, 함석헌, 함세웅, 이우정, 정일형, 윤반웅, 김승훈, 장덕필, 김택암, 안충석, 문정현, 문동환, 안병무, 이문영, 서남동, 이해동, 은명기, 신현봉, 이태영 등 정계, 종교계, 학계의 지도급 인사들이다. 선언문을 발표한 재야인사들과 신자들은 명동성당을 내려오면서 시위에 나서려 했으나 출동한 경찰에 의해 강제 해산되었다. 경찰은 이날 집회에 모인 사람 가운데 이우정, 장덕필, 문동환, 김승훈을 연행하고, 그날부터 1주일 사이에 선언문에 서명한 전원을 연행했으며, 윤보선 전 대통령만이 자택에서 조사를 받았다.

이 사건은 어찌 보면 유신시대에 가끔 있었던 재야인사들의 '시국선언' 사건이었다. 경찰의 신속한 대처로 거리에서 시위가 있었던 것도 아니다. 그런데 정부가 '국가 전복을 기도한 공안 사건'으로 다루면서 국내외적으로 큰 파장을 일으켰다. 사건을 보고받은 박정희가 서명자 명단에서 김대중의 이름을 발견하고 '엄벌'을 지시함으로써 긴급조치 위반 사건이 공안 사건으로 확대되었다.

3·1민주구국선언 사건은 국제적인 주목을 끌면서 외신들이 자세히 보도했으나, 국내 언론은 3월 10일까지 한 줄도 보도하지 못한 가운데 정부의 공식 발표로 겨우 알려지게 되었다. 정부는 서울지검 서정각 검사의 수사 결과 발표를 통해 "이번 사건의 주동자인 구정치

인과 재야 일부 인사들은 오랫동안 정권 쟁취를 책동해왔으나, 유신 체제의 공고화로 국내 정국이 안정되고 비약적인 경제 발전이 이루어져 통상적인 방법으로는 그 목적 달성이 어려워졌음이 명백하게 되자, 이들은 …… 신부와 목사, 해직 교사 등 반정부 인사들과 연합전선을 형성해 3·1운동 또는 4·19와 같은 학생을 중심으로 한 민중봉기를 기도·획책하고, 이를 달성하기 위해 올해 3·1절을 기해 이른바 민주구국선언이란 미명 아래 마치 국가 존망의 위기가 목전에 다가온 양 국내외 제반 정세에 관한 허위 사실을 유포하고, 유신헌법과 대통령 긴급조치의 철폐 및 현 정권의 퇴진을 주장·선동한 사실이 인정되는 바이고, 명백히 대통령 긴급조치 제9호에 위반되는 것"이라면서, '정부 전복 선동'이라는 공안 사건으로 단정하고, 관련자들에 대한 대대적인 연행과 수사를 벌였다.

검찰은 3월 26일 구국선언 서명자 20명 중 김대중, 문익환, 함세웅, 문동환, 이문영, 서남동, 안병무, 신현봉, 이해동, 윤반웅, 문정현 등 11명을 긴급조치 제9호 위반 혐의로 구속 기소하고, 윤보선, 정일형, 함석헌, 이태영, 이우정, 김승훈, 장덕필 등 7명은 불구속 기소, 김택암, 안충석 등 2명은 기소유예 처분했다.

검찰의 사건 기소 후 130일 만인 8월 3일 1심 선고 공판에서 재판부는 전원을 유죄로 인정, 징역 8년에서 2년까지의 실형과 같은 기간의 자격정지형을 선고했다.

• 구속자: 김대중(8년), 문익환(8년), 함세웅(5년), 문동환(5년), 이문영(5년), 신현봉(5년), 윤반웅(5년), 문정현(5년), 서남동(4년), 안병무(5년), 이해동(3년)

학창 시절의 문익환(뒷줄 가운데)과 윤
동주(오른쪽).

• 불구속자: 윤보선(8년), 함석헌(8년), 정일형(5년), 이태영(5년), 이우정(5
년), 김승훈(2년), 장덕필(2년)

항소심은 변호인단이 낸 재판부 기피 신청을 받아들이지 않고 선
고 공판을 계속, 12월 29일 다음과 같은 판결을 내렸다.

• 윤보선, 김대중, 함석헌, 문익환: 징역 5년
• 정일형, 이태영, 이우정, 이문영, 문동환, 함세웅, 신현봉, 문정현, 윤
반웅: 징역 3년, 자격정지 3년
• 서남동: 징역 2년 6개월, 자격정지 2년 6개월
• 안병무, 이해동, 김승훈: 징역 2년, 자격정지 2년, 집행유예 3년
• 장덕필: 징역 1년, 자격정지 1년, 집행유예 2년

18명의 피고인 전원은 항소심 판결에 불복, 12월 30일 대법원에 상고했다. 1977년 3월 22일 대법원 전원합의체(재판장 민복기 대법원장)는 ① 민주구국선언은 사실을 왜곡하고 있고, ② 긴급조치와 헌법을 비방하고 있으며, ③ 원심에 사실 오인이 없고, 공소 사실은 인정된다는 이유를 들어 피고인 전원에 대해 상고를 기각했다.

피고인들의 당당한 법정투쟁으로 재판정에서는 민주주의 체제 공방전이 이루어졌다. 피고인들은 유신 체제는 ① 법적 절차에 당위성이 없고, ② 유신헌법을 성립시키는 국민투표의 과정과 내용에 당위성이 없으며, ③ 정부가 주장하는 유신헌법의 목적에도 당위성이 없으며, ④ 유신헌법의 내용이 독재적인 헌법으로 민주공화국으로서의 당위성이 없다는 점 등을 내세웠다. 그들은 "인간의 양심과 자연법, 그리고 인간의 절대권과 우상화를 거부하는 신앙에 비추어 유신헌법과 긴급조치에 반대한다. 그 긴급조치에 의해 이 법정에 섰으므로 마땅히 재판을 거부해야 할 일이나, 우리의 정당성과 양심을 밝히기 위해 재판에 임한다"고 자신들의 입장을 밝혔다.

이 사건 피의자들은 '국민의 정부' 시절 재심을 청구하고, 사법부는 뒤늦게 관련자 전원에게 무죄를 선고했다. 박정희의 무한한 권력욕과 김대중에 대한 증오심이 무고한 민주 인사들을 투옥해 괴롭히고, 어용화된 검찰과 사법부가 독재 정권의 충견 노릇을 충실히 했던 부끄러운 사건이었다.

71
김영삼 제명과
부마민중항쟁

'절대 권력은 절대 몰락한다'는 평범한 진리를 독재자들은 깨닫지 못한다. 영구 집권이 가능할 것이라 믿으며 이중삼중의 철옹성을 쌓지만, 틈새가 생기기 마련이고, 민심의 이반도 피할 수 없다. 박정희라고 이 같은 역사의 철칙이 피해 가지는 않았다. 5·16쿠데타로부터 이어진 철권통치가 어언 18년에 이르렀다. '18년 철옹성'에 결정타의 횃불을 켜 든 것은 부산 대학생들이었다.

1979년 10월 16일 부산대생 4천여 명은 교내 시위에 이어 저녁 8시경 시청 앞에 집결, 시민들과 합세해 "유신 철폐, 독재 타도, 야당 탄압 중지" 등을 외치며 경찰과 대치했다. 이날 학생들은 교내에서 '민주투쟁선언문'을 배포하면서 반유신·반독재 구국투쟁의 대열에 참가할 것을 다짐했다. 부산대생들은 서울의 각 대학과 전남·경북의 대학들에서 유신 체제를 반대하는 시위가 연일 이어지고 있는데도 침묵만 지켜오다가 김영삼 신민당 총재에 대한 의원직 제명안이 국회에서 변칙 처리된 직후 시위에 나섰다.

박정희 정권은 어용 야당 대표 이철승을 누르고 신민당의 새 총재가 되어 대여 투쟁을 강화한 김영삼에 대한 의원직 제명과 총재직 직무정지가처분 등 폭압적 방법으로 그를 제거하려 했다. 또 YH 여성 근로자 170여 명의 신민당사 농성을 폭력으로 쫓아냈다. 이 과정에서 김경숙 양이 숨지고, 야당사가 짓밟혔다. 이 같은 상황에서 부산대생들은 교내 시위에 이어 경찰의 저지선을 뚫고 시내에 진출해 경찰과 대치하다가 최루탄에 맞서 투석전에 돌입, 파출소와 신문사에 투석하고 경찰차에 방화하는 등 이튿날 새벽 2시까지 유신 이후 가장 격렬한 시위를 전개했다. 이날 시위로 학생 282명이 경찰에 연행되었다.

이 시위를 보고받은 구자춘 내무장관은 다음 날 부산시청에서 기자회견을 갖고 "앞으로 지각없는 경솔한 소란 행위에 대해서는 단호히 대처하겠다"고 경고했다. 같은 날 부산시민회관에서는 부산시장을 비롯한 각 기관장, 새마을지도자 등 2천 5백여 명이 참석한 가운데 10월 유신 7주년 기념식이 열렸고, 참석자들은 "유신으로 총화단결을 더욱 공고히 하자"는 등의 결의문을 채택했다.

그러는 동안 부산대를 비롯, 동아대, 고려신학대, 수산대 등 부산 시내 각 대학의 학생들은 시청에서 불과 4백 미터 떨어진 국제시장과 부영극장 앞으로 속속 집결하고 있었다. 오후 6시 30분경 남포동에 모여 있던 4백여 명의 학생들은 애국가를 부르며 일부는 국제시장 쪽으로, 일부는 충무동 쪽으로 행진했다. 이렇게 전개된 17일의 시위는 고등학생들도 상당수 가담하고 어둠이 깔리면서 시민들까지 가세해 더욱 격렬해졌다. 경찰의 완강한 저지로 부산시청 앞으로 진출하는 것이 불가능해지자 시위대는 소규모로 나뉘어 시내 곳곳으로 게릴라식으로 이동했고, 경찰은 저지 능력을 사실상 상실했다.

밤이 깊어갈수록 시위는 더욱 격렬해져 충무파출소, KBS, 서구청, 부산세무소가 파괴되고 MBC의 유리창이 박살났다. 이틀간의 격렬한 시위로 경찰차 6대가 전소, 12대가 파손되고, 21개 파출소가 파괴 또는 방화되었으며, 많은 시민과 학생이 연행되고 다수가 군사재판에 회부되었다.

박정희 대통령은 부산에서 이틀째 격렬한 시위가 계속되는 동안 청와대 영빈관에서 유신 7주년을 축하하기 위해 공화당과 유정회 의원들을 초청해 흥겨운 파티를 벌이고 있었다. 부산 시위로 파티를 중도에 끝내고 청와대 집무실로 돌아온 박정희는 최규하 국무총리에게 부산 지역에 비상계엄령을 선포할 것을 지시했다. 이어서 열린 임시 국무회의는 부산에 계엄령을 선포할 것을 의결, 18일 0시를 기해 부산시 일원에 비상계엄령을 선포했다. 박 대통령은 계엄 선포와 함께 발표한 담화문에서 부산의 시위 군중을 "지각없는 일부 학생들과 불순분자들"로 규정했다.

부산지구 계엄사령관으로 임명된 박찬긍 육군 중장은 포고문을 통해 일체의 집회, 시위를 금지하고, 대학의 휴교를 명령하는 한편, 무장군인들을 시내 요소마다 배치했다. 그러나 학생과 시민들은 공수단의 무자비한 진압에도 불구하고 계엄 해제를 요구하며 시위를 계속했고, 시위는 마산으로 번져 나갔다.

경남대생 5백여 명은 18일 오후 "지금 부산에서는 우리의 학우들이 유신 독재에 항거해 피를 흘리고 있다", "3 · 15의거의 정신을 되살리자"면서 시위를 벌이고, 이 중 일부가 시내에 진출했다. 학생들이 무학초등학교 앞에서 경찰에 난폭하게 연행되자 시민들까지 합세해 공화당사를 박살내고 양덕파출소를 파괴했다. 1960년 3월 이래 19년 만의 항쟁이었다. 시위 군중은 어둠이 짙어갈수록 더욱 수가 늘고 격렬해졌다. 산호동파출소가 불탔으며, 이어 북마산파출소, 오동동파출소가 완전히 파괴되었다. 밤 9시 30분경 경찰 지원병이 늘어나 시위대가 점거하고 있던 중심가 남성동파출소를 중심으로 시위 군중들과 대치하게 되었다. 마산 시민과 학생들의 시위는 19일 저녁에는 수출자유지역의 노동자와 고등학생들까지 합세해 더욱 격렬해졌다.

부산 시위가 마산으로 옮겨 붙어 더욱 격렬한 양상으로 치닫자 정부는 20일 정오를 기해 마산 지역 작전사령관 명의로 마산시 및 창원출장소 일원에 위수령을 발동했다. 위수령 발동과 함께 마산 시내에 즉각 군을 진주시켜 시청, 경찰서 등 정부기관과 언론기관, 각 대학교에 대한 경계에 들어갔다.

4일 간의 시민 · 학생 봉기를 통해 부산에서 1,058명, 마산에서 505명 등 총 1,563명이 연행되고, 이 중 87명이 군법회의에 회부되었으며, 651명이 즉결심판에 넘겨지는 등 극심한 수난을 겪었다. 부마항쟁은 대학생과 일부 고등학생, 시민, 노동자들이 참여하는 시민항쟁으로 전개되었다.

김영삼 총재의 의원직 제명을 계기로 폭발한 부마민중항쟁은 계엄령과 위수령으로 일시적으로 막을 내렸지만 불씨는 사그라지지 않은 채 전국으로 확산되었고, 마침내 10 · 26사태를 촉발하는 뇌관이 되었다.

72

김재규,
박정희를 쏘다

　　　　　　　　　　'업보'였을까? 박정희는 중앙정보부
를 창설해 그 조직의 힘을 빌려 18년 이상을 전제군주처럼 이 나라
를 통치하다가 중앙정보부장의 총탄으로 숨을 거두었다. 역사에 대
한 평가가 준엄하지 못한 국민성인지, 3·1운동, 대구 10·1사건, 제
주 4·3사건, 5·16, 12·12와 마찬가지로 10·26에 대해서도 엄정
한 평가를 내리지 못한 채 그저 가치중립적 표현인 숫자로 부르고
있다. 10·26은 박정희가 중앙정보부장 김재규에 의해 살해된 현대
사의 큰 사건이다. 이 사건으로 군사쿠데타를 일으켜 18년 동안 무
소불위한 전횡을 일삼아온 독재자가 사망하고 유신 체제가 붕괴되었
으며, 김재규는 내란죄 등의 이유로 이듬해 5월 24일 박정희의 계승
자 전두환에 의해 처형되었다.

　박정희는 국상의 절차를 거쳐 국립묘지에 안장되었으며, 김재규는

김재규가 박정희 암살 당시 모습을 재연하고 있다.

광주항쟁의 와중에 대법원의 확정 판결로 처형되어 경기도 광주군 남한산성 공원묘지에 묻혔다. 박정희에게는 전직 대통령에 대한 최상의 예우가 베풀어졌고, 김재규에게는 '국부를 시해한 패륜아'라는 가혹한 사법적 평가가 주어졌다.

그러나 대법원의 심리 과정 중 형사 3부의 양병호·서윤홍 판사가 '내란목적 살인죄'에 반대 의견을 냈고, 최종 판결 때도 민문기 판사 등 6명의 판사가 김재규에게 내란죄 불성립 의견을 냈다. 이들은 5·17 전두환 쿠데타 후 모두 강제 사직당하는 수모를 겪었다.

10 ·26사건은 이후 박정희에 의해 사육된 정치군인들과 그 아류들의 집권으로 엄정한 재평가 작업을 거치지 못한 채 오늘에 이르게 되었다.

박정희는 18년 동안 헌정 질서를 유린하며 민주주의를 짓밟고 인권을 탄압하면서 지역 차별과 극단적인 냉전 논리로 민족 분열책을 추구했다. 그의 '업적'으로 치는 경제 건설의 논리는 부분적으로 긍정의 측면이 없지 않지만, 같은 시기 대만, 싱가포르, 홍콩 등 '아시아 4룡'과 스페인, 이탈리아 등의 발전상과 비교할 때 박정희가 독점할 업적은 아니다. 해방 후 교육받은 한글 세대의 성장으로 많은 우수한 산업예비군이 진출하고, 굴욕외교지만 일본으로부터 무상 3억 달러, 유상 2억 달러가 유입되고, 베트남전에서 5천여 명의 희생의 대가로 10억 달러 정도가 들어왔다. 또 농민들의 저곡가, 노동자들의 저임금 등의 희생이 있었고, 국제 유가가 1960년대 내내 1배럴에 1달러의 헐값이 유지되었다. 경제 성장은 이 같은 요인에 의한 종합적인 성과였다.

하지만 경제 성장의 공을 어느 정도 인정해 5 ·16 쿠데타 이후의 행적을 이해하고 잊는다 하더라도 일제 강점기 그의 행적에 대해서는 용서해서도, 잊어서도 안 된다. 민족이 가장 어려웠던 시절에 박정희는 조국을 배반하고 왜적의 편에 섰다. 뿐만 아니라 일본군 장교로서 우리 독립군을 포함해 많은 항일군을 적대했다.

박정희가 일본군 장교로 활동하던 무렵 일군을 탈출해 광복군 장교가 된 장준하는 "박정희란 사람은 일제 강점기에 독립군과 싸운 일제 만주군의 일원이었으며 나는 그걸 똑똑히 알고 있다. 다른 사람은 몰라도 박정희만큼은 이 땅에서 무슨 일이 있어도 대통령을 해서는 안 될 사람이다"라고 주장했다가 결국 암살당했다.

이와 같은 독립군 출신의 절규에도 불구하고 '다카키 마사오'는 대통령이 되고, 유신쿠데타를 일으키고, 민주주의를 짓밟다가 살해되었다. 10 · 26은 이런 사실까지 포함해 평가되고 정리되어야 한다.

"야수의 마음으로 유신의 심장을 쏘았다"는 김재규는 1979년 12월 18일 고등군법회의 법정에서 변호인들과 가족 대표 4명만이 방청한 가운데 최후진술을 했다. '10 · 26거사'에 관한 장시간의 진술 중 중요한 부분이다.

> 저의 10월 26일 혁명의 목적을 말씀드리면 다섯 가지입니다.
> 첫 번째가 자유민주주의를 회복하는 것이요,
> 두 번째는 이 나라 국민들의 보다 많은 희생을 막는 것입니다.
> 세 번째는 우리나라를 적화로부터 방지하는 것입니다.
> 네 번째는 혈맹의 우방인 미국과의 관계가 건국 이래 가장 나쁜 상태
> 이므로 이 관계를 완전히 회복해서 혈맹 우방으로서의 돈독한 관계
> 를 가지고 국방을 위시해 외교 경제까지 보다 적극적인 협력을 통해
> 국익을 도모하자는 것입니다.
> 다섯 번째는 국제적으로 우리가 독재국가로서 나쁜 이미지를 갖고 있
> 지만, 이것을 씻고 이 나라 국민과 국가가 국제 사회에서 명예를 회복
> 하자는 것입니다.

김재규는 처형 직전에 유언으로 자신의 무덤 앞에 '의사 김재규 장군지묘'라고 써주기를 원했다. 신군부 세력은 이것마저 허용하지 않았다. 그러나 사망 몇 년 후 광주 · 전남 송죽회가 세운 비석 뒷면에는

다음과 같은 추모시가 새겨졌다.

먹구름이 하늘을 덮고 광풍 몰아 덮칠 때
홀로 한 줄기 정기를 뿜어 어두운 천지를 밝혔건만
눈부신 저 햇살을 다시 맞지 못하고
슬퍼라 만 사람 가슴을 찢는구나
아! 회천의 그 기상 칠색 무지개 되어 이 땅 위에 길이 이어지리.

전두환 신군부의 엄청난 압력에도 굴하지 않고 끝까지 김재규를 변론했던 강신옥 변호사의 '10·26 재평가론'이다.

김재규는 "3심 재판에서는 졌지만 4심인 역사의 법정에서는 이길 것"이라고 말하고 형장의 이슬로 사라졌다. 우리는 역사와 진실 앞에 더 솔직해야 한다. 그에게 민주 회복의 공로를 인정하고 그의 죽음 앞에 겸허해야 한다. 12·12와 5·17 단죄로 시작된 '역사 바로 세우기'가 바로 서기 위해서는 그 시발이 되었던 김재규 사건의 재조명을 빼놓을 수 없는 일이기 때문이다. 전두환에 대해 광주 시민 학살 등 내란 행위를 추궁하면서 김재규 문제에 대해 아무런 역사의 검증과 조치가 없다는 것은 모순이 아닐까.

73

무능한 최규하 정부와
'서울의 봄'

역사는 가끔 우연한 인물이 우연한 계기로 우연한 감투를 쓰는 경우를 연출한다. 우리는 길지 않은 헌정사에서 두 차례나 과도정부를 겪었고, 그때마다 우연한 인물이 막중한 시기의 최고 권력자 노릇을 했다.

1979년 10월 27일 새벽 헌법 제48조의 규정에 따라 대통령 권한 대행이 된 최규하는 불과 몇 시간 전만 해도 '별 볼일 없는' 국무총리에 불과했다. 여기서 굳이 국무총리를 '별 볼일 없는'이라는 식으로 표현한 것은 유신 체제의 3권을 장악하고 있는 박 대통령 밑에서 국무총리는 그야말로 '대독총리', '행정총리'에 불과했기 때문이다. 더구나 최규하는 정치적 야심이나 정치 세력이 전혀 없는 직업외교관 출신이라는 것이 장점이 되어 1975년 국무총리에 기용되었던 인물이다. 그런데 하룻밤 사이에 느닷없이 대통령이 되었으니 어떤 면에서

외교관 시절의 최규하.

는 '행운'이라 할 수 있을 것이다.

최규하는 27일 새벽 4시를 기해 전국에 계엄령을 선포하고 대통령 권한대행에 취임해 '대권'의 자리에 앉았다. 그의 취임으로 우리나라는 4·19 후 꼭 20년 만에 또 한 차례의 과도정부를 맞게 되었다.

최규하는 12월 6일 통일주체국민회의 제3차 회의에서 단독 입후보해 제10대 대통령에 선출되었다. 최 대통령의 임기는 당선 즉시 개시되어 박정희 대통령의 잔여 임기인 1984년 12월 26일까지 재임할 수 있으나, 그는 11월 10일 특별담화를 발표해, 잔여 임기를 다 채우지 않고 가능한 빠른 기간 내에 헌법을 개정하고 제11대 대통령 및 국회의원 총선을 실시, 정권을 이양하겠다고 밝혔다.

최규하 체제는 과도정부의 성격상 순탄할 리가 없었다. 대통령에 당선된 지 1주일도 안 돼 12·12사건이 발생했고, 권력 기반이 없는 그에게 공화당이나 유정회는 이미 정치적 기능이 상실된 '불임정당'일 뿐이었으며, 신민당은 마치 새 집권당이나 되는 듯이 꿈에 부풀어 있었다.

이런 정치적인 상황에 선 최규하는 12월 21일 제10대 대통령 취임식에서 취임사를 통해 "앞으로 1년 정도면 국민의 대다수가 찬성할 수 있는 내용이 담긴 헌법을 마련할 수 있을 것"이라고 과도정부의 기간을 늘려 잡았다. 최 대통령의 이 같은 발언은 '3김'을 비롯한 여야 정당과 재야인사들의 비판의 대상이 되었다. 최규하는 대통령 취임과 더불어 긴급조치 제9호를 해제했다.

재야 세력과 일부 정치인들은 1979년 11월 24일 명동 YWCA에서 '통일주체대의원에 의한 대통령 선출 저지를 위한 국민대회'를 열어 최규하의 대통령 선출을 반대했으며, 신민당도 과도정부의 정치 일정에 반발하고 나섰다. 엎친 데 덮친 격으로 과도정부는 정부 주도의 개헌안을 마련한다는 방침을 세워 국회 헌법개정특별위원회와 마찰을 빚기도 했다.

자체적인 정치 기반 없이 신군부의 등에 업힌 꼴인 최규하 정권으로서는 민주화를 바라는 국민의 염원을 제대로 수용할 수가 없었다. 학생, 노동자, 재야인사들은 정치 일정의 단축과 유신 잔재 청산을 요구하며 대대적인 시위를 벌였고, 김대중, 김영삼, 김종필로 대표되는 정치 집단에서는 각기 이해가 엇갈린 상태에서 마찰을 빚어 정국은 날로 혼란이 확산되었다. 여기에다 신현확 국무총리의 2원집정부제 발언과 출처 불명의 여권 신당설이 나돌고, 5월 15일의 서울역 앞의 대규모 시위와 사북 사태까지 겹쳐 위기설은 더욱 증폭되었다.

최 대통령은 5월 18일 '5·17 계엄 확대 조치'와 관련, 대통령 특별성명을 통해 "최근의 학원 소요로 야기된 혼란 상태가 더 이상 계속되면 국가를 근본적으로 흔들리게 할 우려가 있어" 계엄 확대 조

통사와 혈사로 읽는 한국 현대사

치를 취한다고 발표했다. 광주항쟁의 와중에 신현확 국무총리를 비롯, 전 국무위원이 사퇴서를 제출하고, 최 대통령은 1980년 8월 16일 대통령직을 사임한다.

박 대통령의 사망 소식이 전해진 10월 27일부터 이듬해 신군부에 의한 5·17쿠데타에 이르기까지 정확히 203일 동안은 조금 빨리 시작되기는 했지만 계절의 봄과 더불어 '정치의 봄'이었다. 10·26사태로 비상계엄이 선포되고 정국의 추이에 불안을 느끼면서도 절대 독재자의 사망으로 다수의 국민은 모처럼 해방감을 느끼게 되었고, 해빙과 더불어 날이 갈수록 민주화의 열망은 확대되었다. '서울의 봄'은 체코의 '프라하의 봄'에서 연유해 많은 사람의 입에 오르내리면서 민주 회복을 기대하는 국민의 대명사가 되었다. 그러나 프라하의 봄이 소련군의 탱크에 짓밟혔듯이 서울의 봄은 신군부의 장갑차에 산산조각이 나고 말았다.

5·17 계엄 전까지 서울뿐만 아니라 전국 각지에서 민주화의 물결은 봇물 터지듯이 솟구쳤다. 4·19 직후처럼 민주 회복의 물결이 도도하게 흘러 군사독재의 모든 잔재를 씻어내는 듯했다.

1979년 11월 17일 김영삼과 김종필이 만나 평화적 정권 교체의 기틀을 마련하기 위해 노력하기로 합의했으며, 이듬해 2월 12일 김영삼은 신민당 충남도지부 결성대회에서 대통령 후보 출마를 간접적으로 시사하는 발언을 했다. 김대중도 복권 후인 3월 1일 기자회견에서 "신민당에 들어가 경쟁을 벌일 경우 민주화를 바라지 않는 세력들에게 어부지리를 줄 것"이라며 신민당 입당 문제를 유보했다. 신민당은 양김의 의견이 엇갈려 신민·재야의 통합이 난항을 거듭한 상태에서 두 사람이 각기 독자 행보에 나섰고, 김종필도 대통령 후보를 선언해 정국은 이른바 '3김 시대'의 각축전이 전개되었다.

정부는 2월 29일 긴급조치 등 정치적 이유로 공민권이 제한되어 있던 윤보선, 김대중, 함석헌, 정일형, 이우정, 문익환, 문동환, 서남동, 윤반웅, 리영희, 백낙청, 김찬국, 지학순 등 687명(정치인 22명, 종교인 42명, 학생 373명, 교직자 24명, 언론인 9명, 기타 217명)에 대한 복권 조치를 단행했다.

1980년 3월 신학기부터 각 대학에서 학생회와 평교수회가 부활하고, 2·29 복권 조치에 의해 긴급조치로 해직 또는 제적되었던 교수와 학생들이 학원으로 돌아옴에 따라 학원가에서는 '학원 민주화'를 외치는 토론회, 농성, 교내 시위가 일기 시작해 3월 27일의 조선대학의 교내 시위를 시발로 서울과 지방의 각 대학으로 번져 나갔고, 구호도 '학원 내 언론 자유', '어용 교수 퇴진', '재단 운영 개선' 등으로 구체화되었다.

4월 14일 전두환 보안사령관이 중앙정보부장 서리를 겸임하는 등 유신 잔당과 신군부 세력의 체제 개편 음모가 노골화하자 학생들은 학원 민주화 투쟁에서 사회 민주화 투쟁으로 방향을 전환했다. 5월 2일 1만여 명의 학생이 참가한 서울대 '민주화대총회'를 시발로 각 대학이 '민주화대행진'에 돌입해, '유신 세력 퇴진', '계엄 철폐', '2원집정부제 반대', '정부 주도 개헌 반대' 등의 정치적인 이슈를 내걸고 가두로 진출했다. 학생들의 가두시위는 5월 15일 전국 대학생의 계엄 해제 요구 시위에서 절정을 이루었다.

5월 13일 밤 서울 광화문 일대에서 6개 대학 2,500여 명의 학생들이 "계엄 철폐!"를 외치며 가두시위를 감행하고, 서울 시내 27개 대학 학생 대표들은 13일 밤 회의를 소집, 14일부터 일제히 가두시위에 돌입할 것을 결의했다. 이에 따라 14일, 서울 시내 21개 대학 5만여 명의 학생들은 빗속에서 밤늦게까지 서울의 종로, 광화문, 시청 앞 등에서 가두시위를 벌였으며, 지방 10개 도시의 11개 대학도 일제히 가두시위에 돌입했다. 전국적인 격렬한 시위는 15일에도 이어져 이날 저녁 서울역 광장에는 학생 10만, 시민 5만 명이 집결, 계엄 철폐와 유신 잔당 퇴진을 요구하며 격렬한 시위를 전개했다.

5월 중순에 접어들면서 군부의 '위기설'이 나돌자 학생운동 지도부는 학교로 돌아가기로 결정하고, 16일에는 이화여대에서 제1회 전국대학총학생회장단 회의를 개최, 17일부터 정상수업을 받기로 결정했다. 그러나 권력 장악을 기도해온 전두환 신군부는 17일 새벽 쿠데타를 일으켰고, '서울의 봄'은 일진광풍에 산산이 찢기고 말았다. 최고 통치권자가 된 최규하의 무능, 무책임이 일조했다.

74
전두환 세력,
헌정 짓밟고 군부 반란

박정희 정권 시대에 청와대 경호실, 보안사, 수경사, 특전단 등 수도권 핵심 부서에서 독재자의 비호 아래 세력을 키워온 육사 11기 출신의 '정치군인'들은 10·26사태 이후 군부 일각에서 "차제에 정치군인을 제거해야 한다"는 주장이 대두되고, 정승화 참모총장이 계엄사령관에 취임하면서 곧바로 수도권 지역 군부 주요 지휘관을 자파 세력으로 개편하자, 이에 불만을 품고 국군 보안사령관 겸 합동수사본부장인 전두환 소장을 중심으로 쿠데타를 모의하기 시작했다.

전두환 중심의 '하나회' 출신인 이들 정치군인들은 4월 14일 전두환이 공석 중이던 중앙정보부장 서리에 취임해 내각에 합법적인 영향력을 행사하게 되면서 본격적으로 쿠데타를 모의하는 한편, 그 전 단계로 12월 12일 정승화를 체포함으로써 군권을 장악했다.

통사와 혈사로 읽는 한국 현대사

12 · 12 하극상을 통해 군권을 장악한 신군부 세력은 13일 새벽부터 국방부, 육군본부, 수경사 등 국방 중추부를 차례로 장악하고, 각 방송국, 신문사, 통신사를 점거해 자신들의 통제하에 두었다. 이들은 정승화를 비롯, 그의 추종 세력인 3군사령관 이건영, 특전사령관 정병주, 수도경비사령관 장태완 등을 1980년 1월 20일자로 모두 예편시키고, 정승화에게는 징역 10년 형을 선고했다. 군권을 장악한 전두환 세력은 거칠 것이 없었다.

1980년 5월 17일 저녁 9시경 중앙청 국무회의실에는 비상국무회의 소집 연락을 받은 국무위원들이 모여들었다. 그들은 무엇 때문에 저녁에 갑자기 국무회의가 소집되는지, 무슨 안건을 심의해야 하는지도 모르고 회의에 참석했다. 이날 저녁 광화문 중앙청 일대에는 전에 없이 삼엄한 경비가 펼쳐졌고, 국무회의실 복도 양편에 착검한 소총을 든 살벌한 무장군인들이 공포 분위기를 조성하고 있었다. 국무위원들은 외부와 자유롭게 전화 통화조차 할 수 없었다.

신현확 총리는 9시 42분에 제42회 임시국무회의 개회를 선언하고, 국방부에서 '의안 360호'로 제출한 '비상계엄 전국 확대 선포안'을 의안으로 상정해 의결해줄 것을 요청했다. 김옥길 문교장관이 의안에 대한 설명을 요구했지만, 찬반 토론은 전혀 없었다. 신 총리가 이 의안의 가결과 국무회의의 산회를 선언했을 때의 시간은 9시 50분이었다. 찬반 토론도 없이 단 8분 만에 비상계엄 전국 확대 선포안이 의결된 것이다. 실로 최규하 정부는 신군부의 꼭두각시에 불과했다. 신군부의 이른바 '싹쓸이' 작전은 이렇게 시작되었다.

임시국무회의가 계엄포고령을 의결한 것은 요식행위에 불과했고, 이보다 앞서 이날 오전 11시부터 전군주요지휘관회의가 소집되었다.

전군지휘관회의는 최성택 합참 정보국장의 정세 보고와 현황 설명 후 자유토론 형식으로 진행되었다. 정호용 특전사령관과 노태우 수경사령관, 박준병 20사단장 등이 강경 발언을 계속했으며, 일부 신중론이 있었지만 대세에 영향을 미치지는 못했다. 신군부는 회의가 끝날 무렵 백지를 돌려 참석자들의 연서명을 받았다.

회의를 마친 주영복 국방장관과 이희성 계엄사령관은 전국 주요 지휘관들의 연서명이 첨부된 신군부의 시국 대책안을 들고 오후 5시경 신현확 국무총리를 찾아갔다. 신 총리는 국보위 설치안에 대해서만 반대하고 나머지는 모두 받아들였다. 셋은 곧바로 청와대로 가서 최규하 대통령에게 군부의 시국 대책을 설명했다. 최규하는 오후 7시경 이를 승인하고, 신 총리에게 비상국무회의를 소집하라고 지시했다.

이보다 조금 더 앞선 16일 밤 10시 30분경, 최 대통령이 사우디아라비아 방문에서 앞당겨 귀국하자 전두환은 신 총리, 이희성 계엄사령관, 주영복 국방장관, 김종환 내무장관과 청와대로 들어가 비상계엄 확대 조치의 필요성을 주장했다. 청와대를 나온 전두환은 보안사의 권력 장악 시나리오 준비 팀인 권정달 정보처장, 이학봉 대공처장, 허화평 비서실장, 허삼수 인사처장 등 심복들을 가동해 전군지휘관회의에서 결정할 사항과 민주 세력을 말살하기 위한 작전을 진행시켰다.

신군부는 5월 초순부터 이른바 '충정작전'의 구실로 착수한 충정부대의 서울 인근 투입을 5월 17일 이전에 이미 완료했다. 특히 광주에는 공수부대의 핵심 부대를 은밀히 파견했다. 신군부는 치밀하게 짜인 작전 계획에 따라 5월 18일 0시를 기해 지역 계엄을 전국 계엄으

통사와 혈사로 읽는 한국 현대사

로 확대하고, 계엄포고령 제10호를 발표, '모든 정치 활동의 중지 및 옥내외 집회·시위의 금지', '언론·출판·보도 및 방송의 사전검열', '각 대학에 휴교령' 등의 조치를 내렸다. 이에 앞서 17일에는 김대중, 김상현, 김종필, 이후락 등 26명의 정치인들을 학원·노사 분규 선동과 권력형 부정축재 혐의로 합동수사본부에 연행하고, 김영삼을 가택 연금하는 등 정치적 일대 탄압을 감행하기 시작했다.

이들은 5월 18일부터 전국 계엄 확대와 김대중 구속 등에 대한 저항에 나선 광주 시민들을 무참히 학살하면서 5월 20일 이미 소집 공고된 임시국회를 무산시키기 위해 수도군단 30사단 101연대 병력으로 국회의사당을 봉쇄하고, 헌법에 규정된 국회 통보 절차조차도 밟지 않은 채 사실상 국회를 해산해버린 국헌 문란을 자행했다.

실질적인 군사력을 장악한 신군부는 정치 사회 일반에 대한 모든 권력을 찬탈하고자 국가보위비상대책위를 설치하고 전두환이 상임위원장에 취임했다. 국보위는 초법적인 권력기관으로 등장, 정권을 탈취해 5공 정권 수립에 중추적 역할을 했다. 이로써 유신 체제보다 더 포악무도한 5공 시대가 시작되었다.

박정희 밑에서 권력의 단맛을 탐닉해온 독재자의 충견들은 10·26 사태로 주군이 쓰러지자 국민적 염원인 민주화 대신 직접 권력을 노렸다. 12·12 군사 반란을 통해 군권을 장악하고, 무능한 최규하를 겁박해 세력을 확대했으며, 마침내 5·17군사쿠데타를 일으켰다.

5·17군사쿠데타는 박정희 18년 독재 체제가 낳은 정치적 사생아였다. 4·19혁명 후 집권한 민주당이 분당과 무능으로 박정희에게 쿠데타의 기회를 제공한 측면이 있듯이, 10·26사태 후 야권의 일부 지도자들은 신군부의 움직임을 꿰뚫지 못한 채 집권욕에 사로잡혀

분열, 분당을 일삼은 측면도 있었다. 역사에서 전혀 교훈을 배우지 못한 것이다.

하지만 국가 방위에 전념하라고 국민의 세금으로 무장한 일부 군인들이 권력에 눈이 멀어 군사력을 동원해 헌정 질서를 파괴하고, 이에 저항하는 광주 시민들을 학살한 것은 어떤 명분, 이유로도 용납될 수 없다.

통사와 혈사로 읽는 한국 현대사

75

전두환 반란군에 맞선
광주민중항쟁

1980년 5월 광주에서 일어난 신군부의 무차별 학살에 맞선 시민들의 저항은 1948년 정부 수립 후 최초의 무장투쟁이었다. 전두환의 신군부는 권력 찬탈을 위해 광주를 지정해 사태를 일으키고, 이에 저항하는 시민들을 무차별 학살했다. 박정희 정권의 '사생아'로 성장한 전두환 일당은 권력의 단맛에 길들여진 정치군인들이었다. 12·12사태로 군권을 장악하고 쿠데타의 명분을 찾고자 '호남 차별'의 야만적인 정서를 활용해 광주에서 일을 꾸몄다.

가로수의 신록이 여느 해처럼 싱그럽던 1980년 5월 18일 오전, 전남대생들은 교내로 들어가려다가 총을 든 군인들에 의해 제지당하자 투석으로 맞섰다. 신군부는 공수부대 중에서도 핵심인 7공수여단의 33대대와 35대대를 광주에 파견하고, 그중 33대대의 주력부대로 하여금 전남대를 장악하게 했다.

당시 어느 외국 언론이 표현한 대로 "20세기의 마지막 비극"인 광주 학살과 민중항쟁은 이로부터 시작되었다. 전두환은 17일 자정을 기해 비상계엄을 전국으로 확대하고, 계엄포고령 제10호로 전국 대학에 휴교령을 내렸다. 이와 더불어 김대중 등 정치인들을 구속하면서 지역 정서에 휘발유를 뿌렸다. 모든 것이 미리 치밀하게 짜인 시나리오였다. 전남대생들은 만일의 휴교 조치에 대비해 학교 앞에 모이기로 사전 합의한 대로 당일 휴교령에도 불구하고 학교에 나오다가 계엄군과 대치하게 된 것이다.

학교 정문 앞에서 계엄군에 의해 쫓겨난 학생들은 거리로 뛰쳐나와 연좌시위를 벌였고, 경찰이 최루탄과 경찰봉으로 해산하려 하자 다시 투석전으로 맞섰다. 신군부는 경찰력만으로는 진압이 어렵다고 보고 오후 3시경 공수부대를 투입했다. 착검한 M16과 방망이로 무장한 공수부대원들은 남녀 학생들을 닥치는 대로 붙잡아 난타했다.

격분한 학생들이 보도블록을 깨서 집어 던졌다. 시민들이 지켜보고 있는데도 공수부대원들은 붙잡혀온 학생들을 군홧발로 짓밟거나, 반항하는 경우 M16에 꽂은 대검으로 등과 허벅지를 사정없이 찔렀다. 심지어 여대생들의 상의를 벗기고 대검으로 유방을 난자하기도 했다. 피 흘리는 학생들은 굴비처럼 엮여 군 트럭에 실려 갔다.

다음 날인 19일, 시민들은 술렁대기 시작했다. 금남로 일대에 많은 시민이 모여들었다. 공수부대원들은 난폭하게 시민들을 해산하려 했다. 닥치는 대로 시민들을 구타했으며, 술에 취한 군인들도 있었다. 공수부대원들의 잔인성을 목격한 군중들은 분노를 참지 못하고 마침내 총궐기에 나섰다.

광주민중항쟁이 벌어졌던 전남도청 별관.(출처: 위키피디아, Caspian blue)

　공수부대원들의 무차별 만행에 시민들은 자신들을 방어할 방법을 찾기 시작했다. 시민들은 인근 경찰서에 들어가 경찰 예비군용 총기, 실탄, 수류탄을 탈취해 무장하고 계엄군과 맞섰다. 시민군에 밀려 계엄군이 시내 외곽으로 퇴각하면서 마구 쏘아댄 총알에 많은 시민이 사망했다.

　많은 총기가 시민들의 손에 쥐어졌는데도 항쟁 기간 은행, 백화점, 금은방 등의 약탈 사건이 전혀 없었다. 학생들은 치안대를 조직해 은행과 농협 쌀 창고를 지켰다. 총상 환자가 급증해 피가 부족해지자 헌혈하는 시민들의 행렬이 끝없이 늘어섰다. 여성들은 시위대는 물론 계엄군에게도 음식과 약품을 제공했다.

　공수부대의 만행과 정부 당국의 시민항쟁을 모욕하는 언행에 격분한 시민들이 20일 시내버스와 택시 기사들의 차량 시위, 시청 접수, 광주문화방송국 방화, 21일 계엄군의 발포에 대항한 자체 무장 등 적극적인 자구책을 강구함으로써 시위는 삽시간에 시가전으로 전개되었다. 21일 오후 6시경 도청을 접수한 시민군은 치안과 방위를 담당할 조직을 편성하는 한편,『투사회보』를 발행, 선전 활동을 하고 매일 시민궐기대회를 열어 시민의 뜻을 모아 행동에 옮겼다. 『조선일보』가 시민들을 '폭도'로 매도하는 등 광주항쟁 기간 중 국내 언론은 사실 보도는커녕 왜곡 보도를 일삼았다.

'사후 보복 금지', '사망자 배상' 등을 요구하는 '수습대책위'와 '현 정부 퇴진', '계엄령 해제', '학살 원흉 처단', '구국 과도정부 수립' 등을 요구하는 결사항전 세력의 의견 대립으로 항쟁 지도부 간에 균열이 생긴 가운데, 전두환 신군부 강경 세력의 조기 진압 방침으로 계엄군은 27일 새벽 2시 극비리에 작전을 개시해 1시간 40여 분 만에 도청을 점령했다. 이 과정에서 도청을 사수하던 결사대원 다수가 희생되었다.

신군부의 5·17 비상계엄 확대 조치에 항의하는 학생들의 시위를 진압하기 위해 광주에 투입된 공수특전단의 초강경 유혈 진압에 맞서 5월 18일부터 27일까지 열흘 동안 광주 시민, 전남 도민들이 전개한 민중항쟁은 아직도 사망자와 부상자 수가 제대로 밝혀지지 않은 가운데 1980년대 한국의 모든 정치적 사건들의 기폭제가 되었고, 6월 민중항쟁의 도화선이 되었으며, 한국 민주통일운동에 하나의 준거가 되었다. 외신은 "1980년대 한국 민주화는 광주항쟁 정신 때문이었다"라고 보도했다.

한편 한국군의 작전통제권을 갖고 있던 존 위컴(John A. Wickham) 주한 미군 사령관이 5월 22일 광주 시위 진압 작전에 투입할 예하 4

개 대대의 한국군 병력을 차출하고, 미국의 항공모함과 공중조기경보통제기를 배치한 사실 등이 알려지면서 1980년대 반미감정의 확산 및 반미 투쟁의 원인이 되기도 했다.

1988년 여소야대 국회에서 '광주학살 진상규명 청문회'가 열렸으나, 아직도 정확한 사망자 수, 암매장 실태, 발포 책임자, 헬기 사격의 진상이 밝혀지지 않았다. 최근 북한군의 광주 투입설 등 광주항쟁을 모독하는 언동이 쏟아지고, 민중항쟁의 주도자들을 욕되게 하는 정당이 세를 키우는 등 반동 현상이 나타나고 있다. 그래서 "아직도 광주는 끝나지 않았다."

76

'광주의 피' 딛고
전두환 정권 수립

             역사는 가끔 반동기를 겪는다. 프랑스혁명 등이 그랬고, 한국 현대사도 다르지 않았다. '서울의 봄'을 짓밟고 광주에서 피바다를 이루면서 전두환이 등극했다. 전두환 시대는 박정희의 유신시대에 못지않은 포악하고 잔혹한 무단통치 시대였다. 다시 민주주의는 실종되고, 1인 독재가 자행되었다. '서울의 봄'과 함께 소생하던 언론 자유는 다시 어용 논객들의 전성시대가 되고, 야당의 존재는 허울뿐이었으며, 사법부는 시녀가 되었다. 미국이 5공 정권을 지원한 것으로 알려지면서 미 문화원이 화염에 휩싸이고, 노동운동과 학생운동이 격렬해졌다.

    1980년 8월 16일 최규하 대통령이 '돌연' 사임했다. 여기서 '돌연'이라는 표현을 썼지만 사실은 이미 예정된 수순이었다. 헌법 규정에 따라 박충훈 국무총리가 대통령 권한대행을 맡았다. 박 대행은 특별

담화에서 "국가원수의 궐위 기간을 최소한으로 단축함으로써 영도자의 공백에서 오는 혼란과 국가 기능 정체를 막는 일이 정부가 해야 할 급선무"라고 밝혔다.

최 대통령의 사임 후 11일 만인 8월 27일 육군대장으로 예편한 전두환 국가보위비상대책위원회 상임위원장이 제11대 대통령으로 선출되었다. 서울 장충체육관에서 열린 통일주체국민회의 대통령 선거에서 단일 후보로 출마한 전두환 후보가 2,524표를 얻어 99.9퍼센트의 득표율로 제11대 대통령에 당선된 것이다.

아무리 폭압의 시대라고 해도 99.9퍼센트의 득표율이란 국제 사회의 조롱거리가 되기에 충분했다. 전 대통령은 이날 낮 당선 통지서를 받은 뒤 '당선에 즈음한 담화'를 발표, "국정 운영에서 항상 국민의 소리에 귀를 기울이고 정직하고 능률적인 정부가 되도록 최선을 다하겠다"고 말하고 "새 역사 창조를 위한 제반 과업을 과감히 계속 추진해 나가겠다"고 밝혔다.

전두환은 9월 29일 정부의 개헌심의위원회가 성안한 대통령 임기 7년 단임과 간선제에 의한 대통령 선출을 골자로 하는 헌법 개정안을 공고했으며, 10월 22일 이에 대한 국민투표가 실시되었다. 새 헌법안은 우리나라 투표사상 최고인 95.5퍼센트의 투표율과 91.6퍼센트의 찬성률이라는 '압도적인 지지'를 받았으며, 10월 27일 공포되었다. 국민투표 과정에서 '선거 계도'라는 구실로 행정력이 총동원되고, 심지어 입원 중인 환자들까지도 투표에 동원하는 등 전례 없는 부정이 저질러졌다.

제8차 개헌에 해당하는 이 헌법의 주요 내용은 ① 전문에서 4·19 의거와 5·16혁명 이념 계승 삭제, 3·1운동 정신 계승 및 제5공화국 출범 명기, ② 국가의 정당 보조금 지급 조항 신설, ③ 기본권의 개별 유보 조항 삭제, 연좌제 금지, ④ 선거인단에 의한 대통령 간선제 및 7년 단임제 도입, ⑤ 국회의원 비례대표제 채택, ⑥ 통일주체국민회의 폐지 등이다. 전두환의 목표는 보궐선거를 통한 임시 대통령직에 있는 것이 아니었다. 이것은 하나의 과정에 불과했다.

제5공화국 헌법에 따라 제12대 대통령 선거는 대통령 선거인단의 간접선거로 2월 25일 실시되었다. 대통령 후보로 민정당의 전두환, 민한당의 유치송, 국민당의 김종철, 민권당의 김의택 총재가 각각 입후보해 총유권자 5,277명 중 5,271명이 투표에 참가, 전두환 후보가 4,755표를 얻어 90.2퍼센트의 득표율로 당선이 결정되었다.

전두환은 3월 3일 임기 7년의 제12대 대통령으로 정식 취임, 제5공화국 정부를 출범시켰다. '역사상 가장 오랜 쿠데타'로 일컬어지는 12·12로부터 1년 3개월여 만이고, 5·17로부터는 10개월여 만에 마침내 대권의 자리를 차지하게 된 것이다.

전두환은 3일 오전 서울 잠실체육관에서 내외 인사 9천여 명이 참석한 가운데 거행된 취임식에서 취임사를 통해 "장구한 세월에 걸친 시련과 고뇌의 시대를 넘어서서 이제야말로 제5공화국의 출범으로 자기완성 시대를 형성해야 할 성장과 성숙의 시대에 들어서는 찰나에 있다"고 말하고, 그동안 모든 국민이 갈망해온 '전쟁 위협'과 '빈곤', '정치적 탄압과 권력 남용' 등 세 가지 고통으로부터의 해방을 다짐했다.

하지만 권력을 장악한 전두환과 그 일당은 '권력 남용'을 통해 인권을 유린하고, 천문학적인 축재를 했다가 훗날 폭로되었다. 전두환 세력이 만든 정당의 이름이 '민주정의당'이었다. 반민주적이고 정의롭

제12대 대통령 선거 선거공보.

지 못한 무리가 '민주'와 '정의'라는 고귀한 용어까지 훼손한 것이다.

전두환은 대통령에 당선되기 전에 민간정치인들을 철저히 규제해 정치 활동을 봉쇄하고, 이른바 '김대중 내란음모 사건'이라 하여 김대 중을 비롯, 문익환, 이문영, 예춘호, 고은, 김상현, 이해찬 등을 투옥 했으며, 중앙정보부를 국가안전기획부로 바꿔 정치, 사회, 언론, 노동 등 모든 부문에 걸쳐 사찰을 강화하고, 언론기본법을 제정하고 언론 통폐합을 단행해 반정부적인 언론인을 대대적으로 숙정, '711명의 해 직 사태를 빚는 등 언론계를 쑥대밭으로 만들었다.

또한 노동관계법, 즉 기존의 근로기준법, 노동조합법, 노동쟁의조정 법, 노동위원회법에 새로이 노사협의회법을 만들어 제3자 개입 금지 조항을 설정, 외부의 지원이나 연대를 차단하고, 노동조합에 대한 행 정 관청의 간섭을 합법화했으며, 쟁의 행위를 규제하는 복잡한 절차 를 만들어 단체행동권을 크게 제한하는 등 노동운동을 심하게 탄압 했다.

국가보안법을 강화해 인권 탄압을 가중한 것도 빼놓을 수 없다. 반공법을 폐지하는 동시에 이를 국가보안법에 흡수시켰는데, 반국가

단체의 애매한 규정 등 제정 당시부터 악용될 소지를 안고 있던 이 법은 전두환 체제 출범 이후 각종 조직 사건을 비롯, 민주 세력을 탄압하는 도구로 악용되어 '정권보안법'이라 불릴 만큼 지탄받았다.

전두환 체제는 12 · 12 하극상으로부터 출발해 광주 민주시민 학살의 피 묻은 손으로 정권을 빼앗아 제5공화국을 출범시켰다. 그리고 향후 7년 동안 무소불위의 전횡과 부패, 인권 유린을 자행했다. '땡전뉴스'로 상징되는 어용 언론인들과 검찰, 법조인, 정치인, 사이비 지식인들이 정권의 '호위무사' 노릇을 충실히 수행했다.

광주 학살과 헌정 유린, 반민주 5공 정권에 협조한 정치인, 문화인, 언론인, 법조인 등 '부역자'들은 지금 어디서 무엇을 하고 있는가? 누군가 나서 그들의 실상을 정리해야 한다.

77

조작된 '김대중 내란음모 사건'

정당성과 정통성이 없는 자들이 권력을 찬탈하거나 유지할 때면 제물(祭物)을 필요로 한다. 이승만과 박정희는 정치적 궁지에 몰리면 어김없이 국가 안보를 내세워 희생양을 찾았다. 김구·조봉암과 장준하·인혁당 8인이 그렇게 희생되었다. 전두환도 다르지 않았다. 전두환의 쿠데타에는 재야의 지도자 김대중이 가장 큰 걸림돌이었다. 전두환은 그를 희생양으로 삼았다.

…… 나는 총 한 방 쏠 줄 모르는 사람입니다. 내가 제일 바랐던 것은 선거였습니다. 나는 비폭력 저항주의자입니다. 나는 해방 당시 스무 살이었습니다. 해방 후 건국을 한다기에 건준에 가담해 심부름을 좀 했습니다. 그 후 신민당에 가입했으나 좌익임을 알고 1946년 여름에 싸우고 나왔습니다. 그 이후 한 번도 좌익이라고 기소된 적이 없

고, 6 · 25 때는 공산당에 의해 구속되었다가 처형 직전 탈옥했습니다. 한민통 관계는 지금 내 목숨을 앗아가려는 중대한 문제가 되어 있는데, 공소 내용과 사실이 다릅니다. 나의 해외에서의 활동이 어떻게 기소되었는지 그 이유를 모르겠습니다. 나는 햇빛도 없는 중앙정보부 지하실에서 60일간 조사를 받았습니다. 그런 상황에서는 멀쩡한 사람도 공산주의자로 만들 수 있는 것입니다. 옆방에서 고문당하는 소리가 들리고, 발가벗기고 공포 분위기 속에서 조사를 받았습니다. …… 납치 후 6년의 기간 중 3년은 감옥에 있었고, 3년은 연금 상태에 있었습니다. 주일 한국대사관의 공사가 미국으로 망명하여, "한민통이 조총련의 배후 조종을 받는지 내사를 해보았으나 아니다라는 결론을 얻었다"고 말했고, 이것이 일본 신문에 크게 보도되었다는 소식을 들은 적도 있습니다. 내란음모 부분에 있어서도 나는 엉뚱하게 몰린 느낌이 있습니다. 내가 10 · 26 이후 만난 몇만 명 중에서 데모하라고 종용하거나 정부를 전복하자고 얘기한 사람은 한 사람도 없습니다. 적어도 내란음모를 했다면 상상도 할 수 없는 일입니다. 당국이 나의 형을 집행하려 한다면 불가능한 일은 아닐 것입니다. 그러나 이것이 과연 법의 정의에 합당하며 민주국가로서 옳은 일인가를 심사 숙고해주기 바랍니다. 나는 나에 대한 관대한 처분보다는 다른 피고인들에 대한 관용을 바랍니다. …… 지금 나를 이렇게 만든 사람들을 용서하고 이해합니다. 여기 앉아 계신 피고인들에게 부탁드립니다. 내가 죽더라도 다시는 이러한 정치 보복이 없어야 한다는 것을 유언으로 남기고 싶습니다.

1980년 9월 13일 오전 육본 계엄보통군법회의 18차 공판에서 내란죄 혐의로 사형을 구형받은 김대중은 이렇게 최후 진술을 마쳤다.

권총으로 무장한 안전국(중앙정보부) 요원들이 수경사 병력과 함께 동교동 김대중 자택에 들이닥친 것은 5월 17일 밤 10시 40분경, 김 씨는 엄습해오는 불길한 예감에 사로잡힌 채 비서들과 함께 말없이 거실에 앉아 있었다. 저녁 8시경부터 "천지개벽이 되었으니 빨리 피하라", "모두 끝났다. 신변을 조심하라"는 익명의 전화가 걸려왔던 것이다.

바깥 분위기를 정탐하러 나간 비서들로부터 "10여 대의 검은 승용차가 집 주위를 에워싸고 있다"는 전갈이 왔다. 10시 40분경, 골목 어귀 가로등이 꺼지고 초인종이 울렸다. 비서가 대문을 열자마자 M16 소총을 든 검은 그림자들이 쏟아져 들어오며 닥치는 대로 개머리판을 휘둘러댔다. "이 새끼들, 까불면 모두 죽여버려!" 지휘자가 고함쳤다. 거실에 있다가 뛰어나온 김옥두, 이협, 유훈근 등 비서들의 턱밑에도 M16 총검이 겨눠졌다. 비서들은 모두 마당에 꿇어앉혀졌다. 개머리판에 머리를 맞은 비서 정승희는 정신을 잃은 채 피를 흘리고 있었다. 제1야당 대통령 후보를 지낸 김대중의 집은 아비규환이 되었다.

안전국 요원들이 구둣발로 거실에 들어섰다. 그들은 잠자코 의자에 앉아 있던 김대중의 양팔을 꼈다. 끌려서 대문을 나서는 김대중의 등 뒤를 총검이 에워쌌다. 이때가 밤 11시 10분경, 김 씨를 태운 승용차가 남산 지하실을 향하면서부터 겪기 어려운 수모가 시작되었다. 김 씨는 차 안에서 내내 무릎 사이까지 머리를 숙여야 했다.(이도 성, 『남산의 부장들 3』)

김대중은 이렇게 연행되어 60일 동안 남산 지하실에서 심한 고문을 받았으며, 엉뚱하게도 연행 다음 날부터 그를 석방하라면서 항쟁에 나선 '광주사태'의 배후 조종과 내란음모 혐의로 기소되어 대법원에서까지 사형 선고를 받아야 했다.

1980년 9월 9일 내란음모, 외환관리법, 계엄법 등 위반 혐의로 구속 기소된 김대중은 9월 12일 육군교도소에 수감되어 9월 17일 육본 계엄보통군법회의 1심에서 사형, 11월 3일 육본 계엄고등군법회의에서도 사형을 선고받았고, 1981년 1월 23일 대법원이 상고를 기각해 사형이 확정되었다. 그와 함께 구속 기소된 문익환, 이문영, 예춘호, 고은, 김상현, 이해동, 함세웅, 이해찬 등도 각각 중형을 선고받았다. 법과 양심에 따른 판결이 아니라 독재 권력에 대한 사법부의 맹종이었다. 김대중은 같은 날 특별사면으로 사형에서 무기로 감형되어 1월 31일 청주교도소로 이감되었으며, 1982년 3월 3일 징역 20년으로 감형되었다.

전두환 정권은 국내외의 세찬 여론에 밀려 1982년 12월 16일 김대중을 청주교도소에서 서울대병원으로 이감해 치료를 받게 하고, 12월 23일 형집행 정지로 부인 이희호, 차남 홍업, 3남 홍걸 등 가족 3명과 함께 미국으로 떠나게 했다. 미 국무성은 김대중의 석방에 노먼 번즈 동아시아국 대변인을 통해 환영 논평을 발표하고, 나카소네 야스히로(中曾根康弘) 일본 수상은 "인도적 견지에서 지극히 바람직스러운 일"이라고 논평했으며, 아베 신타로(安倍晋太郞) 일본 외상은 "한국 정부의 조치를 환영한다"고 평가했다.

전두환의 신군부 세력은 5·17쿠데타를 감행하면서 김대중이 자신들의 정권 유지에 걸림돌이 된다고 판단하고, 조작된 시나리오로 그를 처형할 계획을 세웠다. 그리고 군사재판에서 사형까지 선고했지만, 미국, 영국, 프랑스, 독일, 일본 등 우방국들의 세찬 비판과 국제

인권단체들의 구명운동에 굴복해 해외 추방 조치로 일을 마무리 지었다. 국내에서는 강원룡 목사 등이 구명운동에 나섰다. 훗날 이 사건은 재심에서 무죄가 선고되었다.

78
김영삼 단식과
'민주화추진협의회' 결성

폭력으로 얻은 정권은 아무리 방비가 치밀해도 국민의 자발적인 동의가 없으면 허물어지게 마련이다. 전두환 정권은 학생, 노동자들의 산발적인 저항을 공권력이라는 폭력으로 제압하면서 철옹성을 쌓아갔다. 5공의 철옹성에 철퇴를 든 것은 김영삼이었다.

1983년 5월 18일 전 신민당 총재 김영삼은 서울 상도동 자택에서 단식에 들어갔다. 1980년 5·17군사쿠데타에 의해 타의로 정계 은퇴를 선언하고 자택에 연금당한 지 3년 만의 일이었다. 그는 '단식에 즈음하여'라는 성명을 발표하고 단식투쟁에 들어갔는데, 이 성명에서 "민주화 투쟁을 더욱 굳건히, 그리고 더욱 튼튼한 신념으로 해나가기 위해 이번 단식을 하는 만큼 나는 이 단식으로 민주화 투쟁에 대한 나의 움직일 수 없는 결의를 나 자신과 국민에게 분명히 하고자 한다"고 말했다. 5·18광주민중항쟁 3주년을 계기로 시작한 김영삼의 단식투쟁은 출범 3년을 맞은 제5공화국 정치권에 큰 파문을 던졌으며, 임시국회 소집 문제를 비롯해 제1야당 민한당의 진로 문제와 특히 민주화추진협의회(약칭 민추협) 결성의 계기를 만들었다.

김영삼은 단식에 앞서 5월 2일 발표한 '국민에게 드리는 글'에서 ① 구속 인사의 전원 석방, ② 전면 해금, ③ 해직 교수 및 근로자, 제적 학생의 복직, 복교, 복권, ④ 언론 자유, ⑤ 개헌 및 국가보안법의 개폐 등 5개 항을 요구한 바 있다.

김영삼의 단식과 관련해 5월 19일 전 신민당 소속 의원, 재경지구 당위원장, 지도위원 등 20여 명은 긴급 모임을 갖고 대책을 논의해 '김영삼 총재 단식대책위원회 6인소위'를 구성하고 국무총리 면담을 요구하기로 했다. 단식이 8일째 계속되던 5월 25일 오전 노량진경찰서장과 정보과장 등이 상도동 자택을 찾아 김 씨를 병원으로 이송할 것임을 통보하고 구급차에 태워 서울대병원에 강제 입원시켰다. 서울대병원으로 이송되고도 김영삼은 단식을 중단하지 않았다. 정부 당국은 그의 건강 상태가 악화되자 5월 30일 연금을 해제한다고 발표했다.

이날 김영삼은 김덕룡 비서실장을 통해 "연금의 해제는 지극히 당연하고 마땅한 조처이나 단식을 시작한 이유가 아니고 요구 사항도 아니다"면서 '국민에게 드리는 글'에서 명시한 5개 항의 민주화 요구를 정부 당국이 받아들일 것을 거듭 촉구했다.

민한당의 유치송 총재, 윤보선 전 대통령, 김수환 추기경, 유진오 전 신민당 총재 등이 5월 29일부터 차례로 김영삼과 면담, 단식 중단을 종용했다. 6월 1일 전 신민당 및 통일당 소속 의원 32명과 원외 인사 7명 등 39명은 회합을 갖고, 민주화를 요구하는 시국선언문 및 결의문을 채택하고 민주화를 위한 범국민적 연합전선을 구축하기로 하는 한편, 15일째가 되는 김영삼의 단식 중단을 종용하기로 합의했다. 이들은 결의문에서 ① 김 씨가 제시한 5개 항의 민주화 요구 지지, ② 민주화를 위한 범국민적 연합전선 구축, ③ 당국의 성의 있는 결단과 대화 촉구, ④ 단식 중단 호소 등을 결의했다. 이들 중 일부는 6월 2일 서울대병원에서 다시 모임을 갖고 민주화 추진을 위해 구성하기로 한 범국민적 조직의 명칭을 '민주국민협의회'로 정하고, 의장에 이민우, 대변인에 김덕룡을 지명했다.

단식이 20일을 넘기자 의료진은 혈액 검사 결과 건강 상태가 위험 수위라고 밝혔다. 이에 따라 김영삼은 23일 만에 단식을 중단하고, 그 후 20여 일의 회복 치료를 받은 뒤 6월 30일 퇴원했다.

1984년 5월 17일 김영삼의 상도동계와 김대중의 동교동계는 광주 민중항쟁 4주년에 즈음해 민주화추진협의회를 결성했다. 1년 전에 김영삼이 '민주화 요구 5개 항'을 놓고 단식을 시작하면서부터 논의되기 시작해 1983년 8월 서울과 워싱턴에서 '김영삼·김대중 8·15공동선언'이 발표된 것을 계기로 1980년 '서울의 봄' 이래 갈라섰던 야권의 양대 진영이 다시 합쳐 민추협을 결성하고 반독재 투쟁을 벌이기로 한 것이다. 민추협은 1984년 5월 18일 김영삼·김대중 공동의장 이름으로 발표한 결성 선언문 '민주화 투쟁선언'에서 "우리는 군인의 정치 개입이 민주 헌정을 후퇴시키고 민족사의 불행과 안보상의 불안을 초래한다는 역사적 경험을 토대로 군인이 본연의 사명인 신성한 국방 의무로 복귀할 것을 주장하고, 시민민주주의를 실현하기 위해서 투쟁한다"는 등 9개 항의 내용을 발표했다.

제12대 총선을 앞두고 1984년 11월 말 정부는 정치 활동 미해금자 중 84명을 해금했다. 풀려난 이들은 민추협 인사들과 함께 군정 종식과 문민정치, 선명야당의 기치를 내걸고 신당 창당 작업에 들어갔다. 상도동계의 이민우·최형우·김동영, 동교동계의 김상현·김녹영·조연하 등은 1984년 12월 15일 실무 대표회의를 갖고 창당 발기인 선정 기준 등 구체적인 실무 협의에 들어갔으며, 소집책에 이민우를 선정했다. 이 무렵 민한당 소속 일부 의원과 전직 의원들이 탈당, 신당에 가담했다.

　신당은 12월 20일 발기인 115명이 참석한 가운데 신한민주당 창당 발기인대회를 연 데 이어 1985년 1월 18일 신한민주당을 창당했다. 신한민주당의 창당은 정치권에서 반 전두환 투쟁의 모체가 되었으며, 학생·재야·노동 세력과 연대하면서 5공 정권은 더욱 위기에 몰리게 되었다.

79

전두환 몰락의 진원지,
제12대 총선

1985년 2월의 한국은 계절적으로
나 정치적으로 한겨울의 동토였다. 전두환 정권에서 두 번째 총선거
인 제12대 총선이 12일로 예정되었지만, 주요 야당 인사들이 여전히
정치 규제에 묶여 있는 데다 야권의 난립으로 선거는 국민의 관심을
끌지 못하고 있었다. 유일한 관심이라면 제도권의 제1야당인 민한당
과 창당된 지 한 달도 채 안 된 신민당의 의석이 어떻게 나타날 것인
가 하는 정도에 불과했다. 그런데 투표일을 앞두고 신생 신민당이 서
서히 바람을 일으키면서 국민들의 정치에 대한 관심이 점점 고조되
었고, 합동 유세장에서 그동안 금기시되다시피 한 '특정인'의 이름이
거침없이 쏟아지면서 5공 비판과 민주화의 목소리가 언 땅을 녹이기
시작했다.

투표일을 4일 앞두고 그 '특정인'이 전격적으로 귀국했다. 전두환

정부는 그동안 계속해서 김대중의 귀국을 거부하며 만약 귀국하면 다시 투옥하겠다고 협박하는 등 강경하게 나왔다. 게다가 필리핀의 야당 지도자 아키노가 귀국 도중 마닐라 공항에서 저격당해 사망한 지 얼마 지나지 않은 관계로 미국 정부도 그의 신변 안전을 이유로 귀국을 만류했다. 그런데도 김대중은 미국에 망명한 지 2년여 만인 2월 8일 김포공항을 통해 전격적으로 귀국했고, 이 사건은 서서히 달아오르던 2·12선거전에 기름을 끼얹는 역할을 했다.

김대중이 귀국한 8일 오전 10시 30분경부터 김포가도 공항 입구에서 500여 명의 학생들이 "독재 타도"를 외치며 시위를 벌이기 시작했다. 학생들은 '전면 해금 실시하라', '환영 김대중 선생 귀국' 등의 플래카드를 펼쳐 들고 데모가를 불렀다. 낮 12시 20분경 500여 명의 학생과 시민들이 스크럼을 짜고 김포가도 한복판으로 들어서 "일당 독재 결사반대"를 외치며 전경들과 30분가량 대치했다. 경찰은 이때부터 최루탄을 쏘며 시위대를 해산하려 했고, 공항 입구에 모여 있던 3만여 명의 학생과 시민들은 경찰에 밀려 오후 3시경 해산했다.

이날 양화교 부근 화곡동 입구에는 5만여 명의 인파가 몰려 오전 11시경부터 차량 통행이 완전히 차단되었다가 오후 1시 15분경부터 재개되었다. 5·17쿠데타 이후 처음으로 많은 인파가 김대중의 귀국을 지켜보기 위해 김포공항으로 몰려나갔다. 그러나 정작 본인은 일체의 외부 접촉 없이 삼엄한 당국의 호위 속에 오후 1시 20분께 커튼으로 창을 가린 18인승 미니버스에 태워졌다. 마포구 동교동 자택 부근에도 경찰이 외부인의 출입을 통제했다. 이날 김대중의 귀국길에는 미 하원의원 에드워드 페이건(Edward Feighan), 토머스 폴리에타 (Thomas M. Foglietta) 등 20여 명의 외국인이 동행했다.

2·12총선은 광주 학살로 상징되는 유혈 참극을 저지르고 헌정을 유린하면서 집권한 전두환 신군부 세력에 민주 세력이 당당하게 대결해 일전을 겨룬 첫 승부처가 되었다. 국내에서는 김영삼이 죽음을 각오한 23일의 단식 끝에 흩어진 야권을 결속했고, 국외에서는 김대중이 국내 민주화 세력과 연계하면서 역시 죽음을 각오한 귀국을 단행해 모처럼 민주 세력의 결속이 이루어진 것이다.

총선 결과는 의외였다. 득표율을 보면 민정당 35.25퍼센트, 신민당 29.26퍼센트, 민한당 19.68퍼센트, 국민당 9.16퍼센트로 야권의 총득표율이 58.1퍼센트로 민정당을 크게 압도했다. 선거일을 불과 20여 일 앞두고 창당한 신민당은 67석을 확보, 제1야당으로 부상하는 한편, 대도시를 휩쓸어 서울 14개 지역, 부산 6개 지역, 광주·인천·대전 각 2개 지역 등 5대 도시에서 전원 당선자를 내고, 대구 3개 지역 중 2개 지역에서 승리했다. 또한 서울, 부산 등지에서 거의 1등을 차지함으로써 여촌야도의 투표 성향이 되살아나는 듯한 경향을 보였다. 대도시의 득표율에서도 신민당은 민정당을 앞질렀다.

2·12총선은 선명야당의 기치를 내건 신민당이 제1야당으로 부상함에 따라 그동안 제도권 야당으로 안주해온 민한당이 붕괴되어 자동적으로 야권 통합의 계기가 마련되었으며, '자생 야당'의 등장으로 양김 중심의 야권이 전두환 정권과 한판 대결을 시작하게 하는 민주 장정의 시초가 되었다.

신민당은 총선 후 열린 제2차 전당대회에서 사실상 당을 이끌어온 김영삼·김대중을 상임고문으로 추대했다. 그러나 주류와 비주류의 시국 대처 방법론과 상도동·동교동의 상호 견제 및 암투로 갈등이 심화된 신민당은 김녹영 부총재(국회 부의장)의 사망으로 공석이 된 부의장 선출 과정에서 분열을 일으키고, 대여 투쟁 노선을 둘러싸고 유한열, 이태구가 주도한 신보수회 소속 의원 12명이 집단 탈당하는 등 당내 전열에 균열이 가기 시작했다. 이로 인해 당 내분이 격화되어 김영삼·김대중 지지 의원 73명이 분당을 선언, 통일민주당을 창당함으로써 신민당은 허울만 남게 되었다.

80

독재의 하수인들
'성고문'까지 자행

잔약한 체구의 처녀가 지난 6월 6일과 7일 부천서에서 저 무도하고도 야수적인 능욕을 당하고, 산산이 파괴된 인생의 절망과 겪어보지 않고는 누구도 그 깊이를 알 수 없는 비통한 자기모멸감과 수치심, 그리고 출구를 찾을 길 없는 치떨리는 분노에 시달리면서 경찰서 보호소에서 유치장으로, 다시 교도소의 감방으로 짐짝처럼 넘겨질 때에 순간순간마다 그녀의 뇌리를 무겁게 짓눌렀던 것은 오직 자기파괴와 죽음에의 충동, 그리고 한시도 떠나지 않는 악몽 속의 가위눌림뿐, 그녀는 이미 죽은 목숨이나 다름없었던…….

이른바 '부천서 성고문 사건'으로 이름 붙여진 권인숙 씨의 성고문 정황을 변호인단의 '고발장'은 이렇게 통렬히 적시했다. '고발장'은 게속 이어진다.

저 나치즘하에서나 있었음직한 비인간적인 만행이 이 땅에서도 버젓이 자행되고 있다는 사실을 알게 되었을 때, 경악과 공분을 느낌과 아울러 인간에 대한 믿음마저 앗아가는 듯한 암담한 좌절감을 느끼게 되었다. 단순히 음욕 때문에 일어난 것이 아니고, 성이 고문의 도구로 악용되어 계획적으로 자행되었다는 점에서 이 사건은 우리에게 더 큰 충격을 불러일으켰다.

1986년 6월 6일 새벽 4시 30분경부터 2시간 반 동안, 그리고 7일 밤 9시 30분경부터 2시간 동안 경기도 부천경찰서 경장 문귀동은 권인숙에게 성고문을 가하며 진술을 강요했다. 문귀동은 5·3 인천 사태 관련 수배자의 소재를 대라면서 권인숙을 성고문한 것이다.

1986년 인천 5·3항쟁 이후 민주화 진영은 다양한 방법으로 5공 헌법 개정 투쟁을 대중적으로 전개했다. 이에 전두환 정부는 정권 안보 차원에서 경찰력을 동원해 인천 5·3항쟁의 배후를 색출하는 데 주력했고, 이를 위해 구속, 수배, 고문 등을 자행했다.

22세의 젊은 여성의 가냘픈 몸으로 시대의 불의, 제도와 공권력의 폭력에 불굴의 투지로 맞섰던 권인숙은 6월 4일 경찰에 연행되어 성고문이라는 상상조차 하기 힘든 치욕을 당한 후 공문서 변조 및 동 행사, 사문서 변조 및 동 행사, 절도, 문서 파손 등의 엉뚱한 혐의로 구속 기소되어 징역 1년 6월의 형 확정 판결을 받고 복역 중 당국의 7·6조치로 가석방되었다.

권인숙은 당시 한국 사회에서 선택된 소수 여대생의 모든 기득권을 포기하고 노동현장에 뛰어들었다. 1982년 서울대 의류학과에 입학한 그는 노동운동에 헌신하기 위해 4학년 때인 1985년 봄 스스로 학교를 등지고 경기도 부천시 송내동에 있는 주식회사 성신이라는 가스배출기 제조업체에 '허명숙'이라는 이름으로 위장 취업했다. 대학 출신들의 생산직 취업이 노동운동을 위한 위장 취업으로 규제되는 상황에서, 대학을 다녔다는 사실이 드러나지 않도록 하기 위해 남의 주민등록증을 변조해 사용했다.

그러나 권인숙은 이 회사에 오래 근무할 수 없었다. 회사 측으로 부터 위장 취업 의심을 사게 된 그는 직장을 떠났고, 그러던 중 6월 4일 밤 영장도 없이 부천경찰서에 연행되어 성고문을 당하게 되었다.

사건 발생 약 1개월 만인 7월 3일 권인숙은 변호사를 통해 문귀동을 강제추행 혐의로 인천지검에 고소하고, 5일에는 변호인단 9명이 문귀동과 옥봉환 부천경찰서장 등 관련 경찰관 6명을 독직, 폭행 및 가혹 행위 혐의로 고발했으나, 문귀동은 사실을 은폐한 채 권인숙을 명예훼손 및 무고 혐의로 맞고소했다.

검찰과 공안 당국은 권인숙의 성폭행 주장을 '혁명을 위해 성까지 도구화하는' 급진 좌경 세력의 상습적 전술이라며 매도했다. 또 정부 당국은 각 언론 기관에 보도 지침을 보내 '부천서 성폭행 사건'이라 쓰지 말고 그냥 '부천서 사건'으로 보도할 것을 지시하는가 하면, 출입 기자들에게 거액의 '촌지'를 뿌려 이 사건의 보도를 축소하고자 했다. 길들여진 언론들은 이 사건을 제대로 보도하지 않았다.

정부 당국의 조직적인 은폐 조작에도 불구하고 진상규명 및 공정 수사를 촉구하는 여론이 빗발치자 검찰은 뒤늦게 수사에 나서 진실을 거의 파헤쳤으나, 외부 압력에 의해 사건을 고의적으로 은폐·축소하고, 8월 21일 문귀동에 대해 기소유예, 옥봉환 등 관련 경찰관 5명에 대해 무혐의 결정을 내렸다.

9월 1일 권인숙의 변론과 진상규명을 위해 유례없이 변호사 166명이 변호인단을 구성해 검찰의 결정에 불복, 인천지검에 재정신청을 냈으나, 인천지검에 이어 서울지검에서 잇따라 기각된 데 이어 혐의 사실을 대부분 인정한 서울고법에서도 끝내 기각당했다.

이 사건은 대법원에 재항고 계류 중이던 1989년 문귀동에게 징역 5년의 실형이 선고되었고, 권인숙에게는 위자료를 지불하라는 판결이 내려졌다. 이 사건은 사실 확인 과정에서 공권력의 횡포와 부도덕성, 인권 탄압의 실상을 폭로, 제5공화국의 종말을 앞당기는 '최고장'이 되었다. 또한 재야, 정치권, 종교계, 여성계가 연합해 '성고문 용공 조작 범국민폭로대회'를 개최하고, 부천경찰서 성고문 공동대책위원회를 발족하는 등 공동 대처하는 과정에서 민주 세력의 연대를 강화함으로써 1987년 민주화 투쟁의 밑거름이 되었다.

권인숙은 수치를 무릅쓰고 성고문 사실을 폭로했고, 성고문은 공권력에 의한 인권 유린의 극치로서 국민, 특히 여성들을 충격과 분노에 떨게 했다. "우리는 이 사건이 종래에 흔히 볼 수 있던 통상의 고문, 가혹 행위 수법이 아니라, 여성에 대한 인간적 파괴를 노리고 반인류적인 성고문 수법을 사용한 범행이며, 더욱이 피의 사실에 관한 조사가 아니라 단순한 수배자의 검거를 위한 수단으로 이와 같이 끔찍한 범행이 자행되었다는 점을 중시한다"라는 변호인단의 고발 내용처럼, 이 사건은 전두환 군사독재 정권의 부도덕성과 악랄함을 극명하게 드러내준 비극이었다.

81

'탁' 치니 '억' 하고……
박종철 고문치사

한 사람의 무고한 죽음은 때로 역사의 물굽이를 바꾼다. 1960년 3 ·15부정선거 때 마산의 김주열이 그랬고, 1987년 민중항쟁의 전초가 된 박종철 고문치사가 그랬다. 포악한 권력의 '살인'이기 때문이다.

1월 14일 오전 8시 10분경 관악구 신림동 하숙방에서 연행돼 오전 9시 16분경 조반으로 밥과 콩나물을 주니까 조금 먹다가, 어젯밤 술을 많이 먹어서 밥맛이 없다고 냉수나 달라고 하여 냉수를 몇 컵 마신 후 10시 51분경부터 심문을 시작, 박종운(26세, 사회학과 4학년) 군 소재를 묻던 중 갑자기 '억' 하고 소리를 지르며 쓰러져 중앙대부속병원으로 옮겼으나 12시경 사망했음.

1987년 1월 15일자 『중앙일보』 사회면에는 '경찰에서 조사받던 대학생 쇼크사'라는 2단짜리 작은 기사가 실렸다. 이날 오후 이 기사 내용의 사실을 확인하는 기자들에게 강민창 치안본부장은 그동안 숨겨오던 박종철(21세, 서울대 언어학과 3학년) 군의 사망 사실을 처음으로 시인하면서 그 경위로 앞의 인용 내용을 밝혔다. 이 자리에 배석했던 치안본부 박처원 대공 담당 5차장은 "책상을 '탁' 치니 '억' 하고 쓰러졌다"고 '유명'한 망언 한마디를 덧붙였다.

1월 14일 서울대생 박종철 군이 수사관 6명에 의해 치안본부 남영동 대공분실에 연행되어 서울대 민주화추진위원회 사건 관련 수배자 박종운의 소재 파악을 위한 조사를 받던 중 수사요원 조한경 경위와 강진규 경사의 고문으로 이날 11시 20분경에 숨졌다. 이들은 물고문과 전기고문으로 박종철을 숨지게 하고, 단순 쇼크사인 것처럼 은폐 조작했다.

하지만 물고문과 전기고문의 심증을 굳히게 하는 최초 검안의 오연상 교수(중앙대 부속 용산병원 내과의)의 증언과 부검의 황적준 박사의 증언이 잇따라 신문지상에 보도되자 경찰은 자체 조사에 나섰고, 사건 발생 5일 만인 1월 19일 물고문 사실을 공식 시인하고, 조한경과 강진규를 특정범죄가중처벌법 위반(고문치사) 혐의로 구속했다.

맨 처음 박 군의 시체를 본 오연상 교수는 "박 군은 병원에 옮기던 중 사망한 것이 아니라 자신이 14일 오전 11시 45분쯤 대공분실 조사실에 도착했을 때 이미 숨진 상태였으며, 자신이 도착했을 때 박 군의 복부가 확연히 드러날 정도로 부푼 상태였고, 청진기 진단 결과 복부 등 몸속에서 꼬르륵 하는 물소리가 들렸는데, 쇼크사는 심장마비가 먼저 오고 호흡 곤란이 생기므로 쇼크사는 아닌 것으로 판단된다"고 경찰의 사인 발표를 정면으로 부정했다.

또 부검을 집도한 황적준 박사는 "출혈반이 생기는 원인은 여러 가지 있을 수 있으나 전기 충격 요법이나 인공호흡을 했을 때도 생길 수 있으며, 특별한 치명상은 발견되지 않았지만 목과 가슴 부위에 피멍이 많이 발견되었다"고 역시 경찰 발표와 다른 견해를 밝혔다.

궁지에 몰린 경찰은 1월 19일 고문치사 사건에 대한 2차 수사 결과를 발표했다. 부검 결과 사망 원인은 경부 압박에 의한 질식사였으며, 복부 팽만은 조사관의 인공호흡과 초진 의사의 호흡기 주입으로 공기가 위장에 들어가 생긴 일시적 현상이라는 것이었다. 폐 조직 검사 결과 수분이 검출되지 않았으며, 폐 기공 현상은 과거 폐결핵 병력에 의한 폐 손상 흔적이고, 왼손과 머리 부위의 타박상은 연행 과정에서 저항으로 생긴 부상이라는 등 여전히 정확한 사인을 은폐하며 거짓으로 일관했다.

검찰도 제대로 사인 규명을 하지 않았다. 오히려 경찰의 주장을 그대로 인정하는 듯이 발표했다. 여기에 경찰은 박종철 군의 시신을 부검한 후 매장하지 않고 서둘러 화장함으로써 증거를 인멸했다. 각 언론사에는 축소 보도하라는 보도 지침을 내렸다.

고문치사 사건의 진상의 일부가 언론에 공개되고, 정부가 계속해서 은폐 조작하려 했다는 사실이 드러나자 야당과 종교단체들이 들고일어났다. 신민당이 임시국회 소집과 국정조사권 발동을 요구하는 등 정부 여당에 대한 대대적인 공세에 나서고, 재야·종교단체들의 규탄 성명 발표, 진상규명 요구 농성에 이어 각계 인사 9천여 명으로 구성된 '박종철 군 국민추도회 준비위원회'가 발족되었다. 야당과 재야단체들은 추도회와 49재 등을 지내면서 고문정권 규탄 및 민주화 투쟁

남영동 대공분실 내에 위치한 박종철 기념실. 이 자리에서 고문으로 사망했다.(출처: 위키피디아, Jjw)

을 전개했다.

특히 5월 18일 천주교 정의구현사제단은 박 군 고문치사 사건의 진범이 따로 있다는 사실을 폭로해 국민들에게 다시 한 번 충격을 주었다. 이 폭로로 황정웅 경위, 반금곤 경장, 이정호 경장이 고문 공범으로 구속되었으며, 범인 축소 조작·은폐와 관련해 박처원 치안감과 대공수사2단 5과장 유정방, 5과 2계장 박원택 등이 추가 구속되었다. 위기에 몰린 전두환은 5월 26일 노신영 국무총리, 장세동 안기부장, 정호용 내무장관, 서동권 검찰총장 등 권력 내 핵심 인물에 대한 문책 인사를 단행했으나, 국민의 분노는 가라앉지 않았다.

박 군 고문치사 1주기에 터진 담당 부검의 황적준 박사와 처음으로 이 사건의 수사를 담당했던 안상수 검사(당시)의 증언으로 5공 정권의 부도덕성과 축소·은폐가 다시 한 번 백일하에 드러났다. 황 박사는 "당시 부검 결과 경부 압박 질식사로 판명되어 이를 보고했으나, 강민창 치안본부장이 부검 소견서를 변경토록 지시했으며, 외상부분도 빼도록 했다"라고 폭탄선언을 했으며, 안 변호사는 "박 군 사건의 중요성에 비추어 검찰이 직접 수사하려 했으나 관계기관 대책회의에서 초동수사를 경찰에 맡기기로 결정함으로써 사건을 조작할 수 있는 기회를 주었다"는 충격적인 증언을 했다. 이 사건은 5공 정권에 치명타를 가해 노태우의 '6 ·29선언'이라는 '항복 문서'를 이끌어내는 데 결정적인 역할을 했다.

82

이한열,
6월 민주항쟁의 불꽃

민주주의라는 나무는 피를 먹고 자란다고 한다. 어렵게 싹튼 민주주의가 독재자들의 사나운 칼날에 잘리고, 국민은 그때마다 피를 흘려 지키고자 했다. 4·19혁명이 그랬고, 반유신·반5공 투쟁이 그랬다.

전두환 정권의 폭압이 극심해지면서 민주주의를 지키려는 국민의 저항이 치열하게 전개되었다. 그 선두에는 언제나 학생들이 있었다. 연세대생 이한열(20세, 경영학과 2학년)은 민주주의를 지키고자 학생운동의 선두에 섰다가 경찰이 쏜 최루탄에 맞아 숨졌다. 그리고 민주주의의 수호신이 되었다.

그대 가는가 / 어딜 가는가 / 그대 등 뒤에 내리깔린 쇠사슬을 / 마저 손에 들고 어딜 가는가 / 이끌려 먼저 간 그대 뒤를 따라 / 사천만 형제가 함께 가야 하는가 / 아니다 / 억압의 사슬을 두 손으로 뿌리치고 / 짐승의 철퇴는 두 발로 차버리자 / 그대 끌려간 그 자리 위에 / 민중의 웃음을 드리우자 / 그대 왜 갔는가 / 어딜 갔는가 / 그대 손목 위에 드리워진 은빛 사슬을 / 마저 팔찌 끼고 어딜 갔는가.

1987년 6월 9일 교내 시위 도중 경찰이 쏜 최루탄에 맞고 쓰러진 연세대 이한열 군은 사고 전 자신의 운명을 예견이라도 한 듯 참담한 현실에 대한 자기성찰과 다짐을 담은 위의 습작시를 남겼다.

이한열 군은 6월 9일 오후 5시 5분경 교내 시위 도중 정문 부근에서 전경이 30미터 전방에서 쏜 직격 최루탄을 뒷머리에 맞고 그 자리에서 앞으로 고꾸라졌다. 최루탄을 피해 달아나던 학생들은 이 군이 나뒹구는 모습을 보고 발길을 돌려 3~4명이 부축해 병원으로 옮겼다.

중환자실에 입원한 이 군은 호흡 장애를 일으켰고, 혈압이 급속히 떨어지면서 기나긴 혼수상태가 시작되었다. 20살의 짧은 생애를 '행동하는 양심자'로 살기 위해 몸부림쳤던 이 군은 27일간의 의식불명 상태 끝에 7월 5일 새벽 2시 5분경 끝내 숨짐으로써 6월 민주항쟁에 꽃다운 젊음을 바친 희생자로 기록되었다.

이 군의 사망 직후 세브란스병원 측은 직접 사인은 심폐 기능 정지, 중간 선행사인은 폐렴, 최초 선행사인은 뇌손상이며, 뇌손상은 두개강 내 출혈, 뇌타박상, 두개강 내 이물질 함유 등이라고 밝혔다. 사망 당일 세브란스병원 부검실에서 서울의대 이정빈 교수(법의학), 국립과학수사연구소 황적준 박사 등의 집도로 부검이 실시되었다. 첫 번째 부검에서 뇌 속에 든 이물질이 적출되지 않자 집도의들은 이 군의 뇌실물질을 방사선과 X선실로 옮겨 X레이 촬영을 통해 뇌간에 박혀 있는 2~3밀리미터 크기의 금속성 파편 2개를 찾아냈다. 최루탄 뇌관 구리 물질이 이 군의 뇌 속에 박혀 사망한 것으로 드러났다. 경찰이 직격 최루탄을 쏘아 이 군을 죽인 것으로 입증된 것이다.

이 군의 사망 직후 경찰은 30개 중대 4,500여 명의 전경을 연세대 정문에서부터 동문, 후문 등 병원 출입구는 물론 신촌 로터리 일대까지 배치해 학생들의 접근을 막았다. 그러나 분노한 학생과 시민들은 경찰의 봉쇄를 뚫고 영안실 주변으로 몰려들었다. 학생들은 경찰이 이 군의 시신을 빼돌리는 것을 막기 위해 영안실 주변을 철저히 경계했다.

6월 항쟁이 불붙고 있는 상황이어서 이 군의 사망은 타는 불길에 휘발유를 끼얹은 격이었다. 연세대생 2천여 명은 이날 '고 이한열 열사 민주국민장추진결의대회'를 갖고 '민주국민장'을 치르기로 결정했다. 이에 따라 '애국학생 고 이한열 열사 민주국민장장례위원회'가 구성되었다. 함석헌, 문익환, 김영삼, 김대중, 강석주, 윤공희, 김은호, 안세희 등이 고문에 위촉되었다. 서대협, 부산지역 총학생협의회, 호남지역 학생연합건설준비위원회 등 전국 8개 학생단체는 공동성명을 발표, 6일부터 11일까지 6일간을 이한열 열사 추모 기간으로 선포한다고 발표했다.

이 군의 영결식은 7월 9일 아침 7시, 학생, 시민, 재야단체, 정치인 등 7만여 명이 참석한 가운데 연세대 본관 앞에서 장중하게 거행되었다. 영결식이 끝나갈 무렵 이 군의 어머니 배은심 씨가 단상으로 올라와 "여기 모인 우리 젊은이들이여! 불쌍한 우리 한열이가 못 다 이룬 민주화를 꼭 성취해주세요"라고 울먹이면서 "우리 한열이는

7월 9일 낮 고 이한열 군의 운구 행렬을 따라 서울시청 앞까지 추모행진을 벌인 수십만 명의 학생, 시민들이 시청 앞 광장에서 대중 집회를 가졌다.(출처: 서울특별시)

통사와 혈사로 읽는 한국 현대사

이 세상에 없다. 살인마 물러가라. 살인마 물러가라. 한열아, 한열아"
라며 오열, 영결식장은 눈물바다를 이루었다.

　영결식이 끝난 뒤 운구는 대형 태극기와 이 군의 대형 초상화, 각
계각층에서 마련한 250여 개의 만장을 앞세우고 장례위원, 학생, 시
민들의 추모 행렬이 뒤따르는 가운데 연세대를 떠나 신촌 로터리에서
노제를 지내고 시청 광장으로 향했다. 운구 행렬이 지나는 연도에는
수많은 시민들이 "독재 타도"를 외치면서 이 군의 죽음을 애도했다.
시청 광장에는 30여만 명의 인파가 몰려 '시민 묵념'을 올렸으며, 이
어 시민 다수가 광화문 쪽을 향해 행진에 나섰다. 시위대는 오후 3
시경 태평로를 점거, 밤늦게까지 경찰과 대치했다.

　한편 이 군의 운구는 오후 5시 모교인 광주 진흥고에 도착해 30
분간 노제를 지낸 뒤 저녁 늦게 망월동 5·18 국립묘지에 안장되었
다. 이날 노제와 추도식, 망월동에는 수십만 명의 인파가 모여 민주
화 투쟁에 앞장섰다가 꽃다운 나이에 숨진 젊은 영혼의 마지막 길을
지켜보았다. 민주헌법쟁취국민운동본부의 집계에 따르면, 이날 서울
1백만 명, 광주 50만 명, 부산 3만 명 등 전국에서 모두 160만 명이
추도식이나 행렬에 참가했다고 한다.

83

신군부 무릎 꿇린
6월 항쟁

1987년 6월 10일 오전 10시경, 서울에서는 전혀 성격이 다른 두 개의 집회가 동시에 열리고 있었다. 잠실체육관에서는 민정당 제4차 전당대회 및 대통령 후보 지명대회가 열려 전두환 대통령이 육사 동기인 노태우의 손을 높이 들어주었다. 같은 시각, 서울 태평로 대한성공회에서는 재야와 야권의 연합기구인 민주헌법쟁취국민운동본부의 '박종철 군 고문살인 조작·은폐 규탄 및 호헌철폐 국민대회'가 열렸다. 한쪽에서는 축하의 꽃다발이 오가고, 다른 쪽에서는 분노와 규탄의 피울음이 난무했다.

민주 세력은 박 군 고문치사와 선거인단에 의한 대통령 선거를 실시하겠다는 전두환의 이른바 '4·13호헌조치'에 반대해 민정당 전당대회가 열리는 시각에 맞춰 서울을 비롯, 전국 주요 도시에서 일제히 규탄집회에 들어갔다. 각 대학은 출정식을 갖고 "독재 타도", "직선제

통사와 혈사로 읽는 한국 현대사

개헌"을 외치며 도심으로 몰려들었다.

이날 오후 6시 정각, 국민대회가 열리는 대한성공회 종탑 스피커에서 애국가가 울려 퍼지고 성당의 종이 42번 울리는 것을 신호로 성당 구내에 있던 차량들이 경적을 울리고 도심을 지나던 차량들도 일제히 따라 경적을 울렸다. 이로써 6·10대회, 나아가 6월 민중항쟁이 공식적으로 막을 올렸다. 이날 서울을 비롯한 전국 22개 도시에서 동시에 시위가 벌어졌다.

대한성공회 주변은 아침부터 전경들에게 에워싸여 일반 시민들이 접근할 수조차 없었다. 따라서 출정식을 가진 학생들은 각 대학별로 오후 5시경 을지로 2가 로터리, 을지로 네거리를 점거하고 연좌농성을 벌였고, 이를 지켜보던 시민들이 박수를 치며 학생들을 격려했다. 경찰은 사과탄을 마구 쏘아 이들을 강제 해산했다. 학생들은 소규모로 신세계백화점, 남대문시장, 퇴계로 2가, 을지로 입구 등지에 나타나 시위를 벌였다.

시장 상인들도 경찰에 쫓기는 학생들을 숨겨주며 정부를 비난했다. 학생들과 야당 의원들은 여기저기서 노상 약식 규탄대회를 열고, "호헌 철폐", "독재 타도", "직선제 쟁취" 등을 외쳤다. 오후 6시가 지나자 학생들의 시위는 점차 격렬해지고 시민들의 합세도 점점 늘어났다. 서울역, 만리동 입구, 신세계백화점 앞, 서부역 등 곳곳에서 최루탄과 돌멩이가 맞섰다. 퇴계로 2가 파출소를 지키던 전경들이 시위대의 급습을 받고 무장 해제당한 채 감금되기도 했다.

가두시위를 벌이던 학생 1천여 명은 경찰에 쫓겨 명동성당 안으로 들어가 시위를 벌였다. 명동성당 점거 농성은 6월 항쟁의 '태풍의 눈'이 되었다. 15일 해산 때까지 5일 동안 농성이 계속되는 가운데 성당 밖에서는 연일 대학생들과 합세한 인근 사무직 노동자들의 지원 시위가 끊이지 않았다.

국민운동본부는 D데이를 6월 26일로 잡고 이날 평화대행진을 강행할 것을 결정했다. 정부의 비상조치설이 흘러나왔다. 실제로 정부는 부분 계엄령 또는 위수령을 내리기 위해 군부대를 도시 외곽으로 이동시켰다. 성남시 근방에 출동 부대가 집결한 것으로 알려졌다.

6월 26일, 드디어 민주헌법쟁취 국민평화대행진이 시작되었다. 서울에서는 학생, 재야인사, 야당, 시민 등이 국민운동본부의 행동 지침에 따라 탑골공원 일대, 신세계백화점, 시청 앞, 광화문 등 7개 집결지로 진출하려 했으나, 경찰의 3중 제지로 처음에는 산발적인 시위를 벌였다. 오후 7시가 넘자 시민들이 가세해 대규모 군중 시위가 시작되었다. 전국 33개 시와 4개 군에서 180여만 명이 시위에 참가한 것으로 집계되었다. 이날 시위는 밤늦게까지 격렬하게 전개되어 경찰서 2개소, 파출소 29개소, 민정당 지구당사 4개소 등이 파괴 또는 방화되었으며, 시민 3,467명이 연행되었다. 시위에 참가한 시민과 학생들의 구호는 '호헌 철폐'에서 '민주 쟁취', '독재 타도', '군부독재 지원하는 미국은 물러가라' 등으로 격화되었다. 6·26대행진은 철저히 평화주의를 원칙으로 했다. 최루탄에 쫓기면서도 시위대는 "질서!"를 외쳤다. 일부 방화와 파괴, 투석전 등 과격 양상을 띤 것은 경찰의 과잉 진압과 최루탄 난사 때문이었다.

제5공화국 이래 최대의 인파가 참가한 6·26대행진에 정부 여당도 사태의 심각성을 느꼈고, 막다른 골목에서 돌파구로 찾은 것이 6·29선언이었다. 마침내 6월 민중항쟁이 5공 군부독재의 항복을 받아낸 것이다.

민정당 전당대회에서 차기 대통령 후보에 지명된 노태우 민정당 대표는 6월 29일 기자회견을 갖고 '대통령 직선제 개헌, 김대중 사면 복권' 등을 골자로 하는 8개 항의 6·29선언을 발표했다. 전두환은 7월 1일 시국 수습에 관한 대통령 특별담화를 발표해 "여야가 국회에서 개헌안에 합의하면 이를 국민투표에 회부해 개헌할 수 있을 것"이라고 말하고 노 대표의 구상을 전폭적으로 수용하겠다고 밝혔다. 이로써 정부의 4·13호헌조치는 철회되고, 직선제 개헌론이 관철되었다. 제5공화국은 6월 항쟁으로 사실상 막을 내렸다. 노태우의 6·29선언은 후일 그 주체를 놓고 많은 논란이 있었는데, 결국 전두환의 각본에 노태우가 연출한 '깜짝쇼'였던 것으로 밝혀졌다.

6·29선언으로 여야 합의하에 국회에서 개헌안이 의결되고 1987년 10월 27일 국민투표에서 찬성 93.1퍼센트로 확정되어 29일 공포되었다. 제9차 개헌으로 제6공화국의 헌법이 된 이 개헌안의 주요 내용은 다음과 같다.

① 전문에서 대한민국임시정부의 법통과 4·19 민주 이념의 계승 및 조국의 민주 개혁의 사명 명시, ② 총강에서 국군의 정치적 중립, 자유민주적 기본 질서에 입각한 평화통일 정책 수립 추진 규정 신설, ③ 기본권에서 구속적부심 청구권 전면 보장, 범죄 피해자에 대한 국가구조제 신설, 형사 피의자의 권리 확대, 허가·검열 금지에 의한 표현의 자유 확대, ④ 국정감사권 부활, 국회 회기 제한 규정 삭제, ⑤ 대통령 직선제 및 5년 단임제, 대통령의 비상조치권, 국회해산권 폐지, ⑥ 대법관을 국회 동의를 얻어 대통령이 임명, ⑦ 헌법재판소를 신설해 위헌법률 심판, 탄핵 심판, 국가기관 간 권한쟁의 심판, 헌법소원을 관장하게 한 것 등이다.

84

야권 분열로
노태우 집권

진보는 분열로 망하고 보수는 부패로 망한다는 말이 있다. 제국주의나 독재자가 흔히 사용하는 방법 중에 '분열시켜 지배하는' 방식이 있다. 또 정치적 야심가들은 분열의 틈을 노려 야욕을 채운다.

신한민주당(신민당)은 '이민우 파동'을 거치면서 새로운 통일민주당(민주당)으로 변신해 양 김씨 중심의 정통 야당으로 부상했다. 그리고 1987년 6월 항쟁으로 대통령 직선제를 관철해 대권 경쟁에 나서게 되었다. 노태우의 6·29선언은 그동안 잠행해오던 두 김씨의 경쟁 관계를 다시 촉발하는 계기를 만들었다. 어느 때보다 당선 가능성이 높아 보였던 제13대 대통령 선거를 앞두고 두 김씨와 측근들 간에 미묘한 신경전이 벌어지기 시작했다. 상도동 측은 당내 기득권을 내세우면서 김영삼 총재를 대통령 후보로 추대하려는 움직임을 보였다.

동교동 측은 7월 8일 사면 복권된 김대중 고문의 불출마 선언은 전두환 대통령이 자발적으로 대통령 직선제를 수락했을 때 유효한 것인데, 이 제의를 4·13호헌조치로 거부했으니 무효화되었다는 논리를 펴면서 계파 조직인 민권회를 통해 불출마 선언 백지화를 밝혔다.

김 고문은 8월 8일 민주당에 입당했다. 1972년 10월 유신쿠데타로 당원 자격을 잃은 지 15년 만에 정당 당원이 된 것이다. 김 고문의 입당으로 민주당은 곧바로 후보 경쟁 회오리에 휩싸였다. 김영삼 총재는 당내 조직의 기득권을 배경으로 대통령 후보의 조기 공천을 주장한 반면, 뒤늦은 사면 복권으로 당내 기반이 취약한 김대중 고문은 여권의 집중적인 공격을 피하기 위해 선거 직전에 하는 것이 좋다는 입장이었다. 또 김 총재 측은 재야인사들을 영입해 범야 단일 후보를 선출하자고 맞서는 등 어느 쪽도 양보의 기미를 보이지 않은 채 팽팽하게 맞섰다.

양측의 치열한 대립 속에 김 총재 측이 10월 10일 민주당의 대통령 후보로 출마하겠다고 공식선언하고 나서자, 김 고문도 11일 사실상 대통령 후보 출마를 선언했다. 두 김씨가 적전분열(敵前分裂)을 감행하면서 민주당은 분당의 길로 내닫기 시작했다.

민주당에서 후보 단일화가 실패하면서 김대중 계열은 신당 창당을 서둘렀다. 10월 29일 민주당 내 동교동계 의원 24명과 무소속 1명, 각계 인사 등 51명으로 창당준비위를 구성하고 당명을 평화민주당(평민당)으로 정한 다음, 10월 30일 창당준비위원회, 11월 12일 창당대회라는 초고속의 창당 절차를 밟아 김대중을 당 총재 및 대통령 후보로 선출했다.

한편 6·29선언 이후 김종필의 정계 복귀 선언을 계기로 구공화당

제13대 대선 벽보.

시절의 각료, 의원을 중심으로 10월 30일 신민주공화당(공화당)이 출범했다. 공화당은 10월 5일 창당발기인대회를 거쳐 10월 30일 창당대회 겸 대통령 후보 지명대회를 열어 김종필을 총재 및 대통령 후보로 추대했다. 여당인 민정당과 야권의 민주당, 평민당, 공화당의 잇단 창당으로 대통령 선거 정국은 4파전으로 전개되었다.

1987년 12월 16일 실시되는 제13대 대통령 선거는 1971년 4·27 대통령 선거 이래 16년 7개월여 만의 직선제 대통령 선거였다. 1972년의 유신쿠데타, 1980년의 5·17쿠데타 등을 거치면서 국민은 대통령을 직접 선출하는 권리를 박탈당했다. 1985년 2월 12일의 제12대 총선 이후 야당과 재야 세력이 줄기차게 추진해온 대통령 직선제 개헌투쟁으로 제9차 개헌이 이루어지고, 새 헌법에 따라 12월 16일로 대통령 선거일이 결정되었다.

대통령 선거에는 민정당의 노태우, 민주당의 김영삼, 평민당의 김대중, 신공화당의 김종필, 사회당의 홍숙자, 무소속의 백기완, 한주의당의 신정일, 일민당의 김선적 후보 등 8명이 입후보했다. 선거운동 기간 중 홍숙자·백기완·김선적 후보가 사퇴하고, 5명의 후보가 대권 도전에 나섰다. 그러나 대체적인 여론은 노태우, 김영삼, 김대중, 김종필의 '1노 3김' 또는 김종필을 뺀 '1노 양김'의 대결로 압축되었다.

노태우는 6·29선언을 통해 조성된 새로운 이미지로 5공 세력과 범여권의 기득 세력을 중심으로 표갈이에 나섰고, '두 김씨'는 후보 단일화 실패에 따른 국민의 따가운 비판에도 불구하고 민주 세력이 자신에게 표를 몰아줄 것을 기대하며 선거운동을 전개했으며, 김종필은 옛 공화당 지지층과 5·16 이래 기득권층이 된 이들에게 의지하면서 힘겨운 추격전을 벌였다.

선거 결과, 총유권자 2,587만 3천여 명 중 2,306만 6천여 명이 투표해 89.2퍼센트의 투표율을 보였으며, 이 중 민정당 노태우 후보가 유효 투표의 36.6퍼센트인 828만 2,738표를 얻었고, 김영삼 후보는 28퍼센트인 633만 7천여 표, 김대중 후보는 27퍼센트인 611만 3천여 표, 김종필 후보는 8.1퍼센트인 182만 3천여 표를 얻어 노태우 후보가 제13대 대통령에 당선되었다. 두 김씨가 유효 투표의 55퍼센트를 얻고도 노태우가 얻은 36.6퍼센트에 눌려 정권을 넘겨주게 된 것이다. 야권 분열이 군정 연장의 기회를 마련해준 셈이었다.

선거운동 과정에서나 개표 과정에서 많은 부정과 관권 개입이 자행되었다. 특히 민정당 측이 의도적으로 조장한 지역감정의 격화와 금품 살포, 흑색선전 등이 선거전을 과열시키고 부정으로 얼룩지게 했다. 야당 후보들의 표를 깎는 흑색선전도 선거 막바지에 자행되었다. 12월 15일에는 "김대중 후보 민주 대연정에 참여할 듯"이라는 제목의,『통일민주당보』호외 형식으로 제작된 유인물이 호남 지방에 뿌려지기도 했다. 제13대 대통령 선거의 가장 대표적인 부정은 '구로구청 사건'으로 이름 붙여진 투표함 반출 사건이다.

민주 시민과 학생들이 피로 쟁취한 제13대 대통령 선거는 두 김씨의 적전분열로 그 어부지리를 5·17쿠데타의 2인자에게 헌납한 꼴이되었다. 그로 인해 두 김씨와 그를 둘러싼 정치 세력은 국민의 차가운 비판을 피할 수 없게 되었으며, 진정한 민주문민정부의 실현은 다시 늦추어질 수밖에 없었다.

85

5공 미청산과 역사의
역류, '3당 야합'

　　　　　　　　　　　　한국 현대사의 특장의 하나는 국가
지도자들은 무지몽매한데 국민(민중)은 현명하다는 점이다. 야권 분열
로 군부정권 종식은 실패했으나, 국민은 제13대 총선에서 야당에 다
수 의석을 몰아주었다. 1988년 4월 26일 실시된 총선에서 노태우 민
정당 125석, 김대중 평민당 70석, 김영삼 민주당 59석, 김종필 공화
당 35석으로 여소야대의 의회가 구성되었다. 언론에서는 세 야당 총
재의 성씨를 따라 '제2의 3김 시대' 또는 '3김'으로 통칭했다. 6월 항
쟁 이후 노태우 정부 초기는 3김에 의해 정국이 주도되었다.

　3당 총재는 1989년 4월 26일 3야 총재 회담을 갖고 합의문을 채
택했다. 합의문과 함께 당면 과제를 다음과 같이 발표했다.

5공 청산과 민주화

- 광주민주화운동의 진상규명과 처리를 포함한 5공 청산과 민주화 없이는 현 시국의 어려운 고비를 넘길 수 없으며 정국을 안정시킬 수 없다.

- 5공 청산은 최·전 전직 대통령의 국회 증언을 통한 진상규명과 이에 따른 책임 소재가 밝혀지고 5공 비리와 광주민주화운동의 핵심 책임자들에 대한 처리가 이루어질 때 마무리되기 때문에 정부 여당의 이에 대한 결단을 촉구한다.

- 또한 광주민주화운동과 관련해 정부는 국민에게 사과하고, 이에 대한 응분의 책임을 져야 하며, 광주 시민의 명예 회복과 피해 보상에 필요한 입법예산 조치가 행해지고 민주화 영령을 위한 기념사업도 마무리되어야 한다.

3김 총재는 이외에도 '노사 및 학원 문제', '남북통일 문제와 북방정책', '좌익 세력과 민주인사 문제', '경제 문제', '악법 개폐와 거부권 행사 문제' 등에 대해서도 합의를 보고 공동 투쟁을 다짐했다.

이에 따라 노 대통령은 1988년 3월 31일 새마을운동중앙본부 비리와 관련, 전두환의 친동생 전경환을 구속한 것을 시발로 전두환 일가 비리 조사에 착수했고, 12월 13일 검찰에 5공 비리 특별수사본부를 설치해 차규헌 전 교통장관, 김종호 전 건설장관, 이민하 전 동양고속 회장을 구속하고, 이어 전두환 처삼촌 이규승, 손재석 전 문교장관, 이학봉 민정당 의원, 정주영 현대 명예회장, 김인배 일해재단 사무처장, 장세동 전 안기부장 등을 구속 또는 조사해 사법 조처했다. 검찰은 5공 비리 사건에 대한 수사를 통해 47명을 구속했고, 29

명을 불구속 입건했다고 발표했다.

그러나 야당은 검찰의 축소 수사를 비판하며 5공 핵심 6인, 즉 정호용(광주항쟁 당시 특전사령관), 이원조(5공 시절 은행감독원장) 의원 및 이희성 주공 이사장(광주항쟁 당시 계엄사령관)의 공직 사퇴와 장세동, 허문도(언론 탄압), 안무혁(양대 선거 당시 안기부장으로 선거부정 관련) 3인의 사법 처리를 강력히 요구했다.

5공 청산 작업은 11월 3일 5공 특위의 가동 및 청문회 활동 등으로 이어졌다. 언론사상 최초의 생중계로 진행된 '5공 비리'·'광주 문제'·'언론 문제' 청문회는 상상을 초월하는 비리와 음모를 부분적으로나마 폭로, 국회 기능을 활성화하는 동시에 밀실정치를 공개정치로 유도하고 대중의 정치 참여를 높였다는 점에서 의미가 있었으나, 증인들의 위증과 후속 조치 미흡 등 많은 문제점을 남겼다.

1988년 다섯 차례에 걸쳐 진행된 '일해재단 청문회'는 장세동과 정주영 등을 증인으로 소환해 기금 모금의 강제성, 정경유착의 실태, 청와대 경호실과 보안사 등 권력 촉수의 전횡 등을 폭로했다. 11월 18일부터 광주 학살 피해자를 비롯, 김대중, 이희성, 정호용 등 65명의 증인을 출석시켜 6차례에 걸쳐 진행된 '광주민주화운동 청문회'는 5·17비상계엄 확대 조치의 불법성, 공수부대 지휘 책임, 발포 책임자, 정확한 사망자 수 등은 끝내 밝히지 못했다. '언론 청문회'는 11월 21일부터 허문도, 이상재, 허삼수 등을 소환, 언론인 숙정, 언론 통폐합 등이 신군부의 언론 장악 음모에서 비롯된 것임을 밝혀냈다.

청문회를 통해 각종 비리가 폭로되는 한편, 전두환 친형 전기환, 처남 이창석 등 친인척이 잇따라 구속됨으로써 여론이 극도로 악화되자 전두환은 11월 23일 대국민 사과문을 발표, 정치자금 139억

원과 연희동 사저 등을 국가에 헌납하겠다고 밝히고 강원도 백담사로 쫓겨 가듯이 은둔했다.

그러나 노 정권은 야당이 주장한 5공 핵심 6인의 사법 처리를 비롯해 청문회에서 드러난 각종 비리의 처리에 대한 비협조적 태도, 문익환, 황석영, 서경원 등의 방북 사건, 울산 사태 등 잇단 사건으로 공안정국을 조성해 5공 청산 작업을 크게 위축시켰다. 특히 5공 핵심 6인 처리 문제에 관해 김영삼, 김종필이 3야 합의선에서 후퇴, 민정당 쪽에 기욺으로써 야 3당 공조를 흔들고 5공 청산의 걸림돌로 작용했다.

야권 공조 체제가 무너지면서 5공 청산 작업은 지지부진해졌고, 1989년 12월 15일 청와대 영수회담 끝에 ① 전두환의 1회 국회 증언 및 녹화 중계, ② 정호용, 이희성의 공직 사퇴, 이원조 고발, ③ 광주 시민의 명예 회복 및 보상을 위한 입법 추진 등 11개 항의 타협안에 여야가 합의했다. 그러나 우여곡절 끝에 이루어진 12월 31일의 전두환 국회 증언은 광주의 발포를 '자위권 발동'이라고 강변하는 등 변명으로 일관, 야당 의원들의 야유와 폭언 속에 파행적으로 끝났다. 이로써 국민의 여망을 담은 5공 청산 작업은 큰 성과 없이 흐지부지되고 말았다. 1990년 1월 22일 민정당 총재인 노태우 대통령과 민주당 김영삼 총재, 공화당 김종필 총재는 청와대에서 회동을 갖고, 3당 통합에 의한 신당 창당 및 각 당 5인씩 15명으로 창당준비위원회를 구성키로 한다는 합의문을 발표했다.

이날 노태우는 청와대에서 양옆에 김영삼과 김종필을 세워 놓고 3당 통합 사실을 발표해 그야말로 정계의 지각변동을 일으켰다. 이들 3인은 회담을 끝낸 뒤 청와대 접견실에서 '새로운 역사 창조를 위한

민정·민주·공화당은 3당 야합으로 민주자유당을 창당한다. 사진은 창당을 발표하는 모습.

공동선언'을 발표하고, 통합신당은 온건중도의 민족 민주 세력의 통합을 통한 새로운 국민정당이 될 것이라고 선언했다.

1988년 4·26총선에서 여소야대 국회로 출범한 지 2년여 만에 국민의 뜻과는 상관없이 여대야소로 탈바꿈시킨 3당 야합은 1990년대 정국의 변수로 등장했다. 3당 통합을 선언한 민정·민주·공화당은 합당을 위한 전당대회를 개최하기 위해 발 빠른 움직임을 보였다.

신당 창당을 위한 3당의 15인통합추진위원회는 1월 24일 첫 회의에서 '민자당통합추진위원회'를 구성하고 통합에 박차를 가해 2월 9일 민주자유당(민자당) 합당대회를 열었다.

민자당은 지도 체제를 총재 노태우, 대표최고위원 김영삼, 최고위원 김종필로 선정하고, 강령으로 ① 성숙한 민주정치 구현, ② 지속적인 경제 성장, 복지경제 실현, ③ 공동체사회 구축, ④ 교육의 자율성과 기회 균등의 보장, ⑤ 평화적 민족통일과 자주적 외교 노력 등

5개 항을 채택했다. 민자당은 의석 221석을 확보, 개헌선인 원내 3분의 2 의석 이상이 되었다. 3당 야합에는 민주당 소속의 이기택·노무현·김정길·김광일 의원 등이 불참을 선언했다.

전격적인 3당 야합과 거대 여당의 등장에 제1야당 평민당은 거센 반발을 보였다. 평민당은 1월 23일 의원총회 및 당무지도합동회의 연석회의에서 노 대통령의 위약(違約)과 두 야당 총재의 정치적 변신을 신랄히 규탄했다. 3당 통합은 총선 민의를 저버린 정치적 야합 행위이기 때문에 국회의원 전원이 사퇴하고 총선에서 다시 국민의 의사를 물어야 한다는 주장도 나왔다. 평민당은 내각제 개헌을 반대하기 위한 1천만 명 서명운동을 벌일 것을 결의하는 등 강경한 대여 투쟁에 나섰다.

단시일 내에 거대 여당으로 돌변한 민자당은 '한 지붕 세 가족'이라는 세평대로 사사건건 계파별로 집안싸움을 벌였고, 특히 내각제 합의각서 유출 사건을 계기로 심각한 대립을 보였다. 그리고 국회에서는 다수의 힘으로 변칙과 날치기를 저질러 여야의 물리적인 대치 상태를 가져왔다. 3당 야합은 부산, 경남의 전통적인 야당 세력의 보수화 현상을 가져와 한국 민주화에 크게 역행했다는 비판이 따른다.

86

김영삼의 정치 개혁과
IMF 국난 초래

1992년 12월 18일 실시된 제14대 대통령 선거는 민자당의 김영삼 후보, 민주당의 김대중 후보, 국민당의 정주영 후보 외에 박찬종(신정당)·이병호(대한정의당)·김옥선(무소속)·백기완(무소속) 후보가 입후보해 각축을 벌였다.

선거전이 시작되면서 김영삼, 김대중, 정주영의 3파전으로 압축되었다. 그러나 유권자의 반응이나 각종 여론조사에서는 김영삼, 김대중의 양김 대결 양상으로 나타나 '2강 1약' 구도를 보였다.

김영삼 후보는 '신한국 창조'를 집권 공약으로 제시하면서 바람직한 21세기의 한국을 건설하겠다고 다짐했고, 김대중 후보는 '대화합의 정치'를 비전으로 내세우면서 지역 간, 빈부 간, 도농 간, 대기업과 중소기업 간의 위화감과 적대감을 해소하는 데 국정 운영의 중점을 두겠다고 공약했다. 정주영 후보는 '민부(民富)의 시대'를 약속하면서 경제 대국과 통일 한국을 실현하겠다고 다짐했다.

선거전은 노태우 대통령이 민자당 총재직을 떠나 중립내각을 구성해 역대 어느 선거와는 다른 정치 상황 속에서 진행되었다. 그러나 대선 기간 중립내각의 공정성 문제가 최대 쟁점으로 부각될 만큼 '중립성 시비'가 제기되었다. 중립내각은 관권의 선거 개입 시비와 민자당과 국민당의 금권 시비도 제대로 단속하지 못하는 한계를 보였다. 또한 국민의 희망에도 불구하고 후보자의 TV 토론이 실현되지 못하고, 민자당 측의 김대중 후보에 대한 용공음해와 '이선실 간첩단 사건' 등 공안 사건이 선거에 이용되었으며, 일명 '초원복집 사건'으로 불리는 '부산 기관장 대책회의'가 대선의 막판 변수로 작용했다. 부산 지역의 기관장들이 김영삼 후보를 지원하기 위해 모여 지역감정을 부추기자고 모의한 것이 도청에 의해 드러나 문제가 된 이 사건은 오히려 지역감정을 부채질해 몰표 현상을 일으키는 요인이 되었다. 또 재벌 기업의 정치 개입이 선거 결과와는 상관없이 심각한 사회 문제가 되었다.

선거 결과, 민자당 김영삼 후보가 997만 표(42퍼센트), 민주당 김대중 후보가 804만 표(33.8퍼센트), 국민당 정주영 후보가 388만 표(16.3퍼센트)를 각각 얻고, 신정당 박찬종 후보는 151만 표(6.4퍼센트)를 득표했다. 제14대 대통령 선거의 결과 중 특기할 것은 32년 만의 문민정부 탄생과, 정주영 국민당 후보의 참패로 드러난 재벌의 정치 참여에 대한 국민의 부정적 시각이다.

1993년 2월 25일 김영삼은 제14대 대통령에 취임해 32년 만의 문민정부 수립을 내외에 선포했다. 1961년 5·16군사쿠데타 이후 박정희, 전두환, 노태우의 3대에 이르는 군사정권 시대에 종지부를 찍고

문민정부·문민시대를 연 것이다.

김 대통령은 취임사를 통해 "마침내 국민에 의한 국민의 정부를 이 땅에 세웠다"며 "오늘부터 정부가 달라지고 정치가 달라질 것이며, 변화와 개혁을 통해 살아 있는 안정이 이 땅에 자리 잡을 것"이라고 밝혔다. 김 대통령은 '부정부패 척결, 경제 회복, 국가 기강 확립'을 3대 당면 과제로 제시하면서 '신한국 창조'를 국정 지표로 제시했다.

김 대통령은 취임 첫날 청와대 앞길을 개방하는 것을 시작으로 과감한 개혁 정책을 펴나갔다. 개혁 작업의 첫 단계로 공직자윤리법을 개정해 공직자의 재산 공개를 법으로 제도화했고, 사정 활동을 통해 비리 구조에 깊숙이 개입했던 고위 공무원들의 숙정 작업을 폈다. 둘째 단계는 군의 문민화 작업으로서, 육사 출신 장교들의 사조직인 하나회 회원인 김진영 참모총장(17기)과 서완수 기무사령관(19기)을 전격 경질한 데 이어 수방사령관과 특전사령관을 전격 교체하는 등 군의 숙정에 나서 군부 전체에 지각변동을 가져왔다. 셋째 단계로 금융실명제를 전면적으로 실시해 금융 질서를 바로잡고자 했다.

김영삼 대통령은 1993년 2월 27일 새 정부의 첫 국무회의에서 자신과 부인 손명순 명의의 재산 17억 7,822만 원을 공개해 공직자 재산 공개의 첫 테이프를 끊었다. 공직자들의 재산 공개는 많은 국민의 관심을 불러 모으면서 큰 정치적·사회적 파문을 일으켰다. 박양실 보사부장관과 허재영 건설부장관, 김상철 서울시장이 부도덕한 축재 시비에 휘말려 임명된 지 얼마 되지 않아 사표를 내고 물러났다.

우리나라 최초의 공직자 재산 공개 조치로 사회 지도층의 재산이 속속 공개되면서 막대한 부의 축재 과정에 대한 의문들이 꼬리를 물었고, 투기 등 부도덕한 재산 축적 과정에 대한 언론기관의 폭로가 이어졌다. 민자당은 '재산공개 진상파악 특별위원회'를 구성해 물의를 빚은 의원에 대한 숙정 작업을 시작했는데, 그 결과 김재순 전 국회의장, 유학성·김문기 의원이 의원직을 사퇴했고, 정동호 의원은 제명 조치를 당했으며, 이원조·금진호·조진형·김영진·남평우 의원 등은 공개 경고를 당했다. 김재순 전 국회의장은 자신의 처지를 비유한 '토사구팽(兎死狗烹)'이란 말을 남겨 세간의 화제가 되기도 했다.

정부도 재산 공개로 물의를 빚은 정성진 대검 중앙수사부장, 최신석 대검 강력부장, 조규일 농림수산부 차관, 강신태 철도청장, 강두현 경찰위원회 상임위원 등 차관급 5명을 해임하고 10명에 대해 경고했다. 또 청와대의 박노영 치안비서관과 정옥순 여성담당비서관이 투기 의혹을 받고 사퇴한 데 이어 김덕주 대법원장이 판사들의 부동산 과다 보유에 도덕적 책임을 지고 사퇴했다. 민자당은 1·2차 재산 신고액의 차이가 많고 비리 의혹이 짙은 이학원·박규식 의원을 제명하고, 김동권 의원은 당원권 6개월 정지, 정호용·김영광·남평우·윤태균·이현수 의원은 비공개 경고했다.

김영삼 대통령은 아들의 월권과 비리로 지도력에 큰 타격을 입은 데다 경제 정책의 실패로 IMF 외환위기를 당했고, 국민은 미증유의 경제적 위기를 겪게 되었다. 수많은 기업이 도산하고, 실업자들이 쏟아져 나왔다. '제2의 국난'이었다.

87

김대중, 헌정 50년 만의 수평적 정권 교체

1997년 12월 18일은 한국 헌정사와 민주주의 역사에 한 획을 그은 날이다. 이날 반세기 만에 여야 정권 교체가 이루어졌다. 반세기란 대한민국 정부 수립 이래 정치사를 두고 하는 말이고, 정확히는 한국 역사상 평화적 정권 교체는 최초의 일이다. 그동안 창업과 쿠데타, 혁명, 정변, 반란 등 여러 형태의 정권 교체가 있었지만, 피지배 계층이 평화적 방법으로 집권한 것은 이번이 처음이었다.

1960년 장면 정권을 최초의 정권 교체라고 부를 수도 있겠지만, 이 경우는 4월 혁명을 통해 얻어진 '혁명 과정의 선거'로 취득한 정권이고, 1992년 김영삼 문민정부는 3당 야합으로 얻어진 정권으로, 군사정권의 사생아로 출생한 것이지 여야 정권 교체는 아니었다. 이렇게 볼 때 1997년 12월에 실시된 제15대 대통령 선거는 역사적으로

나 정치사적으로 최초의 여야 평화적·수평적 정권 교체라고 평가할 수 있다.

제15대 대선은 여당인 한나라당에서 이회창, 제1야당인 새정치국민회의에서 김대중, 제2야당인 국민신당에서 이인제 후보가 입후보해 각축을 벌였다. 당초 이회창 후보가 집권 여당의 세를 업고 각종 여론조사에서 50퍼센트 이상의 승세를 잡았으나, 두 아들의 병역 문제 등이 불거지면서 급속히 인기가 추락하고, 네 번째 대선에 도전한 김대중 후보의 인기가 꾸준히 상승해 중후반 이후에는 각종 여론조사에서 1위를 기록했다. 이인제 후보는 젊은 이미지에 한때 폭발적 인기를 누렸지만, 경선 불복으로 유권자들의 반감이 커지고, 한나라당 부산, 경남 민주계 의원들의 한나라당 잔류로 대세를 휘어잡는 데 실패함으로써 여론조사에서 3위를 면치 못했다.

제15대 대선도 과거 선거처럼 집권 세력에 의한 각종 용공음해와 불법·탈법 선거운동이 자행되었다. 특히 김대중 후보에 대한 극심한 매카시즘 공세가 전개되어 선거전을 정책 대결이 아닌 색깔론으로 몰아갔다. 보수 족벌신문은 기사와 논평을 통해 노골적으로 특정 후보를 지지하거나 배척하면서 정치 문제로까지 비화시키는 등 부끄러운 모습을 보였다.

제15대 대선의 특징은 대규모 청중을 동원하는 유세 대신 TV 토론회가 열려 유권자들이 후보를 직접 검증할 수 있는 기회를 갖게 된 것이라 할 수 있다. 김대중 후보가 승리하게 된 결정적인 계기는 김종필·박태준과의 연합과 TV 정책 토론이었다. 역대 대선에서 집권 세력과 보수 언론 매체로부터 용공음해에 시달렸던 김 후보가 여러 차례에 걸친 TV 토론을 통해 자신의 정책과 진면모를 직접 국민에게 보여준 것이 승리의 요인이 되었다.

제15대 대선 역시 지역주의가 극성을 부렸다. 영남 지역에서는 유력한 영남권 후보가 없었는데도 반 김대중 정서가 이회창 후보의 몰표 현상으로 나타났고, 호남 지역에서는 김대중 후보에게 같은 현상이 나타났다. 충청권에서는 DJ 연합으로 김대중 후보의 표가 크게 상승했다.

인구의 40퍼센트 이상이 몰려 있는 수도권의 향배가 대세를 판가름할 것으로 예측된 대로 김 후보는 서울, 인천, 경기도에서 4퍼센트 안팎의 격차로 이 후보를 눌렀다. 전국적으로 볼 때, 김 후보는 전국 16개 시·도 중 10개 시·도에서 1위를 차지하고, 이 후보는 강원도와 영남권 등 6개 시·도에서 수위를 지켰으나, 당초 기대만큼 표를 얻지 못했다. 이인제 후보도 부산, 경남, 경기도, 충청권에서 20~30퍼센트의 지지를 얻었으나, 수도권에서 10퍼센트의 지지를 얻는 데 그쳐 3위로 밀려났다. 대선 후보들은 '정권 교체'(김대중), '안정'(이회창), '세대 교체'(이인제) 등의 구호를 내걸었는데, 외환위기와 IMF 관리 체제의 한파로 얼어붙은 월급 생활자 및 중간 계층의 '정권 교체를 통한 개혁과 위기 극복' 심리가 크게 작용한 것으로 분석되었다.

39만 표 차이로 승리한 김대중은 당선이 확정된 후 첫 소감에서 "50년 헌정사상 처음으로 선거에 의한 정권 교체를 이룬 저력으로 국민 모두의 힘을 모아 경제 위기를 극복해 나가는 데 온 힘을 다하겠다"고 밝히고, '민주주의와 시장경제'를 새 정부의 청사진으로 제시했다.

김대중은 '당선자' 자격으로 IMF 국난 극복에 발 벗고 나섰다. 2월 25일 서울 여의도 국회의사당 광장에서 열린 대통령 취임식에는

1999년 뉴질랜드에서 열린 APEC 정상회의에서 빌 클린턴 미국 대통령과 악수를
나누고 있는 김대중 대통령.

김영삼, 노태우, 전두환, 최규하 등 전직 대통령과 시민, 민주인사 5천
여 명이 참석했다. 김대중 대통령은 취임사에서도 민주주의와 시장경
제 원리에 의한 국정 개혁과 IMF 체제의 조속한 극복을 다짐했다.

한국의 평화적·수평적 정권 교체에 대해 중국의 『차이나 데일리
(China Daily)』(1997. 12. 20.)는 "이번 선거는 정부 수립 이래 첫 번째 정
권 교체를 이루게 했으며, 정권 교체를 통해 한국의 새로운 시대가
시작되었다"고 평가했고, 프랑스의 『르 몽드(Le Monde)』(1997. 12. 19.)는
"한국 유권자들이 김대중 씨를 새 대통령으로 선출, 정권 교체를 이
룩함으로써 진정한 정치적 성숙을 보여주었고, 특히 경제적으로 어려
운 상황에서 이 같은 정권 교체를 선택한 것은 사태 해결과 국가 장
래 측면에서 좋은 본보기가 되었다"고 평가했다. 또 미국의 『LA 타임

스(Los Angeles Times)』(1997. 12. 23.)는 "김대중 씨는 아시아의 넬슨 만델라라는 극찬을 듣고 있으며, 경제가 어려운 시점에서 모든 사람들은 이 용감한 개혁가야말로 바로 역사가 원하는 대통령이라는 기대감을 갖고 있다"라고 논평했다.

김대중 정권의 출범이 국내적으로는 해방 후 최초로 합법성과 도덕성, 즉 정통성을 갖춘 '국민의 정부'의 의미를 부여받는다면, 국제적으로는 동북아 최초로 민주적 절차에 의해 여야 정권 교체가 이루어지고, 그것도 민주화 운동의 상징적 인물이 당선됨으로써 한국이 긴 세월 동안 받아온 군사독재와 인권 탄압의 검은 이미지를 바꾸게 하는 계기가 되었다. 하지만 김 대통령 정부에게는 IMF 외환위기의 조속한 극복과 지역 화합, 남북문제 해결이라는 어려운 과제가 주어졌다.

88

분단 반세기 만의
첫 남북정상회담

대한민국 헌법 전문은 "……조국의 민주개혁과 평화적 통일의 사명에 입각하여 정의, 인도와 동포애로써 민족의 단결을 공고히 하고……"라고 하여 '평화적 통일의 사명'을 명시하고 있다. 또 헌법 제66조 제3항은 "대통령은 조국의 평화적 통일을 위한 성실한 의무를 진다"고 명문화했다. 통일 문제는 대통령의 이념 성향에 따라 추진해도 되고 안 해도 되는 선택의 과제가 아닌 필수적 의무에 속한다. 이것이 헌법정신이고 헌법 조항이다.

군사독재 정권이나 사이비 문민정부의 대통령들이 대북 강경 노선을 취하면서 평화통일운동을 탄압한 것은 위헌이고, 대통령이 평화통일을 추진하지 않는 것은 직무 유기로 탄핵감이다. 국민은 이 부분을 잊고 있었다. 헌법학자나 언론인, 지식인들의 책임이 크다. 반세기 동안 반통일 세력이 권력을 독점해온 까닭이다. 그러면서도 헌법 전문과 대통령 조항에서 이것을 명문화해 놓고 있는 것은 아니러니다.

김대중은 이를 깨고자 했다. 그는 중견 정치인 시절부터 통일 문제에 남다른 관심을 가져왔고, 1971년 대통령 후보 때는 남북 유엔 동시 가입, 4대국 보장론, 비정치 분야 교류 협력 등을 줄기차게 제시하면서 민족통일운동에 선구적인 역할을 해왔다. 정계 은퇴 뒤에 설립한 아태평화재단은 통일 연구를 위한 집념의 산물이었다. 그는 분단 상태에서는 온전한 민주주의도, 서민 대중의 복지도 어렵다고 보았다. 남북 양쪽에서 야심가들이 분단을 배경으로 독재를 하게 된다고 내다보았다.

2000년 4월 10일 오전 10시, 6월 13일부터 15일까지 평양에서 남북정상회담을 개최한다는 뉴스가 서울과 평양에서 동시에 발표되었다. 1972년 7월 4일 오전 10시 남북한 당국이 서울과 평양에서 동시에 발표한 공동성명 이래 28년 만의 일이었다. 그때는 남북 정상의 대리인이 마련한 공동성명이었지만, 이번에는 남북정상회담을 알리는 초특급 뉴스였다.

2000년 6월 13일 10시 반경, 김대중 대통령을 태운 공군 1호기는 서울공항을 떠난 지 1시간여 만에 평양 순안공항에 도착했다. 공항 활주로 위에는 환영행사를 위해 선홍색 카펫이 깔렸다. 활주로 중앙에는 북한군 의장대가 도열하고, 김정일 위원장이 기다리고 있었다. 환영 나온 한복 차림의 여자들이 꽃술을 흔들면서 열렬히 환호했다.

김정일 위원장이 공항 환영식장에 직접 나온 것은 사전에 양측이 '조율'하지 않은 '돌발사건'이었다. 김정일은 김대중의 방북을 그만큼 비중 있게 받아들인 것이다. 두 사람은 나란히 북한군 의장대의 사열을 받았다. 이날 공항에는 북조선의 최고 수뇌부가 거의 대부분 나왔다.

김대중은 준비해 간 평양 도착 성명을 천천히 읽었다. "저는 대한민국 대통령으로서 남녘 동포의 뜻에 따라 민족의 평화 협력과 통일에 앞장서고자 평양에 왔습니다. …… 남녘 동포가 이번 회담에 거는 기대만큼이나 북녘 동포 여러분의 기대 또한 크리라고 생각합니다. 이제 시작입니다. 꿈만 같던 남북 정상 간의 만남이 이루어진 만큼 지금부터 차근차근 해결해갈 것입니다."

환영행사가 끝나고 김대중은 김정일과 의전용 링컨 컨티넨탈 승용차에 올라 평양 시민들의 열렬한 환영을 받으며 숙소인 백화원 초대소로 향했다. 김정일은 승용차의 상석을 양보하는 등 깍듯이 예우했다. 연도에는 60만 평양 시민이 꽃술을 흔들며 도열해 있었다. 김대중과 김정일은 57분 동안 차 안에서 환영 인파에 손을 흔들어 답례하면서 숙소에 이르렀다.

실질적인 남북정상회담은 이날 오후 3시에 숙소인 백화원 영빈관에서 열렸다. 남측에서는 임동원 대통령 특별보좌관, 황원탁 외교안보수석비서관, 이기호 경제수석비서관이, 북측에서는 김용순 아태위원장만 배석했다.

3시간 50분에 걸친 마라톤회담 끝에 '남북공동선언'이 합의되었다. 회담 기록문을 보면, 통일 방안과 관련해 두 정상 간에 치열한 공방이 전개되었음을 알 수 있다. 한반도의 전쟁 방지와 평화 체제 수립, 서해 교전 문제를 둘러싸고 논란이 있었다. 남북정상회담에서 채택한 '남북공동선언'은 다음과 같다.

남북공동선언(전문)

조국의 평화적 통일을 염원하는 온 겨레의 숭고한 뜻에 따라 대한
민국 김대중 대통령과 조선민주주의인민공화국 김정일 국방위원장은
2000년 6월 13일부터 6월 15일까지 평양에서 역사적인 상봉을 했으
며 정상회담을 가졌다.

남북 정상들은 분단 역사상 처음으로 열린 이번 상봉과 회담이 서로
이해를 증진시키고 남북 관계를 발전시키며 평화통일을 실현하는 데
중대한 의의를 가진다고 평가하고 다음과 같이 선언한다.

① 남과 북은 나라의 통일 문제를 그 주인인 우리 민족끼리 서로 힘
을 합쳐 자주적으로 해결해 나가기로 했다.

② 남과 북은 나라의 통일을 위한 남측의 연합제 안과 북측의 낮은
단계의 연방제 안이 서로 공통성이 있다고 인정하고 앞으로 이 방향
에서 통일을 지향시켜 나가기로 했다.

③ 남과 북은 올해 8·15에 즈음하여 흩어진 가족, 친척 방문단을
교환하며 비전향 장기수 문제를 해결하는 등 인도적 문제를 조속히
풀어 나가기로 했다.

④ 남과 북은 경제 협력을 통해 민족 경제를 균형적으로 발전시키고
사회, 문화, 체육, 보건, 환경 등 제반 분야의 협력과 교류를 활성화하
여 서로의 신뢰를 다져 나가기로 했다.

⑤ 남과 북은 이상과 같은 합의 사항을 조속히 실천에 옮기기 위하여
빠른 시일 안에 당국 사이의 대화를 개최하기로 했다.

김대중 대통령은 김정일 국방위원장이 서울을 방문하도록 정중히

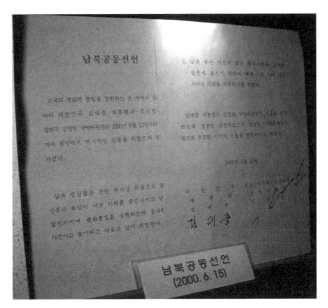

경기도 파주 통일전망대에 전시된 6·15남북공동선언 원문.

초청했으며, 김정일 국방위원장은 앞으로 적절한 시기에 서울을 방문하기로 했다.

남북정상회담을 마친 김대중 대통령은 15일 성남 서울공항에서 가진 도착 보고를 통해 공동선언문의 내용과 김정일 국방위원장의 답방 문제에 대해 '강의'하듯이 상세히 설명했다. 다음은 정상회담 성과에 대한 김 대통령의 '해설'이다.

•자주적 해결 원칙, 연합제 안, 그리고 '낮은 단계의' 연방제 안

자주적 해결 원칙은 7·4남북공동성명에도 있었던 내용이다. 그러나 이후 아무것도 이루어지지 않았다는 점을 지적했다. 이제 원칙만 얘기해서는 안 되고 구체적인 것을 보여주는 회담이 되어야 한다고 북

통사와 혈사로 읽는 한국 현대사

측을 설득했다. 연방제를 주장해오던 북한은 최근 중앙정부가 지방정부에 외교권과 군사권을 내놓는 '낮은 단계의' 연방제로 선회했다. 이는 우리의 통일 방안인 남북연합안과 상통하는 점이 많다. 그래서 앞으로 양측 대표가 이 문제를 놓고 토론해보자고 설득해 합의했다. 이는 통일운동 사상 획기적인 계기였다.

• 이산가족 방문단 교환 및 비전향 장기수 문제

공항에 나오면서 김정일 위원장에게 "8·15 전까지 여러분이 말한 대로 한번 통 크게 하시오. 다른 문제는 내가 국민하고 상의해서 하겠소"라고 제안했다. 그래서 6월부터 적십자회담을 바로 가동하겠다고 하니까 김 위원장도 좋다고 하여 합의했다.

• 경제 협력

북한 경제가 어려운 것은 사실이다. 우리가 북한에 들어가서 철도를 깔고 전력·도로·항만·통신 문제를 해결해주고 북한에 공단을 만들어 우리 기업이 진출하면 대한민국의 경제는 남한 내부만이 아니라 한반도 전체의 경제로 확대될 것이다. 경의선만 이으면 물류비용이 30퍼센트 절감된다. 북한 노동력은 대단히 우수하고 임금도 저렴하다. 이러한 교류 협력을 경제뿐만 아니라 모든 분야에서 전면적으로 하기로 확실히 합의했다. 실천을 위해 남북 당국자들이 구체적으로 일을 만들어 나갈 것이다.

• 김정일 위원장의 서울 방문

합의를 보는 데 힘들었다. 그러나 결국 김 위원장은 우리와 합의된 시일 안에 (적절한 시기를 택해) 서울을 방문하겠다고 결심했다. 김 위원장에게 "당신이 서울에 와야 세계 사람들이 남북 관계가 지속적으로 발전할 것을 믿을 것이다. 나만 가고 당신이 오지 않으면 일회성이라며 믿지 않을 것이다. 동방예의지국의 예의를 잘 지키는 사람이라면 나이가 10여 세 위인 내가 여기까지 왔는데 당신도 (서울에) 와야 하지 않겠느냐"고 설득했다.

대한민국 김대중 대통령과 조선민주주의인민공화국 김정일 위원장이 평양에서 만나 두 손을 마주 잡고 포옹을 하면서 만들어낸 남북 공동선언은 타의에 의해 분단되고 전쟁을 치른 '적대국' 남북한이 자의로 화해 협력과 평화통일을 이루려는 민족사의 새로운 이정표였다. 클린턴 미국 대통령, 장쩌민(江澤民) 중국 국가주석, 모리 요시로(森喜朗) 일본 총리, 푸틴 러시아 대통령 등이 일제히 김대중 대통령에게 전화를 걸어 축하해주었다. 그러나 이명박 정권이 들어서면서 남북 관계는 파탄되고 다시 냉전 체제로 돌아갔다.

89

서민대통령 노무현의
등장과 죽음

노무현은 2012년 12월 19일 제16
대 대통령으로 당선되었다. 선거 결과 노무현 1,201만 표, 이회창
1,144만 표로, 57만 표 차이였다. 노무현은 거의 독자적인 힘으로 거
대한 한나라당 후보를 꺾고 당선되었다.

10년 전 김영삼은 민자당과 합당해, 5년 전 김대중은 자민련 김종
필과 연합해 당선된 데 비해 노무현은 다른 정치 세력과 제휴하지
않고 새천년민주당 단독으로 승리했다. 제휴는커녕 투표 전날인 18
일 밤 10시에 '단일화 협상'으로 지원키로 했던 정몽준이 노무현 지
지를 철회하는 선언을 했음에도 그는 당선되었다. 투표 결과 60대 이
상은 이회창 후보, 호남과 20~30대 젊은이들은 압도적으로 노무현을
지지한 것으로 나타났다.

노무현의 당선은 정치적인 승리 이전에 '인간승리'였다. 노무현 대

통령은 중학교 입학금이 없어 '외상 입학'할 정도의 가난한 집안에서 태어났으나, 이승만 대통령 생일 기념 교내 글짓기 대회에서 '백지동맹'을 주도할 만큼 어릴 때부터 남다른 정의감을 갖고 성장했다. 부산상고를 졸업하고 막노동판을 떠돌면서 사법고시를 꿈꾸었고, 군 복무를 마치고 돌아와서 꿈을 이루었다.

1977년 대전지법 판사로 부임했으나 이듬해 법복을 벗고 변호사로 개업해 세무·회계 전문 변호사로서 명성을 쌓으며 많은 돈을 벌 수도 있었다. 하지만 그는 1981년 전두환 정권기 부림 사건의 변론을 맡으면서 사회 현실에 눈을 뜨게 되고, 이후 노동자의 벗이 되고 민주화운동가 변론 전문가가 되었다. 5공 폭압에 맞서 '거리의 변호사', '아스팔트 위의 전사'가 되어 민주화운동의 전선에 섰다.

1988년 제13대 총선을 통해 정계에 입문한 그는 그해 11월 '청문회 스타'로 각광을 받았으나, 1991년 노태우, 김영삼, 김종필의 3당 야합을 거부하고 김영삼과 결별함으로써 영남 지역 정치인의 가시밭길을 외롭게 걷게 되었다. 이후 지역주의 청산을 위한 헌신적 노력을 전개하며 1998년 서울 종로의 보궐선거에서 승리했으나, 2000년 총선에서는 다시 부산으로 내려가 패배했다. 그의 거듭된 '아름다운 패배'는 국민의 뜨거운 공감을 불러일으키고, 최초의 정치인 팬클럽 '노사모'를 탄생시켰다. 2000년 김대중 정부의 해양수산부 장관을 거쳐 2002년 민주당 대선 후보 국민경선에 뛰어들어 '이인제 대세론'을 뒤엎는 파란을 일으킨 그는 대통령 선거에서 역시 '이회창 대세론'을 꺾고 대통령에 당선되었다.

노무현은 취임사에서 "새 정부는 개혁과 통합을 바탕으로 국민과 함께하는 민주주의, 더불어 사는 균형 발전 사회, 평화와 번영의 동북아 시대를 열어 나갈 것"임을 천명했다. 그는 일체의 권위주의를 벗어던지고 국가권력을 헌법 정신에 맞춰 제자리에 돌려놓고자 했다.

노무현은 정치인이면서도 정치적이지 않았고, 최고 권력자가 되고서도 권력을 독점하기보다는 분권을 지향하고, 권모술수나 암투와는 거리가 먼 순결무구한 정치인이었다. 그는 속물 정치인들이 득세하는 정치판을 바꾸고자 노력했다. 이로 인해 그는 파당적 이해에 민감한 정계에서 외톨이가 되었고, 집권 후에는 검찰 개혁, 언론 개혁, 사법 개혁, 국가보안법 개폐 등으로 기득권 세력으로부터 집중적으로 견제를 받았다.

집권 초기부터 노무현 정부의 개혁 정책은 야당과 보수 언론에 발목이 잡히고, 출범 2년여 만인 2004년 한나라당과 잔류 민주당 의원들에 의해 헌정사상 초유의 탄핵소추안이 제기되었다. 그러나 탄핵소추안이 헌재에서 심의 중일 때 실시된 제17대 총선에서 국민은 여당에 과반수 의석을 몰아주었다.

국민의 힘으로 탄핵소추가 거부되면서 헌재도 소추안을 기각했다. 노무현은 두 달 만에 대통령직에 복귀할 수 있었다. 그리고 혁신 정책으로 '4대 개혁 입법'을 추진했으나, 다수 여당의 무능과 기득권 세력의 완강한 저항으로 추진이 쉽지 않았다. 노무현은 이에 굴하지 않고 신행정수도 건설로 전국의 균형 발전을 이루고, '대연정'을 통해 지역주의 극복, 평화·자주 외교 정책 등을 실시하고자 했으나 그때마다 보수 세력에 발목이 잡혔다. 그러나 진실·화해를 위한 과거사 정리위원회, 친일반민족행위 진상규명위원회, 국가정보원 과거사건 진실규명을 통한 발전위원회, 친일반민족행위자재산조사위원회, 군의문사진상규명위원회 등 과거사 청산에서 성과를 거두었다.

노 대통령은 2003년 10월 제주 4·3평화공원에서 4·3 유족과 제주도민에게 국가권력의 잘못에 대해 사과했고, 김대중 정부의 남북 화해 협력을 이어받아 2007년 10월 2일 대한민국 대통령으로서는 처음으로 군사분계선을 넘어 북한 땅을 밟았다. 김정일 국방위원장과 두 차례 남북정상회담을 갖고 '남북 관계 발전과 평화번영을 위한 선언(10·4선언)'에 이어 서해 평화협력 특별지대 설치, 백두산─서울 직항로 개설 등에 합의했다. 무엇보다 돈 안 쓰는 선거, 투명한 선거 풍토를 조성한 것은 그의 업적으로 평가되는 대목이다.

경제 정책에서도 상당한 성과를 이루었다. 수출 3천억 달러, 연평균 경제성장률 4.3퍼센트, 국민소득 2만 달러 달성의 성장을 이루었다. 외환 보유액은 김영삼 정부에서 외환위기를 겪을 때 37억 달러에 불과했던 것이 김대중 정부 임기 말에 1,214억 달러로 증가하고, 노무현 정부 출범 4년 만에 2,400억 달러를 기록함으로써 중국, 일본, 러시아, 타이완과 더불어 세계 5대 외환보유국이 되었다. 그럼에도 보수 세력은 '잃어버린 10년' 타령을 멈추지 않았다.

물론 실책도 적지 않았다. 대북송금 특검 실시, 한미FTA 졸속 추진, 이라크 파병 등은 아쉬움을 남겼다. 이른바 '4대 악법 개폐'는 원내 다수당이 되고도 전략 미숙 등으로 처리하지 못한 것은 실정으로 꼽힌다.

이명박 정부가 들어서면서 '노무현 죽이기'가 시작되었다. 퇴임 후 고향 봉하마을로 내려가 은거 생활을 하던 그에게 검찰, 감사원, 국세청, 금융감독원 등 권력기관이 총동원되어 주변을 수사하고, 서울에서 반 이명박 촛불집회가 시작되자 배후를 노무현 쪽으로 의심한 권력의 집중적인 탄압이 자행되었다.

수구 세력의 노무현 죽이기는 노무현을 파렴치범으로 몰아 그의 정치적 부활을 막으려는 데 초점이 맞춰졌다. 오랜 지인의 회사 태광실업이 세무조사를 받고, 그의 고교 동창, 친인척, 청와대 수석 등이 속속 체포되었다. 수구 언론은 확인되지 않은 '피의 사실'을 연일 대서특필했다. 도덕적 살인 행위였다.

수구 신문의 '노무현 죽이기'는 집요했다. 신문은 1면 머리기사부터 사설, 칼럼 등에 이르기까지 노무현에 대한 비난, 조롱, 막말, 저주로 도배질했고, 사장이 바뀐 방송들도 다르지 않았다. 민주정부 10년 동안 다져 놓은 민주, 평화, 통일, 공정의 초석이 허물어지고 그 자리에 기득권 세력이 들어섰다.

수구 신문이 '노무현 죽이기'의 공범이라면 이명박 검찰은 주범이었다. 검찰은 언론 플레이를 통해 노무현 일가가 '수십억 원을 챙겼다'는 혐의를 흘렸지만, 당시 노무현은 자신의 집에 온 '진보주의 연구 모임' 학자들에게 차비도 제대로 주지 못할 정도였다고 한다.

노무현은 마침내 검찰 소환 조사를 받게 되면서 도덕적으로 만신창이가 되었다. 그는 자신의 망신보다 추구했던 진보적 가치가 훼손되고 조롱당하는 것을 더욱 견딜 수 없었다. 그리고 결단했다. 자신의 죽음으로 순결성을, 진보의 가치를 지키고자 했다.

2009년 5월 23일 새벽, 노무현은 고향 뒷산 부엉이바위에서 몸을 날렸다. 그는 "너무 슬퍼하지 마라. 삶과 죽음이 모두 자연의 한 조각 아니겠는가. 미안해하지 마라. 운명이다"라는 유서를 남겼다.

노무현의 서거 소식은 엄청난 충격과 파장을 몰고 왔다. 전국에서 추모의 물결이 흘러넘쳤다. 촛불집회가 열리고, 전국 각지에 분향소가 설치되었다. 독일 『프랑크푸르터 알게마이네 차이퉁(Frankfurter

2009년 5월 29일, 고 노무현 대통령 영결식에 참석한 시민들.

Allgemeine Zeitung)』의 보도는 그의 서거와 관련해 정곡을 찔렀다.

노 전 대통령의 죽음은 이명박 정권의 '몰이사냥'을 견디지 못한 선택이었다. 촛불에 덴 정권이 그를 배후로 의심해 정치적 보복에 나섰고, 그 하수인인 검찰은 내부에서조차 범죄 성립이 어려울 수 있다는 지적이 나올 정도로 무리한 수사를 감행했다. 보수 언론은 여과 없이 혐의 사실을 공표해 그를 구석으로 밀어붙였다.

90
탐욕과 부패로 시종한
이명박 정부

　　한나라당 이명박 후보는 2007년 12월 민주당 정동영 후보를 500만 표라는 압도적인 표차로 누르고 제17대 대통령에 당선되었다. 30대에 현대건설 사장, 40대에 국회의원, 50대에 서울시장, 60대에 대통령 당선이라는 이른바 '성공 신화'를 일군 지도자라는 화려한 평가가 따랐다. 대통령에 당선될 때까지의 '신화'였다.

　　정동영 후보가 참패한 것은 이명박 후보의 능력이라기보다 과장된 노무현 정부의 '실정'에 따른 반사 효과라는 지적도 있었다.

　　노무현 정권의 실정은 이미지와 연관이 깊습니다. 노무현의 언행이나 행동거지, 승부사 기질, 설익어 보이는 아마추어리즘에 대한 불만이 대부분입니다. 대개는 노무현의 언행에 대해 못마땅하게 생각하는 것이 실정으로 표출되고 있습니다. 특히 성장제일주의의 사고나 장기 집권에 대한 염증이 노무현의 언행에 대한 반발로 나타났습니다. (서중석, 『대한민국 선거 이야기』)

한국 신문 시장의 70~80퍼센트를 장악하고 있던 조·중·동은 노무현 집권 5년 동안, 특히 대선을 앞두고는 하루도 빠짐없이 집중적으로 그를 비난하고, 그의 언행을 부정적으로 부풀리고 비하했다. 유권자들은 이런 보도를 접하면서 집권당 후보를 외면하고 이른바 '성공 신화'를 창출한 이명박을 선택하는 데 주저하지 않았다.

이명박이 한나라당 후보에 선출되면서부터 그에 대한 비리와 전과가 드러났다. BBK, 위장전입, 선거법 위반 유죄 판결, 도곡동 땅 차명 재산 의혹 등 '전과 13범'이란 딱지가 인터넷 매체 등에서 공공연히 떠돌았다. 도덕성에서 심각한 문제를 안고 있는데도 국민이 그를 선택한 것은 오직 '경제 살리기'에 대한 기대 때문이었다.

2007년 2월 취임과 더불어 이명박 정부는 조각에서부터 김대중·노무현 정부 10년의 민주화와 남북 화해 협력 구도를 급격한 극우 노선으로 바꾸었다. 전 정권에서 임명해 임기가 보장된 공직자들을 강제로 밀어내고 그 자리에 선거 공신들을 앉혔다. 정연주 KBS 사장을 강제 해임하고 검찰 등 공권력을 동원해 뒷조사를 실시한 것이 대표적 사례였다.

이명박은 취임 1년도 안 되어 한국 사회를 유신 또는 5공 시대로 되돌리고 있다는 비판을 받았다. 김대중 전 대통령이 민주 역행, 서민 생계 위기, 남북 관계 파탄을 지적할 만큼 이명박 정권은 급격히 과거로 회귀했다. 이명박 정권은 전 정권을 '잃어버린 10년'으로 몰아

세우고, 남북 화해 협력 정책을 '퍼주기'로 매도하면서 노무현 전 대통령에 대한 정치 보복에 나서 그와 가까웠던 정치인, 기업인들을 속속 구속했다. 그리고 '국가 기록물 사건'을 일으켜 올가미를 씌웠다. 이렇게 시작된 정치 보복이 끝내 그의 투신 서거로 이어질 만큼, 족벌신문과 어용화된 방송, '호위무사'로 변신한 검찰이 '사법자살'의 토끼몰이에 동원되었다.

이명박 정권 5년의 실정을 목록만 정리하면 다음과 같다.

① 민주주의 역행

② 서민 생계 파탄

③ 재벌 기업 각종 특혜

④ 남북 관계 파탄

⑤ 안보 무능(천안함 침몰, 연평도 포격)

⑥ 지역 차별 인사(영포 라인 득세)

⑦ 4대강 파괴

⑧ 민간인 사찰

⑨ 조·중·동에 종편 허가, 언론계 생태계 파괴

⑩ 부실한 해외 자원 개발로 국고 낭비

⑪ 원전 비리

⑫ 역사 왜곡

⑬ 전임 대통령 죽음으로 몰아가기

⑭ 국정원, 국군사이버사령부, 국가보훈처 등의 대선 부정

⑮ 747공약 위배

⑯ 평화적인 촛불시위 탄압

⑰ 친형 이상득 등 측근 비리

　이명박 정권의 국정 실패는 한국 사회를 10년 뒤로 역류시켰다. 다른 것은 몰라도 '경제 살리기'는 해낼 것으로 믿었던 국민에게 실망만을 안겨주었다. 대선 공약으로 내세운 '747공약', 즉 '연 7퍼센트 경제성장, 1인당 국민소득 4만 달러, 세계 경제 규모 7위 달성'이란 야심 찬 공약은 소수 재벌 기업과 특권층을 제외하고는 말 그대로 '빌 공' 자 공약(空約)으로 전락했다.

　실제로 이명박 정부 5년의 경제성장률은 평균 2.9퍼센트로 추락해 '경제 살리기'의 허구성이 드러났다. 김대중 정부 평균 5.0퍼센트, 노무현 정부 평균 4.3퍼센트 성장률에도 훨씬 못 미치는 실패작이었다.

　이명박 정부의 실정 중 대표적인 것은 22조 8천억 원이 투입되고, 앞으로 두고두고 관리에도 예상하기 어려운 국민의 혈세가 투입될 4대강 사업이다. 사전 준비나 조사, 여론 수렴도 없이, 순전히 가시적인 효과와 조급한 업적을 위해 수십만 년 흘러 온 4대강을 막무가내로 파헤쳐 자연을 파괴하고 엄청난 국고를 낭비했다. 외국 언론에서 "바벨탑 이래의 무모한 공사"라는 비판이 나올 만큼 국내외의 비판이 쏟아졌으나, 이명박과 그의 막료들은 이를 강행했고, 어용 교수, 족벌신문과 방송이 이에 장단을 맞추었다. 4대강은 큰빗이끼벌레의 서식장이 되고, 날림으로 들어선 강둑은 언제 무너질지 모르는 지역 주민들의 근심거리가 되었다. 담합 등으로 4대강 공사를 맡은 기업들만 막대한 이익을 챙기고, 강물은 하루가 다르게 썩어가고 있다.

　이명박 정부의 4대강에 못지않은 실정 또는 비리, 부정은 '자원외교'를 빙자한 천문학적인 국고 낭비다. 자원이 없는 우리나라의 해외

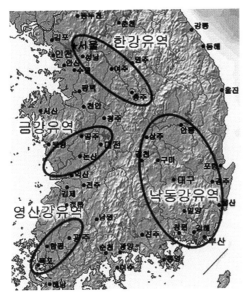

4대강 정비 사업 지역.

'자원 개발'은 마땅한 정책이지만, 이명박은 형 이상득 의원과 소수 측근들을 동원해 정확한 실태 조사와 손익 계산도 없이 무작정 투자하고, 이를 빌미로 이권을 챙기게 하는 등 무모하고 부정한 방법을 동원했다.

이 정권의 무능·부패한 자원 개발로 40조 내지 50조의 국민 세금이 이미 투입되었거나 투입될 것으로 알려진다. 한국석유공사, 한국가스공사, 광물자원공사 등 공기업 3곳이 5년간 갚을 빚만 22조 원이 넘는다. 이들 3개 공기업의 2015년 한 해 차입금만 5조 3천억 원에 이르게 되어, 국고를 낭비하고 국민 세금을 쏟아붓게 만들었다. 총체적인 자원외교의 부실과 부패, 이를 주도한 측근과 공기업 대표의 이권 개입 실태 등은 여전히 베일에 싸여 있다.

이명박의 '시야'는 좁았고, 철학적 밑바탕은 천박했다. 그는 '청계천'에서 얻은 점수를 무기 삼아 4대강을 파헤쳤다. 그는 자연을 살리는 일과 죽이는 일을 분간하지 못했다. 이명박은 먼 장래를 내다보는 데도 익숙하지 않았다. 그는 임기 초부터 '눈앞의 성과', '생색내기'에 급급해하는 모습이었다. 2008년부터 쿠르드 유전 개발을 위한 양해각서(MOU) 체결과 2009년 아랍에미리트(UAE) 원전 4기 수출 과정에서도 성과에 대한 뻥튀기 의혹과 계약 조건에 대한 의구심을 불러일으킨 바 있다. (고영재, 『한겨레』, 2015. 1. 30.)

이명박의 '시야'가 넓은 대목도 없지 않았다. 퇴임 후를 대비해 족벌신문에 종편을 허가하고, 같은 목적으로 국정원 등의 대선 선거 부정을 양해 또는 묵인했을 것이라는 주장에 신빙성이 있다.

이명박의 핵심 측근인 원세훈의 국정원 직원들은 2012년 대선을 앞두고 조직적으로 박근혜 후보를 지지하고, 야당의 문재인 후보를 폄훼하는 수십만 건의 댓글을 달아 선거에 개입했다. 법원은 국정원 심리전단의 사이버 활동을 선거 개입으로 보고, 원세훈 국정원장이 이를 지시한 것으로 판단했다. 원세훈 국정원장은 이명박에게 주기적으로 독대 보고를 해왔으므로 국정원의 이와 같은 선거 개입을 보고받지 않았을 리 없을 것이다. 보고를 받고도 이를 제지하지 않은 것인지, 양해 또는 격려한 것인지는 훗날 역사에서 밝혀질 것이다.

이승만 정권의 3·15부정선거, 박정희 정권의 6·8부정선거, 전두환·노태우 정권의 각종 부정선거가 관권과 금권을 동원한 부정선거였다면, 이명박 정권 국정원 등의 사이버 활동은 국가 최고 정보기관이 동원된 첨단 과학기기에 의한 부정선거였다.

이명박은 뇌물, 부정선거, 각종 적폐 등의 혐의로 재판 중이다.

91
이명박 실정에
100만 시민 촛불시위

한국 사회에서 촛불은 두 가지 형태로 존재한다. 전통적으로는 종교나 제사 등 엄숙한 제의용으로, 현대적으로는 저항의 상징으로서 정치용으로 쓰인다. 촛불이야말로 '제정(祭政)일치'의 현대적 산물이다. 몸을 태워 주위를 밝히는 초의 본질이 '촛불'이란 저항 용어가 되고 군중집회의 '죽창'의 대용으로 변한 것은 2008년 봄과 여름, 서울 광화문의 '촛불집회' 또는 '촛불항쟁'에서 시작되었다. 박정희 유신정권기에 3·1명동사건 등 구속자 가족들이 십자가가 새겨진 마스크를 쓰고 촛불시위를 한 적이 있었지만, 이때만 해도 소수의 저항운동이었다.

한국 근현대사는 지배층의 부패, 전횡과 외세의 침략으로 국권이 짓밟힐 때면 어김없이 민중들이 들고일어났다. 이러한 흐름은 동학혁명→만민공동회→3·1혁명→의병→독립군→4월 혁명→반유신 투쟁→부마항쟁→광주항쟁→6월 항쟁으로 면면히 이어져왔다. 2008년 봄과 여름의 촛불항쟁은 이러한 역사의 전통과 민중의 저항정신이 다시 한 번 폭발한 것이다.

촛불집회는 이후 억울하고 서러운 민초들의 저항 수단으로 일상화되었다. 특히 세월호 참사와 박근혜 정부의 무능, 부패에 분노한 시민, 유족들이 촛불을 들고 시위에 나섰다. 이는 어떠한 저항의 방법보다 파급 효과가 크고 공감을 불러왔다. 촛불시위는 해외로도 '수출'되어 세계 곳곳에서 야간 집회가 열릴 때면 촛불을 켜 들었다.

2008년, 국민들의 가슴에 부글거리던 촛불의 용암이 분출하게 된 것은 이명박 정부가 미국의 압력으로 분별없이 미국산 쇠고기를 수입한 것이 계기가 되었다. 이명박 대통령 취임 50일 만에 10대 여학생들을 시작으로 청년, 회사원, 주부들까지 자발적으로 참여해 거대한 시민운동을 이루었다. 시위는 미국산 쇠고기 수입을 반대하면서 시작되었으나, 곧 '쇠고기'를 넘어 정권 퇴진운동으로 전개되었다.

촛불집회는 청계광장에서 여중고생들이 '미친 소 반대, 이명박 탄핵' 등의 구호를 외치면서 점화되었다. 그것이 광우병 국민대책회의 발족, 고시 강행, 72시간 릴레이 국민행동을 거쳐 6월 10일 백만 촛불 대행진으로 비약적으로 발전했다. 40일 만에 거대한 횃불 연대로 타오른 것이다. 서울 70만여 명을 비롯하여 전국 각지 80여 곳에서 100만 명 이상이 참여했다. …… 온라인 생중계 시청자가 300여 만 명, 집중 항의 메일 발송자는 50만 명으로 추산된다. 왜 사람들은 촛불을 들고 이렇게 많이 모였나. 이들이 요구한 것은 무엇인가. 예고 없

2008년 6월 6일 한미 쇠고기 협상 반대 시위.(출처: 위키피디아, ChongDae)

이 도래한, 사상 유례를 찾기 어려운 이 자발적 촛불항쟁 사건을 어
떻게 보아야 할 것인가.(이병천, 「이명박 정부와 촛불집회」)

2008년 5~7월에 일어난 촛불시위를 연구하는 학자, 전문가들은
어린 소녀들로부터 시작되어 전 국민적으로 확산된 평화시위라고
분석한다. 예외라면 뉴라이트 계열의 식자들과 족벌신문이다. 이들
은 촛불시위를 좌파의 선동이라고 몰아쳤고, 이명박 정권의 핵심에
서는 '봉하' 쪽에 의혹의 눈길을 보냈다. 2004년 3월 한나라당과 잔
류 민주당이 노무현 대통령을 탄핵하면서 탄핵 반대 촛불시위가 요
원의 불길처럼 번지고, 이것이 결국 헌법재판소가 기각 결정을 내리

게 하는 요인으로도 작용했다. 그 때문에 '촛불=노무현'을 연상했을 것이다.

> 미국산 쇠고기 수입 문제로 서울은 물론 전국에서 촛불시위가 벌어졌다. 당시 노 대통령은 대단히 신중하고 절제된 모습을 보여주었다. 참여정부에 책임을 전가하는 이명박 정부와 당국자들의 발언이 연이어 터져 나와 속으로는 마음이 상했을 텐데도 현직 대통령을 존중하고 배려했다. 촛불에서 나온 '대통령 퇴진' 구호나 요구가 사리에 맞지 않고 바람직한 일이 아니라며 공개적으로 비판했다. 촛불문화제 이후 청와대로 몰려가려는 움직임도 바람직하지 않다고 공개적으로 우려를 표시했다. 대통령도 우리도 촛불시위의 후속 대응이 정치 보복이고, 보복의 칼끝이 우리에게 향하리라고는 상상조차 못 했다. 노 대통령과 참여정부에 대한 이명박 정권의 증오심과 적대감이 그때부터 시작되었다는 것도 한참 후에 알게 되었다. 촛불시위의 배후로 우리를 의심했다는 얘기 역시 한참 후에 알게 되었다. 정말 놀라운 상상력이고 피해의식이었다.(문재인)

촛불집회가 거세게 전개되고 있을 때 이명박은 심야에 청와대 뒷산에 올라가 민중의 분노에 두려워하면서 〈아침이슬〉을 부르는 등 민심을 수렴하는 모습을 보였다. 그러나 경찰차 수백 대로 시위대를 포위하는 '명박산성'을 쌓는 등 탄압을 가중했다.

검경은 유모차를 끌고 나온 엄마들을 '아동학대죄'로, 시위 학생들에게 음료수를 나눠 주는 상인들을 '경범죄'로 처벌하는 등 반민주 행태를 보였다. 촛불을 든 시민들은 시위대를 '종북'으로 매도하는 족벌신문사 앞에 쓰레기를 버리고, 이들 기자들을 '기레기(기자+쓰레기)'라는 신조어로 불렀다. 한국 언론사의 일대 치욕이다.

촛불항쟁의 밑바닥에는 탐욕스러운 시장만능주의에 맞서는 민주주의, 건강한 삶이 위태로워진 시대에 맞서 생명과 인권을 존중하는 민주주의가 있다.(유재건)

92

유신시대로 회귀한
박근혜 정부

2013년 12월 실시된 제18대 대통령 선거는 여당의 박근혜 후보와 야당의 문재인 후보의 박빙 대결 끝에 박 후보가 당선되었다. '이명박근혜' 정권으로 이어지는 보수의 승리였다.

> 국정 경험도 업적도 거의 없는 사람이 '박정희 딸'이란 이유로 상당한 득표력을 보였으니, 이 신드롬(박정희 신드롬)의 힘이 크게 작용했다. (박노자)

박근혜 정부는 국정원 직원들의 조직적인 선거 개입과 민주주의 시계를 17년 전으로 되돌린 군의 정치 개입, 국가보훈처의 선거 개입 등이 속속 드러나면서 정통성에 심각한 문제를 안은 정권이었다. 선거 부정이 전임 이명박 정권에서 저질러진 일이지만, 혜택은 고스란히 박근혜가 입었다. 국가기관들의 선거 개입이 없었다면 과연 당선이 가능했을 것인가 의문이 따랐다.

박근혜는 대선 후보로서 경제 정의와 국민 화합 등 장밋빛 공약을 내세웠다. 하지만 취임 후 대선 공약은 거의 폐기하거나 빈 공약이 되었다. '경제 정의'는 대기업 등 재벌 이익으로 바뀌어 서민 생계, 청년 실업, 빈부 격차가 더욱 심화되었다. '검찰 중립'은 공염불이 되고, '국민 화합'은커녕 특정 지역 인사들만 중용해 지역 차별을 심화했다. 국가 의전 서열 10위권의 대부분이 특정 지역 출신이고, 감사원장, 검찰총장, 경찰청장 등 5대 감찰기관장 역시 특정 지역의 '동창회'로 구성했다. 그러면서 우수 인재를 찾다 보니 그리되었다는 변명을 늘어놓았다.

박근혜 정부는 출범 초기부터 문제투성이의 인사들을 요직에 발탁하면서 국가의 기강을 흔들고, 사회 정의와 국민의 도덕 감정에 상처를 입혔다. 첫 청와대 대변인의 성추문을 시발로 첫 국무총리 후보자로 지명된 전직 대법관은 전관예우라는 '비법'으로 1년 만에 15억 원을 챙기다 낙마하고, 두 번째로 지명된 언론인 출신 후보자는 일제의 한국 지배가 하느님의 뜻이라는 막말로 지명을 사퇴했다. 세 번째 지명자는 각종 비리로 만신창이가 되어 국회 인준을 받았으나 성완종 전 경남기업 회장으로부터 거액을 받았다는 명단에 올라 70일 만에 사퇴했다. 각종 비리투성이 인사들만을 선호하는 것인지, 그들 세계가 온통 그런 자들뿐인지 하는 개탄이 쏟아졌다.

초대 김기춘 비서실장은 유신헌법 기초자, 부산 초원복집 사건의 주모자로 정치적·도덕적으로 하자가 많은 사람이었고, 두 번째로 이병기 국정원장이 비서실장 자리에 올랐으나, 그 역시 과거 각종 정치공

작의 연루자였다. 두 사람은 '성완종 리스트'에 나란히 이름을 올렸다.

박근혜 정부 각료를 비롯해 고위직 상당수가 부동산 투기, 탈세, 논문 표절, 군 입대 기피, 위장전입 등 범죄 행위가 드러나고, 어떤 후보자는 입대해 군 복무 대신 석·박사 학위를 받는 특혜를 누리고, 어떤 인물은 제자들을 동원해 논문을 쓰거나 아예 제자 논문을 베껴 돈벌이를 했다. 그런가 하면 국가기관 책임자와 공영방송 이사장으로 뉴라이트 계열이나 친일파 후손을 임명해 물의를 일으켰다.

국민소득이 1인당 3만 달러에 이르렀다고 선전했지만 실상은 달러 가치의 하락으로 빚은 '환각 현상'이고, 고용 없는 성장의 혜택은 소수 재벌 기업의 금고 속으로 들어갔다. 청년들은 어느 때보다 극심한 실업 상태에서 '5포 세대'가 되고, 남북 관계는 꽉 막혀 언제 무슨 일이 터질지 불안한 상태에서 전시작전통제권 무기한 연기, 방산비리 등 군 수뇌부의 부정부패가 국가 안보를 우려케 한다.

고위공직자들의 뇌물수수, 세월호 참사에서 드러난 구조 실패, 통합진보당 해체로 인한 민주주의 후퇴, 민변·민주노총·전교조 등의 탄압, 청와대 비서들의 문건 유출 파동, 정윤회 등 국정농단 의혹, 남북정상회담 회의록 유출, 국정원의 간첩 조작, 국정원 선거 개입, 원칙 수사에 나선 채동욱 검찰총장 찍어내기, 청와대 전·현직 비서실장 및 정부 여당 핵심 인사 등 8명의 '성완종 리스트' 연루에 이르기까지 국정의 난맥과 타락상이 꼬리를 이었다.

이와 함께 일베, 어버이연합, 엄마부대 등 관변 극우단체들이 기승을 부렸다. 정보기관과 재벌이 이들에게 뒷돈을 댔다. 교육부는 뉴라이트 계열 역사학자들을 동원해 국사 교과서를 국정화하고, 한 재미동포 여성의 토크 콘서트 현장에 사제폭탄을 던진 고교생을 '우국지사'로 치켜세우고, 정부는 그 여성을 추방하는 등 한국 사회는 유신시대로 회귀되는 모양새로 치달았다. 박정희의 긴급조치 등으로 옥고를 치렀던 민주인사들이 '제2 유신시대'라 선포하면서 새민주화운동에 나선 것은 '역사 역행'으로 나타난 반발이었다.

> 박근혜 정권은 대선 당시 국민에게 약속했던 경제민주화와 서민 공약들을 외면하고 실업자와 비정규직을 양산해 서민들의 생활은 벼랑 끝에 몰려 있다. 박근혜 정권은 국가 주권인 전시작전권 환수를 무기 연기하고 제1교역국인 중국을 겨냥한 고고도미사일(사드) 배치를 기정 사실화하며 대규모 전쟁 연습을 벌여 이 땅을 전쟁 국면으로 몰아가고 있다.
>
> 민주주의가 후퇴하고 평화와 통일이 뒷걸음치고 민중의 삶이 갈수록 어려워지는 현실을 타개하기 위해서는 이제 국민들이 4월 혁명 정신으로 직접 투쟁에 나설 수밖에 없다. 민생 파탄과 민주주의 파괴를 향해 달리고 있는 유신 독재를 멈추기 위해서는…….(사월혁명회, '4월 혁명 55주년 선언')

박근혜는 한 나라의 국정을 담당할 자질도 시대정신도 없는 인물이었다. 이명박이 자신의 재임 중 저지른 범죄를 은폐하고자 각급 정부기관을 동원해 지원하고, 집권당에서는 인물이나 역량보다 오직 '권력 승계'를 목적으로 그를 후보로 추대해 당선시켰다. 재임 중 탄핵으로 본인은 물론 보수 세력이 폐족 상태에 빠지고 국가가 위기에 처한 것은 무능한 위정자의 탓만이 아니라, 그를 선택한 사람들의 책임도 그에 못지않다.

93

통합진보당
해산 참사

박근혜 정부는 2013년 8월 말 이석기 전 통진당 의원의 이른바 내란음모 사건이 터진 지 3개월 만인 11월 5일 통진당의 해산 심판을 청구했고, 1년여 만인 2014년 12월 19일 헌재는 통진당의 해산 선고를 내렸다. 합법 정당이 사법부의 판결로 강제 해산된 것은 헌정 이래 최초의 일이다. 이승만 정권 당시 해산시킨 조봉암의 진보당은 정부기관의 등록 취소로 해산되었다.

통진당 해산 결정에 참여한 헌재는 박한철 소장을 비롯해 이정미·이진성·김창종·안창호·강일원·서기석·조용호 재판관이 찬성하고 김이수 재판관만이 유일하게 반대표를 던졌다.

통진당의 해산 선고는 한국 사회에 여러 가지 심각한 문제를 남겼다. 6월 항쟁의 산물인 헌재가 10만 명의 당원이 있는 정당을 명백한 사실 근거보다 '숨은 목적'을 '추정'해서 해산한 것은 헌법의 이름으로 헌법을 유린하는 행위라는 지적이 따랐다. 대의민주주의 제도의 핵심에 해당하는 정당을 임명직인 헌재 재판관들이 해산한다는 것이 가능한 일인지, 그것도 1년여 만에 17만 5천 쪽이나 되는 방대한 재판 기록을 제대로 검토하고 내린 심판이었을지 의구심을 갖는 국민이 적지 않았다.

헌재가 선고 결정 후 결정문에서 오류가 발견되어 결정문을 '정정' 하는 실수를 하면서까지 선고를 서두른 것은 정윤회 씨 비선 개입 의혹 등으로 정치적 위기에 몰린 박근혜 대통령의 당선 2주년에 맞춰 국면을 전환하려는 의도가 있었다는 정치적 해석도 나왔다. 실제로 헌재의 심판 한 달여 만인 2015년 1월 22일 대법원이 이석기 등 전 통진당 의원 등에 대한 내란음모는 무죄, 내란선동 및 국가보안법 위반은 유죄로 각각 판결한 원심을 확정했다. 헌재가 유죄로 인정한 핵심의 하나인 내란음모가 무죄로 확정된 것이다. 헌재가 쫓기 듯 서둘러 심판한 것에 정치적 배경이 있다는 의혹을 피할 수 없는 이유다.

헌재는 통진당을 해산 심판하면서 '법리'보다 '추정'을 동원하는 대단히 모순된 판결을 했다.

주도 세력이 당을 장악해 북한식 사회주의라는 '숨은 목적'을 추구했으니 해산해야 한다는 논리를 폈다. 이 과정에서 주요 근거로 내세운 게 RO회합이다. 헌재는 130여 명이 참석한 회합을 '주도 세력'이 개최했다는 이유로 10만 당원을 보유한 통합진보당 전체의 활동으로 간주했다. …… 하지만 대법원은 RO를 '유령조직'으로 결론 내렸다.(『경향신문』, 2015. 1. 23. 사설)

헌재의 비민주적인 판결도 비판의 대상이 되었다.

> 헌재는 진보당이 민주적 기본질서에 당장 얼마나 심각한 해악의 위험
> 을 끼쳤는지 논증하는 대신, 시종 '북한 추종성'을 정당 해산의 사유
> 로 내세웠다. 북한과 연계했다는 명확한 증거가 없어도 비슷한 주장
> 을 폈으니 북한 추종의 '숨은 목적'이 있다고 추정했고, 일부의 북한
> 동조 발언이 있었으니 위험성이 드러났다는 논리의 비약을 예사로 구
> 사했다.(『한겨레』, 2014. 12. 23. 사설)

헌재의 통진당 해산 판결에 이어 중앙선거관리위원회는 2014년 12
월 22일 통진당 소속 비례대표 지방의원 6명의 의원직을 박탈했다.
중앙선관위는 전체회의를 열어 통진당 소속 비례대표 6명(광역 3명, 기
초 3명)의 의원직에 대해 "헌법재판소의 위헌 정당 해산 결정에 따라
해산된 정당 비례대표 지방의회 의원은 그 직에서 퇴직된다"는 결정
을 내렸다.

의원직을 상실한 통진당 소속 6명은 법적 근거 없는 의원직 박탈
결정은 원천무효라고 주장하면서 소송을 제기했다. 이와 관련 "1인 2
표로 지역구 의원과 비례대표 의원을 구분해서 투표를 한다는 점을
감안하면, 둘을 구분해 의원직을 박탈한다는 것은 말이 되지 않는
다"(한상희, 건국대 법학전문대학원 교수)는 주장이 제기되었다.

통진당 해산 심판의 변론을 맡았던 이재화 변호사는 다음과 같이
소회를 말한다.

> 통합진보당 해산은 기획된 것이었고, 해산 결정은 의도된 오판이었다.

통사와 혈사로 읽는 한국 현대사

헌법재판소의 이 의도된 오판에 의해 통합진보당의 이름은 역사 속으로 사라졌다. 그러나 통합진보당이 추구한 진보적 민주주의, 자주, 민주, 통일의 가치는 국민들의 가슴속에서 살아 숨 쉴 것이다. 10만여 당원들과 국민들은 민주주의와 통일을 위한 여정을 여기에서 멈추지 않을 것이다.

역사는 통합진보당 해산 결정이 명백한 오판이었음을 증명할 것이고, 그 오판에 가담한 8명의 재판관들을 심판할 것이다. 그리고 홀로 민주주의의 가치를 지켜내기 위해 피를 토하는 심정으로 소수의견을 낸 김이수 재판관의 판단이 옳은 것이었음을 선언할 것이다. (이재화, 『기획된 해산 의도된 오판』)

94

세월호 참사와
박근혜 정부의 무능, 부패

2014년 4월 16일 경기도 안산 소재 단원고 2학년 325명과 교사 14명이 수학여행을 떠났다. 행선지는 제주, 교통편은 인천에서 출발하는 청해진해운 소속 세월호였다. 이 배에는 민간인들도 함께 탔다.

세월호는 항해 도중 진도 맹골수도에서 좌초하는 변을 당했다. 조난 신호를 받고 달려온 해경은 배가 가라앉던 1시간 30분 동안 허둥대기만 했고, 결국 제 발로 탈출한 이준석 선장 등 선원과 일부 승객을 제외하고 304명은 고스란히 수장되었다. 온 국민이 TV를 통해 지켜보는 가운데 일어난 참변이었다.

1994년 일본에서 건조된 이 배를 도입한 청해진해운은 세월호로 이름을 바꾸고, 이명박 정부가 선령 제한을 20년에서 30년으로 연장해주면서 노후 선박인데도 운항을 계속할 수 있었다. 여기에 출항

할 때 화물은 적재 기준치보다 1,065톤을 초과하는 과적 상태였다. 당일뿐만 아니라 늘 그렇게 하면서 돈벌이에만 급급했고, 해양경찰서 등 관계기관들은 '관피아', '해피아' 등으로 엮인 유착 관계여서 눈감아주었다. 해난 사고는 예비되었으나 어디에도 통제기관은 없었다.

세월호 침몰이 인재였다면 한 명도 구조하지 못한 것은 순전히 관재였다. 화급을 다투는 상황에서도 해양경찰은 그동안 '거래'해온 구조선을 부르느라 골든타임을 놓치고, 저임금의 임시직으로 채용된 선원들은 승객들에게 "가만히 있으라"는 말만 늘어놓아 탈출의 기회마저 빼앗았다. 선장이 속옷 바람으로 탈출하고 선원들이 뒤를 따르고 해경이 그들만을 구조할 때 인근의 민간인들이 그나마 몇 사람을 구조했다.

국민이 더욱 분노한 것은 박근혜 대통령의 '7시간 행적' 때문이었다. 국민의 생명과 재산을 지키는 것이 가장 큰 임무인데도 그 시각 대통령은 아무런 조치도 취하지 않았고, 행방 또한 묘연했던 것으로 알려졌다. 청와대 비서실장(김기춘)은 "청와대는 재난 구조의 컨트롤타워가 아니다"라는 망언을 서슴지 않았다.

국민의 분노가 하늘을 찌를 듯하자 정부는 청해진해운 선주 유병언을 희생양으로 삼았다. 유병언의 탈세, 배임, 횡령 등 탈법과 비리가 속속 드러났다. 그리고 그는 어디론가 행방을 감췄다. 검·경과 군인들까지 수천 명이 동원되어 쫓았으나 향방이 묘연했다. 여러 날 후 그는 어느 과수원 잡초 속에서 유골로 발견되었다. 유골의 진위 공방이 있을 만큼 사람들의 불신은 깊었다.

세월호 참사에 대한 진상규명을 둘러싸고 정부 여당의 태도는 대단히 미온적이었다. 박 대통령은 유족들의 거듭되는 면담 요청을 매

진도항에 세월호 노란 리본이 그려져 있다.(출처: 위키피디아,
Jangg8962)

몰차게 거부하고, 집권 세력은 유족들을 적대시하는 모습을 보이기
도 했다. 어렵사리 국회에서 제정한 세월호특별법은 정부가 마련한
대통령령에서 무용지물로 만들고자 했다.

정부는 해경을 해체하고 국가안전청을 신설하는 등 모든 책임을
세월호 측과 해경에 떠넘겼다. 하지만 세월호 참사의 배경은 '관피아'

통사와 혈사로 읽는 한국 현대사

로 상징되는 부패한 관리들과 업자의 유착, 그리고 온 국민이 지켜보는 가운데 한 사람도 구조하지 못한 정부의 무능과 사후 진상규명에 대한 책임 회피에 있었다. 많은 국민이 촛불을 들거나 서명을 하면서 진상규명을 요구했지만, 정부는 물리력으로 대처하거나 거액의 보상(배상)으로 국민의 시선을 돌리고자 했다. 족벌신문들은 '세월호 피로증'을 부각하면서 국민의 관심을 떨어내고자 하고, 일베 회원들은 유족과 시민들의 단식농성장 앞에서 '폭식투쟁'을 하는 야만성을 보였다.

세월호 유족과 시민들은 광화문에 텐트를 치고, 진상규명과 책임자 처벌을 줄기차게 요구했다. 하지만 박근혜 정부는 성의 있는 조치를 취하기는커녕 진상 은폐와 유가족 이간, 분리에 힘을 쏟았다. 정부는 '박근혜 7시간'의 행적을 은폐하고자 각종 조작을 일삼고, 유족들이 마치 보상금을 노리고 장기간 농성하는 것처럼 여론을 몰아갔다.

유족과 시민들은 5년 동안 각종 집회와 농성을 통해 사건의 완전한 진상을 규명하는 것만이 앞으로 유사한 사고를 예방하는 것이라는 신념으로 광화문과 팽목항에서 힘겨운 세월을 보냈다. 세월호 참사 5주기를 맞은 2019년 4월, 서울 광화문 광장을 지키던 세월호 천막이 철거되고, 그 자리에 세월호 희생자 304명의 이름이 한쪽 벽을 가득 채운 작은 목조 전시관이 세워졌다. '아픈 공간을 넘어 재난 없는 나라를 만들자'는 염원이 담겼다.

세월호 참사는 온갖 비리와 비정상의 종합세트와도 같았고, 사후 대처는 박근혜 정부의 무능과 무책임을 상징했다. 청해진해운이 20년간이나 인천−제주 황금 노선을 독점한 배경과 이를 가능케 한 '뒷배'의 실체, 세월호 참사 이후 청와대 보고 라인과 박근혜 대통령의 역할, 특히 '골든타임' 7시간의 행적 등은 여전히 미궁에 빠져 있다. 성역 없이 밝혀져야 꽃다운 젊은이들이 영원한 안식에 들 수 있을 것이다.

통사와 혈사로 읽는 한국 현대사

95

전작권 회수 거부한
'이명박근혜' 정부

유엔에 가입한 200여 독립국가 중
전시작전통제권을 갖지 못한 나라는 한국이 유일하다. OECD 가맹
국가로서 경제력이 세계 10위권이고 국방비 역시 비슷한 수준의 나
라, '60만 대군'을 자부한 지 오래된 나라에서 일어난 현상이다. 전
작권 문제는 이를 장악하고 있는 미국 측이 돌려주겠다고 하는 것
을 한국 정부가 더 맡아 달라고 떼를 쓰고 있는 형국이어서, 그 깊
은 내막의 배경과는 상관없이 적어도 외형상으로는 독립국가로서 대
단히 부끄럽고 자존심이 상한 일이다.

전작권이 당초 미군에게 넘겨진 것은 1950년 7월이다. 인민군의
남침으로 쫓기던 이승만 대통령은 7월 25일 유엔군 사령관 맥아더
장군에게 보낸 '대한민국 육해공군 지휘권 이양에 관한 공한'을 통해
한국군의 지휘권을 미군에게 이양했다. 아무리 전시라지만 기한도 명

시하지 않고, 국회 의결도 없이 일방적으로 군사지휘권을 외국군 사령관에게 이양한 것이다.

전쟁 중에 군사력이 미약한 처지에서 일시적으로 전작권을 유엔군 사령관에게 위임하는 것을 꼭 탓할 이유는 없을지 모른다. 하지만 그 이후에 벌어진 정부의 처사는 지탄의 대상이 되고도 남는다.

미군에게 이양된 전작권은 1953년 10월 1일 체결된 한미상호방위조약과 1954년 11월 17일 합의한 '합의의사록'에서 한국군 전작권을 유엔군 사령관이 계속 행사하도록 재확인되었다.

전작권 문제는 1980년 5월 광주민주화운동 당시 전두환이 진압 학살에 군대를 동원하면서 현안으로 제기되었다. 전작권을 갖고 있는 존 위컴 주한 미군 사령관이 한국군 병력을 차출하고 미국의 항공모함과 공중조기경보통제기를 배치한 사실이 알려지고, 이를 계기로 반미 감정이 확산되면서 전작권 문제가 '뜨거운 감자'로 대두되었다.

이런 과정을 거쳐 1980년대 말 한·미 간에 주한 미군의 역할 조정 논의가 시작되어 1992년 한미안보협의회의(SCM) 및 한미군사위원회회의(MCM)에서 "한국군에 대한 평시작전통제권은 늦어도 1994년 말 이전까지 한국군에 전환하기로" 합의가 이루어졌다. 이에 따라 1993년 한미안보협의회의 군사위원회에서 환수 일자를 1994년 12월 1일로 합의한 데 이어 실제로 이때 실행되었다. 이로써 평시작전통제권은 44년 만에 한국군이 환수하게 되었다. 하지만 핵심인 전작권은 여전히 제외되었다.

민주 정부가 수립되면서 전작권 환수 문제는 다시 국민적인 관심사가 되었다. 노무현 대통령은 오래전부터 우리 국력이나 국방력, 국군의 사기와 전투력으로 보아 더 이상 전작권을 미군에게 위임한다는 것은 문제가 있다고 보았다. 하지만 이 문제는 북한의 핵실험과 연계되어 노무현 정부를 곤경에 빠뜨렸다.

그런 상황에서도 노무현 정부는 전작권 환수 시기를 2012년으로 정하고 미국과 협상을 벌였다. 그런데 미국이 '2009년 전작권 이양'을 전격 제안하면서 한미 간에, 그보다 국내에서 또다시 '뜨거운 감자'가 되었다. 이 문제가 외교적으로 제기되자 역대 국방장관 13명을 비롯해 성우회(예비역 장성 모임), 한국기독교총연합회, 재향군인회, 전직 고위 외교관, 일부 전직 경찰총수 등이 연명으로 환수 반대 성명을 낸 데 이어 일부는 격렬한 가두시위를 벌였다. 족벌신문들이 이들을 부추기기도 했다.

노무현 대통령은 이에 대해 불쾌감을 감추지 않았다. 특히 국방력 강화와 국가 안보의 실질적 책임자 위치에 있던 역대 국방장관과 예비역 장성들의 반대 시위에는 분노를 표시했다. "자신들의 직무를 어떻게 수행했기에 해방 60년이 될 때까지, 그리고 언제까지 전작권을 외국군에게 맡기겠다는 말인가?"

노 대통령의 이 같은 발언이 전해지자 수구 세력과 야당, 족벌신문들이 벌떼같이 들고일어나 대통령을 공격하고 '국가 안보'를 내세우며 비난 발언을 쏟아냈다. 이 같은 분위기에서 한·미 정부는 2007년 7월 전작권 환수 이행 계획 로드맵에 합의하고, 새 작전 계획 작성과 한미군사협조본부(MCC) 창설을 준비하기로 했다. 2011~2012년에 각종 훈련을 통해 한국군의 독자적 전쟁 수행 능력을 검증하고, 2012년 4월 17일 전작권을 환수, 한미연합사의 해체와 동시에 한국군 합동군사령부 및 미 통합군사령부를 창설하기로 합의했다.

원래 전작권 문제는 미국 측에서 2009년으로 조기 반환을 제기한 것을 노무현 정부가 2012년으로 연장하려 한 것인데, 수구 세력은 미국에는 침묵하면서 노무현 정부에만 비난의 화살을 퍼부었다.

노무현에 이어 집권한 이명박 정부는 전작권 환수와 관련해 아무런 고민도, 대책도 보이지 않다가 환수 시기를 2017년으로 다시 4년 4개월이나 연장했다. 그리고 이어진 박근혜 정부는 수구 세력의 여론을 좇아 2014년 10월 24일 다시 전작권 환수를 거의 무기한으로 연장하는 데 미국과 합의했다. 외형상으로는 미국이 되돌려주겠다는데도 한국 정부가 맡아 달라고 애원하는 형국으로 전작권 환수 시기가 연장되었다.

2015년으로 못 박은 전환 시기를 구체적인 시한도 정하지 않은 채 다시 연기한 박근혜 대통령은 2012년 대선 당시 선거 공약으로 '2015년 전작권 환수 이행'을 약속하고도, 이렇다 할 설명도 없이 '기간'도 명시하지 않고 연기했다. 국방부는 전작권 시기를 못 박지 않은 것은 "북한의 핵·미사일 위협이라는 안보 환경 때문"이라고 설명했다. 북한의 위협이 있는 한 영원히 '전환 불가'의 입장을 보인 것이다.

96

1,700만의 촛불혁명과
박근혜 탄핵

2016년 겨울 전국에서 촛불항쟁이
계속되고 박근혜가 국회의 탄핵을 받아 퇴진에 몰리게 되자 세간에
서는 그럴듯한 숫자풀이가 나돌았다. 국회의 탄핵 과정에서 국회의원
300명 중 1명이 투표에 불참하고, 234명이 탄핵 찬성, 56명이 반대,
7명이 무효, 헌법재판소 재판관 8명이 탄핵 인용하면, 박근혜는 구(9)
속되고 영(0)창에 간다는 기발한 풀이였다. 또 박정희가 18년간 집권
하다가 암살되고, 박근혜는 18년간 청와대 생활, 부친의 암살 후 18
년간 칩거, 정계 투신 18년 만에 제18대 대통령에 당선되었다는 숫
자풀이도 따랐다.

박근혜는 5 · 16쿠데타 후 51년 6개월 만에 51.6퍼센트를 득표하
고 대통령에 당선되는 기막힌 우연성을 보였다. 세상사는 가끔 우연
의 필연성을 보여준다. 역사학자 E. H. 카는 "역사는 우연을 가장한

필연의 연속"이라고 말했다.

2016년 10월 29일 서울 청계광장에 3만 명이 모여 박근혜를 비판하는 촛불을 들면서 시작된 촛불혁명은 다음 해까지 계속되었고, 6개월 동안 연인원 1,700만 명 이상이 시위에 참가했다. 중고생들로부터 노인 세대들까지, 경향 각지에서 집회당 평균 100만 명이 모인 대규모 집회로, 세계 혁명사에 기록을 세웠다.

그것도 처음부터 끝까지 비폭력 평화시위였다. 비가 오고 눈이 내리고 혹한에도 시민들은 자발적으로 광장에 모였다. 1919년 3·1혁명 이래 최대 규모였다. 시민들은 어울려 노래를 부르고 춤을 추고 함성을 질렀다. "대한민국은 민주공화국이다", "국정농단 박근혜는 물러나라"는 함성이 지축을 울렸다. 물론 태극기와 성조기를 든 반동세력의 집회도 있었지만 조롱거리에 불과했다.

촛불혁명의 목표는 1차적으로는 무능 부패한 박근혜와 그 측근들의 추방이지만, 본질적으로는 박정희 군사독재로부터 파생한 총체적인 적폐의 청산에 있었다. 초헌법적인 권력자, 범죄적인 정경유착, 정보기관·검찰·경찰·사법부 등 공권력의 사유화, 족벌신문의 패악, 방송 장악, 지역 편중과 차별 등 반민주·반공화국의 적폐를 청산하려는 명예혁명이다. 한마디로 한국 사회 곳곳에 도사린 박정희·전두환·노태우가 남긴 군사문화의 잔재와 이명박·박근혜의 반민주·부패를 청산하려는 목적이었다.

박근혜의 몰락은 자신의 무능과 반민주 국정농단에서 기인하지만, 측근과 족벌언론 '기레기'의 맹목적 감싸기 등에도 책임이 따른다. 현직 검사로서 유신헌법 초안 작성에 참여하고, 법무장관 시절 '초원복집' 사건의 장본인이기도 했으며, "우리 대통령이 디그니티(위엄) 있고

2016년 10월 29일의 박근혜 퇴진 요구 시위.(출처: 위키피디아, Teddy Cross)

엘레강스(우아)하고 차밍하다"며 아첨하던 아첨꾼이 비서실장에 임명되었으며, 그는 재임 중 수많은 문화·예술인들을 블랙리스트로 묶는 등 반민주 행각을 주도하다가 쇠고랑을 찼다.

족벌TV는 '100개의 형광등' 운운하고, 족벌신문은 박근혜의 의상을 3면에 이르는 특집으로 꾸몄다. 이 같은 아첨과 칭송에 박근혜 대통령은 여왕으로 자리바꿈했다. 광복절 전날 새누리당 지도부를 청와대 오찬에 불러 킬로그램당 수백만 원을 호가하는 송로버섯, 캐비아 샐러드, 샥스핀 찜 등으로 호화 파티를 열었다. 하룻밤 묵는 어느 지방 호텔 변기를 교체하게 하고, 국가정보원 특수활동비를 받아 1년에 몇억 원의 의상비를 지출했다.

박근혜는 민주공화주의에 전혀 소양이 없는 위정자였다. 세월호 사건이나 통합진보당 해산, 개성공단 철수, 정부기관보다 측근 최순실에 의존하는 등 반민주적인 행태와 공권력의 사유화는 공화정 대통령이 아닌 유신시대나 왕정시대의 여왕으로 착각한 결과였다.

결국 그는 2016년 12월 9일 자신이 속한 여당 의원 다수가 포함된 국회에서 탄핵되고, 2017년 3월 10일 헌법재판소에서 전원일치로 탄핵안이 인용됨으로써 대통령직에서 쫓겨났다. 이승만 대통령이 1925년 상하이 임시정부에서 탄핵당한 이래 두 번째다. 그는 현재 재판 중이다.

'피고인 박근혜'에 대한 헌법재판소의 탄핵 결정이 막바지에 이르고 있을 때 국군기무사령부 일각에서 거대한 음모가 진행되었다. 헌재에서 기각될 경우에 대비해 계엄령을 선포하고, 병력 및 장갑차 등을 투입해 촛불집회를 무력으로 진압한다는 음모였다. 청와대에 30사단의 1개 여단, 1공수여단, 헌법재판소에 20사단의 1개 중대, 광화문에 30사단의 2개 여단을 투입한다는 계획을 세운 것으로 전해진다. 박정희의 유신쿠데타나 전두환의 5·17쿠데타의 방식이다. 기무사는 정부기관 장악과 언론 통제 방안까지 마련했다. 탱크 200대와 장갑차 550대. 무장병력 4,800여 명, 특전사 병력 1,400명의 동원 계획을 세웠다는 주장도 있다. 완벽하고 철저한 쿠데타 음모다.

우리나라는 하마터면 또 한 차례 군사쿠데타를 겪을 뻔했다. 촛불집회가 시종 평화적으로 진행되고 폭력 사태가 없어서 저들에게 빌미를 주지 않았기 때문에 그 위기를 넘길 수 있었다. 이 사건의 주모자인 조현천 기무사령관은 미국으로 도망가서 종적을 감추고, 인터폴은 범인 체포와 인도를 거부했다. 웬일인지 정부기관도 미온적인 태도를 보이고 있다. 쿠데타 시나리오가 박근혜나 측근들과 모의한 것인지, 기무사 핵심의 과잉 충성 또는 정권 야욕인지도 밝혀져야 할 대목이다.

97
'문재인
촛불정부'의 출범

촛불혁명과 함께 시작된 적폐 청산 운동으로 박근혜 대통령이 탄핵되었다. 국회는 박근혜가 소속된 새누리당 의원 상당수가 탄핵 소추안에 찬성하고, 3월 10일 헌재는 8인 위원 전원일치로 파면을 결정했다.

현직 대통령이 쫓겨나고 제19대 대통령 선거가 2017년 5월 9일 실시되었다. 문재인 더불어민주당 후보가 1,342만 3,800표를 얻어 2위인 자유한국당 홍준표 후보를 득표율 17.1퍼센트포인트, 표차 557만 951표라는 대통령 직선제 사상 최대 표차로 꺾고 당선되었다. 3위는 국민의당의 안철수, 4위는 바른정당의 유승민, 5위는 정의당의 심상정 후보였다.

문재인 당선자는 5월 10일 제19대 대통령에 취임했다. 정권인수위원회가 구성되지 못한 채 당선 이튿날 곧바로 취임한 것도 헌정사상 처음이었다. 문 대통령은 이낙연 전 전남지사를 국무총리로 하는 내각을 구성하고 국정 운영을 시작했다. 현직 대통령이 각종 비리와 적폐로 탄핵되고 정상적인 선거를 통해 후임자가 취임할 만큼 한국의 민주주의가 제도로서 정착된 모습을 보여주었다. 시민들의 성숙한 민주의식의 진전이었다.

문재인 대통령은 취임사에서 국민 통합, 권위적 대통령 문화 청산, 사드 문제 해결, 한반도 평화 정착, 고른 인재 등용, 일자리 창출, 재벌 개혁, 비정규직 문제 해결, 국민과 소통하는 대통령 등을 다짐했다.

박근혜 정권 말기 한반도는 전쟁 위기의 먹구름이 짙게 깔려 있었다. 갑작스럽게 이루어진 개성공단 철수, 북한의 연이은 핵실험과 ICBM(대륙간 탄도미사일) 개발에, 중국과는 사드 문제로 수교 이래 최악의 상태였다. 저성장 고실업률, 수출 저조 등 경제 문제도 심각했다.

문 대통령은 북핵 해결을 비롯한 한반도 평화 정착을 위해 발 벗고 나섰다. 전쟁 일보 직전까지 치닫던 한반도 위기를 해결하는 것이 모든 정책의 우선 과제였다. 남북 대결 구도가 평창 동계올림픽을 계기로 해빙의 기미를 보이면서, 2017년 6월 29~30일 워싱턴에서 도널드 트럼프 미국 대통령과 첫 한미정상회담을 시작으로 같은 해 11월 트럼프의 서울 방문, 2018년 5월 문재인 대통령의 방미 정상회담, 같은 해 9월의 재방미, 2019년 4월 워싱턴 양국 정상회담, 6월 한국에서의 회담 등 취임 2년 동안 8차례에 걸쳐 정상회담을 가졌다. 주요 의제는 북핵 해결과 한반도 평화 정착이었다.

문 대통령은 이와 함께 3차례 북한 김정은 국무위원장과 남북정상회담을 갖고 북핵 해결을 비롯한 한반도 평화 정착 문제를 논의했다.

2018년 4월 27일, 판문점에서 김정은 국무위원장과 악수를 나누는 문재인 대통령.(출처: 청와대)

남북 분단 후 첫 번째 남북정상회담은 2000년 6월 김대중 대통령과 김정일 위원장, 두 번째는 2007년 10월 노무현 대통령과 김정일 위원장 간에 이루어지고, 세 번째는 2018년 4월 27일 문재인 대통령과 김정은 국무위원장 간에 열렸다.

문-김의 1차 회담은 판문점 평화의 집에서, 2차 회담은 판문점 통일각에서 열렸고, 3차 회담은 2018년 9월 평양에서 개최되었다. 김대중-김정일, 노무현-김정일의 회담이 평양에서 열린 데 비해 문재인-김정은의 1·2차 회담은 판문점에서 열렸다. 특히 1차 회담에서는 북한 최고지도자로는 처음으로 김정은이 군사분계선을 넘기도 했다.

두 차례 회담에서 양 정상은 핵 없는 한반도 실현, 연내 종전 선언, 남북공동연락사무소 개성 설치, 이산가족 상봉 등을 공동선언을 통해 천명했다. 3차 회담은 문 대통령이 평양을 방문해 실현되었다.

두 정상은 백두산 천지를 배경으로 손을 맞잡고 비핵화와 한반도 평화 정착을 다짐했다. 문 대통령은 평양 시민 15만 명이 운집한 연설에서 "핵무기 없고 핵 위협 없는" 한반도 평화를 말해 열렬한 박수를 받았다. 평양 회담에서 김정은 위원장의 '연내 답방'이 논의되었으나 실현되지 않았다. 정상회담은 비무장지대 전방관측소(GP) 시범 철수와 판문점 공동경비구역 비무장화 등의 성과를 얻었다.

문 대통령의 중재 노력으로 김정은 위원장과 트럼프 대통령의 정상회담이 두 차례(싱가포르와 하노이) 열렸으나, 북핵 문제를 둘러싸고 양측의 조건이 엇갈리고 있다. 하노이 회담에서 미국은 북한의 핵무기와 핵물질을 포함해 탄도미사일, 생화학무기와 이중 용도의 생산시설까지 폐기하도록 요구한 것으로 알려진다. 이에 북한은 사실상의 '백기투항'으로 인식하면서 강하게 반발하는 모양새다. 하지만 적대국이던 두 나라의 정상이 연달아 회담을 가졌다는 것 자체가 큰 진전이고, 이를 계기로 한반도 전쟁 위기가 크게 감소된 것은 사실이다. 남북·북미회담은 현재 진행형이다.

문 대통령은 취임 이후 남북·한미 정상회담을 통해 안보 불안 해소에는 어느 정도 성과를 얻고 있으나, 국내 문제의 해결은 '산 넘어 산'이다. 촛불혁명을 통해 집권한 만큼 국민의 기대치와 요구는 그만큼 증대했다. '이명박근혜' 정권이 남긴 각종 적폐에 대한 청산은 수구 세력의 제동으로 어느 것 하나 해결이 쉽지 않다.

개헌과 정치 개혁을 비롯해 검찰, 사법, 국정원, 재벌, 관변단체, 대형 교회, 족벌언론 등 군사독재 이래 강고한 세력을 구축하며 민주화와 개혁, 남북 화해 협력을 훼방해온 기득 세력은 어느 것 하나도 개혁되지 않고 있다. 족벌신문과 방송은 문재인 정부의 개혁 정책에 사사건건 발목을 잡고, 정치권의 보수 세력을 대변하면서 기득권을 공유한다.

　문재인 정부의 한계도 적잖이 지적된다. 취임 초기 80퍼센트 수준의 지지율을 믿고 개혁을 서둘렀거나, 2017년 봄 지자체 선거에서 전국을 석권했을 때를 놓치지 말았어야 했다. 또 청와대 비서진과 행정각 부 장관 등에 국민의 눈높이에 맞지 않는 부적격자를 임명해 지지율을 떨어뜨리고 있다는 지적이 따른다.

　수구 세력의 거대한 장벽 앞에 촛불시위로 집약된 국정 개혁이 이번에도 단행되지 못한다면 문재인 정부는 김대중·노무현 정부처럼 '개혁의 미완성'이라는 전철을 밟게 될지 모른다. 아직 임기가 절반 이상 남아 있어서 이후의 평가는 미뤄둔다.

98

요원의 불길 '미투', 여성해방운동

헌법재판소는 2019년 4월 11일 형법 낙태죄 조항(제269조 제1항, 제270조 제1항)에 대한 헌법 불합치 결정을 내렸다. 한마디로 낙태죄는 위헌이라는 것이다. 7년 만에 '4 대 4'에서 '7 대 2'로 뒤집혔다.

1953년 낙태죄가 형법에 포함된 지 66년 만에 형법의 개정을 보게 되었다. 헌재는 단서 조항으로 임신 초기의 낙태 허용 등에 대해서는 국회의 입법으로 넘겼지만, "임신 여성이 겪는 다양하고 광범위한 사회적·경제적 사유에 의한 갈등 상황"을 고려하지 않고 낙태를 예외 없이 형사 처벌하는 것은 "자기결정권을 과도하게 처벌하는 것"이라고 밝혔다. '태아의 생명권'과 여성의 '자기결정권'이란 이분법적 대립을 넘어, 여성을 보호할 때 태아의 생명권도 보호된다는 전제도 분명히 했다.(『한겨레』, 2019. 4. 12. 사설)

통사와 혈사로 읽는 한국 현대사

헌법재판소가 7년 전의 판결을 압도적으로 번복한 데는 어떤 배경이 있었을까? 미투(Me Too) 운동에 크게 영향을 받았을 것이다. 미투운동은 단순히 성폭행·성폭력에 대한 고발운동을 넘어 여성 차별, 여성 혐오 등의 경험을 공개함으로써 남녀평등으로 가고자 하는 한국 사회의 여성해방운동의 일환이다. 여성들이 1919년 3·1혁명에서 사상 처음 조직적·집단적으로 참여한 이래 100년 만에 보다 수준 높은 차원에서 궐기한 것이다.

서지현 현직 검사가 2018년 1월 29일 JTBC 뉴스룸에 출연해 검찰내의 성폭력 실상을 고발하면서 미투 운동을 촉발했다. 서지현 검사가 터뜨린 불꽃은 곧바로 요원의 불길로 번지고, 국민적인 미투 운동으로 전개되었다. 서지현 검사는 "거악(巨惡)을 제거하고자 검사가 되었는데 검찰이 바로 거악이었다"면서 법조 사상 최초로 자신이 속한 검찰에 메스를 댔다.

미투 운동은 그동안 음침한 남성 사회에서 은폐되어온 성폭력 구조를 깨뜨리는 변혁운동으로 발전했다. 시인 고은, 극작가 오태석·이윤택, 배우 조민기·조재현·이영하, 충남지사 안희정, 전 의원 정봉주, 방송인 김생민, 쇼트트랙 국가대표 코치 조재범, 사진작가 최원석 등 각계의 명사 20여 명이 가해자로 지목되었다. 여기에 『조선일보』방 사장 일가 3명이 명단을 올렸다.

성폭력 폭로는 연예계뿐만 아니라 국회, 학계, 관계, 언론계, 스포츠계 등 전방위적으로 전개되었다. 대부분 갑과 을의 관계에서 이루어진 성폭력은 경제력이나 권력을 가진 남자들이 여성을 성적 배설구로 인식하면서 자행되었다.

권력자들의 성폭력 행위는 뿌리가 깊다. 박정희 대통령은 청와대

인근 안가에서 중앙정보부가 차출해 온 미녀들을 상대로 주기적으로 '성 파티'를 즐겼다. 1986년 전두환 정권 때 부천경찰서 문귀동 경장은 위장 취업을 했다는 이유로 붙잡혀 온 권인숙을 강제 추행하고, 5공 검찰은 "성까지 혁명의 도구로 이용한다"고 민주화운동을 매도했다. 김학의 전 법무차관의 별장 성상납 문제는 정치 현안이 될 만큼 의혹이 커지고 있다.

여성들의 자기희생적인 미투 운동에도 불구하고 사회 일각의 시각은 여전히 싸늘하거나 적대적이다. '꽃뱀'론이 악의적이라면 '2차 피해'는 보다 구조적이다. 성적 피해자를 꽃뱀으로 매도하고, 언론이나 검찰 출두에서 실명·영상이 보도되고, 더러는 피해 사실이 왜곡된다. 피해자 10명 중 7명은 직장을 떠나고 일상 복귀도 쉽지 않은 것이 현실이다. 남성 위주 사회의 병폐 현상이다. 범죄자들에 대한 재판 과정도 여성 차별이라는 뿌리 깊은 통념의 벽을 깨뜨리기 쉽지 않다. 피해자의 말이 왜곡되거나 의심되고, 심지어 옷차림까지 시빗거리로 삼는다.

미투 운동은 계속되어야 한다. 3·1혁명과 대한민국임시정부가 추구했던 가치 중에는 '남녀평등'과 '인간의 존엄성'이 있다. 일방이 다른 일방의 육체를 강박으로 탐욕하는 것은 민주공화주의에 대한 도발이고 인권 유린에 속한다. 미투 운동이 여성 해방, 나아가 인간 평등의 헌법 가치를 구현하려면 남성 위주의 가치관부터 바뀌어야 한다.

99

양승태 사법부의
사법농단

민주국가에서 가장 악질 부류를 들자면 법비(法匪)와 언비(言匪)다. 법복을 입은 판검사, 변호사와 언론의 탈을 쓴 '기레기'들의 비행을 일컫는다. 법조인은 정의를 구현하는 직업인이고 언론인은 진실 보도를 사명으로 하는 직종이기 때문이다. 정치가 타락하고 관계가 부패해도 사법(검찰)과 언론만 정도를 걸으면 사회는 청정해질 수 있을 것이다.

양승태 전 대법원장이 2019년 1월 11일 헌정사상 최초로 검찰에 출두하고 곧이어 구속 수감되었다. 사법부의 전직 수장이 구속되는 '사법 치욕의 날'로 기록된다. 피의자 양승태는 사법농단의 주범으로 지적되었다. 그는 대법원장 임기 내에 달성할 핵심 과제로 설정한 최고법원의 추진 과정에서 수단과 방법을 가리지 않고 박근혜 권력과 야합했다. 사법행정권의 남용이고 유착이다.

"법관은 헌법과 법률에 의하여 그 양심에 따라 독립하여 심판한다"는 헌법 제103조는 헌신짝이 되고, 스스로 사법부(司法府)를 행정부 산하의 사법부(司法部)로 격하시켰다. 그는 초기부터 사법 정의보다 권력 지향의 인물이었다. 박정희 정권 때부터 김기춘과 함께 주로 공안사건을 맡아 처리하면서 권력의 눈치를 살피는 '정치판사'였다. 노동, 집회, 시위 관련 사건에는 무관용의 엄단주의 성향을 보이고, 사학, 기업인 관련 사건에서는 관용성을 택했다.

이명박 정부 말기인 2011년 제15대 대법원장에 취임한 후에는 박근혜 정부와 노골적인 사법 거래를 일삼았다. 대법원의 하위 조직이 되는 상고법원 도입을 위해 주요 시국 사건을 판결하기에 앞서 청와대의 의중을 묻고 거래를 했다. 사법부의 독립이라는 헌법상의 가치나 법관의 양식 따위는 안중에 없었다.

심지어 1965년 체결된 한일협정에 대해서 수천 명의 일본군 위안부를 포함한 강제징용 피해자들이 제기한 소송을 고의로 지연시키는가 하면, 2013~2016년 일제 전범기업 강제노역 피해자 손해배상 청구소송 재상고심을 청와대 요청에 따라 지연시키고, 전원합의체에 회부했다는 의혹도 따른다. 뿐만 아니라 전교조 시국선언 사건, 철도노조 파업 사건 등을 지연시켜 사회적 약자들의 권리를 짓밟았다. 반대로 전 국정원장 원세훈 사건과 이석기 사건 등은 청와대와 거래해 이를 판결에 반영했다.

이뿐만이 아니었다. 법원행정처를 통해 일선 판사들에게 배정된 자금을 횡령하고, 내부에 비자금을 조성해 정치적으로 사용했다. 사법행정에 비판적인 법관들의 개인적인 성향, 동향, 재산 관계 등을 은밀히 조사해 판결에 압력을 주고 인사에 반영했다. 박근혜 정부가 문화·예술인들에 대한 블랙리스트를 만들 때 양승태 사법부는 법관 블랙리스트를 만들었다.

정부나 시국에 영향을 주는 주요 재판을 전후해서는 법원행정처가 청와대와 교감을 나누었다. 판결에 영향을 미치는 것은 당연한 결과였다. 국회 법사위원들은 여야 중진들과 거래하고, 검찰총장을 협박하고, 헌법재판소 내부 정보를 빼돌리는 등 양승태 사법부의 법원행정처는 가히 탈법·위법의 온상이 되었다.

검찰은 사법부 수장을 47개의 비리 혐의로 구속 기소하고, 사법부 서열 2·3위인 박병대·고영한 두 전 대법관을 불구속 기소했다. 양승태에게는 직권 남용과 권리 행사 방해, 공무상 비밀 누설, 허위 공문서 작성 및 행사, 직무유기, 위계 공무집행 방해, 공전자 기록 위작 및 행사, 특정범죄가중처벌법상 국고 손실 혐의가 적용되었다. 검찰이 적시한 양승태의 주요 범죄 혐의는 다음과 같다.

① 부당한 재판 개입 및 청와대와의 재판 거래
• 일제 강제징용·위안부 피해자 소송
• 전교조 법외노조 통보 처분 사건
• 국가정보원 대선 개입 사건
• 옛 통합진보당 의원 지위 확인 소송
• 가토 전 『산케이신문』 서울 지국장 사건
• 박근혜 전 대통령 '비선 의료진' 특허 소송

② 내부 비판 세력 탄압(블랙리스트)
• 국제인권법연구회·인권과 사법제도 소모임(인사모) 와해 방안 지시

- 대법원 정책 반대 법관 사찰, 부당 전보
- 긴급조치 국가 배상 인용 판결 법관 징계 시도

③ 정치권 민원 해결
- 메르스 사태 관련 박근혜 정부 법적 책임 면제 방법 검토
- 유동수·홍일표 의원 재판 컨설팅

④ 부당한 조직 보호
- 부산 법조 비리 사건 은폐·축소
- '정운호 게이트' 관련 판사 비위 은폐·축소

⑤ 법원 위상 강화를 위한 헌법재판소 견제
- 파견 법관 이용해 헌재 내부 정보 동향 수집
- 현대차 비정규노조 업무 방해 사건 관련
- 청와대 통해 헌재에 한정위헌 결정 못 하게 압박

⑥ 예산 불법 편성·집행
- 법원행정처 공보관실 운영비로 비자금 조성(『한겨레』, 2019. 1. 12.)

양승태는 2017년 9월 22일 대법원장 임기를 마치고 퇴임사에서 "사법 체계의 근간이 흔들리거나 정치적인 세력 등의 부당한 영향력이 침투할 틈이 조금이라도 허용되는 순간 어렵사리 이루어낸 사법부 독립은 무너지고 민주주의는 후퇴하고 말 것"이라고 말했다. 또한 "오늘날 우리 사회는 상충하는 가치관 사이의 대립과 갈등이 갈수록

격화되어 거의 위험 수준에 이르고 있다"며 "이분법적 사고가 만연하고, 자신의 주장만 일방적으로 강변하면서 다른 쪽의 주장을 들으려 하지 않는 진영 논리에 가까운 집단적인 공격조차 빈발하고 있고, 이는 사법부가 당면한 큰 위기이자 재판의 독립이라는 헌법의 기본 원칙에 대한 중대한 위협"이라고 피력했다. 말은 마치 '공자님 말씀'처럼 하면서 정작 자신은 그 반대의 길만을 골라서 행했다.

'양승태 사법부'에 대한 재판은 후배 판사들에 의해 진행되고 있다. '이명박근혜' 정부의 총체적인 국정농단과 궤를 같이하는 사법농단이 얼마만큼 광정(匡正)되고, 민주 헌정의 한 바퀴인 사법부가 제자리를 찾게 될지 국민이 지켜보고 있다.

이승만 시대의 사법부가 조봉암을 사법살인하고, 박정희 사법부가 인혁당 8인을 사형하고, 전두환 사법부가 김대중에게 사형을 선고하는 등 어용 법관들은 '민주주의의 마지막 보루'가 아닌 '독재자의 하수인' 노릇을 충실히 해왔다. 그 유구한 전통에서 양승태 사법부의 망나니 칼춤이 이루어진 것이다. 사법부의 명예 회복을 국민은 이 재판에서 기대한다. 지체된 정의는 정의가 아니라고 했다.

100
복합 구조의
한반도 주변 상황

유라시아 대륙의 동쪽 끝이고 태평양의 서쪽 끝자락에 자리 잡은 우리나라는 해양 세력 대 대륙 세력, 유교 문화권 대 기독교 문화권, 자본주의 세력 대 공산주의 세력의 대척 지대가 되었다. 그래서 늘 주변 열강으로부터 침략과 분단의 위협을 받아야 했다.

중국은 한반도를 '자국의 뒤통수를 내리치는 망치'로, 일본은 '자신들의 심장을 겨누는 비수'로, 미국은 '동북아의 전진 기지'로, 러시아는 '자국의 팽창에 분리될 수 없는 행동반경'으로 각각 인식하면서 결코 영향력은 내려놓으려 하지 않았다. 이 같은 상황은 100년 전이나 지금이나 크게 다르지 않다.

주변 열강은 힘이 강하거나 국제 정세가 유리하다 싶으면 단독으로 집어삼키려 하고, 상황이 여의치 않으면 쪼개어 반쪽이라도 야욕을 채우고자 했다. 이른바 '지리적 숙명론'이 아니더라도 동북아의 한반도와 유럽의 폴란드는 지리적 유사성을 떨치기 어렵다.

16세기 일본이 임진왜란의 전후 처리 협상 과정에서 명나라에 조선을 양분해 남반부를 일본에 넘기라고 제의한 이래, 주변 열강은 틈만 나면 한반도를 독점적으로 지배하거나 분할 지배할 것을, 그것도 여의치 않으면 중립화를 제기했다. 1882년 일본과 청국이 조선에서 패권을 다툴 때 일본이 미·영·불·독 4개국 협정을 통한 한반도 중립화론을 제기한 것이나, 일본이 청국과 전쟁을 하면서 조선 중립화를 제의한 것은 모두 전통적인 한·청 관계를 끊고 일본의 지배권을 강화하려는 술책이었다. 이 같은 대륙 세력과 해양 세력의 대치는 계속되었고, 지금 극한점에 이르고 있다.

세계사적으로도 우리 민족만큼 빈번한 외세 침략을 겪고, 이를 극복하면서 민족국가를 꿋꿋이 지켜온 나라도 흔치 않을 것이다. 폴란드, 베트남, 아프가니스탄 등을 꼽을 뿐이다. 1,000년을 넘게 이민족의 영향 아래에서도 민족을 온전히 보전한 집단은 한국뿐이다. 그것은 한민족의 문화적 우수성과 그 문화를 바탕으로 하는 강한 동질성에 기인한다.

세계의 민족 분포를 종족·지리·경제 집단 개념으로 분류하면 590개 정도이고, 이를 다시 언어학·민속학적으로 크게 나누면 80개 정도인데, 이 중 반만년의 역사를 가진 민족(종족)은 16개 정도에 불과하다. 이 16개 민족이 과거부터 지금까지 세계를 이끌어온 중심 국가의 역할을 해왔다.

우리는 더 이상 민족 내부끼리 낡은 이념 싸움과 이해 다툼과 지역 갈등을 벌일 여유가 없다. 국제화 시대에 민족공동체의 생존과 발전에 눈을 돌려야 한다. 제4차 산업혁명기를 맞아 향후 30년이면 바닥날 석유 자원과 대체 에너지 개발, 식량 무기화에 따른 양곡 수급, 물 부족, 자원 고갈, 오존층 파괴, 이상기온, 미세먼지, 환경호르몬, 인구 노령화, 불균형한 남녀 성비, 국제공용어와 민족언어 보호, 군축 문제, 이질화된 문화, 사이버세계의 팽창, 생명공학의 궤도 이탈, 인간 게놈 프로젝트, 나노기술, 성 타락, 가족 해체, 이익집단화 등 민족적 차원에서 해결해야 할 과제가 산적해 있다.

지난 세기가 그나마 '예측 가능'의 시대였다면 향후 세기는 예기치 못한 한계와 재앙에 부딪치는 경우가 적지 않을 것이다. 남북이 갈라지고 적대화한다면 민족공동체의 발전은 기대하기 어렵다.

한민족은 현재 중국에 150만 명, 일본에 130만 명, 미국에 200만 명, 러시아 연방에 100만 명을 포함해 세계 142개국에 700만 명에 이르는 교민을 갖고 있다. 본국 인구와의 비율로 따질 때 유태인 다음이고, 객관적인 수치상으로는 중국인, 이탈리아인 다음가는 세계 4위에 해당한다. 특히 미·중·일·러 4대 강국에 집중적으로 많은 교민이 거주하고 있는 것이 특색이다.

과거 제국주의 시대에는 영토가 곧 국력이고 인구가 국제적인 파워의 상징이 되었지만, 지금은 인터넷을 통한 가상공간이 영토와 인구에 못지않은 국력이고 힘의 상징인 시대가 되었다. 따라서 세계 최첨단을 달리고 있는 우리의 인터넷, IT 기술을 통해 4대 강국을 포함해 세계 곳곳에 산재한 한민족을 외교력과 정보통신으로 엮어 나간다면 상품 수출은 물론이고 한민족의 문명권과 문화를 범세계적으로, 국제적으로 확산시키는 인적 '자원'으로 활용할 수 있을 것이다. 특히 촛불혁명으로 나타난 대한민국의 이미지 상승이 문화와 상품 수출로 이어지고 교민들의 지위 향상으로 연결된다면 한민족의 문명권은 세계사의 변방에서 중심권으로 이동하게 될 것이다.

잠시 눈을 돌려 주변을 살펴보자. 한반도는 지구상에서 마지막 남은 유일한 냉전지대이고, 유엔 가입 200여 개국 중 유일한 분단국이다. 한민족은 분단 이후 열전·냉전·신냉전을 모두 겪은 유일한 민족이다.

지금 시황제를 꿈꾸는 중국 시진핑의 대국주의, 도무지 언행에 갈피를 잡기 어려운 미국 트럼프의 자국우선주의, 21세기 차르의 길을 걷고 있는 푸틴의 러시아, 한반도 화해 분위기에 어깃장을 놓으면서 군사 대국을 추진하는 아베의 일본, 동서남북 어디를 보아도 우리 운명이 평탄해 보이지 않는다.

결국 남북 화해 협력을 통해 민족적인 구심력을 얻고 이를 바탕으로 외세에 대응하면서 평화 공존, 촛불정신을 세계화하는 길을 찾아야 하지 않겠는가.

독립운동→민주화운동→평화운동의 길

대한민국은 지금 엄중한 역사의 전환기에 처해 있다. 3·1혁명과 대한민국임시정부 수립 100주년을 맞은 오늘날 우리는 역사의 정도 (正道)와 정맥(正脈)을 회복해 남북 화해와 민주공화정의 방향으로 발전하느냐, 식민지 잔재와 남북 대결, 각종 적폐를 미봉한 채 전제적 퇴행을 거듭하느냐의 갈림길에 있다.

국가도 하나의 유기체다. 창업→수성→경장(更張)→쇠퇴의 과정을 걷는다. 자주독립과 반봉건 민주공화제를 기치로 봉기한 3·1혁명과 이를 바탕으로 수립한 대한민국임시정부가 '창업'이라면, 대한민국 정부 수립과 6·25 공산 침략 분쇄, 그리고 산업화와 민주화는 '수성'에 해당한다. 지금은 '경장'의 시기다. 다른 용어로 말하면 개혁이다. 조선 왕조는 병자·정묘 양 난을 겪고도 경장을 하지 못한 채 낡은 봉건 체제를 유지하다가 결국 왜적에게 국치를 당하고 말았다.

1884년의 갑신정변, 1894년의 동학혁명이나 갑오경장 중 하나만이라도 성공했다면 나라가 망하는 비극은 겪지 않았을 것이다. 갑신정변은 1868년의 일본 메이지 유신과 불과 16년 차이다. 메이지 유신으로 일본이 근대적 국가 개혁을 실천할 때 조선 왕조는 기껏 왕권이나 강화하는 칭제건원 따위로 미봉하고 말았다. 경장의 시기에 제대로 개혁하지 못하면 나라의 운명이 어떻게 되는지를 똑똑히 보여주는 사례다.

우리나라는 독립운동가들의 피어린 투쟁으로 창업이 이루어지고, 민주화운동과 산업화로 어느 정도의 수성에 이르렀다. 그럼에도 일제 잔재, 군사독재 잔재, 사대주의 세력, 냉전 분단 세력의 발호로 나라의 근간이 흔들리고, 이들이 남긴 적폐는 우리 공동체를 위협하고 있다. 이들 세력은 조선 후기 집권층으로서 결국 망국의 주역이고, 식민지의 적자인 '노론 벽파' 계열이거나 정신적 상속자들이라는 공통점을 갖고 있다.

위대한 촛불혁명이 기대만큼의 성과 없이 사위어가고 있다. 6개월 동안 연인원 1,700만 명이 참여해 세계 민주주의 역사의 신기원이라는 국제적인 찬사를 받았던 촛불혁명이다. 국정농단과 비리의 우두머리 중 하나인 이명박은 석방되고, 박근혜도 석방하라고 아우성이다. 촛불혁명의 성과로 민주정부가 수립되었으나 여전히 힘에 부치는 것 같다. '쿠데타적 수법'으로 자행한 각종 적폐와 비리를 '민주주의적 방식'으로 처리하려니 절차가 복잡하고 시간이 걸린다. 문재인 정부 3년차에 접어들면서 개혁 의지도 묽어지는 듯하다.

문제는 적폐의 대상이 너무 강고하다는 데 있다. 정치권, 검찰, 사법, 족벌언론, 국정원, 재벌, 대형 교회, 수구 지식인, 각종 관변단체 등 어느 것 하나도 개혁하지 못했다. 이들은 강고한 기득권층을 형성하면서 개혁에 발목을 잡고, 요즘은 문재인 정부 타도를 말하기에 이르렀다.

그들은 민주 개혁 세력을 좌경, 종북으로 몰고 '개혁의 피로감'을 선동하면서, 조그마한 비리나 실책은 확대 조작한다. 자신들은 황소를 훔쳐 놓고도 상대가 계란 하나만 훔쳐도 대서특필한다. 그렇게 해서 개혁을 실종시키고, 다시 기수를 바꾸어 권력을 찬탈하면서 기득권을 누리고 세습한다. 필요하면 외세를 끌어들이고, 북쪽과는 뒷거래를 시도한다. 늘 그래왔다.

단재 신채호 선생은 '혁명적 정화'를 주장했다. 우리 역사가 창업, 혁명, 쿠데타, 반정, 반란 등을 모두 겪었으나, 한 번도 '혁명적 정화' 과정을 거치지 못했다는 것이다. 해방 후만 해도, 친일매국노를 처리하는 반민특위 활동을 이승만이 분쇄시키고, 4·19혁명 후 자유당 12년 폭정을 심판할 때 박정희가 5·16 쿠데타로 뒤엎었다. 박정희 18년 독재의 처리는 전두환의 쿠데타로 덮고, 6월 항쟁 후 전두환의 폭정은 3당 야합으로 날아갔다. 지금 '이명박근혜'의 헌정 유린과 비리, 적폐 청산이 다시 위기에 내몰리고 있다.

현대사는 여러 차례 적폐 청산과 신생의 기회를 놓치고 수구 사대 세력에 다시 권력이 돌아갔다. 동학혁명은 좀 더 빨리 남북접이 한 덩어리가 되어 전주성에서 지체하지 말고 상경해 무능한 왕조를 타도했어야 했다. 3·1혁명 당시 좀 더 세차게 밀어붙였으면 어땠을까? 4·19혁명 때 시민과 학생들이 경무대에서 이승만을 끌어내 법정에 세웠어야 했고, 6월 항쟁 당시 적어도 전두환과 노태우를 타도했으면, 이후의 현대사는 크게 바뀌었을 것이다.

촛불혁명이 박근혜의 탄핵만으로 마무리된 것은 대단히 미흡했다. 그를 뒷받침해온 정치 세력과 정당은 문을 닫고 총선거를 다시 실시해 '새 술은 새 부대'에 담아야 했다. 우리 국민성인지, 리더들의 실책인지, 혁명과 개혁의 결정적인 시기 '마지막 단계'에서 주춤하거나 발을 빼면서 그때마다 '혁명적 정화'의 기회를 놓치고 말았다.

3·1혁명의 성과로 태어난 대한민국임시정부는 '자주독립'과 '민주공화'라는 두 테제를 내걸고 수립되었다. 이것은 임시정부의 목표이면서 바로 법통을 승계한 대한민국의 가치로 이어진다. 하지만 '자주독립'은 유엔 회원국 중 유일하게 전시작전통제권이 외국군에게 넘겨진 상태이고, 올 한 해에 주한 미군 주둔 경비(한미방위비 분담금)가 1조 389억 원에 달한다. 독일, 일본에 이어 3번째로 많은 미군이 주둔하고 있다. 두 나라는 전범 국가였지만, 우리는 연합국이었다. '이명박 근혜' 정권 때는 세계에서 가장 많은 미국산 무기를 구입했다.

모두가 알고 있듯이, 헌법 제1조 제1항은 "대한민국은 민주공화국이다"이다. 군사독재자들도 이 조항만은 손대지 못했다. 그동안 '민주'는 4·19혁명, 반유신 투쟁, 부마항쟁, 광주민주화운동, 6월 항쟁, 촛불혁명 등을 통해 어느 정도 실천되고 있다. 하지만 '공화'는 아직 초보적인 발걸음도 떼지 못한 실정이다.

민주가 정치적 권리라면, 공화는 더불어 사는 공공성과 복지를 말한다. 경제 수준으로는 선진국 대열에 들어섰지만, 저소득층의 소득은 상대적으로 줄어들고 고소득층의 소득은 크게 증가했다. 세계 두 번째의 빈부 양극화, 10퍼센트의 부자가 국민총생산의 43퍼센트를 소유하는 독점 현상은 국가적 재앙이다.

아리스토텔레스는 『정치학』에서 경제적 불평등이 소요와 폭동을 불러온다고 했고, 플라톤은 『법률』에서 가장 부유한 사람은 가장 가난한 사람보다 4배 이상을 소유해서는 안 된다고 했다. 이런 주장이 꿈같은 이야기라고 할지 모르지만, 한국의 빈부 양극화 현상은 너무 지나치다.

한국의 지난 세기, 즉 20세기의 전반기는 독립운동의 혈사이고, 후반기는 민주화운동의 통사에 속한다. 그 결과, 독립을 쟁취하고, 아직 미숙한 수준이지만 민주화를 성취했다. 21세기 상반기는 남북 화해 협력과 통일에 이르는 평화운동이 시대 가치가 되어야 할 것이다. 독립운동 → 민주화운동 → 평화운동으로 이어지는 시대 가치를 시민들이 중심이 되어 전개했으면 한다. 독립운동에는 일제와 친일파, 민주화운동에는 독재 세력, 평화운동에는 분단, 냉전, 외세의 방해가 따르겠지만, 선열·선대들의 피어린 투쟁정신을 이어받아 실천한다면 반드시 성공의 날이 올 것이다.

참고문헌

대한민국사편찬위원회, 『대한민국사』, 탐구당, 1988.

강만길, 『고쳐 쓴 한국현대사 1 · 2』, 창작과비평사, 1994.

강만길 외, 『현대 한국을 뒤흔든 60대 사건』, 동아일보, 1988.

강준만, 『한국 현대사 산책: 1960년대 편 1권』, 인물과사상사, 2004.

경희대고황편집위원회, 『민주공화국 40년』, 중원문화사, 1985.

고종석 외, 『발굴 한국현대사 인물』, 한겨레신문사, 1992.

국사편찬위원회, 『한국독립운동사 자료 1: 임정 편 1』.

김기협, 『해방일기 2』, 너머북스, 2011.

김대중납치사건진상조사위, 『김대중 사건의 진상』, 삼민사, 1987.

김보희, 「북간도 지역의 독립운동가요」, 『북간도 지역 한인 민족운동』, 독립기념관 한국독립운동사연
　　　구소, 2008.

김삼웅, 『민족민주민중선언』, 일월서각, 1984.

───, 『서울의 봄 민주선언』, 일월서각, 1987.

김영택, 『5 · 18 광주민중항쟁』, 동아일보사, 1990.

김재홍, 『한국정당과 정치지도자론』, 나남, 1992.

김정명 편, 『조선독립운동 2』, 동경에서 발행된 일제 정보 문서.

김정원, 『분단한국사』, 동녘, 1985.

김청석 외, 『80년대 한국사회』, 공동체, 1986.

김태일, 「4월 혁명의 출발: 2 · 28 대구민주운동의 정치사적 의의」, 『한국정치외교사논총』 24권 2호,
　　　한국정치외교사학회, 2002년 11월.

노재현, 『청와대비서실 1 · 2』, 중앙일보사, 1993.

박권흠, 『정치의 현장』, 백양, 1982.

박세길, 『다시 쓰는 한국현대사 1～4』, 돌베개, 1989.

박은식, 『한국통사』.

박종운 외, 『80년대 사회운동논쟁』, 한길사, 1989.

박찬승, 『대한민국은 민주공화국이다』, 돌베개, 2013.

───, 「광주학생운동의 정치사상적 배경」, 『전남사회운동사연구』, 한울, 1992.

박태순 · 김동춘, 『1960년대의 사회운동』, 까치, 1991.

백범김구선생전집편찬위원회, 『백범 김구 전집』 제5권, 서울신문사, 1999.

변형윤 외, 『분단시대와 한국사회』, 까치, 1985.

브루스 커밍스, 『한국 현대사』, 김동노 외 옮김, 창작과비평사, 2001.

서대숙 외, 『한국현대사의 재조명』, 돌베개, 1982.

서병조, 『정치사의 현장증언 1 · 2 · 3』, 중화출판사, 1981.

서중석, 『대한민국 선거 이야기』, 역사비평사, 2008.

송건호, 『한국현대사론』, 한국신학연구소, 1987.

송남헌, 『해방 3년사 1 · 2』, 까치, 1985.

안청시 외, 『현대한국정치론』, 법문사, 1989.

오소백 외, 『해방 22년사』, 세문사, 1967.

오인석, 『바이마르공화국의 역사』, 한울, 1997.

이기택, 『한국 야당사』, 백산서당, 1987.

이도성, 『남산의 부장들 3』, 동아일보사, 1993.

이병천, 「이명박 정부와 촛불집회」, 『촛불이 민주주의다』, 해피스토리, 2008.

이상우, 『박정권 18년』, 동아일보사, 1986.

──────, 『비록 박정희 시대 1 · 2 · 3』, 중원문화사, 1984.

이수인 엮음, 『한국현대정치사 1: 미군 점령 시대의 정치사』, 실천문학사, 1989.

이재화, 『기획된 해산 의도된 오판』, 글과생각, 2015.

이철, 『5공화국의 사건들』, 일월서각, 1987.

이현주, 「신간회운동 연구의 성과와 과제」, 『한국근현대사연구』 2, 1995.

일월서각 편집부, 『4 · 19혁명론(자료편)』, 일월서각, 1983.

정병준, 『몽양 여운형 평전』, 한울, 1995.

정병진, 『궁정동 총소리』, 한국일보사, 1993.

정용욱, 『존 하지와 미군 점령 통치 3년』, 중심, 2003.

조갑제, 『조갑제의 대사건 추적 1 · 2 · 3』, 조선일보사, 1988.

조동걸, 「대한민국임시정부의 건국강령」, 『한국의 독립운동과 광복 50주년』, 광복회, 1995.

조순승 외, 『전환기의 한국정치』, 박영사, 1989.

진덕규 외, 『1950년대의 인식』, 한길사, 1981.

천금성, 『10 · 26, 12 · 12, 광주사태』, 길한문화사, 1988.

최장집, 『한국현대사 1』, 열음사, 1988.

통사와 혈사로 읽는 한국 현대사

한국민중사연구회, 『한국민중사 1·2』, 풀빛, 1986.

한국사료연구소 편, 『한국현대정치사 1·2·3』, 성문각, 1986.

한국사사전편찬회 편, 『한국근현대사사전』, 가람기획, 1990.

한국사학회, 『한국현대사의 제 문제 1·2』, 을유문화사, 1987.

한국역사연구회 현대사연구반, 『한국현대사 1·2·3』, 풀빛, 1991.

한국정치연구회 정치사분과 편, 『한국현대사이야기주머니 1·2·3』, 녹두, 1993.

한국정치연구회, 『한국정치사』, 백산서당, 1990.

『한국가톨릭인권운동사 1』, 명동천주교회, 1984.

한상진 외, 『해방 40년의 재인식 1·2』, 돌베개, 1986.

『해방 10년』, 『희망』 별책부록, 1955.

현룡순 외, 『조선족 백년사화』, 거름, 1989.

통사와 혈사로 읽는 한국 현대사

초판 1쇄 펴낸 날 2019. 10. 7.

지은이   김삼웅
발행인   양진호
책임편집   김진희
디자인   김민정
발행처   도서출판 인문서원

등 록   2013년 5월 21일(제2014-000039호)
주 소   (04045) 서울시 마포구 양화로 56 동양한강트레벨 718호
전 화   (02) 338-5951~2
팩 스   (02) 338-5953
이메일   inmunbook@hanmail.net

ISBN   979-11-86542-58-3 (03910)

이 도서의 국립중앙도서관 출판예정도서목록(CIP)은 서지정보유통지원시스템
홈페이지(http://seoji.nl.go.kr)와 국가자료공동목록시스템(http://www.nl.go.kr /
kolisnet)에서 이용하실 수 있습니다. (CIP제어번호: CIP2019036274)